Erfolgreiches Teamcoaching

Danksagung

Inzwischen arbeite ich so viele Jahre in diesem Beruf, da hatte ich das Glück, sehr viele Athleten, Mannschaften und Trainer begleiten zu dürfen. Von euch allen habe ich viel gelernt. Die mannigfaltigen Erfahrungen sind der Schatz, aus dem ich dieses Buch schöpfen kann. Dafür möchte ich mich sehr herzlich bedanken.

Daneben gibt es viele Menschen, die in irgendeiner Form zu diesem Buch beigetragen haben. Auch wenn ich nicht jeden Einzelnen namentlich nenne, so danke ich allen, die mich unterstützt, ermutigt und begleitet haben. Ich weiß das alles sehr zu schätzen.

Und ich danke natürlich dem Verlag und meiner Lektorin, dass sie dieses Buch einer Öffentlichkeit zugänglich gemacht haben und weiterhin machen.

Lothar Linz

Erfolgreiches Teamcoaching

Ein Team bilden | Ziele definieren | Konflikte lösen

Meyer & Meyer Verlag

Erfolgreiches Teamcoaching

Bibliografische Information der Deutschen Nationalbibliothek

Die Deutsche Nationalbibliothek verzeichnet diese Publikation in der Deutschen Nationalbibliografie; detaillierte bibliografische Details sind im Internet über <http://dnb.d-nb.de> abrufbar.

4. überarbeitete Auflage 2014

6. Auflage 2022

Auckland, Beirut, Budapest, Cairo, Cape Town, Dubai, Hägendorf,

Indianapolis, Maidenhead, Singapore, Sydney, Teheran, Wien

Member of the World Sport Publishers' Association (WSPA)

Druck: CPI - Clausen & Bosse, Leck

ISBN 978-3-8403-7622-1

E-Mail: verlag@m-m-sports.com

www.dersportverlag.de

Inhalt

Vorwort – Unterhaching ist überall

Zugegeben, das Leben eines Fußballprofis unterscheidet sich grundlegend von dem eines Kreisligakickers. Und ein Bundestrainer muss ganz andere Dinge leisten, als die Trainerin eines Basketballoberligisten. Aber bei allen Unterschieden, die zu Grunde liegenden psychischen Mechanismen gelten für alle Spielniveaus in gleicher Weise.

Die bittere Leverkusener Niederlage 2000 in Unterhaching und die damit am letzten Spieltag verspielte Meisterschaft ist vermutlich noch den meisten Deutschen vor Augen. Aber dass sich am gleichen Wochenende in der Kreisliga A des Fußballkreises Rhein-Berg ein vergleichbares Drama abspielte, wer weiß das schon? Als Tabellenführer empfing der TuS Immekeppel die schon als Absteiger feststehende zweite Mannschaft des SV Refrath. Eigentlich eine klare Sache, zumal schon ein Punkt zum großen Ziel genügt hätte. Doch es kam ganz anders. Der Außenseiter gewann und Immekeppel stürzte „ins Tal der Tränen".

Sie sehen also, Unterhaching ist überall. Was für Nationalspieler gilt, gilt auch für Freizeitsportler. Mannschaften funktionieren immer auf die gleiche Weise, Trainer führen ihre Mannschaften immer dank derselben Methoden und sie machen auch auf allen Ebenen die gleichen Fehler.

Dieses Buch ist deshalb für alle Trainer geschrieben, ob sie in der Bundesliga oder in der Landesliga arbeiten, ob sie schon 20 Jahre im Geschäft sind oder gerade ihre ersten Sporen verdienen. Ich möchte ganz bewusst eine Lücke schließen, die ich schon seit vielen Jahren beobachtet habe. Sportpsychologische Literatur wird noch immer vorwiegend für die Fachleute geschrieben. Konkrete Ratgeber hingegen existieren kaum.

Für diesen Missstand gibt es natürlich gute Gründe. Zum einen ist die Sportpsychologie eine junge Wissenschaft, sodass sie sich noch in der Entwicklung befindet. Zum Zweiten besteht die Gefahr, dass ein solcher Ratgeber als Kochbuch verstanden wird, frei nach dem Motto: Sie brauchen nur folgende Zutaten zu nehmen, dann kommt am Ende der sichere Erfolg heraus. Das funktioniert natürlich nicht! Dazu sind die Menschen viel zu komplex. Und wenn mehrere Menschen zusammenkommen, wird es noch einmal vielfältiger. Aber mit dem richtigen Verständnis hat ein solches Buch einen hohen Wert.

Nehmen Sie mein Buch als Angebot. Sie können keine Patentrezepte finden, aber es enthält hilfreiche und konkrete Anregungen. Und es kann Ihnen helfen, ein besseres Verständnis für Ihre Tätigkeit zu gewinnen. Indem Sie die wichtigsten Modelle und Mechanismen kennen lernen, die zwischen Menschen wirken, können Sie diese besser einsetzen und so zu einem größeren Gelingen Ihrer Arbeit gelangen.

Ich habe das Buch in zwei Teile aufgeteilt. Teil I beinhaltet die theoretischen Grundlagen, auf denen gelungenes Coaching basiert. Dieser Abschnitt dient Ihrem besseren Verständnis. Teil II dagegen orientiert sich ganz direkt an Ihrem Alltag als Trainer. Er versucht, Ihnen konkrete Hilfen zu geben, wie Sie die wichtigsten Situationen behandeln können, welche ich während meiner langjährigen Erfahrung als Sportpsychologe im Spitzensport als wiederkehrend erlebt habe.

Eine praktische Anmerkung möchte ich vorweg noch machen: Wenn ich im weiteren Text ausschließlich die männliche Form verwende, so hat das rein praktische Gründe. Ich hoffe, dass sich die weiblichen Leserinnen dabei genauso angesprochen fühlen.

Einführung in die Grundlagen des erfolgreichen Coachings

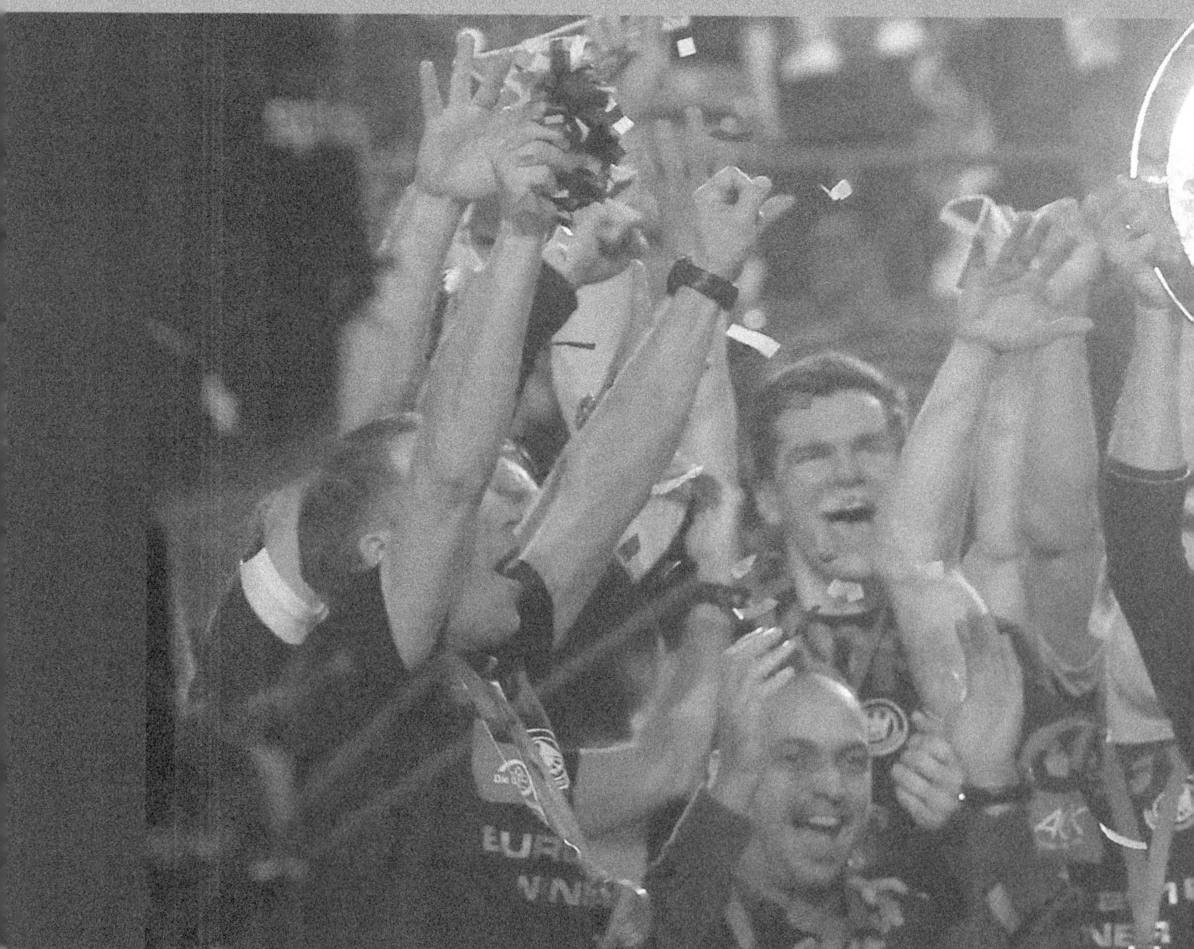

1
EHF EURO 2016

1 Einführung in die Grundlagen des erfolgreichen Coachings

Dieses Buch richtet sich bewusst an die Praxis. Ihr Traineralltag ist es, der mich interessiert. Hierzu hoffe ich, Ihnen hilfreiche Anregungen geben zu können. Deshalb habe ich den Schwerpunkt des Buches auf den zweiten Teil („Praktische Anregungen zum erfolgreichen Teamcoaching") gelegt.

Eine kürzlich veröffentlichte Untersuchung (Lau, Seeliger & Stoll, 2002) belegt, dass Trainer aller Sportarten den Mangel an praxisrelevanten Lösungsvorschlägen für ihre Tätigkeit beklagen. In diesem Buch finden Sie deshalb sehr konkrete Vorschläge und Überlegungen, die Ihnen in Ihrer täglichen Arbeit eine Orientierung bieten.

Es erscheint mir dennoch sinnvoll, zuvor einige wichtige psychologische Grundlagen vorzustellen. Diese werden es Ihnen erleichtern, meine späteren Anregungen zu verstehen. Außerdem sind Sie damit in der Lage, Ihr Handeln selbstständig an diesem Grundwissen auszurichten.

Ich habe mich dabei bewusst auf einige wenige, mir wichtig erscheinende Theorien beschränkt. Viele sportpsychologisch relevante Konzepte kommen in diesem Buch nicht ausdrücklich vor. Wer hierzu mehr erfahren möchte, der sei auf die zahlreiche Fachliteratur verwiesen. Leider ist diese Fachliteratur nur selten praxisbezogen und zudem für den Durchschnittsbürger sprachlich oftmals nur schwer verständlich. Ich will mich mit diesem Buch aber bewusst an alle interessierten Trainer wenden.

Mit den hier vorgestellten Grundlagen erwerben Sie ein Basiswissen darüber, wie Coaching funktioniert und was Sie dazu beachten müssen. Außerdem erfahren Sie etwas über Kommunikation, über die Grundmechanismen in Mannschaften, über Ihre Rolle als Führungsperson, über Faktoren, welche die Qualität Ihres Coachings bestimmen und über die Bedeutung und den Umgang mit Zielen.

Im zweiten Teil des Buches erleben Sie dann, wie Sie die Inhalte in konkreten Situationen Ihres Traineralltags umsetzen können.

Basiswissen für eine gelungene Kommunikation

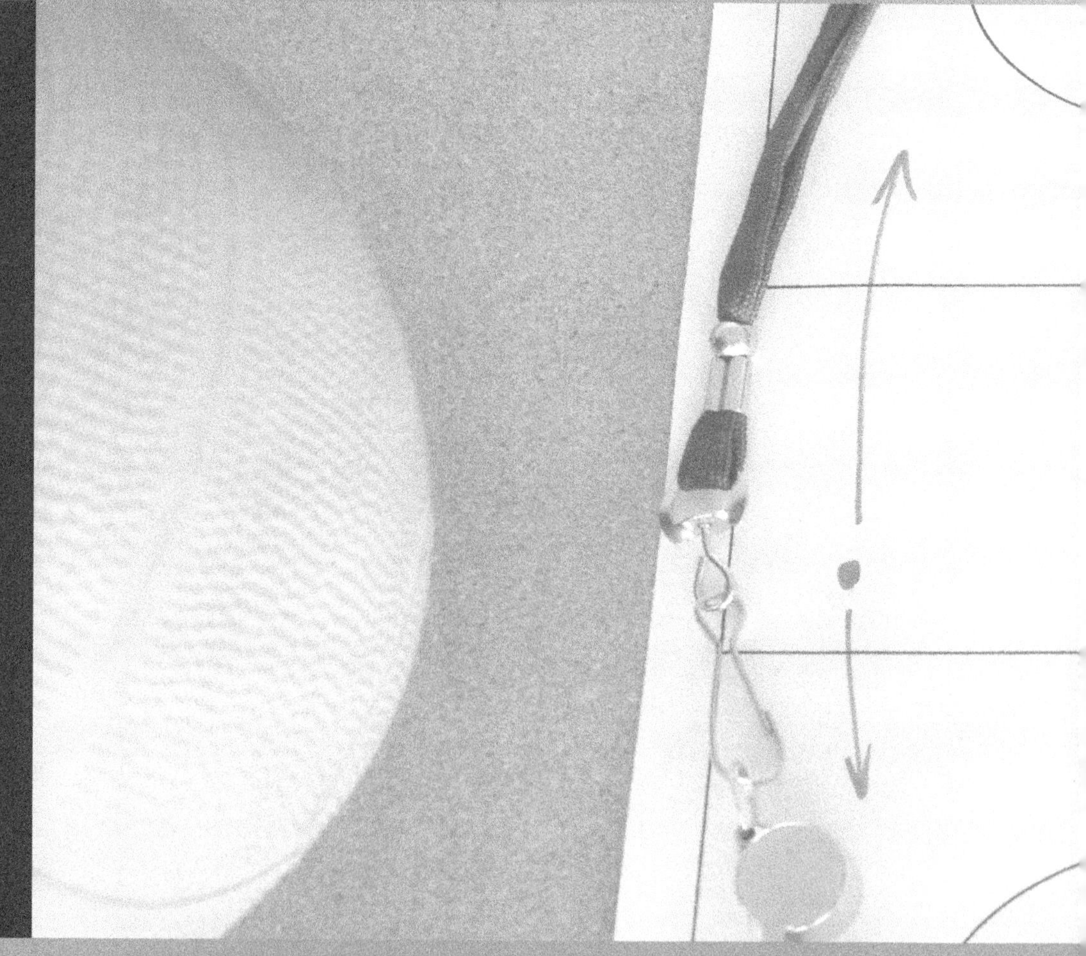

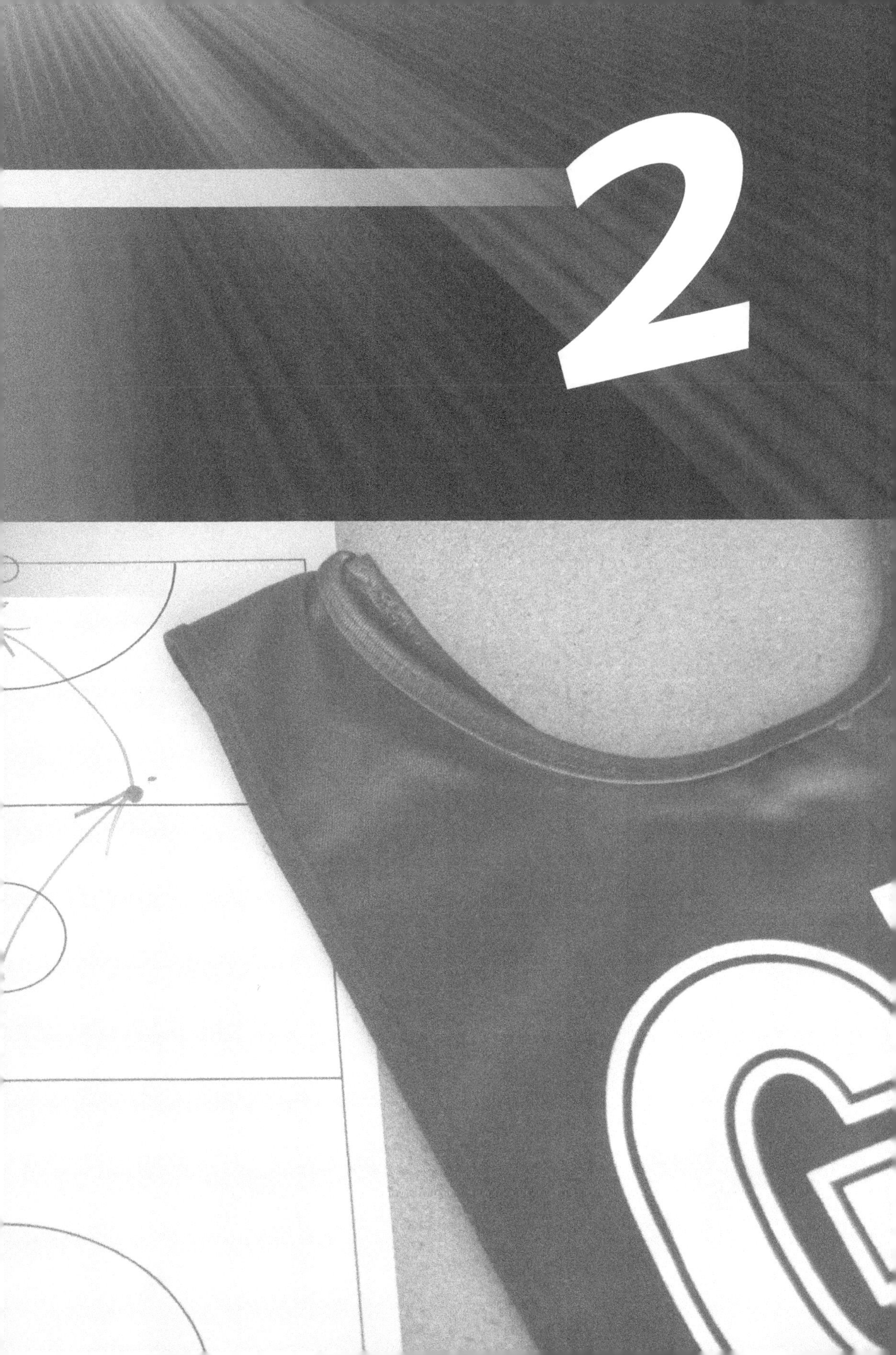
2

2 Basiswissen für eine gelungene Kommunikation

Es ist für mich immer wieder verwunderlich, wie gut wir Menschen uns verständigen können, obwohl unsere Kommunikation voller möglicher Quellen für Missverständnisse ist. Genau betrachtet, ist es ja sogar so, dass niemals eine Botschaft

genau so beim anderen ankommt, wie sie von uns als Absender gemeint ist. Meine Einstellung, meine Erfahrung, meine Erwartungen, meine Beziehung zum anderen, meine aktuelle Stimmung und noch viele Faktoren mehr bewirken, dass ich Informationen nicht neutral aufnehme, sondern sie direkt in einen Zusammenhang stelle. Dieser Zusammenhang unterscheidet sich aber immer in irgendeiner Weise von dem meines Gesprächspartners, weil dieser andere Erfahrungen gemacht, andere Erwartungen entwickelt und andere Werte mitgebracht hat. Deshalb ist es auch nicht weiter seltsam, dass es, trotz aller Übereinstimmung, immer wieder zu Missverständnissen kommt. Woran das liegt und wie wir es leichter schaffen, richtig verstanden zu werden, davon handelt das folgende Kapitel.

Ich habe dieses Thema an den Anfang meines Buches gestellt, weil es von grundlegender Bedeutung ist. Aller zwischenmenschliche Kontakt läuft über Kommunikation ab. Kommunikation bildet das Medium, über das wir uns mitteilen. Beziehung in jeder Form, ob zwischen Mutter und Kind oder zwischen Trainer und Spielerin, ob zwischen zwei Freunden oder innerhalb einer Ehe, immer ist sie nur auf der Basis von Kommunikation möglich. Das Erste, womit ein Baby seine Lebendigkeit vermittelt, ist ein Schrei. Sofort beginnt es also, sich mitzuteilen und dadurch Kontakt zu seiner Umwelt aufzunehmen. Beim Coaching springt die Bedeutung von Kommunikation geradezu ins Auge. Ohne Kommunikation können Sie Ihren Athleten nichts mitteilen, sie nicht anspornen oder zu neuen Überlegungen anregen. Deshalb möchte ich Ihnen die wichtigsten Kommunikationsmodelle vorstellen, die Sie für Ihre tägliche Praxis kennen sollten.

2.1 Das Kommunikationsmodell der vier Gesprächsebenen von Schulz von Thun (1981)

Wenn Sie heutzutage auf irgendein Seminar zur Kommunikationsschulung gehen, werden Sie immer auf dieses Modell treffen. Es macht deutlich, dass jede Aussage nicht nur die reine Sachaussage vermittelt, sondern gleichzeitig drei weitere Botschaften enthält.

Eine Aussage beinhaltet zugleich:

- Sachaussage
- Beziehungsaussage
- Appell
- Selbstmitteilung

Machen wir uns das an einem Beispiel deutlich. Ein Spieler Ihrer Mannschaft kommt wiederholt zu spät zum Training. Sie begrüßen ihn mit den Worten: „Du bist ja schon wieder zu spät." Die reine Sachaussage ist leicht beschrieben: „Der Spieler ist später als vereinbart zum Training gekommen und das nicht zum ersten Mal." So sachlich und nüchtern wird Ihre Botschaft aber kaum beim Spieler ankommen und wahrscheinlich meinen Sie auch mehr als das Gesagte. Dies wird klar, wenn man sich nun die drei anderen Gesprächsebenen anschaut. Mit Ihrer Aussage treffen Sie nämlich zugleich auch eine Beziehungsaussage, einen Appell und eine Mitteilung über sich selbst. Wie diese Aussagen jeweils aussehen könnten, macht die folgende Grafik deutlich:

	WAS DER TRAINER MEINT
Sachaussage	Er ist zu spät gekommen und das nicht zum ersten Mal.
Beziehungsaussage	Unsere Beziehung ist belastet. *oder* Du hörst nicht auf mich! *oder* Du bist mir wichtig, deswegen bemerke ich, dass du zu spät bist.
Appell	Erklär mir, warum du zu spät bist! *oder* Beachte endlich meine Terminansagen!
Selbstmitteilung	Ich fühle mich in meinen Anweisungen nicht ernst genommen.

Das ist möglicherweise das, was Sie ausdrücken wollten. Aber das ist noch lange nicht das, was der Spieler versteht! Vielleicht hat er das Gefühl, dass Sie ihn schon seit einiger Zeit sehr kritisch beurteilen, während Sie bei anderen Spielern viel mehr durchgehen lassen. War denn nicht der Torwart zuletzt auch mehrfach zu spät, ohne dass Sie etwas gesagt haben? Spekulieren wir also mal, wie der Spieler im genannten Fall die Botschaft verstehen könnte:

WAS DER ATHLET VERSTEHT	
Ich bin zu spät gekommen und das nicht zum ersten Mal.	**Sachaussage**
Unsere Beziehung ist belastet. *oder* Er ist verärgert über mich. *oder* Er lehnt mich ab. Ich diene ihm nur als Sündenbock.	**Beziehungsaussage**
Ich soll erklären, warum ich zu spät bin. *oder* Ich soll aus seinen Augen verschwinden.	**Appell**
Er mag mich nicht.	**Selbstmitteilung**

Und schon haben wir ein klassisches Beispiel dafür, wie Menschen aneinander vorbeireden. Weil das, was der eine sagt, vom anderen auf jeder Ebene ganz anders verstanden werden kann. Beachten Sie besonders die Unterschiede auf der Beziehungs- und der Selbstmitteilungsebene. Hier gehen die Aussagen am deutlichsten in unterschiedliche Richtungen. Erfahrungsgemäß entstehen meist auch auf der Beziehungsebene die gewichtigsten Missverständnisse.

Eine kleine Randbemerkung sei mir hier erlaubt: An dem oben benutzten Beispiel macht sich ein typisches Problem deutlich. Die meisten Menschen neigen dazu, Kritik als einen Angriff auf ihre Person zu verstehen. Immer aber beinhaltet Kritik die Beziehungsaussage: „Du bist mir wichtig", also eine ganz positive Botschaft. Nur hören wir das meist nicht. Dabei verhält es sich tatsächlich so. Wenn wir dem anderen nicht wichtig wären, würde er sich gar nicht die Mühe machen, uns zu kritisieren. Wie Hass immer eine Form von Liebe ist, so schließt Kritik immer eine Form der Anerkennung, der Wertschätzung, ein!

Doch zurück zum Modell. Obwohl die Selbstmitteilung und der Appell, wie wir oben gesehen haben, tatsächlich in jeder Botschaft mitschwingen, empfehle ich in der Regel, diese beiden Ebenen zu vernachlässigen. Für die Praxis wird es sonst zu kompliziert. Viel wichtiger finde ich es, die Beziehungsebene in den Blickpunkt zu rücken. Die **themenzentrierte Interaktion** nach Ruth Cohn, eine in den 70er Jahren häufig praktizierte Methode zur Gruppenführung, hatte folgende Grundregel: „Störungen haben immer Vorrang." Gemeint war damit, dass an einem Thema erst weitergearbeitet würde, wenn die Störungen auf der Beziehungsebene geklärt waren. Solange hier Unstimmigkeiten herrschen, muss die inhaltliche Arbeit zurückstehen.

In der Absolutheit ist dieses Konzept kaum haltbar, da es schnell zu einer Lähmung führt. Leicht passiert es, dass man in einer Gruppe nur noch über Beziehungsstörungen spricht und die eigentliche thematische Arbeit gar keinen Raum mehr findet. Aber es lohnt sich, diese Regelung als Anregung zu nehmen. Solange auf der Beziehungsebene Störungen bestehen, wirkt sich das immer auf unsere Verständigung negativ aus. Je bedeutsamer die Beziehungsstörung, desto gravierender die Kommunikationsstörung! Es ist sicher nicht notwendig, jeder Spannung nachzugehen. Aber jeder bedeutsamen! Gerade als Trainer ist es wichtig, dass Sie immer für die Basis einer gelungenen Beziehung zu Ihren Athleten sorgen, damit Sie diese mit Ihrem Denken und Handeln auch erreichen.

2.2 Das Beziehungsmodell der Transaktionsanalyse

Wenn wir über Beziehung als Basis einer gelungenen Kommunikation reden, dann lohnt es sich, ein weiteres Modell zu betrachten, **das Beziehungsmodell der Transaktionsanalyse**. Dieses macht einen wesentlichen Aspekt deutlich, auf welche Weise gerade in der Trainer-Athleten-Beziehung Kommunikation ge- oder auch misslingen kann. Begründet wurde die Transaktionsanalyse (kurz: TA) von Eric Berne (siehe z. B. Berne, 2002). Er beobachtete, dass es Beziehungsmuster gibt, die zueinander passen, und andere, die zwangsläufig zu einer Kommunikationsstörung führen.

Wir Menschen können miteinander in dreierlei Weise in Beziehung treten: über unser Kinder-Ich, unser Erwachsenen-Ich oder unser Eltern-Ich. Das bedeutet, einfach ausgedrückt: Wir können uns kleiner als unser Gegenüber fühlen, gleichwertig oder aber auch als größer als der andere empfinden. Es geht hierbei ausdrücklich nicht um objektive Realitäten, sondern darum, wie ich innerlich dem anderen entgegentrete.

Sicher kennen Sie das aus Ihrer eigenen Erfahrung: Obwohl es keinen objektiven Grund dafür gibt, fühlen Sie sich manchen Menschen gegenüber unsicher und minderwertig. Viele Menschen erleben das in der Gegenwart eines Arztes. Obwohl sie dem Arzt gegenüber völlig gleichberechtigt sind, verhalten sie sich nicht mündig, sondern kleinlaut und ehrfürchtig. So kommt es zum immer noch weit verbreiteten Bild des „Halbgotts in Weiß".

Aus Kommunikationssicht ist gegen ein solches Verhalten nichts einzuwenden, solange der Arzt sich auch überlegen fühlt und Sie entsprechend behandelt. Wenn ein Gesprächspartner aus seinem Kinder-Ich (klein + unterlegen) handelt und der andere aus seinem Eltern-Ich (groß + überlegen), funktioniert die Beziehungsebene wunderbar. Problematisch aber wird es, wenn das zu Grunde liegende Muster nicht zusammenpasst. Was ist, wenn Sie sich dem Arzt gegenüber gleichwertig empfinden (Erwachsenen-Ich), seine Therapievorschläge also kritisch hinterfragen, er aber noch am alten Klischeebild hängt und sich deshalb für unangreifbar hält (Eltern-Ich)? Dann sind die Probleme vorprogrammiert! *Abbildung 1* macht deutlich, welche Beziehungsmuster zusammenpassen und welche zu Problemen führen.

Wenn Sie das auf Ihre Situation als Trainer übertragen, dann wird sehr schnell klar, was Sie an diesem Modell lernen können. Es ist unbedingt wichtig, dass Sie mit Ihren Athleten zu einem übereinstimmenden Beziehungs- und damit Kommunikationsmuster kommen.

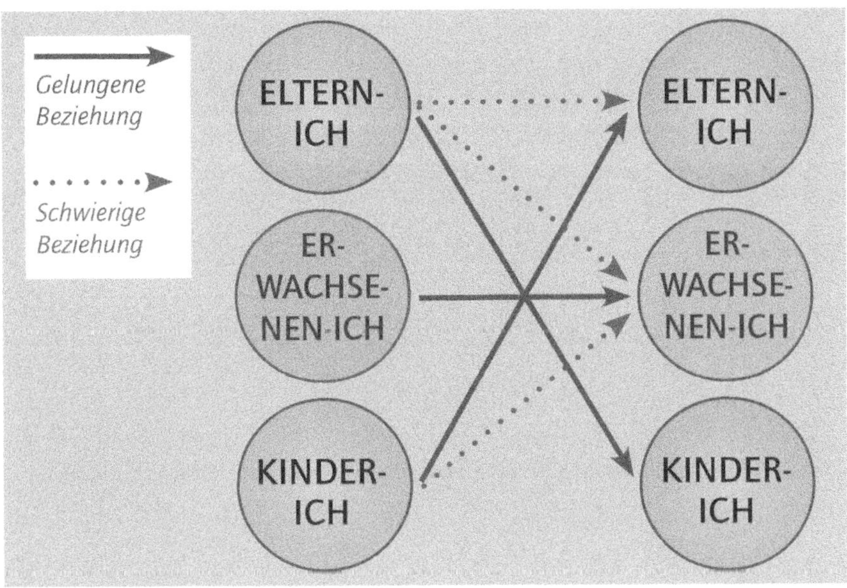

Abb. 1: Das Kommunikationsmodell der TA

Konkret gesagt, heißt das: Wenn Sie mit Kindern arbeiten, dann sind Sie „der Große". Deshalb sollten Sie hier bevorzugt aus dem Eltern-Ich heraus handeln. Wenn Sie mit erwachsenen Sportlern arbeiten, sollten Sie diese als Gleichberechtigte behandeln, es sei denn, diese wollen gerne weiterhin geführt werden, wollen gerne, dass Sie ihnen sagen, was sie zu tun und zu lassen haben. Am schwierigsten ist der Rat bei Jugendlichen. Denn diese sind genau in einer Umbruchphase vom Kind-Ich zum Erwachsenen-Ich. Oftmals wollen sie gerne schon als Erwachsene behandelt werden, obwohl sie noch kindlich denken und handeln. Das macht es für Sie als Trainer nicht leicht. Hier braucht es Fingerspitzengefühl.

2.3 Weitere wichtige Aspekte der Kommunikation

Jetzt haben Sie gelernt, dass es wichtig ist, bei der Kommunikation sowohl auf die Sachaussage wie auf die Beziehungsaussage zu achten. Und Sie haben ein einfaches Modell kennen gelernt, welches Ihnen hilft, die Beziehungsebene positiv zu gestalten. Zuletzt will ich Ihnen noch einige weitere Aspekte der Kommunikation verdeutlichen, die ebenfalls für Sie als Trainer eine Rolle spielen.

Sicher sind Sie sich bewusst, dass wir nicht nur über die Sprache Mitteilungen an unsere Mitmenschen senden, sondern genauso über unseren Tonfall, den Gesichtsausdruck (= Mimik) und den Körperausdruck (= Gestik). Wir unterscheiden deshalb zwischen verbaler (= sprachlicher) und nonverbaler (= Körpersprache) Kommunikation. Beide sind gleich wichtig. Die nonverbale Kommunikation wird aber häufig unterschätzt. Denn sie ist immer aktiv.

Sie können schweigen, aber Ihr Körper wird jederzeit Botschaften aussenden. Deshalb hat der bekannte polnische Kommunikationswissenschaftler Paul Watzlawick (2000) auch die interessante Aussage getroffen: „Man kann nicht nicht kommunizieren." Zugegebenermaßen ein zunächst kompliziert erscheinender Satz. Aber seine Wahrheit ist einfach und offenbar. Wenn jemand Sie etwas fragt und Sie nicht antworten, dann ist das auch eine Antwort. Nämlich entweder, dass Sie die Frage nicht verstanden haben, oder dass Sie sie nicht beantworten wollen bzw. können.

Und es gibt ein weiteres interessantes Phänomen innerhalb der Kommunikation: die doppelten Botschaften. Damit ist gemeint, wenn jemand gleichzeitig zwei widersprüchliche Aussagen trifft, indem er sprachlich den anderen auffordert, näher zu kommen, gleichzeitig sein Körperausdruck aber verschlossen ist. Was soll der andere tun? Hört er auf die Worte oder auf den Körper? Auf Dauer blockieren solche doppelten Botschaften den Gesprächspartner. Deshalb ist es wichtig, möglichst übereinstimmend zu sein, in dem, was man empfindet und was man sagt. Denn der Körper drückt häufig unmittelbarer unsere Haltungen und Empfindungen aus. Die Sprache können wir insgesamt besser kontrollieren.

Je ehrlicher Sie also sind, desto eindeutiger wird auch Ihr Ausdruck und desto besser wissen die Athleten, wo sie bei Ihnen dran sind. (Das ist auch das Problem, wenn Sie als Trainer mit dem Stilmittel der Ironie arbeiten. Ironie macht nur dann Sinn, wenn man sicher sein kann, dass sie vom Gegenüber als solche verstanden wird. Aber da der Selbstausdruck bei der Ironie zwangsläufig widersprüchlich ist, sind hier Missverständnisse fast schon vorprogrammiert.)

Sicher wäre noch viel mehr zu diesem Thema zu sagen, aber mit den hier beschriebenen Begriffen und Modellen sind Sie als Trainer in der Lage, die wichtigsten Missverständnisse aufzuklären und zukünftige Kommunikationsprozesse effektiv zu gestalten, sodass es Ihnen in Zukunft noch besser gelingen wird, mit Ihren Athleten in fruchtbaren Kontakt zu treten.

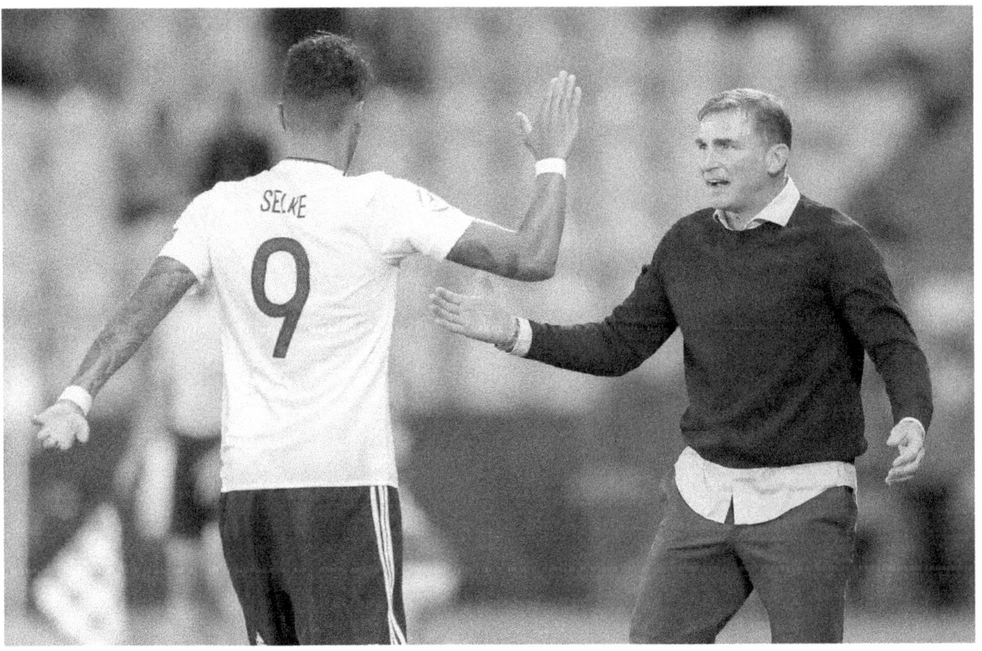

Davie Selke (L), U21 Nationaltrainer Stefan Kuntz (R): Gelungene, offene Kommunikation ist die Grundlage für eine positive Beziehung.

Was ist ein Team? Gruppenregeln und Gruppendynamik

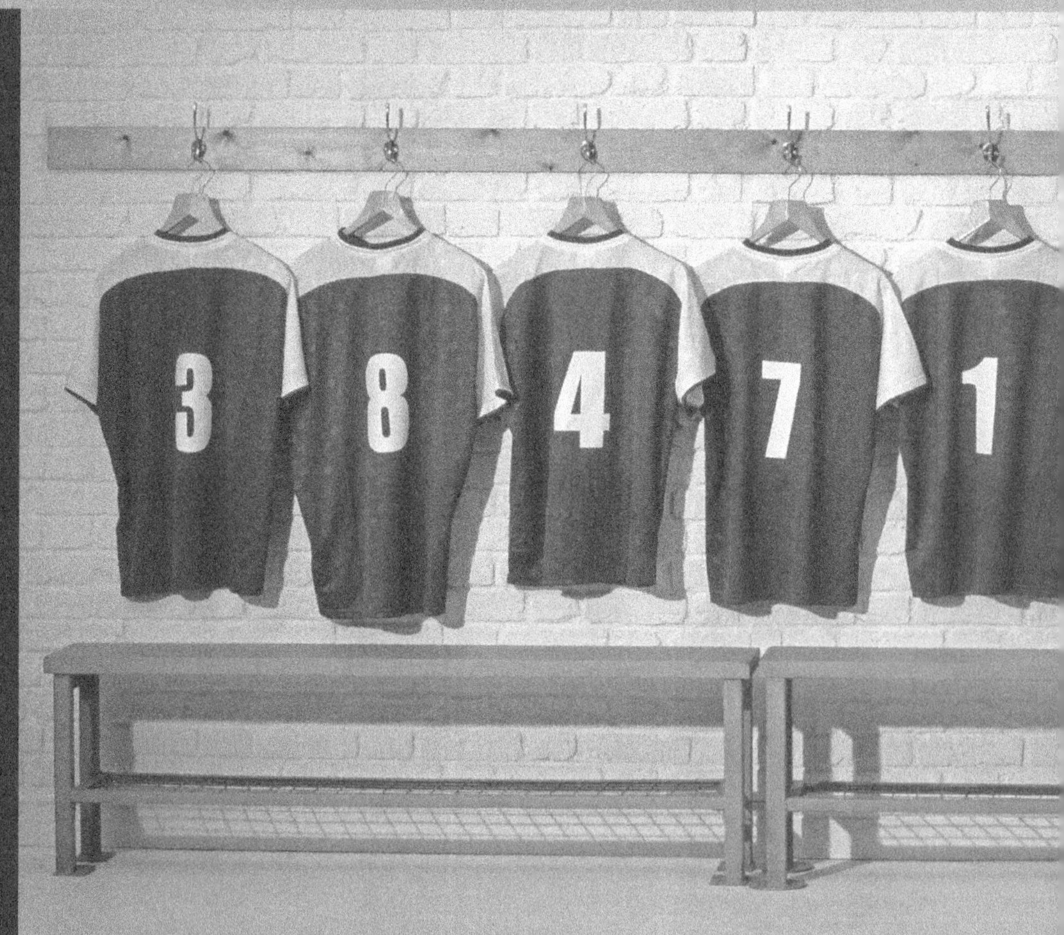

3

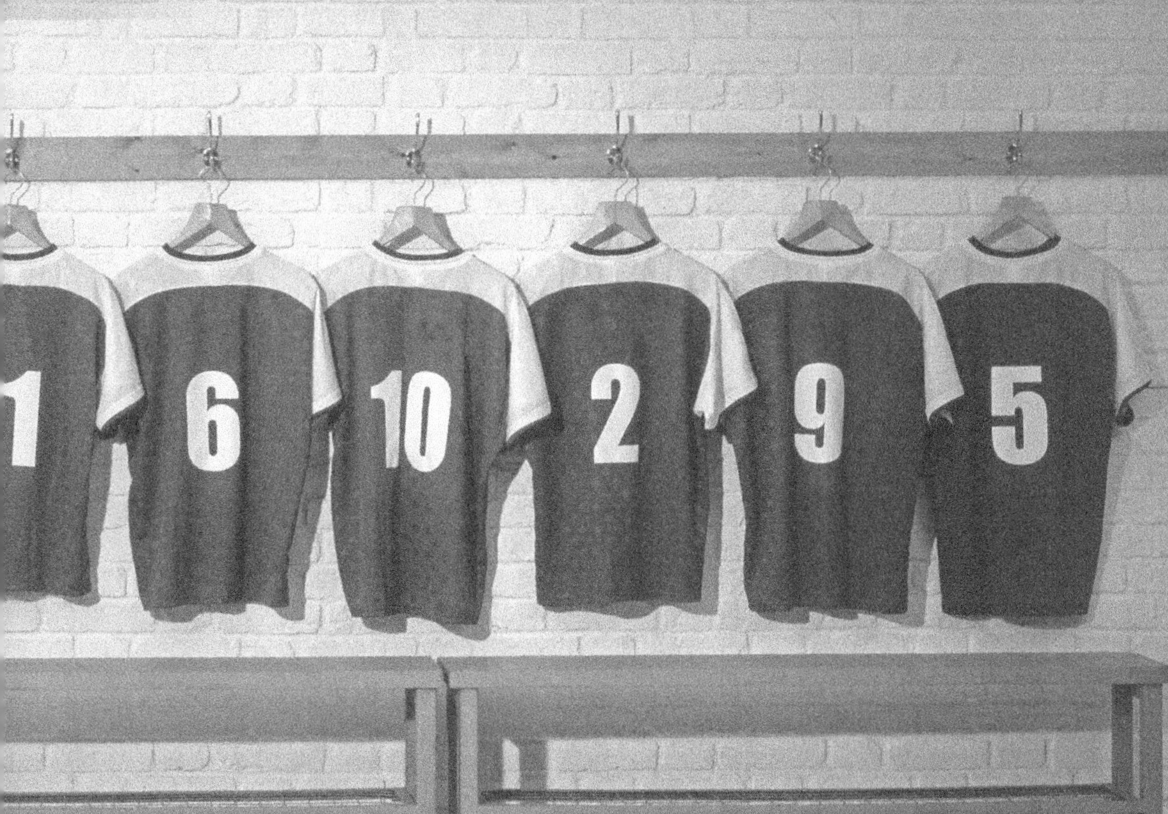

3 Was ist ein Team? Gruppenregeln und Gruppendynamik

Wenn wir von Sportmannschaften sprechen, benutzen wir gerne Begriffe wie Teamgeist, Mannschaftsgefüge usw. Was aber verbirgt sich hinter solchen Worten? Was ist überhaupt ein Team? Gibt es übergreifende Regeln, nach denen Gruppen funktionieren? Und wie beeinflussen sich die einzelnen Mitglieder gegenseitig? Auf solche Fragen will das folgende Kapitel Antworten geben.

3.1 Das Ganze ist mehr als die Summe seiner Einzelteile

Wir Menschen sind in unserer Grundnatur soziale Wesen. Das bedeutet, dass wir immer aufeinander bezogen sind. Wenn mehrere Menschen zusammenkommen, bilden sie nicht nur eine Ansammlung von Individuen. Sie sind mehr. Gemeinsam entsteht ein neues Ganzes.

Eine Mannschaft besteht demnach nicht nur aus fünf, sieben oder elf Spielern, sie bildet eine neue, größere Einheit. Und je besser eine Mannschaft funktioniert, desto größer wird der Mehrwert, den diese Einheit ausmacht.

Auf Grund dieser Tatsache gilt für alle Gruppen eine einfache Regel: *Das Ganze ist mehr als die Summe seiner Einzelteile.* Um diesen

Satz noch besser zu verstehen, stellen Sie sich eine einfache Frage: Wie kommt es, dass die deutsche Damenstaffel im olympischen Langlauf 2002 die Norwegerinnen schlagen konnte? In der Addition der Einzelzeiten waren die Skandinavierinnen doch viel besser. Der Grund liegt darin, dass es nicht möglich ist, einfach die Einzelteile zu addieren. Das Ganze ist eben mehr als das. Es bildet eine neue Einheit, eine neue Dynamik, einen neuen Wert.

Von diesem größeren Ganzen getragen, entwickelten die deutschen Langläuferinnen ein solches Leistungsvermögen, dass jede Einzelne über ihre Grenzen hinauswuchs.

Nicht umsonst betonen viele Athleten, dass es für sie etwas Besonderes ist, in der Staffel oder im Mannschaftswettbewerb zu starten. Die Übung „Der Sitzkreis" (siehe Kasten, S. 22) bietet eine schöne Möglichkeit, Ihren Spielern den Mehrwert einer Mannschaft erfahrbar zu machen.

Übung 1: Der Sitzkreis

Lassen Sie Ihre Athleten einen Kreis bilden. Achten Sie darauf, dass sie ganz dicht stehen. Bitten Sie sie, sich im Uhrzeigersinn auszurichten. Jeder Athlet schaut jetzt auf den Rücken seines Vordermanns. Lassen Sie alle noch enger zusammenrücken. Und jetzt fordern Sie sie auf, sich auf Kommando auf die Oberschenkel des Hintermanns zu setzen. Wenn alle mitmachen, entsteht ein stabiler Sitzkreis. Was aber passiert, wenn Sie nun ein oder zwei Mitglieder aus dem Kreis nehmen?

Diese Übung können Sie gut nutzen, um zu zeigen, dass eine Mannschaft mehr ist als „die Summe ihrer Einzelteile". Außerdem können Sie einige wesentliche Faktoren aufzeigen, wie eine Mannschaft funktioniert. Nämlich indem jeder seinen Beitrag gibt, sich „einreiht" und zugleich sich den anderen zumutet, den anderen auch vertraut. Außerdem zeigt diese Übung, wie wichtig eine Person ist, welche die Kommandos gibt.

Wegen dieses Summierungseffekts ist es für einen Trainer auch so schwierig, wenn seine Mannschaft nicht mehr zusammenhält, sondern in einzelne Grüppchen und Individuen zerfällt. Dann geht genau diese zusätzliche Kraft verloren. Dann steht Ihnen als Trainer wirklich nur die reine Summe der Einzelteile zur Verfügung, (möglicherweise sogar noch weniger, wenn sich die eigenen Spieler gegenseitig, ob absichtlich oder unabsichtlich, behindern). Und das ist gegen die meisten echten Mannschaften, auch wenn sie in ihren individuellen Möglichkeiten unterlegen sind, zu wenig, um zu gewinnen.

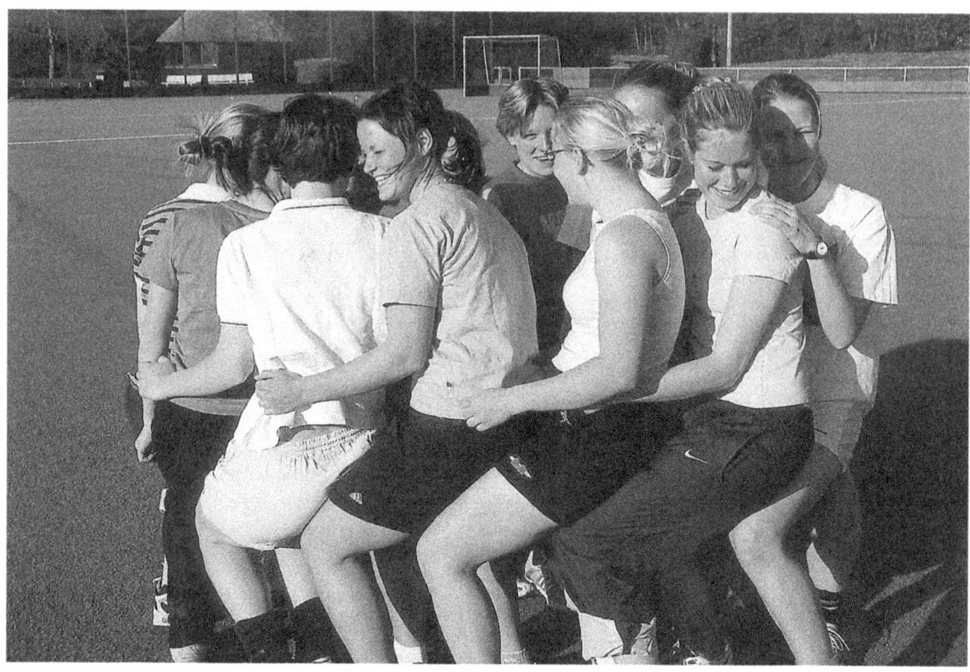

Deshalb wird auch so oft vom Teamgeist gesprochen. Der Teamgeist ist genau die Kraft, die keiner richtig beschreiben kann, aber jeder schon einmal erlebt hat. Die Kraft, die eine Mannschaft eint und jeden Einzelnen anspornt. Die Kraft, welche dem Außenseiter hilft, den Favoriten besiegen zu können.

3.2 Was eine soziale Gruppe ausmacht

Nicht immer, wenn mehrere Menschen zusammenkommen, sprechen wir jedoch automatisch von einer sozialen Gruppe. Die Menschen, welche zum selben Zeitpunkt über den Bahnhofsvorplatz laufen, werden von uns wohl kaum als Einheit angesehen. Sie befinden sich nur zufällig zur gleichen Zeit am gleichen Ort. Außer dieser Tatsache eint sie wenig. Auch die Gruppe der Bartträger ist für unsere Betrachtung wenig bedeutsam. Als Trainer interessiert Sie ja etwas anderes, nämlich das, was man in der Soziologie als eine soziale Gruppe bezeichnet. Schauen wir also einmal, welche Bedingungen gegeben sein müssen, damit von einer solchen Gruppe gesprochen werden kann. In der Regel werden dafür drei Faktoren genannt:

a. Gemeinsames Ziel (für eine bestimmte Zeitdauer)
b. Abhängigkeit in der Zielerreichung
c. Bewusstsein dieser Abhängigkeit

Das gemeinsame Ziel ist ein interessanter Aspekt. Er gibt Ihnen erste Hinweise darauf, wie Sie eine Trainingsgruppe oder eine Mannschaft zusammenbringen können, wenn das erforderlich ist. Das gemeinsame Ziel bildet immer den Ausgangspunkt. Darauf sollten Sie Ihre Spieler oder Athleten jeweils zu Beginn einschwören. Das Ziel weist uns den Weg. Und auf dieses Ziel können Sie immer wieder zurückgreifen. Daran können Sie Ihre Sportler erinnern, wenn der Zusammenhalt verloren geht.

Und es ist etwas Wesentliches, dass man nicht nur ein gemeinsames Ziel hat, sondern in der Erreichung des Ziels auch voneinander abhängig ist. Zwei Konkurrenten haben ebenfalls ein gemeinsames Ziel. Aber sie sind keine soziale Gruppe, weil sie eben nicht aufeinander angewiesen sind, sondern vielmehr sich gegenseitig im Wege stehen. Ganz anders Ihre Mannschaft oder Trainingsgruppe. Sie brauchen einander. Aus meiner Erfahrung weiß ich, dass Athleten oft vergessen, wie sehr es auf ihre Mitstreiter ankommt. Deshalb betone ich diesen Aspekt immer wieder.

Die gegenseitige Abhängigkeit ist etwas Positives. Ich brauche dich und du brauchst mich. Das macht uns beide gleichberechtigt. Jeder Spieler bringt etwas ein, auch der Ersatzspieler. Die Gültigkeit dieser Aussage sieht man spätestens dann, wenn ein Ersatzspieler für Unruhe sorgt. Sofort leidet die Atmosphäre in der gesamten Mannschaft darunter. Deshalb braucht die Mannschaft auch die Reservespieler. Wenn ich anerkennen kann, dass ich die anderen brauche, schätze ich ihren Wert. Und ich kann sicher sein, dass die anderen meinen Wert schätzen. So entsteht ein wirkliches Team.

3.3 Die Gruppe ist wichtiger als das einzelne Mitglied

Ein funktionierendes Team benötigt aber mehr, als die Abhängigkeit von der gemeinsamen Zielerreichung. Ein Team braucht zum Beispiel Regeln. Dabei gibt es ausgesprochene und unausgesprochene Regeln. Beide sind gleich wichtig. Ein **Beispiel** für ausgesprochene Regeln umfasst all das, was im Strafenkatalog mit Konsequenzen belegt wird, etwa die Pünktlichkeit beim Training oder das Tragen einheitlicher Kleidung während des Wettkampfs.

Unausgesprochene Regeln fallen sehr unterschiedlich aus. Häufig haben sie eine eher subtile Wirkung. Ich habe z. B. bei einer Mannschaft erlebt, dass eine heimliche Regel darin bestand, nicht zu ehrgeizig zu sein. Lieber sollten die Spieler sich zurücknehmen, als den Aufstieg ernsthaft anzustreben, obwohl dieser sportlich möglich gewesen wäre. So boykottierten sie immer wieder durch nachlässiges Auftreten gegen schwache Mannschaften und damit verbundene, „unnötige" Punktverluste alle sich bietenden Chancen. Wenn aber der Aufstieg außer Reichweite geriet, war die Mannschaft wieder von der unausgesprochenen Regel befreit und zeigte prompt ihr wahres Potenzial, z. B. indem sie den Tabellenführer auswärts schlug.

Unausgesprochene Regeln sind häufig sehr wirksam, gerade weil sie niemals offen gelegt werden und dadurch im Verborgenen wirken. Deshalb ist es für Sie als Trainer wichtig, auf solche Regeln zu achten und sie direkt anzusprechen, wenn Sie einen negativen Einfluss wahrnehmen, auch wenn das manchmal schwierig erscheint, weil Ihnen die „objektiven" Belege fehlen. Sie vermeiden eine zu negative Reaktion von Seiten der Spieler, wenn Sie dabei nicht besserwisserisch auftreten, sondern Ihre persönlichen Eindrücke als eben solche formulieren. Dann fällt es den Athleten leichter, sich darauf einzulassen, da ihnen Spielraum für ihre eigene Sichtweise gelassen wird. Natürlich gibt es auch unausgesprochene Regeln, die hilfreich sind, etwa wenn gilt, dass zu egoistisches Verhalten einzelner Spieler im Torabschluss unerwünscht ist.

Letzteres Beispiel führt zu einem Punkt, der in meinen Augen von überaus großer Bedeutung ist. Eine Gruppe funktioniert nur dann, wenn grundsätzlich gilt, dass das Wohl der Gemeinschaft vor dem des Einzelnen geht. Nach diesem Prinzip ist interessanterweise auch unsere Rechtsprechung ausgelegt.

So ist es möglich, Grundstücke zu enteignen, wenn dies im Interesse der Allgemeinheit geschieht, etwa zum Bau neuer Autobahnen. Hierbei werden persönliche Bedürfnisse hinter die der Gesamtheit gestellt.

Genauso sollte auch eine Mannschaft bzw. Trainingsgruppe funktionieren. Das bedeutet nicht, dass der Einzelne unwichtig ist. Ganz im Gegenteil! Für den Erfolg der Mannschaft braucht es sogar einen gesunden Egoismus. Was wäre etwa ein Fußballteam ohne den Stürmer, der das Tor machen will? Nur geht in entscheidenden Fragen eben immer das vor, was für die Gesamtheit am besten ist. Ich kenne viele Athleten, die genau an diesem Punkt Probleme haben. Oft erlebt man das bei solchen Sportlern, die sich auf Grund herausragender Erfolge nicht mehr unterordnen wollen.

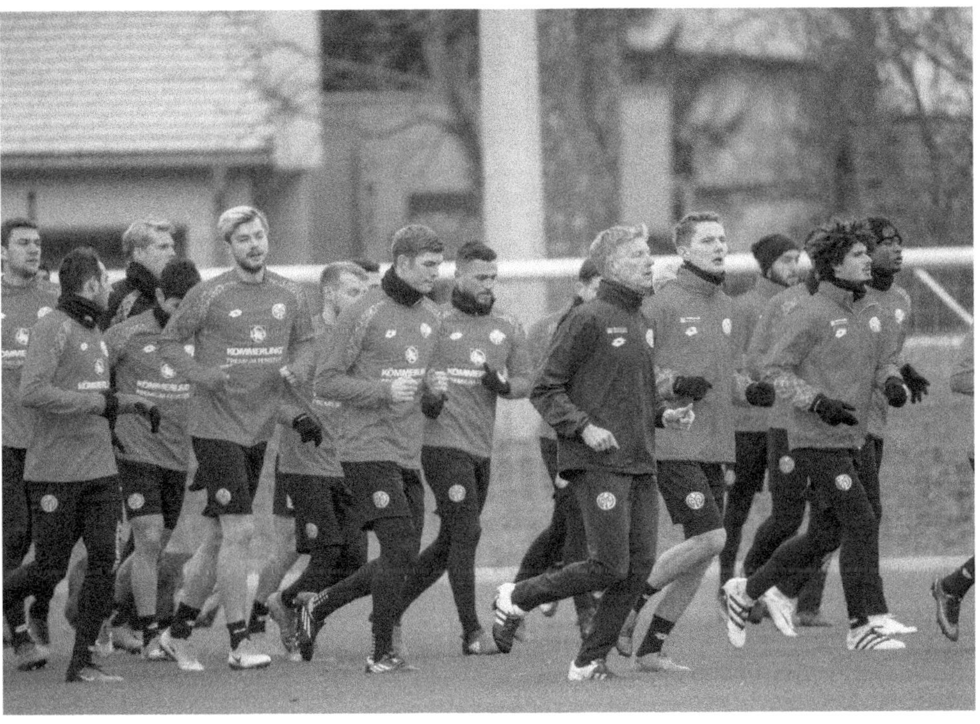

Einheitliche Kleidung ist ein Mittel, die Zusammengehörigkeit einer Gruppe auszudrücken.

3.4
Jeder beeinflusst jeden

Sicher kennen Sie das Sprichwort: „Das ist für mich so wichtig, als wenn in China ein Sack Reis umfällt." Wofür gilt das eigentlich? Kann es uns wirklich noch egal sein, wenn in China „ein Sack Reis umfällt"? Wenn wir Nachrichten schauen, erfahren wir zum Beispiel, wie auf den Philippinen bei einem Zugunglück 12 Menschen umgekommen sind. Und wenn ich beim Chinesen mit hölzernen Einmalessstäbchen speise, trage ich möglicherweise dazu bei, dass auf einer tropischen Insel der Regenwald abgeholzt wird.

Auf den ersten Blick scheint es verrückt, aber die Welt rückt immer näher zusammen. In den letzten Jahrzehnten mussten wir erkennen, dass unser Verhalten sehr wohl etwas mit den Menschen in Guatemala oder Mazedonien zu tun hat. Die Vernetzung durch Internet und Mobiltelefon hat diesen Prozess noch einmal potenziert. Genau betrachtet, verhält es sich so, dass wir alle miteinander verbunden sind. Das ist kein esoterisch angehauchtes Gerede, das ist eine immer konkretere Erfahrung.

Doch kommen wir von dieser allgemeinen Betrachtung zurück zum Sport. Was für die ganze Welt gilt, gilt nämlich auch für jedes andere System. Die Mitglieder innerhalb eines Systems sind alle miteinander verbunden. Diese Verbindungen sind nicht jederzeit deutlich und sichtbar, aber sie bestehen immerzu. Sobald sich ein Systemmitglied verändert, verändert sich deshalb das gesamte System. Man kann sich das am besten als ein großes Netz vorstellen. Wir Menschen bilden die Knoten und die Seile dazwischen unsere Verbindungen. Wenn Sie am Ende des Netzes ziehen, kommen die Auswirkungen in abgeschwächter Form auch am anderen Ende des Netzes an. Wie die Ringe auf dem Wasser eines Sees bis zum anderen Ufer reichen, wenn Sie einen Stein hineinwerfen. Eine Mannschaft ist auch ein großes Netz. Was der eine Spieler tut, beeinflusst jeden anderen. Wenn ein Spieler einen Fehler macht, kann es passieren, dass dadurch alle gemeinsam verlieren. Genauso kann die Tat eines Spielers das gesamte Team vor dem Abstieg retten.

Dies macht deutlich, dass jedes Teammitglied wichtig ist. Wirklich jedes, auch der schwächste Ersatzspieler. Im Guten wie im Schlechten ist selbst er in der Lage, eine Menge für oder gegen das Wohl des Ganzen zu bewirken.

3.5 Systemische Gruppenregeln

In den letzten Jahren hat die **systemische Therapie** sehr an Bedeutung gewonnen. Bei einer dieser psychologischen Sichtweisen auf das Entstehen und Lösen von Problemen, Krankheiten und Konflikten handelt es sich um die Familienaufstellung nach Hellinger (Hellinger, 1990). Diese Form der Gruppenarbeit verdeutlicht, dass es grundsätzliche Regeln gibt, die für alle Gruppen gelten. Es spielt keine Rolle, ob es sich um Familien, Interessengemeinschaften, berufliche Organisationen, Parteien, Vereine oder eben auch um Mannschaften handelt. Wenn ich sage, dass solche Regeln „gelten", dann meine ich damit nicht, dass diese Regeln vereinbart wurden, oder dass sie nachvollziehbar sein müssen. Diese Regeln bestehen einfach und man kann es erfahren. Beobachten Sie in den nächsten Tagen Ihre Mannschaft. Sie werden vermutlich einiges von dem, was ich im Folgenden darstelle, wiederfinden. Viele Trainer haben mir dies in meinen Vorträgen schon bestätigt.

Dass die grundlegenden Regeln für ein Sportteam mit denen einer Familie über-einstimmen, ist übrigens gar nicht so überraschend, wie es vielleicht manchem Leser auf den ersten Blick erscheint. Das Wort *Team* stammt nämlich aus dem Altenglischen und meint

Familie! Die Familie scheint also so etwas wie das „Urteam" zu sein. Kein Wunder, wo wir doch alle unsere ersten Erfahrungen mit einer Gemeinschaft in der Familie machen. (Es gibt übrigens noch eine zweite Herkunftsbedeutung des Wortes Team. Dieses steht auch für ein Gespann. Ein Gespann zeichnet sich vor allem dadurch aus, dass es gemeinsam „an einem Strang" zieht, eine sehr sinnbildliche Beschreibung der Tätigkeit von Teammitgliedern.)

Welche Regeln (oder auch Ordnungsprinzipien) sind es nun, von denen ich die ganze Zeit spreche? Hellinger meint damit Folgendes:

- Jeder hat ein Recht auf Zugehörigkeit.
- Wer zuerst da war, hat Vorrang.
- Es bedarf eines Ausgleichs zwischen Geben und Nehmen.

Das Recht auf Zugehörigkeit steht für etwas Elementares. Wir alle haben das Bedürfnis, zu unseren Systemen dazuzugehören. Kaum ein Mensch fühlt sich wohl, wenn er in seiner Familie, seiner Schulklasse, seinem Arbeitsteam oder seiner Sportmannschaft „außen vor" ist. Wir finden unsere Identität über die Zugehörigkeit zu Gruppen. Das umschreibt die eine Seite dieses Ordnungsprinzips.

Zugleich aber haben wir auch ein Recht auf diese Zugehörigkeit. Wenn wir in eine Familie hineingeboren werden, dann sind wir für den Rest unseres Lebens Teil dieses Systems. Das kann uns niemand verwehren. Gerade aber das geschieht oftmals, etwa bei einem schwarzen Schaf in der Familie, welches angeblich gegen die Familienregeln verstoßen hat. Wenn die Familie dieses Mitglied ausschließt, so hat das negative Folgen für das gesamte System. Ganz ähnlich verhält es sich bei Sportmannschaften. Nur mit dem Unterschied, dass hier die Bindung nicht ein Leben lang bestehen muss. Natürlich können wir einen Verein wechseln oder die Mannschaft kann sich von einem Spieler trennen. Aber wichtig ist dabei, wie das geschieht und warum. Wenn Athleten ohne guten Abschied und ohne triftige Ursache ausgeschlossen werden, dann wirkt sich das negativ auf die Mannschaft aus. Und wenn ein Athlet im Unguten geht, so bleibt auch das nicht ohne Wirkung.

Damit Sie sehen können, dass das kein theoretisches Gerede ist, sondern sich dahinter wirkliche Erfahrungen verstecken, möchte ich ein Beispiel einer Leichtathletiktrainingsgruppe vorstellen, welche ich vor einigen Jahren gecoacht habe. Dieses Team bestand aus einer Trainerin und vier Athletinnen. Es kam zwischen der besten Athletin und der Trainerin zu einem Konflikt, der bald öffentlich über die Medien ausgetragen wurde und schließlich dazu führte, dass die Athletin den Verein im Streit verließ. Als ich in der folgenden Saison dazukam, blieben die Leistungen der verbliebenen Athletinnen hinter den Erwartungen zurück. Eine überzeugende Antwort auf die Frage nach den Gründen dafür konnte keine der Beteiligten liefern. Irgendwann kam ich auf die Idee, die Thematik des Weggangs der früheren Topathletin wieder aufzugreifen. Mithilfe einer speziellen Aufstellungsmethodik (siehe Hellinger, 1990) machte ich sichtbar, dass diese Erfahrung noch immer auf der gesamten Gruppe lastete. (Übrigens blieb auch die im Streit weggegangene Athletin hinter den Vorjahresleistungen zurück!) Wir mussten also den Abschied noch einmal in guter Weise nachvollziehen.

Mit „guter Weise" meine ich, dass der Athletin die verdiente Achtung für ihre Leistungen in der Gruppe und für ihren Entschluss, das Team zu verlassen, zugesprochen wurde. Die Folge dieser rituellen Handlung bestand darin, dass zum einen den einzelnen Athletinnen wieder ein persönlicher Zugang zu ihrer früheren Kameradin möglich war. Vor allem aber konnten alle drei im folgenden Jahr ihre Leistungen deutlich steigern!

Das Recht auf Vorrang des Erstgekommenen ist etwas, was zu früheren Zeiten viel natürlicher gehandhabt wurde. Es war z. B. selbstverständlich, dass der Erstgeborene der Thronfolger war oder dass er den Hof erbte, unabhängig davon, ob er der Geeignetste für diese Tätigkeit war. Das galt auch für den Sport. Die Balltasche musste immer der jüngste Spieler der Mannschaft tragen.

Als Ausgleich für diese Vorzüge haben die Älteren auch mehr Pflichten und die größere Verantwortung zu tragen als die Jüngeren. Starben die Eltern, so musste der älteste Sohn die Geschwister ernähren und die älteste Tochter führte den Haushalt. Bezogen auf den Sport, verhält es sich in der Regel so, dass die älteren Spieler den entscheidenden Elf- bzw. Siebenmeter ausführen. Sie bekleiden das Amt des Mannschaftskapitäns und müssen ihr Team durch die schwierigen Momente führen.

Es geht also nicht darum, jemanden zu bevorzugen oder zu benachteiligen. Mit dieser Grundregel ist nur eine einfache Lebenserfahrung gemeint, die wir alle machen können und deren Einhaltung dem gesamten System dient. Heutzutage sind wir als Folge der 68er Generation und der Emanzipation versucht, alle Menschen in einer überzogenen Weise gleich zu machen. Aber mir scheint, dass uns das nicht gut tut.

Gleichwertigkeit ist etwas völlig anderes als Gleichmacherei. Jeder im System hat denselben Wert. Ich kann gleichwertig sein, aber sehr unterschiedliche Aufgaben übernehmen und eine unterschiedliche Position im Team besetzen. Auch wenn es konservativ erscheinen mag, ich erlebe immer wieder, wie viel Ruhe in eine Mannschaft kommt, wenn solche Ordnungsprinzipien wie das Recht auf Vorrang berücksichtigt werden.

Kommen wir als Drittes zum **Ausgleich von Geben und Nehmen**. Gemeinschaften basieren darauf, dass jeder etwas eingibt und dafür etwas bekommt. In einem Unternehmen bringen die einzelnen Arbeitnehmer ihre Arbeitskraft ein und erhalten dafür ihren Lohn. In einer Sportmannschaft bringt jeder seine Zeit und seine Leistungsbereitschaft in Training und Wettkampf ein. Dafür erhält er ein Gemeinschaftserlebnis, welches er alleine niemals erfahren könnte. Und am eintretenden Erfolg trägt er ebenfalls seinen Anteil.

Problematisch wird es dann, wenn das Verhältnis von Geben und Nehmen nicht mehr stimmt. Das geschieht entweder dann, wenn ein oder mehrere Spieler nicht mehr den vollen Einsatz zeigen, aber weiterhin in vollem Maße am Mannschaftserfolg beteiligt werden wollen. Konkret könnte das so aussehen, dass ein Spieler nur noch sporadisch zum Training erscheint, aber einen festen Platz in der Startformation beansprucht. In einem solchen Fall werden die anderen Mannschaftsmitglieder schnell unruhig – und das zu Recht!

Genauso problematisch ist der entgegengelagerte Fall. Wenn ein Spieler (oder auch Betreuer) sich die ganze Zeit mit engagiert, ihm dann aber der Anteil am Erfolg verwehrt wird, so wird ihm ein Unrecht angetan, das dem gesamten System schadet. Wenn er bei der Siegprämie übergangen wird, oder wenn er etwa nicht auf das Siegerfoto mit draufkommt, so wird ihm die verdiente Anerkennung verwehrt. Auch wenn er Ersatzspieler ist, so war er für den Erfolg genauso wichtig wie der entscheidende Torschütze.

3.6 Gruppenspezifische Regeln

Neben den zuvor beschriebenen, allgemein gültigen Regeln für Gruppen bildet jedes Team eigene Regeln und Normen aus. Diese Regeln sind veränderlich und Ausdruck der spezifischen Ausrichtung dieser Gruppe. Diese Regeln und Normen haben eine wichtige Funktion. Sie regeln nicht nur das tägliche Miteinander, sie definieren auch näher, wer die Gruppe ist und welches Selbstverständnis sie hat.

Wir Menschen haben ein grundlegendes Bedürfnis danach, über unsere sozialen Bezugsgruppen eine persönliche Identität zu gewinnen. Ein Mitglied in einem Schützenverein erfährt sich ebenso über diese Gruppe wie als Mitglied einer Religionsgemeinschaft oder einer Nationalität. Wenn Sie sich einem unbekannten Menschen vorstellen, dann tun Sie dies in der Regel nicht darüber, dass Sie Ihre individuellen Eigenschaften oder Ihre Körpergröße nennen. Vielmehr erzählen Sie, wo Sie leben (regionale Identität), welchen Beruf Sie ausüben (sozialer Status) und wie Ihre familiären Verhältnisse sind (familiäre Zugehörigkeit). Dieses Beispiel macht deutlich, worüber wir primär unsere Identität beziehen. Nämlich aus unseren Zugehörigkeiten zu Gruppen und unserem Status innerhalb dieser Gruppe.

Es ist uns demnach nicht egal, wie die Mannschaft beschaffen ist, zu der wir gehören. Wir wollen uns mit unseren Bezugsgruppen identifizieren können. Ob wir das können oder nicht, hängt entscheidend mit den Gruppennormen und -regeln zusammen. In ihnen wird ausgedrückt, welche Werte die Gruppe verkörpert. Unterschätzen Sie diesen Aspekt nicht. Ein gemeinsames Ziel alleine reicht auf Dauer nicht für das Funktionieren einer Gruppe. Es muss auch unter den Mitgliedern Einigkeit über die grundlegenden Werte und ihre konkrete Umsetzung in Regelungen bestehen.

Das ist gerade für Vereinsführungen ein interessanter Hinweis. Ich habe einige Vereine erlebt, die diesen Punkt zu sehr vernachlässigen. Als Vorstand hat man die Aufgabe, den vielen Mannschaften des Vereins zu einer gemeinsamen Identität zu verhelfen. Es ist nicht egal, ob ich Mitglied des 1. FC Köln oder von Viktoria Köln bin. Die Vereine unterscheiden sich in weit mehr als in der Spielklasse, in welcher ihre erste Mannschaft spielt. Ein Mitglied bei Viktoria Köln wird sich ganz anders erleben als ein Spieler von Eintracht Köln. Das fängt schon in der Jugend an.

Gehen Sie also bewusst mit dem persönlichen Bedürfnis nach Identifizierung um, indem Sie Ihren Spielern eine wertvolle Identität anbieten. Eine attraktive Identität vermittle ich dadurch, dass ich ein positives Image meines Vereins bzw. meiner Mannschaft schaffe.

Das können bei einem Verein Dinge wie eine starke lokale Verbundenheit, Fortschrittlichkeit oder eine gute Jugendarbeit sein. Bei einer Mannschaft tragen der Zusammenhalt, die offensive Spielweise oder die vielen Erfolge der Vergangenheit zu einem guten Image bei. Zusätzlich werden Sie als Trainer dem Einzelnen seine Identifizierung mit dem Team dadurch erleichtern, indem Sie ihn wahrnehmen, ihn wertschätzen und ihm Aufgaben innerhalb der Gruppe geben.

Das mag sich banal anhören, in der Praxis sind es aber solche ganz einfachen Dinge, an denen es häufig mangelt. Wenn Ihnen der Aufbau einer positiven Identität gelingt, werden die Athleten es durch größeren Einsatz danken. Denn für das, wozu ich mich zugehörig fühle, werde ich meine volle Kraft einbringen, sei es für mein Land, für meine Firma, für meine Familie oder für meine Mannschaft.

3.7 Gruppendynamik

Es gibt ganze Bücher über diese Thematik, darum will ich mich hier auf einige wenige Aspekte beschränken. Wichtig ist mir vor allem, dass Sie sich über Folgendes im Klaren sind: Wann immer eine Gruppe entsteht, bildet sich zugleich ein dynamisches Beziehungsgeflecht. Gruppen sind niemals statisch.

Setzen Sie mehrere Personen zusammen in einen Raum und lassen Sie sie dann dort alleine. Immer werden die Personen sich gegenseitig beeinflussen, immer wird eine Dynamik entstehen, von der jedes Gruppenmitglied beeinflusst wird. Es gibt viele schöne Kammerspiele, die mit dieser Grunderfahrung spielen. (Ein faszinierendes Beispiel ist Sartres „Bei geschlossenen Türen".)

SOZIALER EINFLUSS: DER VERSUCH VON ASCH

Wie stark der Einfluss anderer auf uns ist, zeigt ein in der Sozialpsychologie sehr bekannt gewordener Versuch von Asch (Asch, 1955). Hierbei wurden sechs Personen in einem Raum zusammengebracht. Fünf davon waren zuvor vom Versuchsleiter instruiert worden, nur einer war eine echte Versuchsperson. Diese wusste das aber nicht. Sie dachte, alle sechs wären unwissend zusammengekommen.

Der Versuchsleiter zeigte in jedem Durchgang eine Tafel mit drei Linien, die in ihrer Länge deutlich sichtbar variierten.

Beispiel: A ________________________________

B _____________________

C _____________________________

Die sechs Personen wurden nun reihum gefragt, welche Linie ihrer Meinung nach der Länge einer vierten Vergleichslinie entsprechen würde. Absichtlich kam die einzige echte Versuchsperson als Letzte dran. In den ersten Durchgängen waren sich alle Personen in ihrem Urteil einig. Dann aber plötzlich änderte sich das Ganze. Die fünf fingierten Versuchspersonen gaben einheitlich eine objektiv falsche Antwort, etwa Linie C.

Vielleicht können Sie sich schon vorstellen, was daraufhin passierte. Über 70 % der Personen, mit denen dieser Versuch durchgeführt wurde, ließen sich in ihrem Urteil so stark verunsichern, dass sie daraufhin ebenfalls angaben, Linie C sei die Längste!

Man kann sich darüber streiten, ob diese mehr als 70 % sich nur nicht trauten, ihre Meinung zu sagen oder ob sie sogar an ihrer eigenen Wahrnehmung zweifelten und deshalb die falsche Antwort gaben. Gleichgültig, was stimmt, beides macht gleichermaßen deutlich, wie stark wir in unserem Verhalten von anderen Menschen bestimmt werden.

Neben der grundsätzlichen Tatsache, dass wir uns gegenseitig beeinflussen, sollten Sie als Trainer auch beachten, dass Mitglieder einer Gruppe häufig dazu tendieren, weniger Verantwortung zu übernehmen, als wenn sie auf sich allein gestellt sind. Es sind ja genug andere da, die das Notwendige machen können. Warum gerade ich? In der Psychologie wird dieser Effekt als „soziale Faulheit" bezeichnet.

Man kann statistisch zeigen (Ingham, Levinger, Graves & Peckham, 1974), dass bei einer Gruppengröße von sechs Personen die individuelle Leistung durchschnittlich um ca. 20 % nachlässt. Dieser Effekt tritt vor allem bei Mannschaften auf, wo die Leistung des Einzelnen nicht mehr klar messbar ist, also bevorzugt bei Leistungen wie im Rudern oder im Mannschaftszeitfahren.

Anders als zum Beispiel beim Teamspringen des Skifliegens, wo die Einzelleistungen addiert werden, ergibt sich das Mannschaftsergebnis bei diesen Disziplinen aus einer nicht genau auf den Einzelnen zurückführbaren Leistung aller zusammen. Sie können nicht feststellen, welcher Radfahrer wie viel zum Endergebnis beigetragen hat.

Im Ballsport ist das schon etwas besser erfassbar, etwa über gewonnene Zweikämpfe, Trefferzahlen, Assists usw. Deshalb wird im Ballsport das Phänomen der „sozialen Faulheit" nur in begrenztem Rahmen auftreten.

Viele Menschen haben zudem Angst, in einer Gruppe zu sehr aufzufallen. Lieber halten sie sich etwas mehr zurück. Beides aber, die „soziale Faulheit" wie auch die Angst vor dem Auffallen, gereicht einer Sportmannschaft zum Nachteil. Sie brauchen es als Trainer, dass jeder Athlet bereit ist, innerhalb seiner ihm zugedachten Aufgabe die volle Verantwortung zum Wohle der Mannschaft zu übernehmen und sich ganz einzusetzen, auch auf die Gefahr hin, positiv (oder negativ, z. B. durch einen folgenschweren Fehler) herauszuragen.

Das erfordert natürlich von den Spielern ein hohes Maß an Selbstvertrauen und mir ist bewusst, dass viele Athleten das nicht mitbringen. Deshalb ist es wichtig, dass Sie als Trainer langfristig das individuelle Selbstbewusstsein fördern. Dies erreichen Sie, indem Sie den Athleten Erfolgserlebnisse verschaffen, indem Sie ihnen ein Gefühl der Fähigkeit und Wertigkeit vermitteln und indem Sie immer wieder ihre Stärken herausstellen.

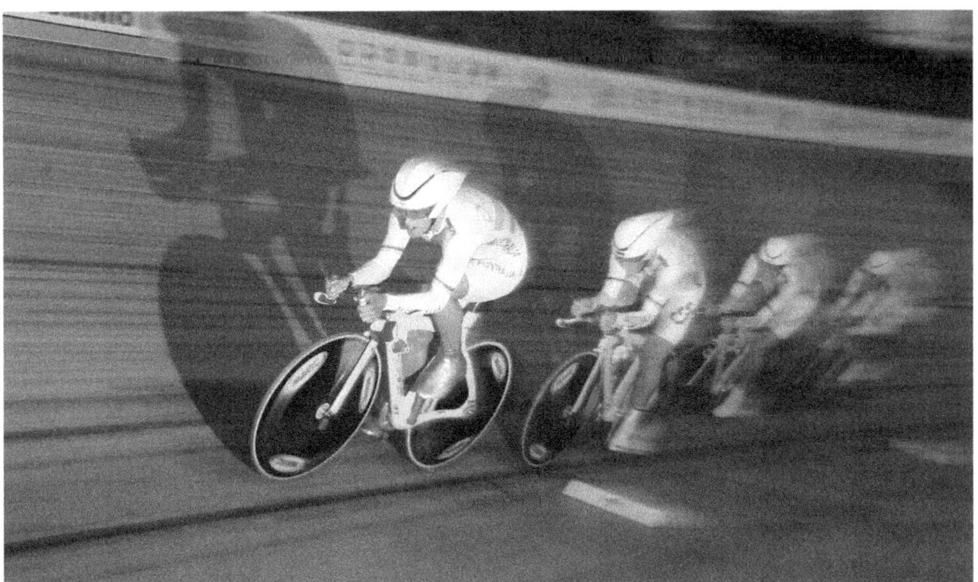

Bei Mannschaften wie dem Bahnvierer ist die Gefahr der „sozialen Faulheit" zu beachten.

3.8 Konformität kontra Individualität

„Die Kosten, die in einem erfolgreichen Team jedes einzelne Mitglied tragen muss, sind sehr hoch. Am Ende einer Teamreise werden sie aber durch eine viel höhere Auszahlung gerechtfertigt." Ralph Krueger (2001)

Auf die meisten Menschen wirkt eine Gruppe so, dass sie versuchen, die Anerkennung der Gruppe zu erhalten. Die Folge ist, dass sie sich anpassen. Wir geben also in der Regel ein Stück unserer Individualität auf, um Zugehörigkeit zu einem größeren Ganzen zu gewinnen. Das ist normal und es ist auch so, dass eine Gruppe diese Bereitschaft des Einzelnen, etwas Eigenes zu Gunsten der Gruppe zu opfern, benötigt. Dieses Opfer des Einzelnen bildet die Grundlage für den Erfolg eines Teams.

Das Wunder des Teams: Jeder gibt etwas und am Ende haben alle mehr.

Jedoch, wie (fast) immer im Leben, gibt es auch ein Zuviel. Wenn eine Gruppe vom Einzelnen zu viel Opferbereitschaft fordert, hat das negative Konsequenzen. (Totalitäre Systeme sind ein Beispiel für die negativen Folgen eines übertriebenen Konformitätsdrucks). Vielmehr muss der Einzelne seinen Beitrag „gerne" leisten.

Damit meine ich, dass es ihm notwendig und sinnvoll erscheinen muss. Wenn das nicht gegeben ist, wenn ich also das Gefühl habe, etwas geben zu müssen, was ich nicht geben will, dann erzeugt das in mir Widerstand.

Wir Psychologen sprechen dann vom **Reaktanzphänomen**. Damit ist die Beobachtung gemeint, dass Menschen, wenn sie sich zu sehr unter Druck gesetzt fühlen, aus dieser Drucksituation ausbrechen, etwa, indem sie genau das Gegenteil des Geforderten tun. Bei Kindern kann man das sehr schön beobachten. Wie oft machen sie genau das Gegenteil von dem, was ihre Eltern sagen. (Wobei es für das „widerspenstige" Verhalten bei Jugendlichen zusätzlich den Grund gibt, dass sie sich über den Widerstand von den Älteren emanzipieren und ihre neue Rolle finden.)

Die Kunst innerhalb jeder Gruppe besteht also darin, ein ausgewogenes Maß zwischen der erforderlichen Konformität (z. B. einheitliche Spielkleidung, pünktliches Erscheinen am Treffpunkt, Einhaltung eines taktischen Grundkonzepts) und der persönlichen Individualität herzustellen. Erst die Individualität erlaubt Kreativität, aber ein gewisses Maß an Disziplin ist ebenso erforderlich.

Sehr schön verdeutlichen lässt sich dieses Spannungsfeld bei der Thematik der Zielsetzung. Jeder Spieler hat mannschaftliche und individuelle Ziele. Vielleicht will er mit der Mannschaft aufsteigen und selbst in die Landesauswahl berufen werden. Nicht immer sind diese Ziele aber miteinander vereinbar. Bei dem gerade genannten Beispiel mag das noch einfach sein. Wenn er gute Leistungen in der Vereinsmannschaft bringt, wird diese mehr Erfolg haben.

Das wiederum führt dazu, dass der Verbandstrainer auf ihn als Mitglied dieser erfolgreichen Mannschaft eher aufmerksam wird. So weit, so gut. Was aber geschieht, wenn zum Beispiel ein Stürmer das persönliche Ziel hat, in der Saison 20 Tore zu erzielen? Besteht dann nicht die Gefahr, dass er darauf fixiert ist, in offensiven Spielsituationen selbst den Abschluss zu suchen, anstatt den Ball zum besser postierten Mitspieler zu passen? Für die Mannschaft ist es egal, wer das Tor erzielt, Hauptsache, es wird erzielt. Es ist also wichtig, dass die individuellen Ziele mit dem Mannschaftsziel vereinbar sind. Die Mannschaft braucht es, dass der Einzelne individuelle Ziele hat. (Ich gehe sogar so weit, zu behaupten, dass das Team den Einzelnen bei der Erreichung seiner Ziele unterstützen muss, zumindest so weit das mit der eigenen Zielsetzung vereinbar ist.) Aber das Ziel der Mannschaft steht immer über den Zielen des Einzelnen! Wer das nicht verstanden hat, ist im Mannschaftssport falsch. Wie sagt der Erfolgscoach Ralph Krueger (2001) dazu so schön:

> *„Ein Teamspieler fragt: Was ist das Beste für die Mannschaft? Und tut es!"*

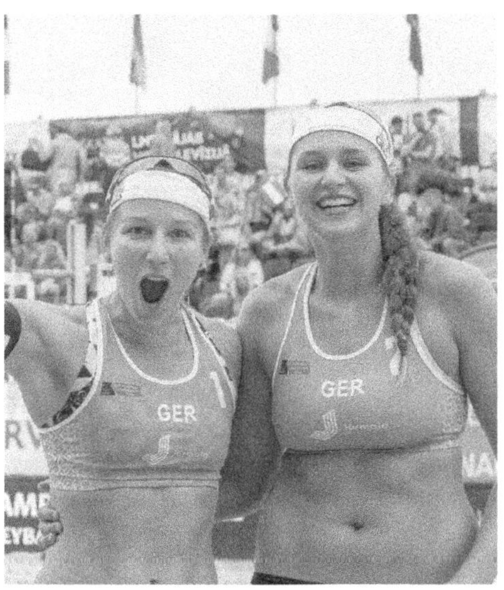

Wie viel Konformität benötigt ein Team?

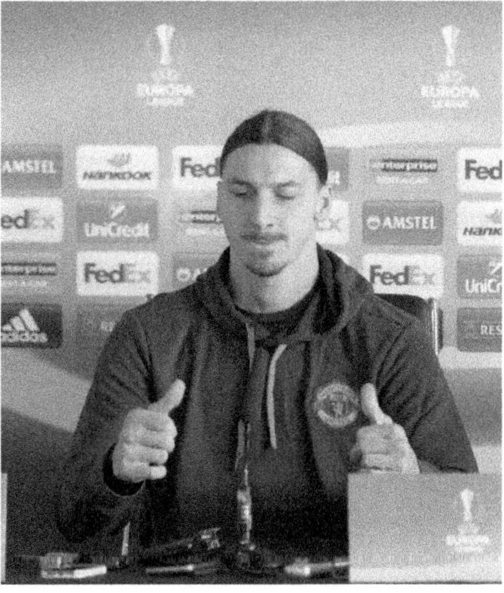

Wie viel Individualität erlaubt ein Team?

Der Trainer als Führungsperson

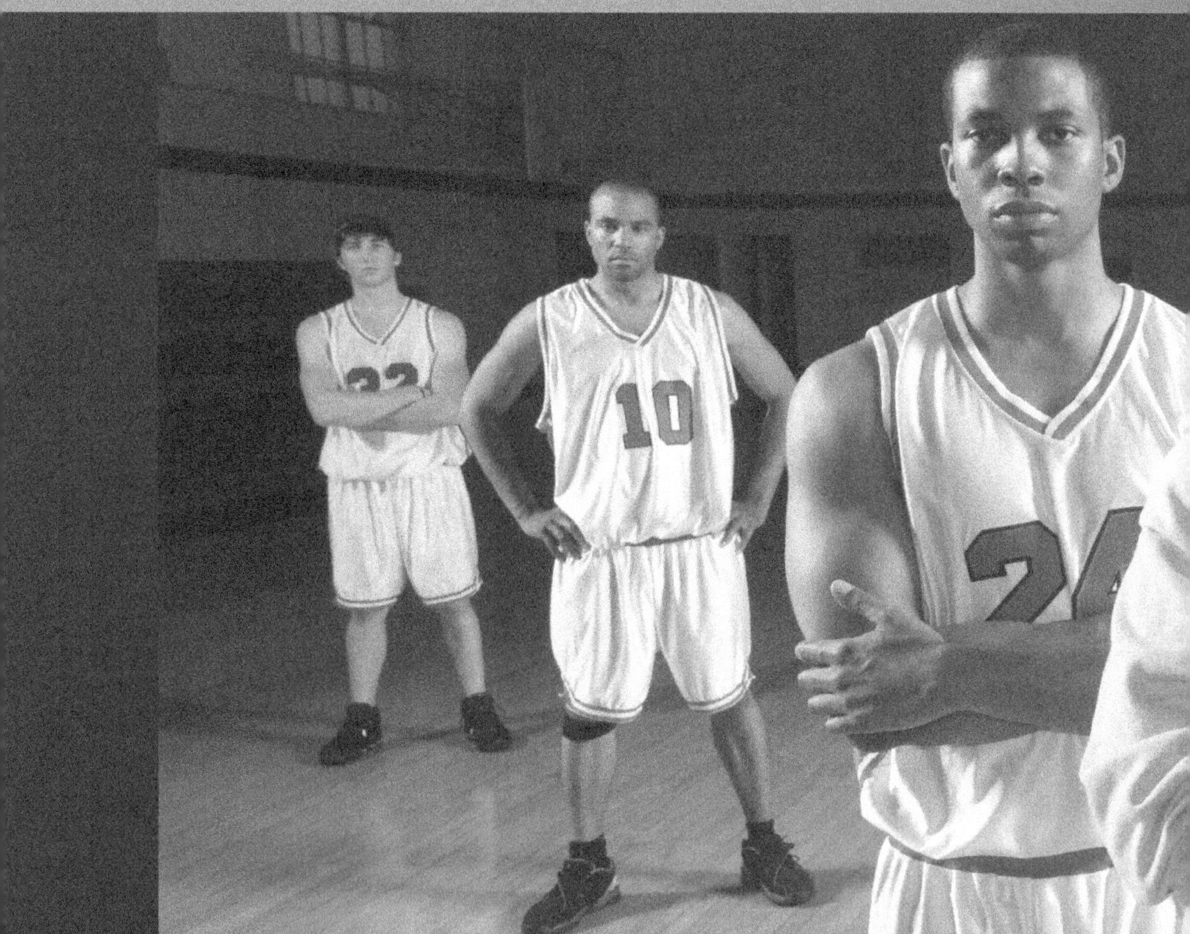

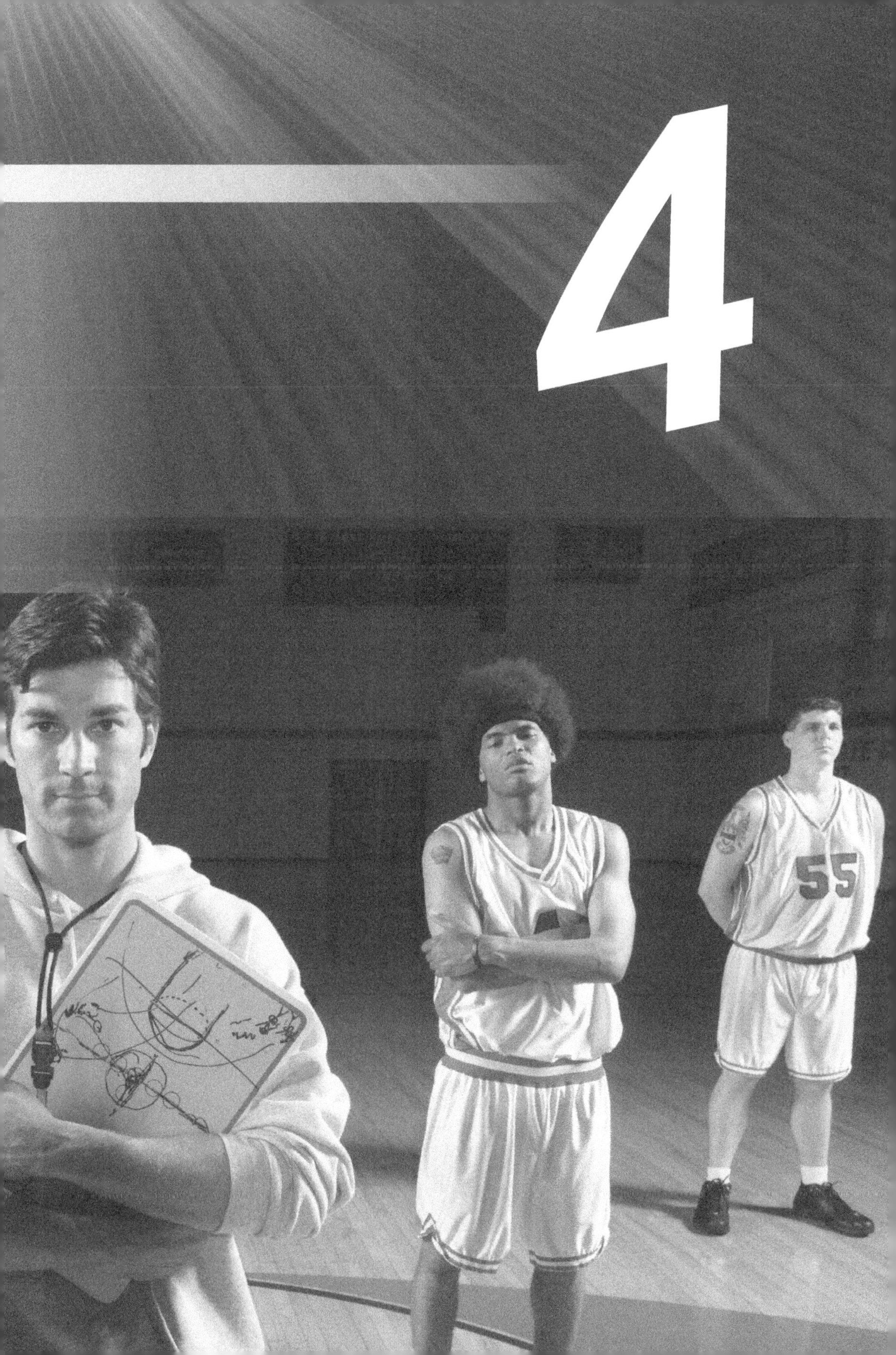
4
55

4 Der Trainer als Führungsperson

Lassen Sie mich zur Einführung eine kurze Geschichte erzählen: Vor einiger Zeit hatte meine Frau mit ihrem Chor Wandertag. Einige Chormitglieder hatten die Vorbereitung des Tages übernommen, für das anschließende Grillen eingekauft usw. Sie hatten auch eine Wanderroute ausgesucht, doch auf Grund des nassen Wetters erwies sich diese als ungeeignet. Deshalb wurde spontan beschlossen, einen anderen Weg zu nehmen. So gingen wir los.

Schnell zeigte sich ein Problem. Diese Alternativroute war nicht ausgearbeitet worden. Immer, wenn wir an eine Abzweigung kamen, entstand deshalb eine kurze Diskussion, welchen Weg wir nun nehmen wollten. Dabei versäumten es die Organisatoren, die Führung zu übernehmen. So entschied mal der eine, mal die andere, wie es weiterginge.

Zunehmend wurde der Marsch angesichts dieses Führungsvakuums gelähmt. Das Resultat war schließlich, dass nach zwei Dritteln der Wegstrecke ich, der eigentlich nur dazugekommene Gast, kurz entschlossen das Zepter übernahm. Von nun an lief die gesamte Gruppe den Rest des Weges zügig und ohne weitere Diskussionen bis zu unserem Ziel.

4.1
Grundregeln der Führung

Indem ich Ihnen diese Geschichte erzähle, will ich nicht meine Führungsqualitäten rühmen. Mir ist auch bewusst, dass die Begebenheit auf den ersten Blick nichts mit Sport zu tun hat. Aber das Schöne an ihr ist, dass sich in diesem Erlebnis drei einfache Regeln und Mechanismen zur Führungsthematik aufzeigen lassen:

1. Eine Gruppe braucht Führung.

Ohne Führung kann eine Gruppe nicht ihr Ziel erreichen. Wenn niemand sagt, wo es langgeht, wohin bewegt sich dann das Team? Bewegt es sich überhaupt? Umso eindeutiger die Führungsperson ihre Aufgaben wahrnimmt, desto leichter erreicht die Gruppe ihr Ziel.

2. Wenn niemand die Führung übernimmt, entsteht ein Führungsvakuum. Dieses wird sich zwangsläufig früher oder später füllen.

Jedes Vakuum erzeugt einen Sog, weil es sich füllen will. Wenn nicht dazu fähige Menschen die Führungsposition übernehmen, werden das andere tun. Und das sind nicht immer Menschen mit guten Gesinnungen und Zielen. Es entsteht dadurch die Möglichkeit, dass Menschen an Einfluss gewinnen, die zweifelhafte Interessen vertreten.

Sie als Trainer sind eine Führungsperson. Genau genommen sind Sie die Führungsperson Ihrer Mannschaft. Sie haben diese Aufgabe übernommen, also ist es wichtig, dass Sie Ihren Job auch ausfüllen. Sie tragen damit eine besondere Verantwortung. Das gibt Ihnen Macht. Zugleich ist diese Macht mit der Verpflichtung verbunden, sie zum Wohle der Gruppe auszuüben. Daraus ergibt sich die dritte Regel:

3. Führen bedeutet, Verantwortung für die Gruppe zu übernehmen und Entscheidungen zu treffen.

Als Führungsperson übernehmen Sie Verantwortung für das Wohl der Gruppe. Die Entscheidungen, welche Sie treffen, sollten sich danach ausrichten, was gut für die Gruppe ist, nicht für den Einzelnen. Wichtig ist, dass Sie den Mut haben, Entscheidungen zu treffen, auch wenn diese manchmal unpopulär sind. Sie können es nicht jedem Spieler recht machen und langfristige Vorteile kosten kurzfristig möglicherweise einen Preis, den nicht jeder Einzelne gerne zahlt. Aber das darf Sie nicht an Ihren Entscheidungen hindern.

4.2 Führungsstile

Wenn man über Führung schreibt, dann muss man auch auf die Frage des Führungsstils eingehen. Ich selbst bewerte diesen Punkt nicht allzu hoch, da ich kaum noch Trainer antreffe, die in ihrem Verhalten eindeutig einem bestimmten Führungsstil zuzuordnen sind.

Die Erkenntnis, dass es je nach Situation wichtig ist, stärker oder weniger stark bestimmend aufzutreten, ist den meisten Trainern inzwischen geläufig. Wir sprechen hierbei von einem situativen Führungsstil (siehe z.B. Neuberger 2002). Das klassische Konzept des festen Führungsstils scheint mir deshalb aus einer Zeit zu stammen, die nicht mehr dem gegenwärtigen Stand entspricht. Aber es lohnt dennoch, in den Grundzügen darauf einzugehen, weil sich hierin eine Orientierung für das eigene Verhalten finden lässt.

Die meisten Leser werden inzwischen schon davon gehört haben, dass traditionell zwischen drei grundlegenden Führungsstilen unterschieden wird (oder besser gesagt wurde). Man spricht vom **autoritären**, vom **demokratischen** (auch kooperativ genannt) und vom **Laisser-faire**-Führungsstil. Letzterer hat in den beiden vergangenen Jahrzehnten an Bedeutung verloren, nachdem man in der Pädagogik der 68er-Generation zunächst stark auf diesen Erziehungsstil gesetzt hatte, dann aber feststellen musste, dass er keineswegs dem Wohle der Kinder diente. Im Sport spielt er nach meiner Erfahrung inzwischen keine Rolle mehr. Ich werde deshalb im Text nicht weiter auf ihn eingehen.

Die beiden anderen Führungsstile spielen jedoch nach wie vor eine große Rolle. Der autoritäre Trainer lässt keine Mitbestimmung zu. Er gibt vor, was getan wird und was nicht. Die Spieler sind Ausführende seiner Kommandos. Damit trägt der Trainer zugleich die volle Verantwortung für die Leistungen der Mannschaft. Häufig ist ein solcher Führungsstil mit Strenge gepaart. Typische Beispiele für diese Ausrichtung dürften Max Merkel und Werner Lorant gewesen sein.

Der demokratische Führer dagegen bezieht die Spieler in seine Entscheidungen mit ein. Er setzt auf Austausch und Dialog und wünscht vom Einzelnen ein größeres Maß an Selbstbestimmung und Verantwortung.

Beide Führungsstile haben ihre Vor- und Nachteile. Man kann zeigen, dass ein autoritärer Führungsstil vor allem in Krisensituationen Vorteile bietet, wenn der Druck sehr groß ist oder die Zeit für Entscheidungen nur gering ausfällt. Nicht zufällig haben alle Armeen der Welt eine extrem hierarchisch und autoritär ausgeprägte Führungsstruktur. Armeen dienen dazu, Krieg zu führen und im Krieg brauche ich eine klare Führung. Da kann ich nicht erst anfangen zu diskutieren, ob ich angreifen soll oder nicht.

Auch auf gefährlichen Entdeckungstouren, etwa bei Besteigungen der höchsten Berge, bei Seefahrten zur Entdeckung neuer Kontinente oder bei Antarktisexpeditionen, gab es immer eine autoritäre Führung. Bei den dabei auftretenden Krisen konnte nur eine solche Führung das Überleben der gesamten Gruppe garantieren.

Im Sport bedeutet das, dass Sie als Trainer stärker autoritär handeln müssen, wenn Ihr Team sich in einer kritischen Phase befindet, oder wenn sich ein Spiel der Entscheidung nähert.

Demokratische Führung dagegen hat den Vorteil, dass sie die Kreativität des Einzelnen fördert und zu mehr Zufriedenheit in der Gruppe führt. Diesen Führungsstil sollten Sie verstärkt verwenden, wenn Ihre Situation es erlaubt, wenn also die Leistungen zufrieden stellend sind und derzeit keine größere Gefahr droht.

Es geht also nicht darum, sich für einen Führungsstil zu entscheiden. Als Trainer sollte es Ihnen im Idealfall möglich sein, auf der gesamten Klaviatur der Möglichkeiten zu spielen. So wie zum Beispiel Thomas Tuchel, der einmal in einem Interview äußerte: „Ich stehe für einen kommunikativen Führungsstil. Ich verstehe mich als Fußballlehrer, der klare Vorstellungen von Training und Spiel hat. Und diese Vorstellungen pedantisch und konsequent durchgesetzt haben möchte. Ich vertraue Spielern, nehme sie mit ins Boot. Wenn sie bereit sind, sich dem gemeinsamen Ziel zu verschreiben." In diesem Zitat sieht man schon beide Stile enthalten.

Dass ein Trainer beide Spielarten der Führung beherrscht, ist nicht selbstverständlich. In der Fußballbundesliga sieht man eine Reihe von Trainern, denen das nicht gut gelingt.

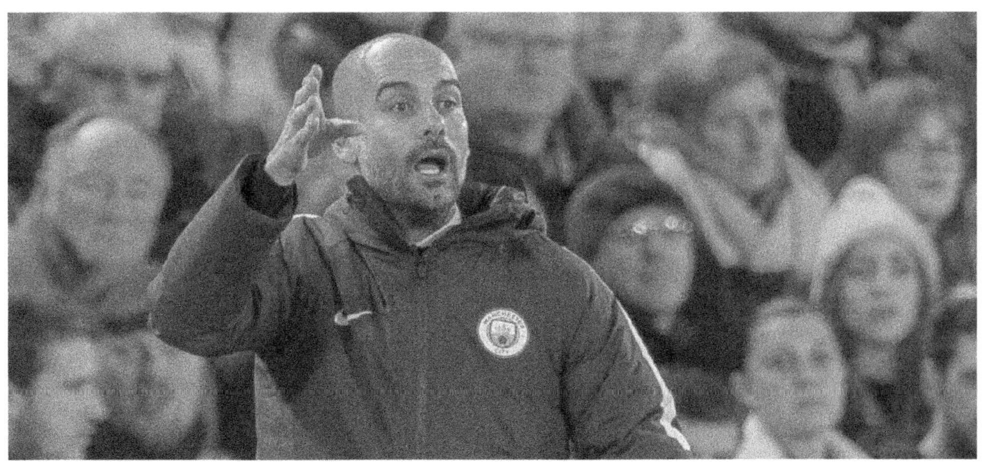

Klaus Toppmöller z. B. hatte, so scheint es zumindest von außen betrachtet, Probleme damit, autoritär aufzutreten. Felix Magath dagegen sagte man lange nach, er sei zu autoritär. (In der Hockeybundesliga ist es 2002 sogar so weit gekommen, dass eine Mannschaft die Ablösung ihres Trainers erwirkt hat, weil der zu wenig mit harter Hand führte). Das Problem für Sie als Trainer besteht darin, dass Sie niemals aus Ihrer Haut können. Sie können nur der sein, der Sie sind. Selbst wenn Sie wissen, dass es wichtig ist, manchmal das Zepter fest in die Hand zu nehmen, so wird Ihnen das möglicherweise nicht in ausreichendem Maße gelingen, wenn Sie ein sehr kollegialer Typ sind. Umgekehrt gilt das natürlich genauso.

Ich will hier kein festes Schema für einen erfolgreichen Trainer beschreiben. In meinen Augen werden Sie als Trainer nur dann überzeugend arbeiten können, wenn Sie sich selbst treu bleiben. Sind Sie also eher ein „Kumpeltyp", dann verhalten Sie sich auch so und spielen Sie nicht den Feldherrn. Wenn Ihre Stärke in der autoritären Führung einer Mannschaft liegt, dann brauchen Sie nicht den Spielern die Entscheidungen zu überlassen. Es geht mir nur darum, dass Sie die Schwächen Ihrer Führung erkennen und im Rahmen Ihrer Möglichkeiten Ihr Verhaltensrepertoire erweitern.

4.3 Führung braucht Vertrauen

Gleichgültig, welcher Führungstyp Sie sind, eines bildet immer die Grundlage Ihrer Aufgabe: Sie müssen sich das Vertrauen Ihrer Schützlinge erwerben. Wenn Sie die weiter unten beschriebene Übung „Führen und führen lassen" (S. 43) einmal am eigenen Leib ausprobiert haben, dann werden Sie spüren, dass Führung nur dann gelingt, wenn die Führungsperson das Vertrauen der anderen besitzt. Ohne Vertrauen wird Ihnen niemand gerne folgen. Spätestens in kritischen Phasen werden die anderen meutern und Ihren Führungsanspruch ablehnen. Das ist schon in der Hundeerziehung so. Ein Hund akzeptiert die Rudelführung seines Herrchens nur, wenn er ihm vertrauen kann. Ansonsten wird er bald seinen eigenen Impulsen folgen und glauben, dass er es besser kann. Bei uns Menschen verhält sich das nicht anders, auch wenn wir unsere Natur eine Zeit lang besser verbergen können.

Wie aber gewinnen Sie das Vertrauen Ihrer Mannschaft? Zunächst ist es in der Regel so, dass Ihnen auf Grund Ihrer Ausbildung, Ihrer Erfahrung, Ihres Alters und Ihrer Funktion ein Vertrauensvorschuss gewährt wird. In der Politik und in der Wirtschaft spricht man gerne von der 100-Tage-Regel. Gemeint ist der Zeitraum, der einem neu ins Amt gekommenen Entscheidungsträger eingeräumt wird, um sich auf seinem Posten zurechtzufinden. Danach aber gilt das simple Gesetz: Vertrauen muss man sich erwerben. Das geschieht vorwiegend durch unser Handeln. Wenn unsere Untergebenen erleben, dass unsere Handlungen fundiert sind und dass sie bei uns gut aufgehoben sind, dann gewinnen wir ihr Vertrauen.

Sie können Vertrauen nicht herbeireden. Das kann man zum Beispiel schön in einer Partnerschaft erleben, wenn einer der beiden fremdgeht. Der betrogene Partner wird dem anderen eine lange Zeit misstrauen, da sein Vertrauen tief verletzt wurde. Es genügt in diesem Falle nicht, zu beteuern, man würde es ganz sicher nicht wieder tun. Wie kann Ihnen der andere glauben, wo Sie doch Ihr Wort schon einmal gebrochen haben? (Sicher kennen Sie das Sprichwort: „Wer einmal lügt, dem traut man nicht, und wenn er auch die Wahrheit spricht.") Erst wenn der betrogene Partner über lange Zeit die Erfahrung gemacht hat, dass der andere es ernst meint, kann das Vertrauen zurückkehren.

Vertrauen entsteht durch Erfahrung.

Wenn Sie also erreichen wollen, dass Ihre Mannschaft Ihnen vertraut, müssen Sie den Spielern erfahrbar machen, dass Sie als Führer vertrauenswürdig sind. Das Gleiche gilt, wenn Sie das Vertrauen der Athleten untereinander fördern wollen. Die beiden folgenden Übungen beinhalten eine gute Möglichkeit, solche Erfahrungen zu fördern.

ÜBUNG 2: DAS MANNSCHAFTSNETZ

Lassen Sie die Mannschaft in einem Kreis stehen. Damit die Übung gelingt, sollte der Kreis aus mindestens acht und maximal 15 Personen bestehen. Wenn Ihr Kader größer ist, bilden Sie einfach zwei Gruppen. Sorgen Sie dafür, dass der Kreis schön eng ist. Auch für diese Übung gilt Redeverbot! Dadurch wird die Tiefe der Erfahrung gesteigert. Außerdem verhindern Sie so, dass dumme Bemerkungen zu einer Verunsicherung des Einzelnen führen. Ich habe es oft genug erlebt, dass Teilnehmer ihre Unsicherheit durch solche Bemerkungen überspielen wollen. Dem Prozess aber schadet das.

Jetzt darf ein Spieler in die Mitte des Kreises kommen und die Augen schließen. Wenn er sich so weit fühlt, lässt er sich langsam nach hinten kippen. Der oder die Mitspieler, auf die er zufällt, fangen ihn mit leicht vorgestreckten Armen auf. Es ist wichtig, dass sie mit dem Körper hinter den kippenden Spieler gehen, damit sie das Gewicht gut auffangen können. Jetzt geben sie ihm einen leichten Impuls in eine andere Richtung und der Spieler fällt so nach vorne oder zur Seite.

Setzen Sie diesen Prozess für 1-2 Minuten fort. In der Regel wird es dem blinden Athleten in der Mitte gelingen, sich immer besser in die Übung hineinzuversetzen. Anfangs kostet es oftmals Überwindung und viele sind auch zuerst recht steif. Aber wenn die Gruppe vorsichtig mit ihnen umgeht, bekommen die meisten viel Spaß an dieser Übung.

Ihre Aufgabe als Trainer besteht darin, dafür zu sorgen, dass die Spieler im Kreis kein unnötiges Risiko eingehen. Gemeinsam kann man später auch Stück für Stück den Radius erhöhen, solange man sich immer noch dabei sicher fühlt. Wenn der Spieler in der Mitte genug hat, kehrt er zurück in den Kreis und ein anderer Athlet tritt in die Mitte.

ÜBUNG 3: PARTNERÜBUNG „FÜHREN UND FÜHREN LASSEN"

Achtung: Diese Übung sollte auf Freiwilligkeit beruhen. Wenn jemand nicht in die Mitte will, sollte das akzeptiert werden!

Machen Sie mit Ihren Spielern eine einfache Übung (eine detaillierte Schilderung der Übung finden Sie bei Molcho, 1990). Teilen Sie sie in Zweiergruppen ein. Jedes Paar bestimmt nun einen von beiden, der die Führung übernehmen wird und einen, der sich führen lässt. Letzterer soll während der Übung die Augen schließen und sich dem anderen ganz anvertrauen.

Die Aufgabe für den Sehenden besteht darin, den Partner durch die Räume zu führen. Er fängt mit einfachen Wegen an und erhöht dann langsam die Schwierigkeit. Wenn die Verständigung gut klappt, kann er auch dazu übergehen, den blinden Partner über Stühle und unter Tischen herklettern zu lassen usw. Regel ist aber, dass es verboten ist, miteinander zu sprechen. Kommunikation ist nur über Körperkontakt möglich. Am einfachsten ist es, wenn Sie vorgeben, dass der Führende den Partner nur an einer Hand halten darf.

Bitte achten Sie darauf, dass Sie die Spieler gut instruieren. Weisen Sie besonders darauf hin, dass der Führende verantwortlich mit dem Partner umgeht und ihn nicht gegen Türrahmen, Stühle oder Ähnliches laufen lässt. Gerade Jungen neigen erfahrungsgemäß dazu, zu fahrlässig mit ihrer Aufgabe umzugehen oder sich aus der Abhängigkeit des anderen sogar einen Spaß zu machen. Wenn Sie das zulassen, erreichen Sie genau das Gegenteil von dem, was Sie erreichen wollten.

Die Paarübung birgt übrigens noch weitere Reize in sich. Sie lässt sich gut als Mittel einsetzen, um zwei bestimmte Spieler miteinander in Kontakt zu bringen. Das können Athleten sein, die sich bisher kaum kannten, oder zwei Spieler, die sich zuvor nicht richtig „grün" waren. Genauso bietet sie sich bei Athleten an, welche auf dem Spielfeld gut miteinander harmonieren müssen (z. B. die beiden Innenverteidiger, Kreisläufer und Anspieler usw.).

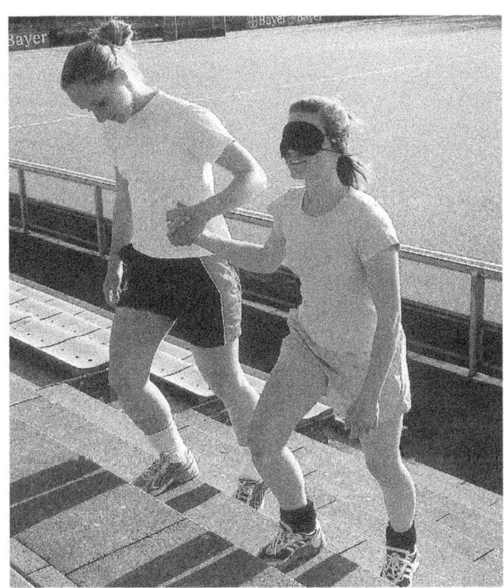
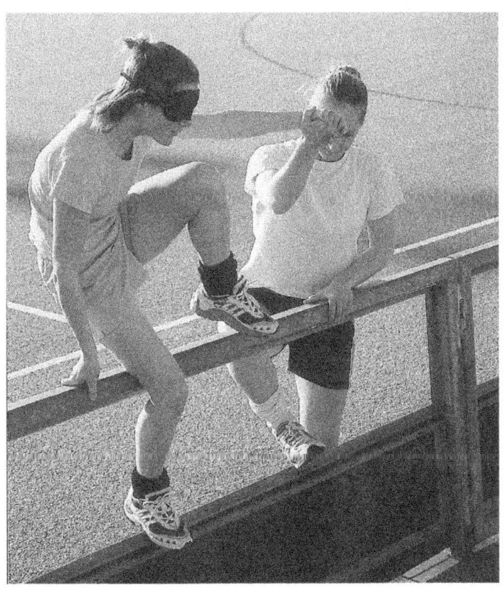

Schwierige Momente erfordern eine besonders sensible Führung.

4.4 Weitere Anforderungen an eine gelungene Führung

Die Paarübung zum Führen ist ein gutes Beispiel dafür, welchen Einfluss das Vertrauen auf das Gelingen des Prozesses hat. Sie macht aber noch weitere Faktoren deutlich, welche dazu beitragen, dass Führung gelingt.

Zunächst spielt es eine wichtige Rolle, dass der blinde Partner **sich überhaupt führen lässt**. Wenn er sich sperrt, etwa weil er auf Grund schlechter Erfahrungen sehr misstrauisch geworden ist, so können Sie sich anstrengen, wie Sie wollen, es wird nie etwas Brauchbares dabei herauskommen.

Ich hatte zum Beispiel in einer Fußballmannschaft einen jungen Spieler, der in einem Jugendheim groß geworden war. Dort hatte er gelernt, niemandem zu vertrauen und sich ganz alleine zu behaupten. Im Mannschaftssport bekam er mit dieser Haltung zwangsläufig immer wieder große Probleme. Er war nicht in der Lage, sich von älteren Spielern oder vom Trainer etwas sagen zu lassen. Am Ende blieb als einzige Möglichkeit, sich von ihm zu trennen, obwohl er sportlich sehr talentiert war.

Doch das ist sicher ein Einzelfall. In der Regel ist die Aufgabe zu führen die schwerere. Dies haben mir schon viele Athleten bestätigt, welche bei mir die Partner-übung in beiden Rollen wechselnd durchgeführt haben. Um sich führen zu lassen, braucht es am Anfang den größeren Schritt. Aber dann wird es leicht, denn man kann sich entspannen. Die Führungsperson aber muss immer konzentriert sein. Sie trägt die Verantwortung für beide! Das ist kein leichter Job. Unterschätzen Sie nicht diese Aufgabe.

Leichter fällt diese Aufgabe, wenn Sie als Führungsperson **klare Signale** setzen. Je deutlicher und unmissverständlicher Ihre Signale sind, desto besser kann der andere Ihnen folgen. Das erfordert natürlich eine innere Entschlossenheit und Klarheit, die manchen Menschen schwer fällt. Aber das ist eine wichtige Voraussetzung für das Gelingen.

Außerdem müssen Sie als Führender **ein Gespür für die Bedürfnisse des Geführten** entwickeln. Was können Sie ihm zumuten? Wie viel Sicherheit braucht er? Wann will er gefordert und wann geschont werden? Auf welche Signale reagiert er am besten und welche Aufgaben sind für ihn leicht bzw. schwierig? Das alles sollten Sie erspüren und in Ihr Vorgehen mit einfließen lassen. Wenn Sie den blinden Partner überfordern, löst das bei ihm Stress aus und führt dadurch zu Fehlern, welche wiederum das Vertrauen mindern. Als Trainer ist das ganz genauso. Brauchen Ihre Spieler nach einer Niederlage Druck oder eher Schutz? Brauchen sie eine Pause oder wollen sie mehr gefordert werden? Je nach Situation wird das sehr unterschiedlich sein und es ist für Ihren Erfolg als Trainer wichtig, dass Sie ein Gefühl dafür entwickeln.

Wenn Sie die Partnerübung zum Führen einmal ausprobiert haben, dann werden Sie erlebt haben, dass Sie als Führender **vorausschauend handeln** müssen. Wo lauern Gefahren? Was könnte sich als Schwierigkeit erweisen? Wo wird der andere eine besondere Hilfe benötigen und was ist für ihn eine willkommene Herausforderung? Alles das müssen sie schon im Voraus erfassen.

Als Trainer müssen Sie schon heute bedenken, was in der Saison passieren könnte. Die Spieler machen sich darüber wenig Gedanken, und das zu Recht. Deren Aufgabe besteht darin, sich ganz auf das jeweilige Spiel vorzubereiten. Sie als Trainer aber müssen schon weiter schauen.

Das Rotationsprinzip ist ein schönes Beispiel dafür. Ottmar. Hitzfeld übt die Funktion aus, zu planen, welcher Spieler wann am besten eine Pause bekommt. Er darf das nicht dem Zufall überlassen. Der Spieler aber sollte jedes Mal heiß darauf sein, heute zu spielen. Er wird sich ärgern, wenn er auf der Bank sitzt (wenn er sich nicht ärgert, sollte Ihnen das zu denken geben ...).

Last, not least gibt es noch etwas, was für eine gelungene Führung eine Rolle spielt. Bei aller Sorge um die anderen dürfen Sie **sich selbst nicht übersehen**. Wenn Sie in der Lage sind, für sich zu sorgen und ihre eigenen Bedürfnisse ernst zu nehmen, werden Sie das auch bei anderen können. Es ist richtig, dass Sie sich in den Dienst des Ganzen stellen müssen und dass Sie deshalb auf einige persönliche Wünsche verzichten müssen. Das geht übrigens niemandem in der Gruppe anders.

Aber Sie sind genauso wichtig wie jeder andere. Sie haben die gleichen Rechte. Auch Sie brauchen manchmal eine Auszeit, auch Sie dürfen mal ungerecht sein, auch Sie sind nur ein Mensch. Bei allem, was ich zuvor als Bedingung für eine gute Führung genannt habe, ist es also wichtig, dass Sie die 90 %-Regel beachten. Es genügt, wenn Sie Ihren Job zu 90 % gut machen!

Einem Coach, mit dem ich lange zusammengearbeitet habe, habe ich diese Regel sogar als 70 %-Regel dargestellt, weil er von seinem Naturell her ein extremer Perfektionist war. Seien Sie also auch gut zu sich selbst, es wird Ihren Führungsqualitäten nicht schaden, im Gegenteil.

Zum Abschluss dieses Kapitels möchte ich ergänzen, was der von mir mehrfach zitierte Ralph Krueger als die 10 Regeln der Führung benannt hat. Sie werden sehen, dass er dabei manche Dinge nennt, die das von mir Gesagte ergänzen. Eine ausführlichere Darstellung finden Sie in seinem lesenswerten Buch „Teamlife“ (Krueger, 2001).

10 REGELN DER FÜHRUNG (NACH: KRUEGER, 2001)

1. Visionen
2. Ausgearbeitete Pläne
3. Energie
4. Das gute Beispiel sein
5. Klare Rollenverteilung
6. Offene Kommunikation
7. Schnelle Konfliktlösung
8. An Grenzen führen
9. Den Respekt der anderen erwerben
10. Natürlichkeit

Gehirngerechtes Coaching

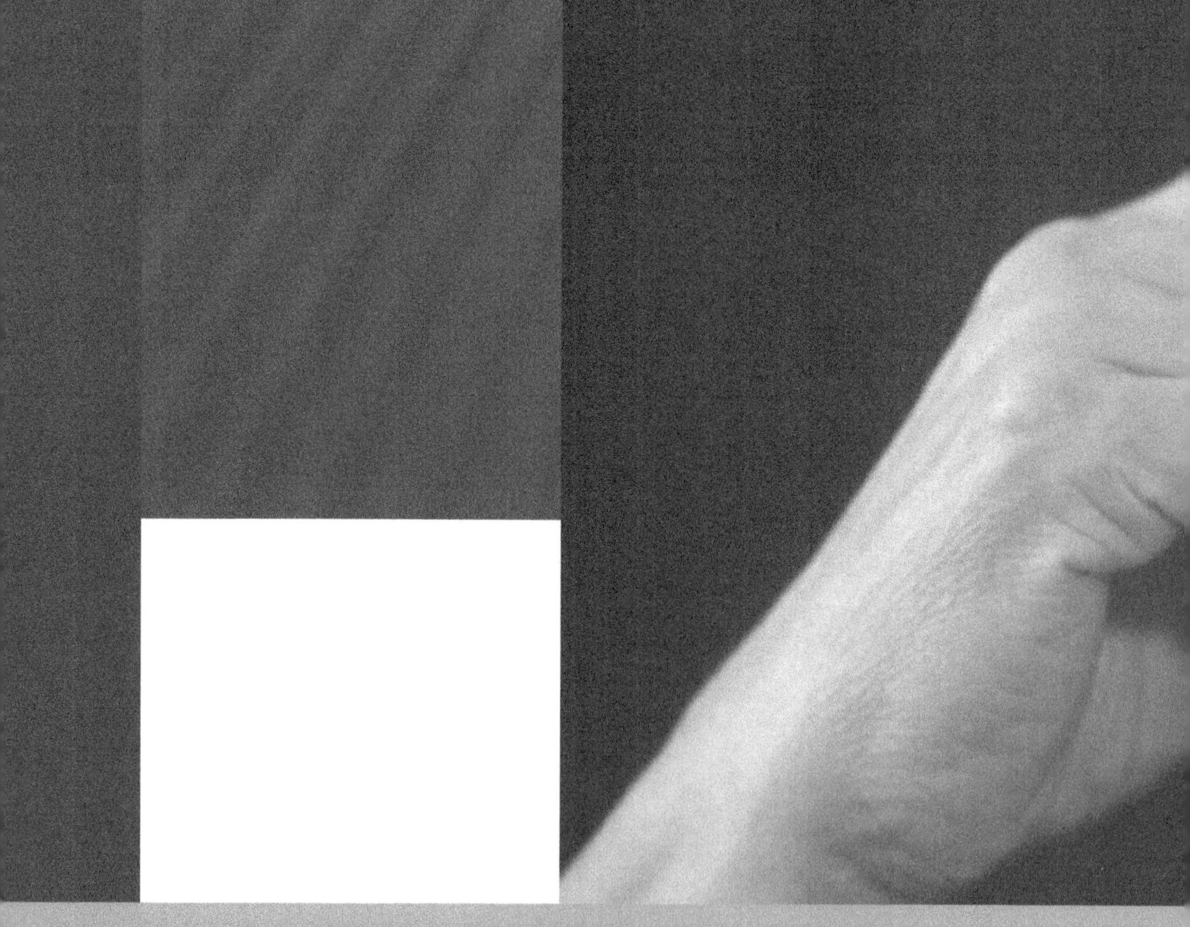

5

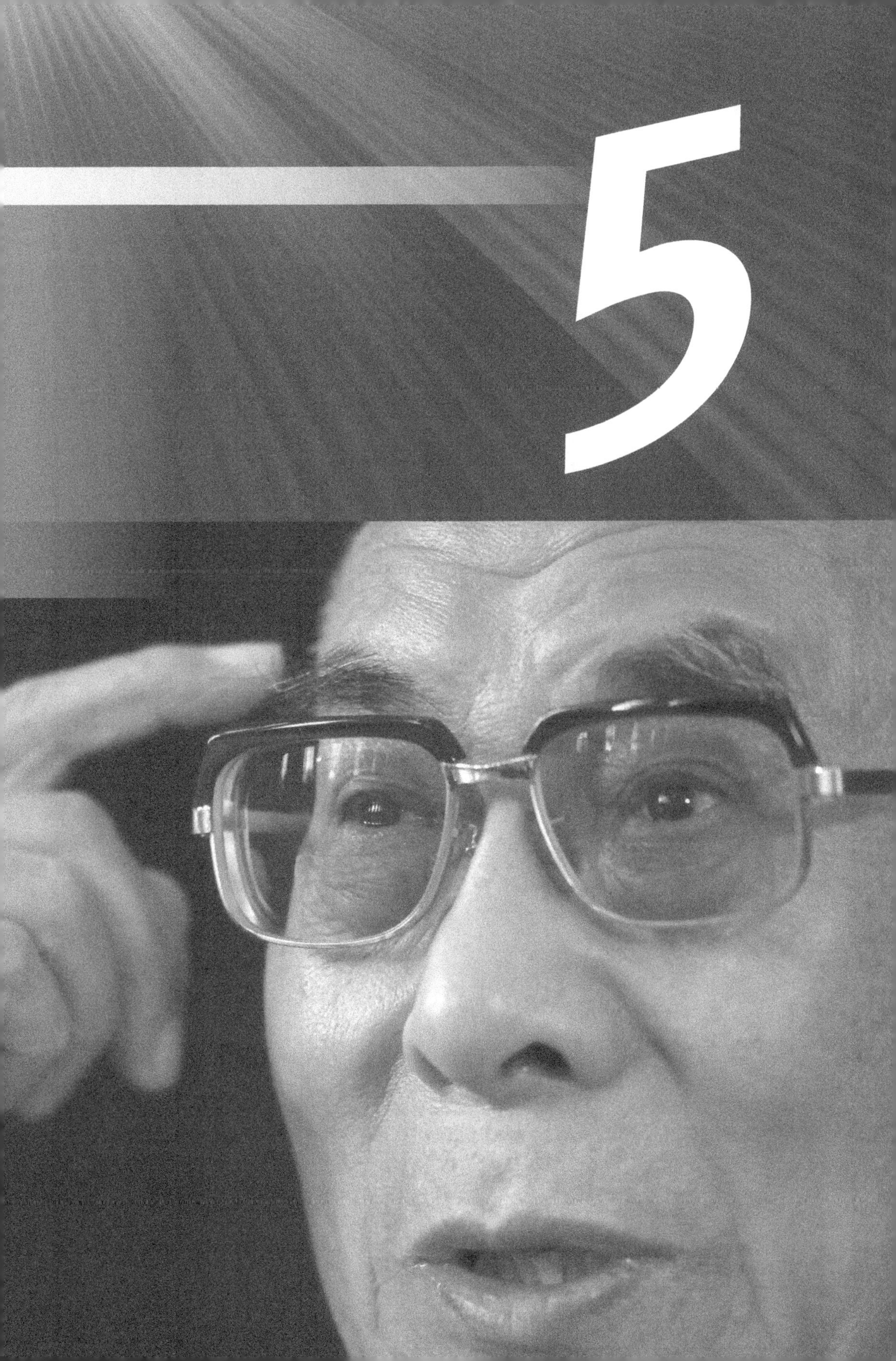

5 Gehirngerechtes Coaching

Um verstehen zu können, wie Sie Ihr Coaching gestalten müssen, damit es den Anforderungen des menschlichen Gehirns gerecht wird, ist es zunächst sinnvoll, ein Bild von der Funktionsweise unseres Gehirns zu gewinnen. Dazu ist es zuallererst notwendig, sich mit der Wahrnehmung als Prozess der Informationsaufnahme zu beschäftigen.

5.1 Wahrnehmung als Vereinfachung der Welt

In jedem Augenblick Ihres Lebens dringt eine Unmenge von Sinneseindrücken auf Sie ein. Ständig senden Ihre Augen, Ohren, Ihre Haut, Ihre Nase, Ihre Geschmacksknospen und Ihr Gleichgewichtsorgan Tausende von Reizen an Ihr Gehirn. Wollten Sie diese Eindrücke alle bewusst wahrnehmen und verarbeiten, wären Sie heillos überfordert.

Deswegen ist unser Wahrnehmungssystem so eingerichtet, dass es schon auf der einfachsten Ebene, also z. B. direkt auf der Netzhaut des Auges, die Informationsmenge drastisch reduziert. Bevor überhaupt ein Impuls beim Gehirn ankommt, sind schon mehrere Prozesse der Zusammenfassung und Auswertung vorangegangen. Auch im Gehirn finden auf der unterbewussten Ebene weitere Vorgänge statt, die die Welt für Sie vereinfachen, damit Sie sich am Ende auf das für Sie Bedeutsame konzentrieren können.

Machen wir uns das an zwei Beispielen deutlich. Wenn ich Sie jetzt auffordere, sich auf das Gefühl in Ihrem linken Ohr zu konzentrieren, dann fällt Ihnen das leicht. Aber mal ehrlich: Haben Sie eine Sekunde zuvor dieses Gefühl wahrgenommen? Wohl kaum. Und wie ist es mit dem Wärmegefühl im rechten Oberschenkel? Oder mit dem leisen Geräusch Ihrer Halogenlampe? Sie sehen, wenn Sie sich auf das Lesen des Buchs konzentrieren, blenden Sie ganz viele andere Sinneseindrücke aus. Und das ist gut so. Denn diese Sinnesreize befinden sich in einem normalen Toleranzrahmen. Anders wäre das, wenn Ihre Füße ganz kalt wären oder Sie plötzlich einen Schmerz im Ohr empfänden.

Bedeutsame Reize mit einem starken Aufforderungscharakter dringen umgehend zu uns durch. Sie müssen wir beachten. Das andere aber können wir vernachlässigen, da es derzeit für uns unwichtig ist.

Ein anderes Beispiel: Was sehen Sie in *Abbildung 2* Antworten Sie spontan und ohne nachzudenken.

Abb. 2: Das optische Quadrat

Fast alle Menschen antworten auf diese Frage: ein Quadrat. Genau, das ist es auch. Oder etwa nicht? Wenn Sie genau hinsehen, bemerken Sie vielleicht, das nur vier Striche abgebildet sind. Warum sehen Sie dann ein Quadrat? Weil es für Sie mehr Sinn macht! Was bedeuten für Sie schon vier Striche, die irgendwo im Raum herumstehen?

Ein Quadrat aber ist eine wesentlich interessantere Form. Sie kann vielerlei Bedeutungen haben, etwa die eine Hälfte eines Spielfelds, eine Schachtel, ein Rahmen ... Wir organisieren unsere Wahrnehmung also nach dem Kontext, nach ihrer möglichen Bedeutung im Zusammenhang.

Die Psychologen sagen dazu: Wir formen unsere Wahrnehmung nach „Gestalten". So ist es auch mit der Sprache, wenn Sie diesen Text lesen. Sie sehen direkt die Worte und nicht die einzelnen Buchstaben. Weil die Worte einen Sinn für Sie haben, eine „Gestalt" ergeben.

Diese beiden Beispiele haben Ihnen hoffentlich deutlich gemacht: Wahrnehmung ist niemals umfassend und niemals objektiv. Immer ist das Bild, welches sie gerade sehen, die Folge von Vereinfachungen, Zusammenfassungen und Interpretationen. Und das alles geschieht, ohne dass Sie es überhaupt mitbekommen oder dass Sie es verhindern könnten.

5.2
Der Einfluss von Stress auf die Wahrnehmung

Es stimmt aber nicht nur, dass wir ständig ein subjektives Bild von der Realität haben. Außerdem haben verschiedene Umstände starke Auswirkungen auf unsere Wahrnehmung. Das fängt schon mit ganz einfachen Dingen an.

Wenn Sie z. B. gerade einen blauen VW-Golf kaufen wollen, stellen Sie plötzlich überrascht fest, wie viele davon über unsere Straßen fahren. Das war Ihnen vorher gar nicht aufgefallen. Schwangere Frauen sehen plötzlich überall um sich herum andere Schwangere usw. Der Grund für dieses Phänomen liegt darin, dass wir vor allem das sehen, was gerade für uns von Bedeutung ist.

Körperliche Faktoren wie Müdigkeit, Hunger oder Schmerzen beeinflussen ebenfalls unsere Wahrnehmung. Genauso verhält es sich mit der Einnahme von Alkohol und anderen Drogen (was ja häufig auch dabei beabsichtigt wird).

Oftmals spüren wir Veränderungen gar nicht bewusst. Wir können uns subjektiv ganz normal fühlen, doch objektiv hat sich schon etwas verändert. (Bekannt geworden ist dieses Phänomen zum Beispiel im Falle des Alkohols und seiner Wirkung auf unser Reaktionsvermögen im Straßenverkehr.)

Für den Sport spielt es eine große Rolle, wie sich Stress auf das, was wir sehen und hören, auswirkt. Im Sport werden wir immer wieder Stress erleben. Fast jedes Spiel spitzt sich gegen Ende zu, entweder weil man einen knappen Vorsprung verteidigt oder weil man zurückliegt und doch noch den Ausgleich erzielen will. Abstiegskampf und Aufstiegsduell bieten gleichermaßen Stress pur, gleichgültig, um welche Liga es sich handelt.

Grundlegend lässt sich folgende Aussage machen: Unter Stress verengt sich unsere Wahrnehmung. Wir nehmen einfach vieles nicht mehr bewusst wahr. Stellen Sie sich zum Beispiel vor, Ihr Team würde in einem entscheidenden Spiel vom Gegner unter Druck gesetzt. Wahrscheinlich werden Ihre Spieler innerlich in Stress geraten.

Die Folge ist häufig, dass sich die Fehlerquote steigert. Die Ursache hierfür liegt darin, dass die Spieler weniger als sonst sehen. So nehmen sie nicht mehr den freien Mitspieler am Spielfeldrand wahr. Sie bemerken nicht, dass ein Gegner den Passweg zuläuft. Zudem verschlechtert sich die Entscheidungsfähigkeit. Die meisten Menschen neigen unter Stress dazu, Entscheidungen unüberlegter zu treffen. Das alles zusammen führt dann zu mehr Fehlpässen und anderen Spielfehlern.

DAS S-E-H!-MODELL FÜR STRESSSITUATIONEN

Was passiert in Stresssituationen?

- Die Wahrnehmung verengt sich.
- Die Entscheidungen werden entweder hektisch oder gehemmt getroffen.
- Die Handlungen werden ungenauer oder zögerlicher.

Deshalb gilt:

Kopf hoch, Augen auf	= Sehen
Klare, ruhige Entscheidungen	= Entscheiden
Entschlossene Handlungen	= Handeln

Für Ihr Coaching bedeutet das, dass Ihre Sportler unter Stress vieles von dem, was Sie ihnen sagen, nicht mehr mitbekommen. In spannungsgeladenen Momenten sollten Sie diese Tatsache berücksichtigen, etwa indem Sie Ihr Coaching auf einige markante Signale beschränken. Ein mir bekannter Trainer hat das sehr gut gelöst. Er hat mit seiner Mannschaft Schlüsselkodes (Handzeichen und Schlagwörter) vereinbart, die gemeinsam im Training eingeübt wurden. Im Spiel, wenn es heiß hergeht und die Wahrnehmung nicht mehr so gut funktioniert, kann er somit die Spieler über diese einfachen Signale immer noch erreichen.

5.3 Das Bahnungsmodell des Gehirns

Nachdem Sie nun einiges über die Aufnahme von Informationen erfahren haben, stellt sich die Frage, wie diese Informationen in unserem Gehirn gespeichert werden. Dabei möchte ich mit Ihnen vor allem die Funktionsweise des Langzeitgedächtnisses betrachten. Stellen Sie sich das Gehirn als ein großes Netzwerk gespeicherter Informationen vor. Die einzelnen Daten bilden die Knotenpunkte, welche durch Leitungen miteinander verbunden sind. Immer, wenn zwei Informationen in Beziehung miteinander gesetzt werden, werden solche Leitungen geschaffen.

Stellen Sie sich zum Beispiel vor, Sie zeigen einem Fußballer und einem Hobbygärtner eine grüne Pappe. Wenn Sie die beiden fragen, was sie mit der Farbe verbinden, so wird der Fußballer vermutlich an den Rasen eines Fußballfeldes denken, während der Heimgärtner von den frischen Trieben seines Obstbaums sprechen könnte. Es zeigt sich: Ein und dasselbe löst bei zwei Menschen auf Grund ihres Erfahrungshorizonts verschiedene Assoziationen aus, weil sie im Gehirn unterschiedliche Bahnungen und Knotenpunkte besitzen.

Je öfter die Verbindungen zwischen den Informationen genutzt werden, desto tiefer graben sie sich ein. Es ist wie bei einem Trampelpfad. Je öfter sie den Trampelpfad nutzen, umso breiter und ausgetretener wird er. Wenn er oft genug genutzt wird, entwickelt er sich schließlich zu einem frei zugänglichen Weg. Im Gegensatz dazu aber wächst er zu, wenn Sie ihn jahrelang nicht benutzen. Damit wird auch klar, warum Sie so viele Sachen vergessen haben, welche Sie früher mühsam lernen mussten. Weil Sie seit vielen Jahren nichts mehr damit zu tun hatten. Die Bahnen zu den gespeicherten Informationen sind inzwischen „zugewachsen". (Wenn ich alleine daran denke, was ich einmal in Mathematik über Integralrechnung gelernt habe, ohne es jemals wieder zu aktivieren. Oder all die qualvollen Lateinstunden ...)

Je mehr Verbindungen im Gehirn zu einer einzelnen Information bestehen, desto mehr Zugangsmöglichkeiten zu diesen Daten besitzen Sie. Damit wird es viel wahrscheinlicher, dass Sie sich an diese Informationen erinnern können. Lernstrategien, so genannte **Mnemotechniken**, beruhen häufig genau auf dieser Erfahrung. Ein Beispiel ist der Trick, Informationen wie etwa den Einkaufszettel mit einem Rundgang durch Ihr Haus zu verbinden. Dabei verknüpfen Sie eine bildliche Repräsentation mit der reinen sprachlichen Information und haben somit statt einem jetzt zwei mögliche Zugänge.

(Sie wollen wissen, wie die Technik genau funktioniert? Nun, ganz einfach: Sie betreten die Wohnung und stellen sich z. B. die Dose Bohnen auf Ihrer Flurkommode vor. Links im Schlafzimmer liegt die Milch auf dem Bett. Vor dem Spiegel liegen die Bananen. Dann gehen Sie im Geiste weiter ins Badezimmer und sehen im Waschbecken die Leberwurst. In der Dusche steht eine Flasche Orangensaft. Schließlich im Wohnzimmer stellen Sie sich auf der Couch eine Tüte Vanillesaucenpulver vor, während der Couchtisch mit einer Packung Haferflocken geschmückt ist. Zuletzt entdecken Sie auf der Fensterbank neben der Blumenvase noch ein Glas Oliven. Wenn Sie sich diesen „Rundgang" mehrmals eingeprägt haben, brauchen Sie ihn im Supermarkt nur noch einmal im Geiste abzuschreiten und schon fallen Ihnen alle benötigten Artikel wieder ein. Das Gleiche klappt übrigens auch mit Lernlisten für Prüfungen usw.)

Das bedeutet zusammengefasst: Eine Information ist bei häufiger Nutzung in möglichst vielen verschiedenen Zusammenhängen viel leichter verfügbar. Als Trainer sollten Sie deshalb da-rauf achten, Ihren Spielern wichtige Informationen zum einen immer wieder zu präsentieren (Vertiefung der Bahnung) und zum anderen den Zusammenhang der Präsentation zu variieren (Schaffung zusätzlicher Bahnungen).

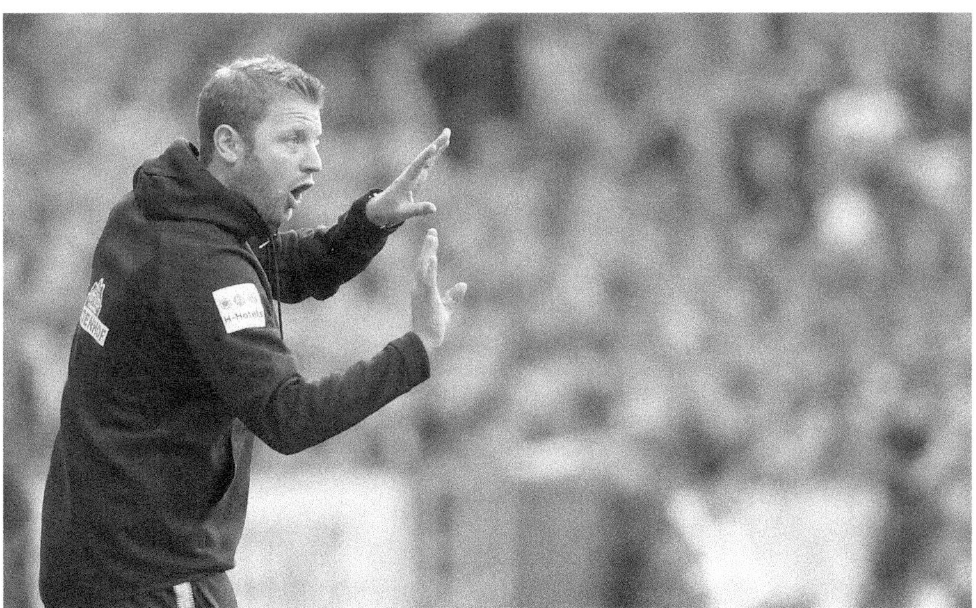

Eindeutige Gesten unterstützen Ihre Botschaft und schaffen mehr Zugänge im Gehirn.

Wobei einschränkend natürlich gesagt werden muss, dass ein zu häufiges Wiederholen eines Inhalts nicht immer von Vorteil ist. Zum einen kann es Ihnen passieren, dass Ihre Athleten „es irgendwann nicht mehr hören können, weil es ihnen aus den Ohren herauskommt".

Außerdem kann es passieren, dass der einzelne Spieler sich dann zu sehr auf das fixiert, was Sie ihm aufgetragen haben. Eine Fixierung aber führt dazu, dass der natürliche Handlungsimpuls gehemmt wird.

Ich habe das einmal bei einem Torhüter erlebt. Er hatte sich vor dem Spiel vorgenommen, beim Strafwurf gegen ihn mit einer bestimmten Variante des gegnerischen Schützen zu rechnen. Als es dazu kam, sagte er sich innerlich immer wieder, wie er jetzt reagieren müsse. Tatsächlich zielte der Schütze in die geahnte Ecke, aber der Ball war trotzdem drin. Denn der Torhüter war zu langsam. Und das lag daran, dass er nicht mehr unwillkürlich, sondern willkürlich handelte. Das willkürliche Handeln ist aber langsamer als das unwillkürliche, in diesem Fall zu langsam. (Es wäre besser gewesen, wenn er sich die entsprechende Ecke vorher vorgenommen hätte, das auch einmal vor seinem inneren Auge durchgespielt hätte, aber vor der Ausführung nicht mehr daran gedacht, sondern ganz offen und frei gehandelt hätte.)

5.4 Die beiden Gehirnhälften

Noch einen Faktor gilt es, für Sie als Trainer zu berücksichtigen. Unser Gehirn besteht aus zwei Gehirnhälften. Wie wir inzwischen wissen, haben diese beiden Hälften unterschiedliche Schwerpunkte. Auch wenn man das nicht als starre Zuordnung sehen darf, so ist die linke Gehirnhälfte stärker auf rationale, analytische und mathematische Prozesse spezialisiert, während die rechte Gehirnhälfte vermehrt bildhafte, ganzheitliche und emotionale Prozesse steuert.

Als Trainer liegt es in Ihrem Interesse, den ganzen Menschen anzusprechen. Sie wollen ja auch, dass Ihre Athleten mit allen Fähigkeiten auf dem Platz präsent sind, dass sie also sowohl in der Lage sind, die jeweilige Spielsituation zu analysieren (linke Gehirnhälfte) als auch intuitive Lösungen für die Situation zu finden (rechte Gehirnhälfte).

Deshalb sollte Ihr Coaching ebenso Elemente enthalten, welche die linke Gehirnhälfte aktivieren, wie auch Elemente für die rechte Gehirnhälfte beinhalten. Die linke Gehirnhälfte sprechen Sie durch rationale Sachinformationen an. Die rechte Gehirnhälfte Ihrer Spieler erreichen Sie besser über Bilder und Emotionen.

Die meisten Menschen sind in der Nutzung der beiden Gehirnhälften nicht ausgewogen. Manche Menschen handeln eher rational gesteuert, während andere emotionale Typen sind.

In Ihren Mannschaften werden Sie beide Typen vorfinden. Auch deshalb ist es wichtig, sowohl analytisch wie bildhaft zu coachen. Achten Sie also darauf, dass Sie den Bereich, welcher Ihnen selbst von Natur aus fremder ist, ebenfalls aktiv in Ihrem Coaching einsetzen.

Zusammengefasst lassen sich die Inhalte dieses Kapitels für Ihre Praxis als Trainer in die folgenden Ratschläge umwandeln:

10 GOLDENE REGELN DES GEHIRNGERECHTEN COACHINGS

1. Bei Stress die Aufnahmefähigkeit der Spieler durch ausreichen-de Entspannung gewährleisten.
2. Möglichst viele verschiedene Sinne ansprechen.
3. Rational und (!) emotional coachen.
4. Die Informationsmenge beschränken.
5. Informationen bündeln und markante Punkte wiederholen.
6. Einfache Sprachformeln finden (diese sind bei Stress leichter zu verarbeiten).
7. Aufmerksamkeitsbindung über Blickkontakt und Namensnennung.
8. Nur „positive" Formulierungen verwenden (siehe zur Erklärung Kap. 6.)
9. Einfache und konkrete Handlungsaufträge.
10. Überbetonungen vermeiden (sonst denken Ihre Athleten nur noch gelangweilt: „Schon wieder das ..." – und schalten ab).

Das Sechs-Säulen-Modell eines effektiven Coachings

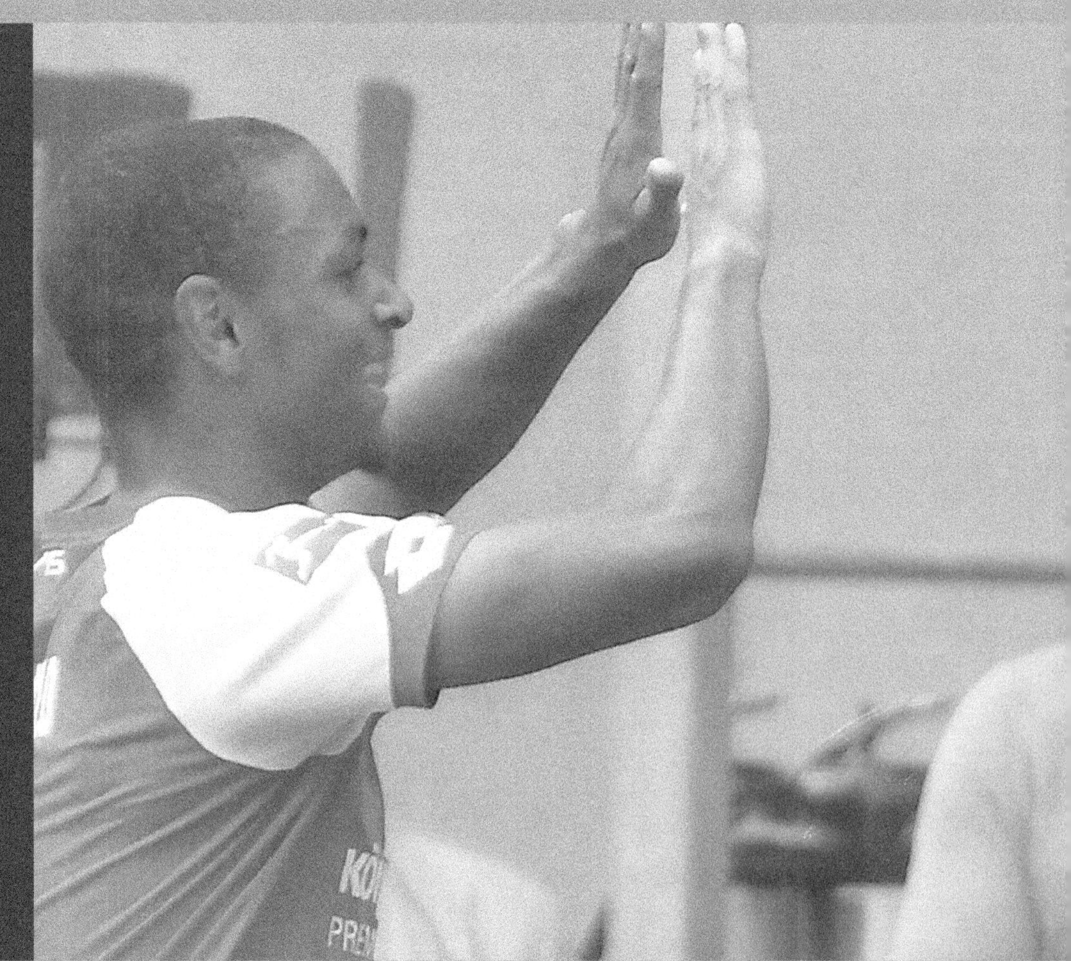

6

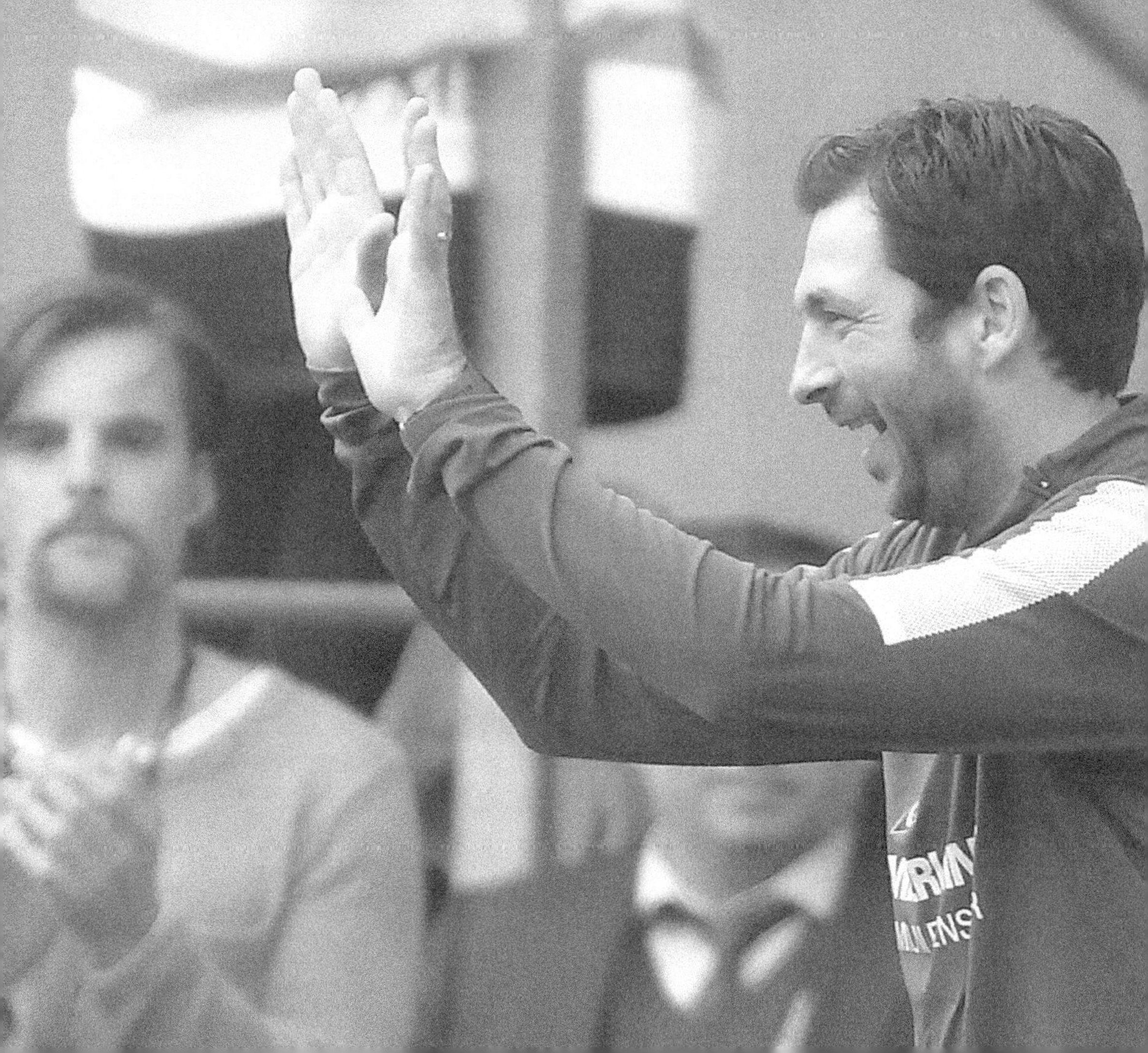

6 Das Sechs-Säulen-Modell eines effektiven Coachings

Als Trainer müssen Sie neben der Gestaltung des Trainings vor allem Besprechungen vor, während und nach dem Wettkampf gestalten. Für das Gelingen Ihres Coachings sind dabei nach meiner Erfahrung sechs Faktoren wichtig. Wenn Sie alle sechs Faktoren gezielt einsetzen, wird Ihre Ansprache so effektiv, wie Sie es wünschen. Es handelt sich dabei um folgende Punkte:

- Beziehung
- Struktur
- Zeit
- Inhalt
- Sprache
- Emotionen.

Hinter diesen Begriffen verbirgt sich die Grundfrage: Wann und wie sage ich wem was? Im Folgenden werde ich diese Faktoren näher erläutern, damit Sie erkennen können, wie Sie die einzelnen Punkte am besten in Ihrer täglichen Praxis berücksichtigen können.

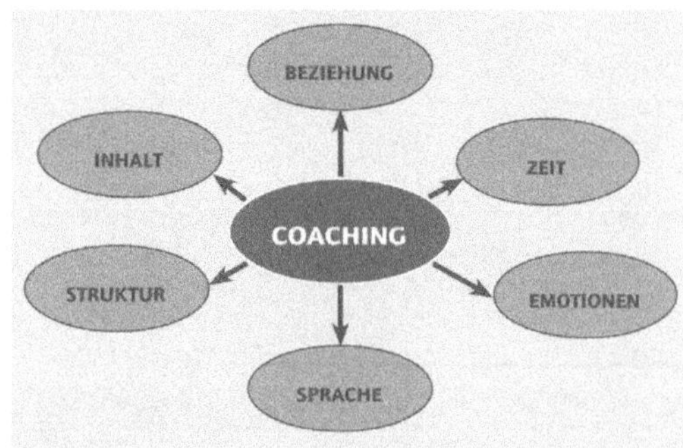

Abb. 3: Die sechs Coachingfaktoren

6.1 Beziehung

Wie ich schon im zweiten Kapitel beschrieben habe, beinhaltet jede Botschaft eine Aussage über die Beziehung zwischen mir und dem Gesprächspartner. Zugleich bestimmt meine Beziehung zum Gegenüber, wie er meine Informationen aufnehmen und verarbeiten wird.

Stellen Sie sich einmal vor: Sie begegnen einem Menschen, den Sie nicht leiden können. Wenn dieser Sie nun anspricht, etwa weil er von Ihnen eine Information braucht, werden Sie ihm diese möglicherweise nur widerwillig oder sogar gar nicht geben. Ganz anders dagegen, wenn Ihr bester Freund Sie danach fragt. Hier ist es Ihnen eine Freude, ihm zu helfen. Ihre Beziehung zum Gegenüber bestimmt also in entscheidender Weise, was Sie hören, wie Sie es aufnehmen und wie Sie reagieren.

Wenn Sie vor einer Mannschaft stehen, ist es zunächst ganz wesentlich, wie Ihre Beziehung zu den einzelnen Spielern und dem gesamten Team ist. Wenn Sie z. B. enttäuscht von Ihrem Team sind, werden Sie ganz anders sprechen, als wenn Sie voll hinter dem Team stehen. Umgekehrt ist es genauso. Wenn Ihr Team sich von Ihnen abgelehnt fühlt, wird es mit Kritik ganz anders umgehen, als wenn es sich von Ihnen als gut geführt empfindet.

Bevor Sie also überhaupt überlegen, was und wie Sie Ihrem Team etwas mitteilen wollen, müssen Sie zuerst für die Beziehungsebene sorgen. Grundlegend sollten Sie Ihrem Team immer das Gefühl vermitteln, dass es Ihnen wichtig ist und dass Sie hinter dem Team stehen, gleichgültig, was passiert. Das verhindert nicht, dass Sie klare Grenzen aufzeigen. Wichtig ist vielmehr, dass Sie Fehler der Athleten nicht mit „Liebesentzug" bestrafen, sondern dass Kritik oder Strafen immer auf die Sache bezogen bleiben. Besonders gefährdet ist die Beziehung natürlich in Krisensituationen. Dann bedarf es eines sehr sorgfältigen Umgangs mit diesem Coachingfaktor.

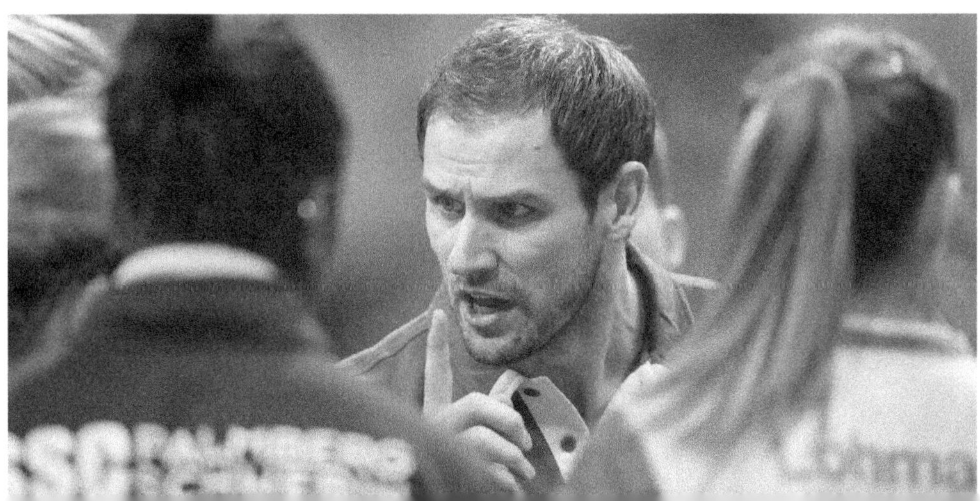

6.2
Inhalt

Ist für eine positive Beziehung gesorgt, dann stellt sich zunächst die Frage: Was wollen Sie überhaupt rüberbringen? Zu welchem Denken und Handeln wollen Sie Ihre Athleten anregen? Nur, wenn Sie sich darüber klar geworden sind, werden Sie Ihre Aussagen ebenso klar formulieren können.

Es ist natürlich problematisch, allgemeine Angaben bezüglich des Inhalts Ihres Coachings zu machen. Darin besteht ja gerade ein Kernpunkt Ihrer Aufgabe, die Inhalte zu gestalten. Was z. B. sind Ihre taktischen Vorgaben für das kommende Spiel? Was soll der Athlet beim nächsten Durchgang anders machen? Welches Verhalten war lobenswert? Solche und ähnliche Fragen kann Ihnen niemand vorgeben.

Es gibt aber ein paar Grunderfahrungen, die Sie beachten sollten:

- **Der Inhalt sollte für den Zuhörer interessant und relevant sein.** Achten Sie darauf, dass Sie beim Gegenüber Aufmerksamkeit erzeugen. Ob Ihnen das gelingt, erkennen Sie ganz einfach an seinen Reaktionen. Schaut er Sie an? Ist seine Körperhaltung offen oder eher abweisend? Bestätigt er Ihre Aussagen durch Nicken und ähnliche Körperbewegungen?
- **Coachen Sie handlungsorientiert.** Wenn Sie Athleten zu Handlungen anregen wollen, sollten Sie möglichst konkrete und praxisnahe Anleitungen geben. (Eine handlungsorientierte Anweisung ist z. B.: „Tritt früher aus dem Kreis, wenn du siehst, dass dein Gegenspieler zum Wurf ansetzt." Oder: „Riskiere mehr Drei-Punkte-Würfe, wenn du nicht hart angegriffen wirst." Dann weiß der Spieler genau, wann er was er zu tun hat.)
- **Regen Sie Ihre Spieler zum Mitdenken an.** Die Athleten müssen sich dadurch aktiv mit den Inhalten auseinander setzen, wodurch die Informationen besser im Gedächtnis gespeichert werden. (Stellen Sie ihnen Fragen, wie sie bestimmte Spielsituationen lösen wollen.)
- **Weniger ist oftmals mehr.** Ich habe schon viele Trainer erlebt, die das Gefühl haben, so viele Informationen in eine Besprechung packen zu müssen, dass niemand mehr alles aufnehmen kann. Dabei ist es nicht nur so, dass wir als Zuhörer irgendwann abschalten, wenn es uns zu viel wird. Zugleich wird in einem solchen Fall auch die zuvor aufgenommene Information schlechter behalten. Also, beschränken Sie sich auf das Wesentliche. Dann bleibt am Ende mehr!

6.3 Struktur

Um einen Inhalt gut zu vermitteln, hilft es, ihn in eine erkennbare Struktur zu bringen. Diese Struktur dient dazu, dass der Zuhörer die Informationen anhand dieser Struktur im Gedächtnis speichert. Sie als Leser wissen z. B. auf Grund meiner Überschriften, dass ich Ihnen derzeit etwas über Coachingfaktoren und dabei konkret über die Struktur Ihres Coachings mitteilen möchte. Damit ist direkt eine Bahnung in Ihrem Gehirn geschaffen. Wenn Sie später im Gedächtnis unter dem Knotenpunkt „Coaching" Ihr Wissen abrufen, stehen diese Informationen durch die geschaffene Struktur leichter zur Verfügung.

Machen Sie also immer klar, worüber Sie gerade sprechen. Sagen Sie z. B.: „Jetzt möchte ich etwas zum Defensivverhalten sagen." Schon wissen die Athleten genau, worum es geht und sind entsprechend gedanklich vorgeprägt.

Stellen Sie das Wesentliche durch Hervorhebung („Das ist mir besonders wichtig." Oder: „Jetzt hört besonders gut zu.") heraus und fassen Sie es am Ende noch einmal zusammen. Wiederholen Sie die markanten Punkte. Es gehört unbedingt zu Ihren Aufgaben, markante Punkte erkennbar zu machen. Viele Missverständnisse basieren genau auf diesem Faktor. Man selbst meint, etwas klar und deutlich gesagt zu haben, der andere aber hat die Wichtigkeit nicht erkannt. So etwas lässt sich nur vermeiden, indem Sie die Bedeutung einzelner Inhalte deutlich herausstellen.

Eine gute Struktur setzt voraus, dass Sie Ihr Denken und Sprechen organisieren. Das fällt vielen Menschen nicht leicht. Es kostet Sie Mühe und Zeit. Aber dieser Aufwand lohnt sich. Ihre Aussagen gewinnen dadurch an Klarheit und Ihre Athleten können wesentlich besser umsetzen, was Sie von ihnen wünschen. Unser Gedächtnis speichert Informationen anhand von Strukturen, also, helfen Sie Ihren Zuhörern, indem Sie ihnen Strukturen anbieten.

Ich empfehle Ihnen deshalb, Ihre Ansprachen schriftlich vorzubereiten. Dies gilt auch für Menschen, die besser frei sprechen, als sich an ein Manuskript zu halten. Denn die Vorarbeit strukturiert auch Ihr Denken und verschafft Ihnen so die Klarheit, die Sie später an die Athleten weitergeben wollen. Auch in der Halbzeitbesprechung sollten Sie Ihre Gedanken erst strukturieren (am besten machen Sie schon während des Spiels Notizen, die Sie dann zur Besprechung einteilen nach Offensive/Defensive), bevor Sie vor Ihre Mannschaft treten.

6.4 Sprache

Es geht aber nicht nur darum, was Sie vermitteln, sondern auch darum, wie Sie es vermitteln. Schon das alte Sprichwort „Der Ton macht die Musik" erfasst genau diesen Gesichtspunkt. Wählen Sie Ihre Worte (und Gesten) mit Bedacht. Achten Sie dabei auf einige wesentliche Punkte:

- **Ihre Sprache sollte einfach gehalten sein.** Zuallererst müssen Sie ja von Ihren Spielern überhaupt verstanden werden. Also wählen Sie ein Sprachniveau, welches Ihren Athleten entspricht. Viele Trainer sind diplomierte Sportlehrer. Demnach haben Sie ein Studium absolviert und sind es gewohnt, viele Fremdwörter zu benutzen. Möglicherweise besitzen aber die von Ihnen betreuten Athleten einen weniger gehobenen Bildungsgrad, sind also eher eine einfache Sprache gewohnt. Dabei ist es Ihre Aufgabe als Trainer, sich den Athleten anzupassen und nicht umgekehrt! Manchmal hilft es, gemeinsame Schlüsselwörter zu erarbeiten. Damit sind Schlagworte oder Begriffe gemeint, deren Bedeutung allen Spielern klar ist. Wenn Sie dann z. B. sagen: „Die Fläche klein machen", weiß jeder Athlet, was er zu tun hat.

Aber nicht nur deshalb ist eine einfache Sprache wichtig. Wenn Sie an das vorige Kapitel denken, dann erinnern Sie sich daran, dass sich die Wahrnehmung unter Stress verengt.

Genauso vermindert sich die gesamte Fähigkeit, Informationen zu verarbeiten. Deshalb fällt es Ihren Athleten im Wettkampf viel leichter, einfache Wörter aufzunehmen, als komplizierten Reden zu folgen. Hier gilt die Faustregel: je einfacher, desto besser!

- **Als Nächstes sollte Ihre Sprache positiv sein.** Warum das so ist, will ich Ihnen an einem selbst erlebten Beispiel verdeutlichen:

Es war Halbzeit beim Handballbundesligaspiel. Die favorisierte Heimmannschaft führte mit 17:15 Toren; für Damenhandball ein ungewöhnlich torreiches Ergebnis. Entsprechend ärgerte sich die Trainerin der Heimmannschaft, trotz der Führung, über die vielen Gegentore. „In der zweiten Halbzeit will ich, das ihr nicht wieder 15 Tore kassiert", mahnte sie während der Halbzeitbesprechung an. Und um es nochmals ganz deutlich zu machen, rief sie den Spielerinnen beim Hinausgehen erneut laut hinterher: „Und nicht wieder 15 Tore!" Wenn sie gewusst hätte, wie gut ihre Spielerinnen auf sie hören. Das Spiel endete 36:30. Trotz des deutlichen Sieges kassierte ihr Team also wiederum 15 Gegentreffer! Genau das, was doch auf jeden Fall vermieden werden sollte.

Wie kommt es dazu? Ist das nur Zufall? Wohl kaum, aber was steckt dann dahinter? Die Erklärung ist ganz einfach. Die Trainerin hat einen simplen, aber entscheidenden Fehler gemacht. Unser Unterbewusstsein hört nämlich keine Verneinungen. Was bei den Spielerinnen ankam, war nicht das, was eigentlich gemeint war, sondern genau das Gegenteil. Die Botschaft: „Nicht wieder 15 Tore", wurde vom Unterbewusstsein der Spielerinnen als: „Wieder 15 Tore!" verstanden. Das funktioniert darüber, dass genau das Verneinte als Bild im Unterbewusstsein präsentiert wird. Wenn ich Sie z. B. dazu auffordere, jetzt auf keinen Fall an eine gelbe Zitrone zu denken, dann haben Sie für einen kurzen Moment genau dieses Bild im Sinn. Und damit erzielt dieses Bild seine Wirkung.

Daraus lässt sich etwas Einfaches ableiten: Formulieren Sie Ihre Anleitungen immer positiv! Statt zu sagen, was die Athleten nicht tun sollen, vermitteln Sie ihnen ein Bild von dem, was Sie von ihnen erwarten. An einem einfachen Beispiel lässt sich das gut deutlich machen. Eine typische Aufforderung vor einem Hockeyspiel lautet: „Den Gegner nicht in den eigenen Schusskreis lassen", denn dann kann der Gegner keine Treffer erzielen. Viel besser wäre es aber, stattdessen zu sagen: „Wir fangen den Gegner schon vor dem Schusskreis ab", oder: „Vor dem Schusskreis stehen wir wie eine Wand." Schon ist für die Spieler ein positives Bild erkennbar, welches sie nun tatkräftig umsetzen können.

Übertragen auf die oben erzählte Geschichte aus dem Handballsport, hätte die Trainerin also besser gesagt: „In der zweiten Halbzeit kassieren wir nur noch 10 Tore", oder: „Ab jetzt sind wir in der Abwehr ganz wachsam und aggressiv." Auch das bekannte Zitat von Huub Stevens („Die Null muss stehen.") ist ein schönes Beispiel für eine positive Formulierung, da er hier nicht vom Verhindern von Gegentreffern spricht, sondern ein positives Bild schafft.

- **Außerdem achten Sie darauf, dass Sie betont und abwechslungsreich sprechen.** Nichts ermüdet mehr, als eine tonlose Sprache und „immer die gleiche Leier". Sprechen Sie gestenreich und bildhaft. Das spricht bei den Spielern mehr Sinne an und erhöht so die geistige Aktivierung. Hierbei helfen Formulierungen wie: „Es fühlt sich an wie ...", „Es schmeckt nach ...", „Ich stelle mir vor, dass ..." oder: „Könnt ihr es spüren?"
- **Sprechen Sie zudem die Spieler immer wieder mit Namen an.** Sie kennen das sicher, sobald Sie einen Athleten in der Gruppe namentlich nennen, schaut dieser zu Ihnen hin und hört schlagartig besser zu. Überhaupt, halten Sie Blickkontakt! Lassen Sie Ihren Blick immer wieder durch die Reihen schweifen. Die Kunst eines Redners liegt auch darin, dass jeder Zuhörer sich persönlich beachtet und angesprochen fühlt. Und das erreicht man am leichtesten über Namensnennung und Blickkontakt.

6.5
Zeit

„Du kannst über alles reden, nur nicht länger als 45 Minuten." So lautet ein alter Rhetorikmerksatz. Die Zeit bildet den limitierenden Faktor. Unsere Aufnahmefähigkeit ist begrenzt. Zu Anfang hören wir gut und gerne zu, doch schon bald ermüden wir, sodass unsere Informationsaufnahme zurückgeht. Was macht es also für einen Sinn, wenn die Videobesprechung 60 Minuten dauert, aber schon nach der Hälfte der Zeit alle Anwesenden abschalten? Sie haben die Wahl: Entweder Sie beschränken Ihre Besprechung auf 30-45 Minuten. Das ist erfahrungsgemäß der Zeitraum, welchen wir Menschen gut ohne Pause und Bewegung stillsitzen und zuhören können. (Bei einem Monolog verkürzt sich diese Zeitspanne möglicherweise noch!) Oder Sie gestalten die Sitzung so, dass immer neue Reizpunkte gesetzt werden, etwa indem die Spieler sich aktiv beteiligen.

Damit Sie verstehen, was ich meine, mache ich es konkret. Wenn ich mit meinen Spielern eine Sitzung durchführe, die länger als den genannten Zeitraum dauern soll, dann richte ich es so ein, dass nicht nur ich vorne spreche, sondern die Athleten zwischendrin auch selbst handeln müssen, etwa indem sie einen Fragebogen ausfüllen, etwas vorne an eine Tafel schreiben o. Ä. Am besten ist es, wenn sie sogar aufstehen und sich bewegen müssen. Das fördert die Durchblutung und erhöht damit wiederum die Aufnahmefähigkeit.

Aber nicht nur aus dieser Sicht stellt die Zeit einen wichtigen Faktor dar. Bei einer Halbzeitbesprechung ist der Zeitrahmen extrem begrenzt. Sie haben vielleicht 10 Minuten, in denen Sie Einfluss nehmen können. Noch extremer verhält es sich bei einer Auszeit während eines Spiels. Diese Zeit muss effektiv genutzt werden. Und bedenken Sie: Auch wenn wenig Zeit zur Verfügung steht, ist weniger manchmal mehr.

6.6
Emotionen

„Der Athlet muss ein emotionales Interesse an meiner Information haben."
Bernhard Peters

Im Sport spielen Gefühle eine wichtige Rolle. Sie können uns behindern, etwa dann, wenn wir aus Wut über eine vermeintliche Fehlentscheidung mit dem Schiedsrichter hadern oder wenn wir aus Ärger über eine verpatzte Aktion unsere Lockerheit und Konzentration verlieren.

Zugleich aber können sie uns beflügeln, uns zu wirklich großen Leistungen verhelfen. Sie wirken wie die elektrische Spannung, die unser sportliches Handeln erst mit Leben füllt.

Es spielt deshalb eine große Rolle, dass Sie als Trainer für eine positive emotionale Gestimmtheit bei Ihren Athleten sorgen. Warum sprechen wir bei großen Trainern so gerne vom „Motivator"? Weil diese oftmals die besondere Gabe besitzen, ihre Spieler zu inspirieren. Weil sie in den Athleten Kräfte wecken, die zuvor ungenutzt in ihnen geschlummert haben. Und dieses Motivieren läuft weniger über Sachinformationen als über Emotionen.

Wenn es Ihnen gelingt, Ihre Spieler emotional anzusprechen, dann entsteht eine besondere Stimmung, eine Stimmung der positiven Gespanntheit. Einfacher ausgedrückt, kann man es auch so sagen: Sie können mithilfe einer gefühlsbetonten Ansprache Ihre Athleten richtig heiß auf den kommenden Wettkampf machen. (Eines der bekanntesten Beispiele dafür finden Sie in dem Film „An jedem verdammten Sonntag" von *Oliver Stone*. Dort hält Al Pacino in seiner Rolle als Coach der American Footballer von Dallas eine legendäre Rede, welche ich immer wieder gerne in der Trainerausbildung als Anschauungsbeispiel nutze.) Paaren Sie Ihre Sachinformationen in einer Besprechung also immer auch mit emotionaler Ansprache. Je nach Situation mal mehr vom einen, mal mehr vom anderen. In Teil 2 des Buches finden Sie noch mehr Informationen dazu, zu welchem Zeitpunkt eher Sachinformationen gefragt sind und wann Sie den Schwerpunkt auf Emotionen legen sollten.

Besitzen Sie eigentlich Klarheit darüber, worin Ihre Stärken liegen, eher im sachlichen oder im emotionalen Bereich? Ich habe z. B. mit einem Fußballtrainer zusammengearbeitet, der hervorragend seinen Spielern auf den Weg geben konnte, was sie zu machen hatten.

Aber irgendwie fehlte immer etwas. Denn er konnte nur schlecht emotional coachen. Er war eher der ruhige, sachliche Typ. Das krasse Gegenstück verkörperte der Kollege des Nachbarvereins. Er konnte eine Mannschaft aufputschen, sie nach einer verschlafenen Halbzeit zu Höchstleistungen antreiben. Aber ich habe nie erlebt, dass er den Spielern detailliert sagen konnte, wie sie dem Gegner taktisch begegnen sollten. Inhaltlich beschränkte er sich auf Aufforderungen wie „vorne richtig draufzugehen" usw.

Ich könnte nicht sagen, dass einer der beiden der „bessere" Coach war. Beide zeichneten sich zugleich durch eine große Stärke und eine Schwäche aus (und waren dementsprechend auch ähnlich erfolgreich). Für beide wäre es wichtig gewesen, in dem Bereich dazuzulernen, wo ihre Defizite lagen. Auch Sie sollten sich selbst fragen, wo Ihre Schwerpunkte liegen und worauf Sie zukünftig mehr Wert legen könnten.

Jetzt stellt sich noch die Frage, wie ein emotionales Coaching überhaupt aussieht. Wie wecken Sie die Gefühle bei Ihren Spielern, die diese zu Höchstleistungen antreiben? Die einfachste Antwort darauf ist, dass Sie selbst Emotionen zulassen und ausdrücken. Lassen Sie Ihre Spieler spüren, was Ihnen am heutigen Sieg liegt, welche Gefühle Sie als Trainer antreiben. Sprechen Sie emotional. Achten Sie dabei auf Ihre Wortwahl. Emotionale Sprache ist einfach und direkt. Sie muss aus dem Bauch kommen, nicht aus dem Kopf. Sprechen Sie extra leise oder laut. Beides erzeugt eine besondere Spannung, die sich auf die Spieler überträgt. Besonders, wenn es die Spieler von Ihnen sonst anders kennen. Auch hierzu will ich ein Beispiel erzählen:

Sehr beeindruckt hat mich ein Erlebnis mit einer Handballmannschaft, wo die Trainerin gerade über ganz leises Sprechen die richtige Stimmung erzeugt hat. Sie mussten gegen den frisch gekürten Meister und Erzrivalen spielen, brauchten aber den Sieg, um in den Europapokal einzuziehen. In der Kabine war es vor dem Spiel ganz still. Die Trainerin sprach sehr akzentuiert, aber leise, ein für sie ungewöhnliches Verhalten. Dadurch vermittelte sie den Spielerinnen, dass es ein besonderes Spiel war und weckte entsprechende, gespannte Emotionen. Für mich stellte diese gelungene Abschlussbesprechung einen mit entscheidenden Faktor dafür dar, dass die Mannschaft am Ende überraschenderweise gewann.

Von großem Nutzen ist es, Bilder zu schaffen, die Emotionen wecken. Bilder haben einen starken emotionalen Wert. Erinnern Sie Ihre Athleten z. B. an frühere große Erfolge. Lassen Sie sie sich ihr Ziel vorstellen. Verwenden Sie Symbole, um auszudrücken, was Sie wünschen („Hinten stehen wir jetzt wie eine Festung.") Gute Beispiele für eine bildhafte Sprache liefern die berühmte Rede von Martin Luther King („I have a dream") und die Antrittsrede von Nelson Mandela als südafrikanischer Präsident. Beide Reden haben visionäre Züge und Visionen wirken emotional sehr anregend. Sie entwickeln eine große Kraft, die Menschen inspirieren und leiten kann.

Emotionale Ansprache erreicht man auch über viele andere situationsbezogene Maßnahmen. Der Hockeybundestrainer hat das zum Beispiel einmal sehr geschickt gemacht, als er seiner Mannschaft Bilder von den belämmerten Gesichtern der Niederländer gezeigt hat, wie diese mit ansehen mussten, dass wir für unseren Sieg bei der Champions-Trophy in Rotterdam geehrt wurden. Da die Niederländer die großen ungeliebten Konkurrenten im Hockey sind, lösten die Bilder bei den Spielern große Schadenfreude aus und weckten den Wunsch, dasselbe bei der Weltmeisterschaft wieder zu erleben.

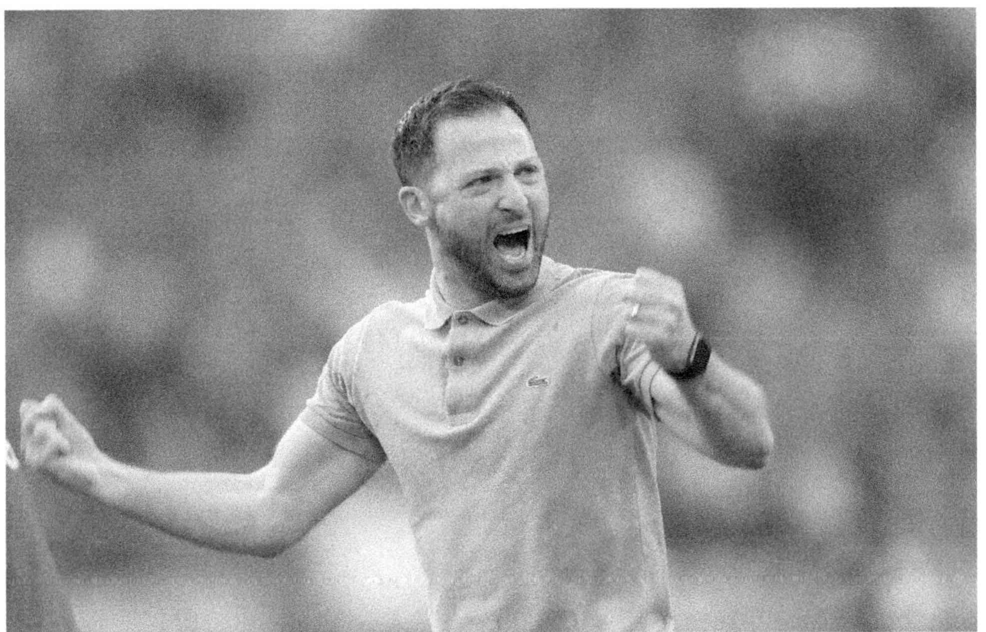

Wohin wollen Sie gehen? – Die Wirkung von Zielen

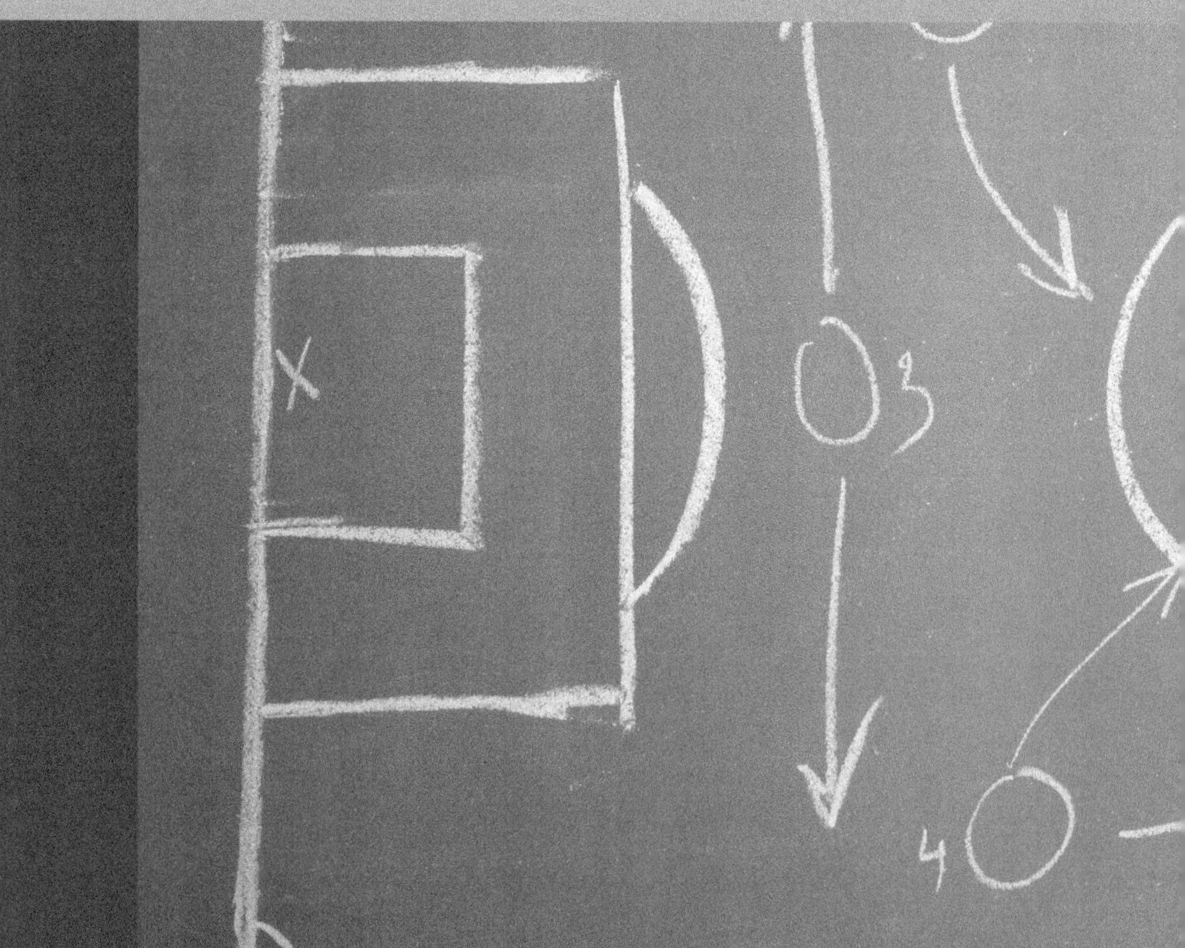

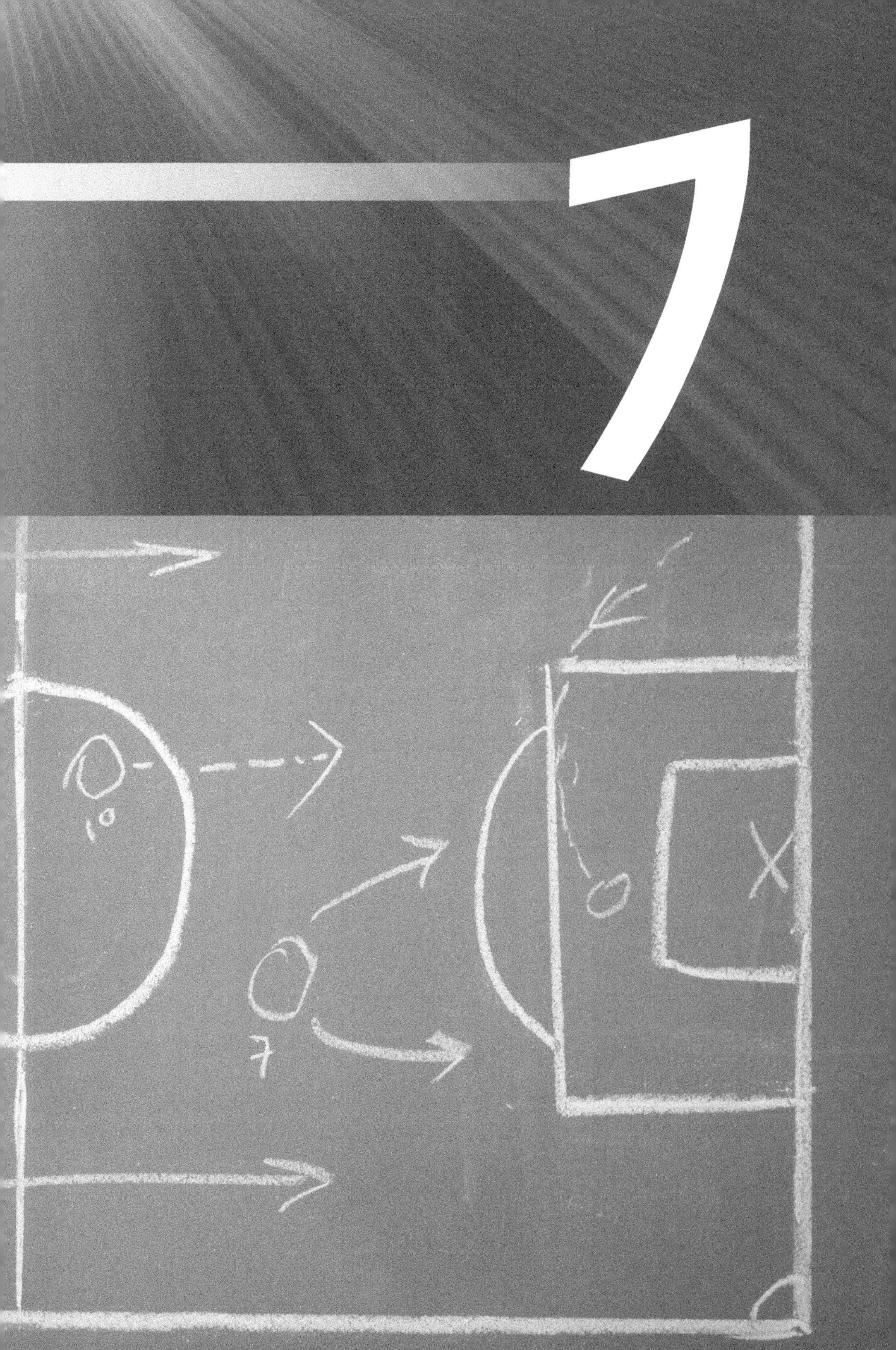
7

7 Wohin wollen Sie gehen? – Die Wirkung von Zielen

„Der Weg ist das Ziel. Aber das Ziel bestimmt den Weg."

Mal ganz ehrlich, wann machen Sie eigentlich etwas, ohne ein Ziel oder eine Absicht dahinter zu haben? Warum lesen Sie gerade in diesem Buch? Wahrscheinlich, weil Sie gerne etwas Neues erfahren möchten. Oder weil Sie ein konkretes Problem haben und dafür eine Lösung suchen. Vielleicht sogar, weil Sie sich langweilen und deshalb einfach in dem Buch blättern. In jedem Fall verfolgen Sie eine Absicht damit. Sie wollen etwas erhalten oder erreichen.

Wenn es aber stimmt, dass alle unsere Handlungen auf ein Ziel hin ausgerichtet sind, warum gehen wir dann nicht bewusster mit diesen Zielen um? Wie oft erlebe ich es, dass Mannschaften vor der Saison kein gemeinsames Ziel definieren. Warum? Wenn Sie sich zu Weihnachten eine bestimmte CD wünschen, tun Sie doch auch gut daran, Ihrem Lebenspartner etwas davon zu sagen. Wie sonst soll er (oder sie) wissen, was Sie sich wünschen? Wünsche werden viel eher erfüllt, wenn man sie eindeutig formuliert. Und Ziele viel eher erreicht, wenn man sich traut, sie zu benennen.

7.1
Angst vor der Niederlage als Hemmfaktor

„Ein angemessenes Ziel braucht den Mut, es womöglich nicht zu erreichen."

Meine Erfahrung zeigt, dass viele Menschen deshalb keine Ziele formulieren, weil sie Angst haben, ihr Ziel nicht zu erreichen. Das ist verständlich, aber nicht sinnvoll. Wenn ich aus dem Haus gehe, um im Nachbarort einen Freund zu besuchen, dann weiß ich nicht, ob ich dort ankomme. Vielleicht springt mein Wagen nicht an oder die Straßen sind durch plötzlich auftretendes Blitzeis nicht einmal zu Fuß passierbar. Vielleicht begegne ich auch auf dem Weg einer Bekannten, mit der ich kurz entschlossen einen Kaffee trinken gehe. Oder ich stelle fest, dass ich den Herd nicht ausgemacht habe und kehre auf halbem Wege um. So vieles kann passieren, was meine Pläne durchkreuzt. Trotzdem käme ich nicht auf die Idee, mich gar nicht erst zum Freund aufzumachen.

Das Problem besteht darin, dass wir Menschen im Sport dazu neigen, das Nichterreichen eines Ziels als persönliches Scheitern zu empfinden. Dabei ist Verlieren normal. Jeder gewinnt im Laufe des Lebens immer wieder und jeder verliert auch einige Male. Ein Finale kann nur eine Mannschaft gewinnen, obwohl beide es wollen. Aber wie soll ich das Finale gewinnen, wenn ich mir noch nicht einmal vornehme, zu siegen?

Reinhold Messner ist für mich in dieser Hinsicht ein großes Vorbild. Er ist bekannt geworden als der erste Mensch, der ohne Sauerstoffgerät den Mount Everest bezwungen hat. Er war der Erste, der alle Achttausender der Erde bestiegen hat. Das wissen die meisten. Es ist aber nur wenigen geläufig, dass von seinen 30 Expeditionen auf die höchsten Berge der Welt nur 18 auf dem Gipfel endeten. Die anderen musste er vorher abbrechen! Das impliziert eine Quote von nur 60 %. Heißt das, dass er in den anderen Fällen gescheitert ist?

Er selbst würde das mit Sicherheit verneinen. Denn aus jeder Expedition, die das Ziel nicht erreichte, hat er etwas Wichtiges für seine zukünftigen Unternehmungen gelernt. Und diese Fähigkeit, seine Grenzen zu erkennen und zu akzeptieren, war die Voraussetzung dafür, dass er überhaupt noch lebt.

Wie viele Bergsteiger haben die Unfähigkeit, auch einmal zu „verlieren", mit dem Leben bezahlt? Das spannende Buch von John Krakauer (Krakauer, 2000) über die von ihm miterlebte Katastrophe am Mount Everest stellt ein hervorragendes Beispiel dafür dar.

„Erfolg kann ich auf Dauer nur haben, wenn ich scheitern darf. Wie soll ich denn spielen, ohne zu verlieren, ohne zu scheitern? Würde ich aufgrund von Können, Glück, Zufall in Serie erfolgreich sein, wäre ich früher oder später verloren. Allzu große Distanz zur Realität wäre die Folge. Und Realitätsverlust führt unweigerlich früher oder später zum endgültigen Scheitern. Wir alle sind Menschen und als solche begrenzt. Wir alle machen Fehler. Deshalb sollten wir auch das Scheitern der anderen tolerieren lernen."

(Messner, 1996)

Ralph Krueger brachte die Notwendigkeit der Niederlage für unsere Entwicklung in folgendem Zitat sehr gut auf den Punkt:

„Wer nie verliert, ist der eigentliche Verlierer.
Er hat sich seine Ziele nicht hoch genug gesteckt."

(Krueger, 2001)

Verlieren lässt sich also für uns Menschen nicht nur nicht vermeiden, es hilft uns sogar. Aus dem „Scheitern" von heute ziehen wir die Lehren und die Kraft für den Sieg von morgen. Als ich die Spieler der Hockeynationalmannschaft einige Wochen nach dem WM-Turnier in einem Fragebogen darum bat, Gründe zu nennen, die aus ihrer Sicht entscheidend für den Titelgewinn waren, da sagten fast alle Spieler, die Vorrundenniederlage gegen Spanien hätte einen positiven Knackpunkt gebildet. Eine Niederlage war also der Grundstein des Erfolgs! Warum tun wir Menschen uns dann so schwer, eine Niederlage zu akzeptieren? Sicher ist Gewinnen schöner. Aber wir wissen nie, wozu ein Verlust dient. Auf jeden Fall kann ich ihn immer zu meinem Weiterkommen nutzen.

7.2
Das passende Ziel finden

Wenn ich die positive Kraft einer Zielsetzung erkenne, so stellt sich folgende Frage: Welches Ziel ist dann für mich und meine Mannschaft das Richtige? Psychologen sprechen gerne davon, dass ein Ziel dann sinnvoll formuliert ist, wenn es realistisch ist. Das stimmt auch, aber woher weiß ich, was für mich realistisch sein wird? Hatten die Griechen 2004 selbst damit gerechnet, dass sie Europameister werden könnten? Wenn man das vor dem Turnier behauptet hätte, wäre man mit Sicherheit für verrückt erklärt worden. Und doch ist es so gekommen. Das bildet ja gerade den Reiz am Sport, dass es immer wieder faustdicke Überraschungen gibt, mit denen nun wirklich niemand gerechnet hat.

Ich gebe deshalb meinen Athleten immer ein andere Formulierung, mit der ich sehr gute Erfahrungen gemacht habe:

Setze dir als Ziel das bestmögliche Resultat, an das du glauben kannst.

Nur ein Ziel, dessen Erreichen ich für möglich halte, hat eine positive Wirkung auf mich. Wenn ich das Ziel zu hoch setze, beflügelt mich das nicht, sondern es blockiert mich. Denn jedes negative Resultat erhöht im Saisonverlauf den Druck, der sowieso schon auf jedem Athleten lastet, spürbar. Wenn im Fußball sich der VfL Bochum als Ziel setzt, die Champions League zu erreichen, wie werden sich dabei wohl die einzelnen Spieler fühlen? Und was geht dann in ihnen vor, wenn sie aus den ersten vier Saisonspielen nur drei oder vier Punkte geholt haben?

Umgekehrt darf ein Ziel aber nicht zu niedrig gesetzt werden, sonst gibt man sich mit zu wenig zufrieden. Man reizt nicht aus, was man tatsächlich erreichen könnte. Borussia Dortmund etwa kann nicht ernsthaft behaupten, einen einstelligen Tabellenplatz anzustreben. Wer würde da nicht lachen? Dann müssten die Spieler zu keiner Zeit an ihre Leistungsgrenzen gehen. Nein, für Dortmund muss es beim derzeitigen Kader (Stand: 2013) immer darum gehen, zumindest einen der ersten drei Plätze zu belegen und sich für die Champions-League zu qualifizieren.

Das wäre dann aber immer noch nur das Mindestziel. Ein besseres Ziel, entsprechend der oben genannten Formel, wäre es, den einen Titelgewinn, sei es nun der Pokal oder der Meistertitel, anzustreben. Denn das liegt, so kann man wohl als Fußballlaie recht zuverlässig behaupten, im Bereich des Möglichen. Sicher wird das nicht jedes Jahr gelingen. Da ist schon Bayern München vor! Aber warum sollte sich Dortmund schon im Voraus mit weniger zufrieden geben? (Wobei ich hier von dem internen Ziel spreche. Was man nach Außen formuliert, kann etwas ganz anderes sein. Erfahrungsgemäß empfiehlt es sich, besonders gegenüber der Presse, Ziele nach Außen lieber zurückhaltender zu formulieren, als man das intern tut.)

Ich habe es einmal bei einer Handballbundesligamannschaft erlebt, dass die Spielerinnen vor der Saison gespalten waren, ob sie sich ein recht mutiges oder ein sehr mutiges Ziel setzen sollten. Von der Fachwelt als Abstiegskandidat gehandelt, strebten viele den sechsten Platz von 12 Teams an. Das war schon nicht ohne. Die Optimistischeren wollten sogar Vierter werden, was zur Teilnahme am Europapokal berechtigt hätte. Am Ende der Diskussion setzten sich die etwas Vorsichtigeren durch.

Interessant wird die Geschichte aber erst durch das Ende. Zu Saisonschluss belegte die Mannschaft nämlich den fünften Platz! Im entscheidenden Spiel um Rang 4 verlor das Team zu Hause gegen den direkten Konkurrenten. Es war eine erfolgreiche Saison, doch was wäre passiert, wenn das Ziel zu Beginn anders formuliert worden wäre? Hätte es dann mit dem vierten Platz geklappt?

Und um die Story zu vervollständigen: Im Jahr darauf hatten die Spielerinnen etwas gelernt. Diesmal sprachen sie den vierten Platz als Ziel aus. Und sie präzisierten das Ziel, indem sie 30 Punkte anstrebten. Was am Ende dabei herauskam? Genau, Platz 4 mit 30 Punkten.

Eines aber muss mir immer klar sein: Wenn ich den Mut habe, mir ein hohes Ziel zu setzen, dann hat das Folgen. Ich muss dann auch die Bereitschaft mitbringen, dieses Ziel mit Leben zu füllen. Und das heißt zunächst harte Arbeit. Aufsteiger wird man nicht im Vorbeigehen. Dazu muss man verdammt gut spielen und man muss die nötige Nervenstärke und Ausdauer mitbringen.

Auch hierzu habe ich ein lehrreiches Beispiel erlebt. Eine Mannschaft hatte sich ein sehr hohes Ziel gesetzt. Dieses Ziel lag im Bereich des Möglichen, davon bin ich noch heute überzeugt. Doch es war von Anfang an klar, dass es ein Ziel war, welches viele Opfer von den Spielerinnen erforderte. Vor allem musste die Mannschaft dazu anders auftreten, mit mehr Selbstbewusstsein und höherer persönlicher Verantwortungsbereitschaft. Doch wie sich zeigte, fehlte vielen Spielerinnen die Bereitschaft, an diesen beiden Punkten zu arbeiten.

Im Englischen gibt es einen schönen Begriff, der die notwendige Haltung zu Zielen beschreibt. Man spricht dort von „Dedication", was man gut mit „Widmung" übersetzen kann. Wenn ich mir ein Ziel setze, muss ich mich diesem Ziel auch „widmen", mit meiner ganzen Hingabe. Es genügt nicht, ein Ziel zu formulieren, ich muss es in der Folge auch mit Leben füllen und das bedeutet meist harte Arbeit an sich selbst.

Die Folge dieser fehlenden Bereitschaft war, dass das Team von Anfang an dem Ziel hinterherhinkte. Übermotiviert, aber ohne die nervliche Stärke, verlor das Team direkt zum Saisonauftakt und verließ von da an die Abstiegsränge nicht mehr. Am Ende war nicht nur das Ziel meilenweit entfernt, das Team unterbot sogar alle pessimistischen Erwartungen. Wozu war dieses Ziel also gut? Wenn ich nicht bereit bin, für ein hohes Ziel zu leben, dann sollte ich besser realistisch bleiben. Es ist völlig legitim, mit dem Spatz in der Hand zufrieden zu sein. Das ist oftmals im Leben die richtige Entscheidung. Ich darf mich dann nur nicht beschweren, wenn ich die Taube nicht erreiche. Denn wenn ich diese fangen will, muss ich bereit sein, mich mächtig zu strecken!

7.3 Der Umgang mit Zielen

Es genügt also nicht, sich ein Ziel zu setzen. Damit Sie eine gute Chance haben, dieses Ziel auch zu erreichen, bedarf es schon vor der konkreten Umsetzung im alltäglichen Handeln mehrerer Schritte.

- Ziele schriftlich fixieren.
- Ergebnis- und Handlungsziele formulieren.
- Das Endziel in überschaubare Zwischenziele zerlegen.
- Das Ziel im Unterbewusstsein verankern.

Zunächst sollten Sie Ihr Ziel schriftlich fixieren. Die Schrift hat eine ganz andere Wirkung als das gesprochene Wort. Nicht umsonst fixieren wir Verträge schriftlich. Wir haben es dann „schwarz auf weiß". Das, was ich aufschreibe, hat eine Verbindlichkeit, die überdauert. Gesprochene Worte haben keinen Bestand. Oder wissen Sie heute noch wörtlich, was Sie vor einem Jahr zu Ihrem Team gesagt haben? Von Adenauer stammt das schöne Zitat: „Was stört mich mein Geschwätz von gestern?" Genau, wir reden viel und wenig davon hat Bestand. Aber mit Niedergeschriebenem verhält es sich ganz anders. Das kann ich mir jeder Zeit wieder rauskramen und durchlesen. Und dann kann ich genau überprüfen, ob das, was ich vor der Saison formuliert habe, auch eingetreten ist.

Bei der Formulierung eines Ziels spielt es eine Rolle, darauf zu achten, dass Sie sowohl Ergebnis- als auch Handlungsziele formulieren. Mit Ergebniszielen sind quantifizierbare Resultate gemeint. Hierzu gehören Titelgewinne, Platzierungen, Zeiten, Spielergebnisse, erzielte Tore u. a. Der Vorteil dieser Ziele liegt darin, dass Sie genau überprüfen können, ob Sie später Ihr Ziel auch tatsächlich erreicht haben. Das gestaltet sich bei Handlungszielen teilweise viel schwieriger. Hiermit sind Vorgaben gemeint, die sich darauf beziehen, wie man die gewünschten Ergebnisse erzielen will. Nehmen wir ein Beispiel: Ihr Ziel ist es, sehr aggressiv zu spielen. Woran erkennen Sie hinterher, ob es Ihnen gelungen ist? Aggressiv spielen umschreibt ein qualitatives Ziel. Jeder Spieler erlebt es anders, ob er die Vorgabe umgesetzt hat oder nicht. Handlungsziele sind auch wichtig, gerade weil sie unabhängig vom Ergebnis existieren. Vielleicht habe ich sehr gut gespielt und alle meine Handlungsziele umgesetzt, aber der Gegner präsentierte sich heute in einer super Form. Wenn ich am Ende trotz meiner eigenen guten Leistung verliere, habe ich dann enttäuscht? Oder kann ich angesichts meiner Leistung dennoch zufrieden sein? Letztendlich trifft beides zu. Mein Ergebnisziel habe ich verpasst, mein Handlungsziel erreicht. Ich habe deshalb die besten Erfahrungen damit gemacht, sowohl Ergebnis- wie Handlungsziele zu definieren.

Das zentrale Ziel, welches ich mir setze, stellt häufig ein großes, weit in der Zukunft liegendes Ergebnis dar. Es kann sich hierbei um eine Platzierung handeln, mit der man die bevorstehende Saison abschließen will. Damit mir dieses Ziel im Alltag nahe bleibt, empfiehlt es sich, **das Ziel in Zwischenziele zu unterteilen**. Das geht sehr einfach. Wenn Sie z. B. mit dem Auto von Bochum nach Hamburg fahren wollen, dann müssen Sie diese Fahrt in mehreren Etappen bewältigen. Zunächst fahren Sie von Ihrer Wohnung auf die Autobahn, dann wechseln Sie vor Münster auf die A 1, weiter geht es Richtung Bremen. Vor Bremen machen Sie eine Rast in Wildeshausen. Anschließend sind es noch einmal ca. 130 km bis Hamburg, wo Sie die Autobahn verlassen und schließlich Ihr Ziel erreichen. Wenn alles glatt gegangen ist.

Im Sport lässt sich Ähnliches beobachten. Eine Saison setzt sich aus Hin- und Rückrunde zusammen. Diese wiederum kann man in kleinere Einheiten zerteilen. So können Sie die ersten sechs Spiele als einen Abschnitt sehen, welcher Ihnen dazu dient, eine erste brauchbare Rückmeldung über Ihren Leistungsstand zu erhalten.

Der Sinn der Unterziele besteht darin, die einzelnen Schritte hin zum großen Endziel sichtbar zu machen, wobei jeder einzelne Schritt für sich gut zu bewältigen ist. Meister wird man nicht mit einem Spiel, sondern durch viele kleine Erfolge! Außerdem helfen Ihnen die Unterziele, immer wieder Ihren eingeschlagenen Kurs zu überprüfen. Liegen Sie noch auf dem beabsichtigten Kurs oder müssen Sie vielleicht Ihr Handeln korrigieren? Manchmal macht es sogar Sinn, sein Saisonziel zu überdenken.

Auch zu diesem Aspekt möchte ich ein anschauliches Beispiel bringen. Sicher erinnern Sie sich noch an das Finale der Bundesligasaison 2001: Schalke 04 verlor in letzter Sekunde den Meistertitel durch das Freistoßtor der Bayern in Hamburg. Nach meiner Einschätzung hat Schalke aber den Titel in den Wochen zuvor verloren, besonders bei der Niederlage in Stuttgart einen Spieltag zuvor, als sie zu passiv und risikoarm auftraten.

Die Schalker haben einen in meinen Augen entscheidenden Fehler gemacht. Sie haben die ganze Zeit gesagt, sie können nicht Meister werden. Rudi Assauer betete diese Formel geradezu gebetsmühlenartig vor den Fernsehkameras herunter. Sie haben an ihrem Saisonziel festgehalten und das hatte mit Meisterschaft nichts zu tun.

Aber wenn man gewinnen will, muss man irgendwann aus dem Windschatten herausfahren. Schalke hat sich mit der Rolle des Zweiten zufrieden gegeben. Das Resultat war am Ende entsprechend.

Ganz anders Dortmund 2011. Als die Mannschaft im Verlauf der Saison völlig überraschend mit mehreren Punkten Vorsprung an der Tabellenspitze lag, da gab selbst Jürgen Klopp die lange gepflegte Zurückhaltung auf. Er war klug genug, den veränderten Umständen Rechnung zu tragen. So bekannte er sich dazu, jetzt auch Meister werden zu wollen. Am Ende wurde der Verein für diesen Mut belohnt!

Schließlich sollten Sie das Ziel im Unterbewusstsein verankern. Das ist ganz wichtig. Das Unterbewusstsein steuert zu einem wesentlichen Teil unser Handeln. Wir sind nur begrenzt die bewussten, selbstgesteuerten Wesen, die wir gerne wären. Auch wenn wir es nicht merken, nimmt das Unterbewusste einen sehr großen Einfluss auf unser Verhalten.

Seit Sigmund Freud wissen wir, dass Träume ein Ausdruck des Unterbewussten sind. Vielleicht ist es Ihnen bisher noch nicht aufgefallen, aber in Träumen wird kaum gesprochen. Das Wesentliche in den Träumen sind die Bilder. Mit dieser Beobachtung gewinnen wir einen wichtigen Einblick in die Frage, wie wir auf unser Unterbewusstsein Einfluss nehmen können. Wir müssen uns ebenfalls innerer Bilder bedienen! Das Zauberwort heißt deshalb: **Visualisierung**.

Unter **Visualisierung** versteht man, innere Vorstellungsbilder willentlich zu produzieren. Anders ausgedrückt, kann man sich das als **aktives Tagträumen** vorstellen. Den meisten Menschen fällt das sehr leicht. Probieren Sie es einfach kurz aus, indem Sie die Augen schließen und sich einen weißen Sandstrand in der Karibik vorstellen mit Palmen, Meer und Sonnenschein. Das geht doch ganz leicht, oder?

Um ein Ziel im Unterbewusstsein zu verankern, benutzen wir genau diese Fähigkeit. Die einfachste Methode besteht darin, sich konkret das Erreichen des Ziels vorzustellen. Nehmen wir an, Sie wollten in der kommenden Saison aufsteigen. Stellen Sie sich also innerlich vor, wie Sie das entscheidende Spiel bestreiten. Wie der Abpfiff bzw. die Schlusssirene kommt. Wie Sie und Ihre Spieler in Jubel ausbrechen. Sehen Sie die Details. Mit wem freuen Sie sich? Wo sind Sie? Was tragen Sie für Kleidung? Wie fühlen Sie sich innendrin? Ziehen Sie anschließend durch irgendwelche Kneipen und Diskos? Was schreibt die Zeitung am nächsten Tag?

Malen Sie sich alle diese Momente aus. Und dann öffnen Sie wieder die Augen, kommen Sie bewusst zurück in die Gegenwart und widmen sich dem nächsten Schritt, der Sie ein Stück auf dem Weg zu diesem Ziel tragen soll. (Wenn Sie diese Visualisierung mit der gesamten Mannschaft vor dem Training durchgeführt haben, dann wäre der nächste Schritt die konzentrierte, gemeinsame Ausführung der Übungseinheit auf dem Platz bzw. in der Halle.)

Eine andere, nach meiner Erfahrung noch wirksamere Form, das Unterbewusstsein auszurichten, ist die Pfeilvisualisierung (siehe dazu den Extrakasten, S. 91). Mit dieser Übung habe ich schon mit vielen Mannschaften erfolgreich gearbeitet. Sie können aber auch selbst kreativ sein und eigene Formen der Zielvisualisierung einsetzen.

Es spielt keine Rolle, welche Form Sie verwenden, wichtig ist nur, dass Sie diese Übung zunächst mehrfach wiederholen. Dadurch prägen sich die Bilder besser ein. Ich empfehle, die Übung innerhalb von 4-6 Wochen etwa 5 x gemeinsam durchzuführen. Danach sollten Sie diese Übung bewusst vernachlässigen.

Wenn ich immer nur auf das Ziel schaue, stolpere ich über den Stein auf dem Weg. Die Kunst liegt also darin, anfangs und immer mal wieder zwischendrin mich auf mein Ziel auszurichten, beim Gehen aber auf jeden einzelnen Schritt konzentriert zu sein. Während der Zeit der Konzentration entfalten die Bilder ungestört in meinem Unterbewusstsein ihre Wirkung.

Um die überragende Wirksamkeit der Übung auf der folgenden Seite zu unterstreichen, möchte ich noch zwei weitere Zitate von Reinhold Messner (1996) einbringen:

„Grundvoraussetzung ist die Vision. Sie und die Identifikation mit dem Ziel sind es, die unsere Motivation über Monate zu jener Willensenergie anwachsen lassen, die den Körper zum Pfeil machen. Nur angestaute Energie trägt weit. Sie explodiert ... im Tun."

„Ziel, Pfeil und Schütze können im Geiste eine Einheit werden."

ÜBUNG 4: DIE PFEILVISUALISIERUNG

1. Setzen Sie sich entspannt hin und schließen Sie die Augen. Nehmen Sie sich ein paar Atemzüge Zeit, um sich innerlich zu sammeln.
2. Lassen Sie ein Symbol für Ihr Ziel auftauchen. (Ein passendes Symbol kann ein Siegerpokal, eine geballte Faust, die Abschluss-tabelle, ein strahlendes Mannschaftsfoto, eine Treppe usw. sein.) Folgen Sie Ihrer inneren Eingebung. Nehmen Sie das zum Symbol, was Ihnen spontan dazu einfällt.
3. Stellen Sie sich vor, Sie stünden in einer Entfernung von ca. 25 m vor einer großen Zielscheibe. In der Mitte der Zielscheibe sehen Sie Ihr Symbol.
   In Ihrer Hand halten Sie einen Bogen und einen Pfeil. Nun beginnen Sie damit, den Pfeil einzuspannen. Sie richten die Spitze des Pfeils auf die Mitte der Zielscheibe aus.
4. Jetzt fangen Sie langsam an, den Bogen zu spannen. Sie bleiben dabei ganz auf das Ziel konzentriert. Spüren Sie, wie sich die Muskeln in Ihrem Körper anspannen. Spüren Sie, wie es Sie Kraft kostet, die Spannung zu erhöhen.
5. Sie erreichen den Punkt der maximalen Bogenspannung. Halten Sie diese. Bleiben Sie dabei weiterhin ganz ausgerichtet und vergewissern Sie sich, dass die Pfeilspitze noch immer auf das Ziel, Ihr Symbol, zeigt.
6. Irgendwann löst sich plötzlich wie von selbst der Pfeil aus dem Bogen und schleudert hervor. Hören Sie, wie er durch die Luft rauscht. Sehen Sie, wie er in direkter Bahn auf das Ziel zufliegt. Er schlägt genau in die Mitte der Scheibe ein, gerade da, wo Ihr Symbol ist. Sehen Sie vor Ihrem inneren Auge, wie er dort stecken bleibt.
7. Jetzt gehen Sie mit der Aufmerksamkeit zurück in Ihren eigenen Körper und spüren, wie es sich anfühlt, dass die Spannung sich gelöst hat. Fühlen Sie, wie es für Sie ist, dass Sie Ihr Ziel getroffen haben. Lassen Sie diese Empfindung sich in Ihrem Körper ausbreiten.
8. Kehren Sie mit diesem Gefühl langsam zurück in den Raum. Lassen Sie sich dabei genug Zeit.

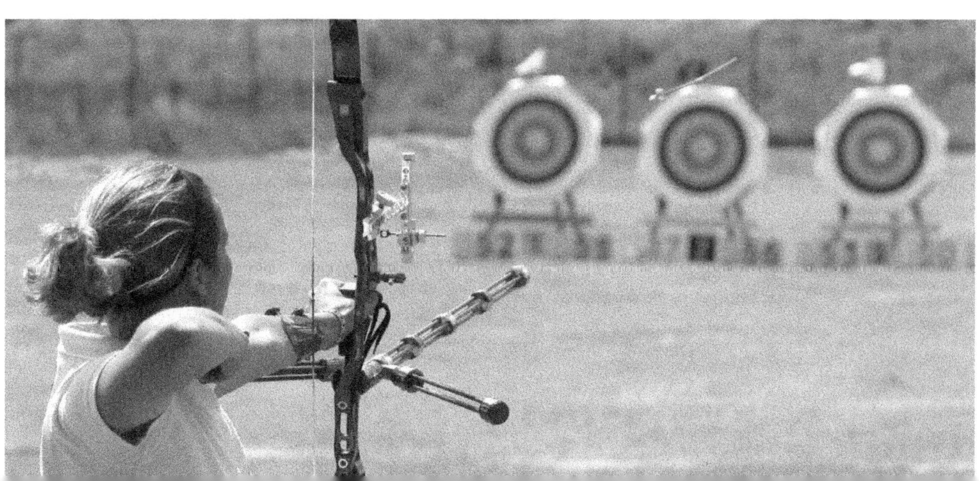

7.4
Ziele bei Jugendmannschaften

In der Trainerausbildung werde ich immer wieder gefragt, ob man denn auch schon mit Kinder- und Jugendmannschaften mit Zielen arbeiten sollte und ob diese das denn überhaupt schon umsetzen könnten. Warum nicht?

Meine Erfahrung zeigt, dass Kinder in der Regel sehr genau wissen, warum sie ihren Sport machen und was sie erreichen wollen. Ich glaube, dass es für die menschliche Entwicklung sehr gut ist, wenn wir früh lernen, dass wir Ziele, welche wir uns setzen, erreichen können. Das gibt den Kindern ein Gefühl von Kompetenz und Handlungsfähigkeit.

Genauso ist es gut, zu lernen, dass wir manche Ziele verpassen. Das gibt die nötige Demut. Ihren Schützlingen tun Sie also keinen Gefallen, wenn Sie auf Ziele verzichten.

Aber natürlich sollten die Ziele bei Kindern einen geringeren Stellenwert haben als im Leistungssport. Bis hinein in den Jugendbereich sollte immer der Spaß im Vordergrund stehen, d. h. die Freude am Spiel, an der Bewegung und am gemeinschaftlichen Erleben.

Außerdem empfiehlt es sich, Ziele kindgerecht anzubieten. Ein Fußballtrainer hat mir vor Jahren ein schönes Beispiel dafür genannt. Er hatte eine E-Jugend-Mannschaft übernommen, die im Vorjahr nur wenige Treffer erzielt hatte. Deshalb hatte er sich mit den Spielern vorgenommen, dass sie dieses Jahr im Durchschnitt in jedem Spiel mindestens ein Tor erzielen wollten. In der Kabine hat er dann eine leere Pappe aufgehängt. Nach jedem Spiel durften die Kinder nun für jedes erzielte Tor einen dicken Klebepunkt aufkleben.

Eine sehr schöne Idee, wie ich finde. In einem der ersten Spiele gewann sein Team mit 6:0 oder 6:1, ich weiß es nicht mehr genau. Stellen Sie sich den Jubel bei den Kindern vor, als diese sechs Punkte auf die Pappe klebten. Jetzt war das Saisonziel schon in greifbarer Nähe! Das motivierte die Spieler noch einmal zusätzlich. Und so kam es, dass schon nach der halben Spielzeit die angestrebte Toranzahl erreicht worden war.

Gerade bei jungen Menschen empfiehlt es sich, eher symbolhaft zu arbeiten. Mit einer Eishockey-Nachwuchsmannschaft habe ich einmal folgende positive Erfahrung gemacht: Um zu erreichen, dass das Team im Herbst erfolgreich spielt, hatte ich ein Bild von einem Hamster mitgebracht. Er sollte symbolisch für das stehen, was Hamster im Herbst machen, nämlich Futter für den langen Winter sammeln. Entsprechend wollten wir ein Punktepolster zusammentragen. Nachdem ich das Bild präsentiert hatte, fragte ich, wie es denn heißen solle. Sofort kam die Antwort: „Wolle“. Hintergrund dafür war, dass ein Spieler mit einer hamsterähnlichen Frisur den Spitznamen Wolle trug. Natürlich gab es großes Gelächter, aber der Name saß. Dann wurde das Bild an die Kabinentür gehängt.

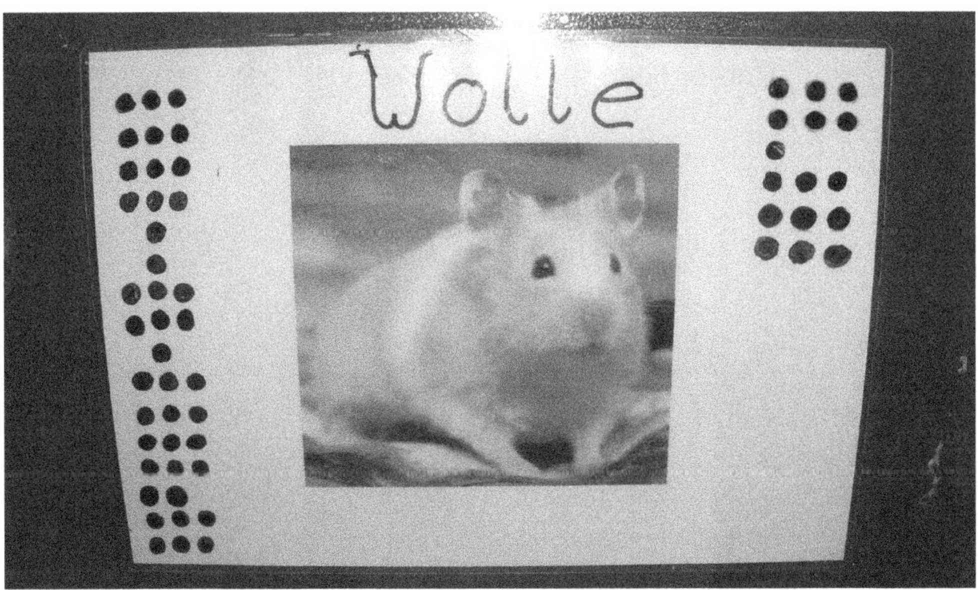

Foto von Hamster „Wolle"

Das wirklich spannende an der Geschichte war für mich, wie es danach weiter ging. Ohne dass ich etwas dazu gesagt hätte, malten die Jungs nach jedem Spiel die erzielten Punkte auf das Blatt. Schnell war es unter den Spielern eine Ehre, die Punkte auf das Blatt malen zu dürfen. Am Ende der Saison war das Blatt voll und kein Spiel mehr ohne Punkte geblieben. Daran kann man sehen, welche Dynamik im positiven Fall solche Zielsymbole entwickeln können. (Ach ja, dasselbe Mittel habe ich übrigens auch schon bei einer Erwachsenenmannschaft eingesetzt. Die Wirkung war vergleichbar. In diesem Fall wurden zwar keine Punkte auf das Blatt gemalt, dafür aber die jeweiligen Spielergebnisse.)

Lebendiges Coaching statt Kochbuchmentalität – Einführung in die praktischen Anregungen für den Traineralltag

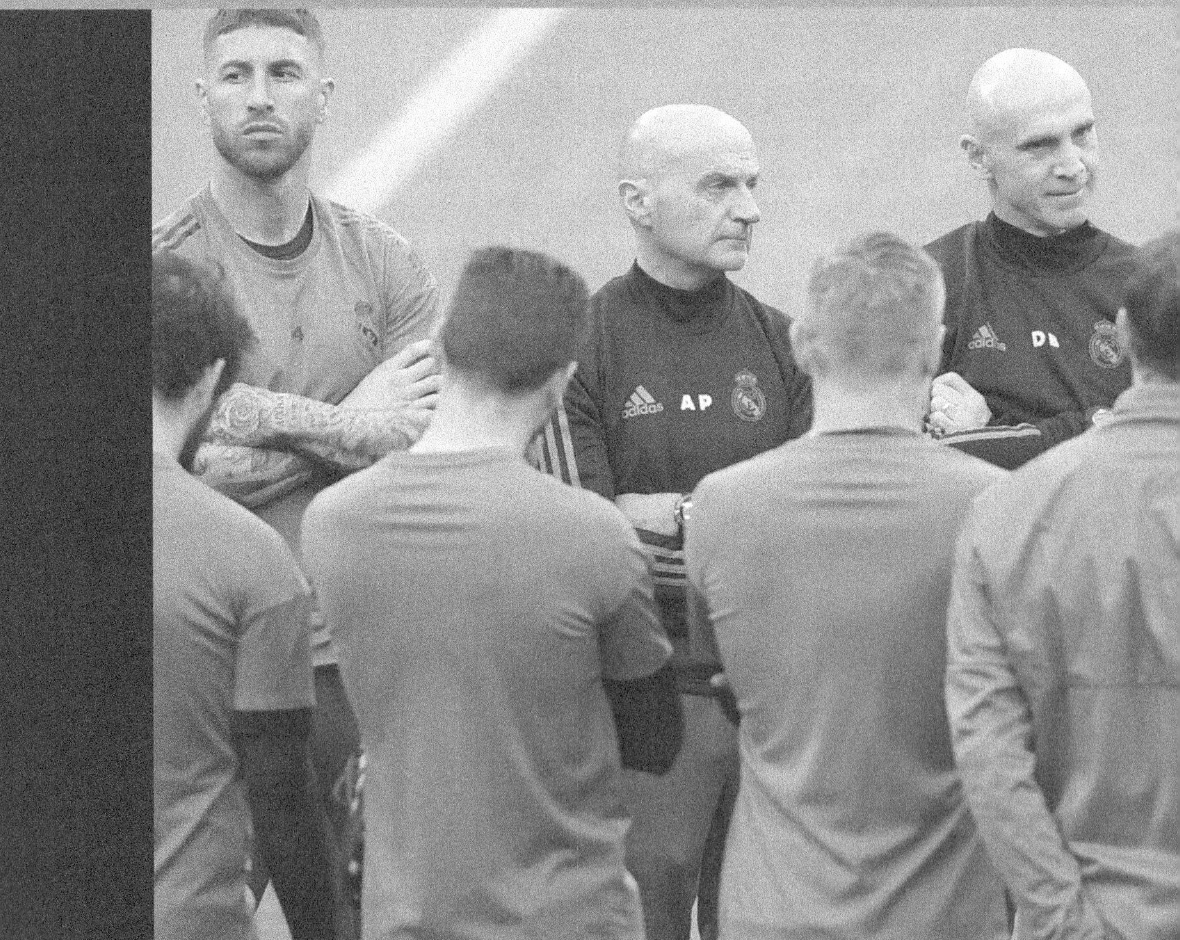

8

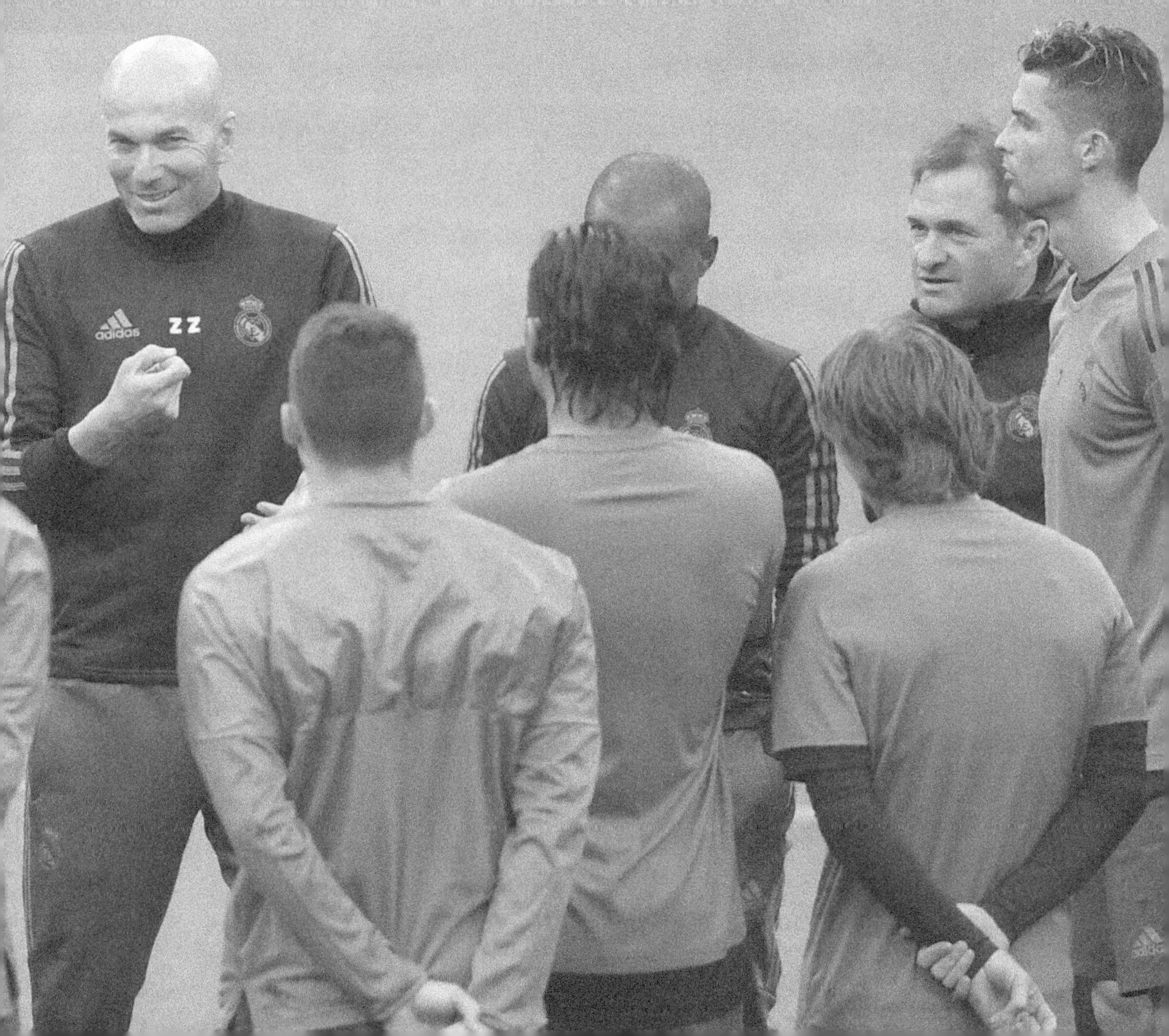

8 Lebendiges Coaching statt Kochbuchmentalität – Einführung in die praktischen Anregungen für den Traineralltag

Ich bin kein Wissenschaftler, sondern ein im Spitzensport tätiger Sportpsychologe. Psychologie ist für mich deshalb da interessant, wo sie einen direkten Nutzen für die Praxis bietet. Obwohl die Sportpsychologie eine noch junge Wissenschaft ist, liefert sie schon manche Antworten. Die aus meiner Sicht wichtigsten Erkenntnisse und Anwendungen finden Sie in den folgenden Kapiteln.

Dieser zweite Teil stellt das Herzstück des Buches dar. Hier orientiere ich mich konkret an Ihrem Alltag. Die vielen Jahre in der Betreuung diverser Mannschaften, von der Bezirksklasse bis zur Nationalmannschaft, haben mir gezeigt, welche Situationen immer wiederkehren und vor welchen Fragen Trainer dabei immer wieder stehen. Für jede dieser Situationen mache ich Ihnen Angebote, wie Sie diese Momente lösen bzw. gestalten können.

Leider gibt es dabei keine allgemein gültigen Regeln. Was das eine Mal richtig ist, stellt sich beim nächsten Spiel oder der nächsten

Mannschaft als unpassend he-raus. Deshalb macht es keinen Sinn, meine Anregungen 1:1 zu übernehmen wie in einem Kochrezept. Sie sind der Fachmann, Sie kennen Ihre Athleten am besten. Auf Ihre Wahrnehmung, Ihre Intuition, Ihr Fingerspitzengefühl kommt es an. Außerdem müssen Sie ausprobieren, welche Maßnahmen Ihnen persönlich liegen und welche Ihrer Person oder Ihrem Führungsstil dagegen gar nicht entsprechen. Bleiben Sie also offen und variabel. Und bleiben Sie sich treu! Sie sind nur dann überzeugend, wenn Sie hinter dem stehen können, was Sie tun, und wenn Sie das authentisch verkörpern, was Sie von Ihren Spielern fordern.

Ich sehe dieses Buch einfach als eine Möglichkeit für Sie, immer wieder nachzublättern und sich Anregungen zu holen. Wenn Sie das nächste Mal mit Ihrer Mannschaft vor einem entscheidenden Spiel um den Auf- oder Abstieg stehen, schauen Sie vorher in das entsprechende Kapitel. Sicher enthält es einige Ideen, die Ihnen helfen, Ihre Spieler bestmöglichst einzustellen. Oder wenn es sportlich einmal nicht so läuft, wie Sie erhofft haben, gibt Ihnen das Kapitel über die Bewältigung von Krisen und Konflikten hilfreiche Anregungen.

Wenn am Ende dennoch Fragen offen geblieben sein sollten, so würde ich mich über eine Rückmeldung freuen. Denn auch ich wachse mit jeder neuen Erfahrung und Anregung. In diesem Sinne wünsche ich Ihnen jetzt viel Spaß beim Weiterlesen.

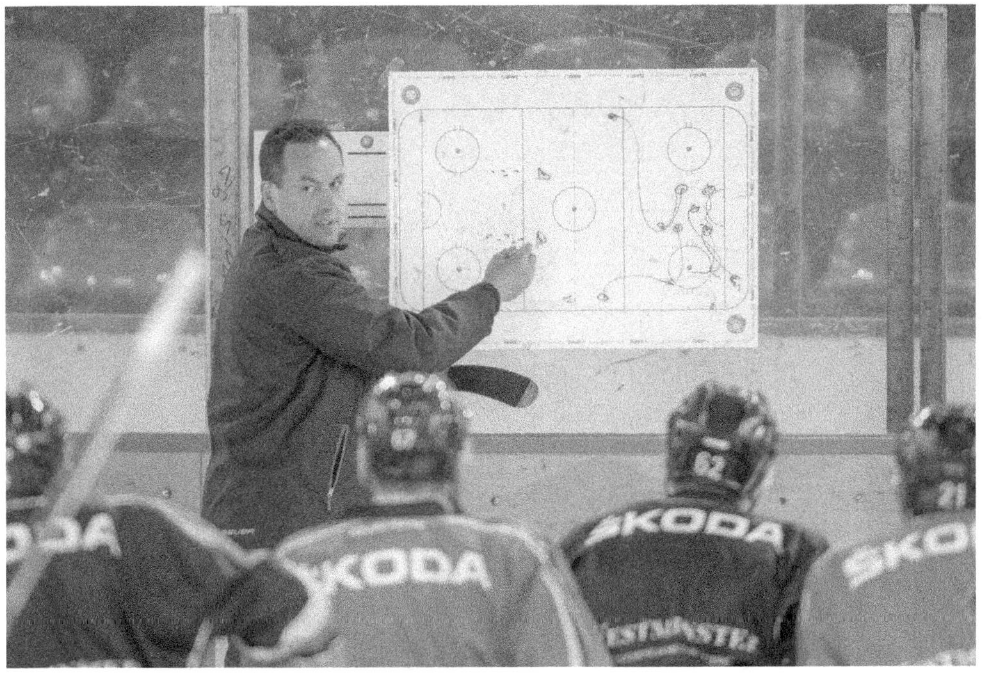

Psychologische Potenziale der Saisonvorbereitung

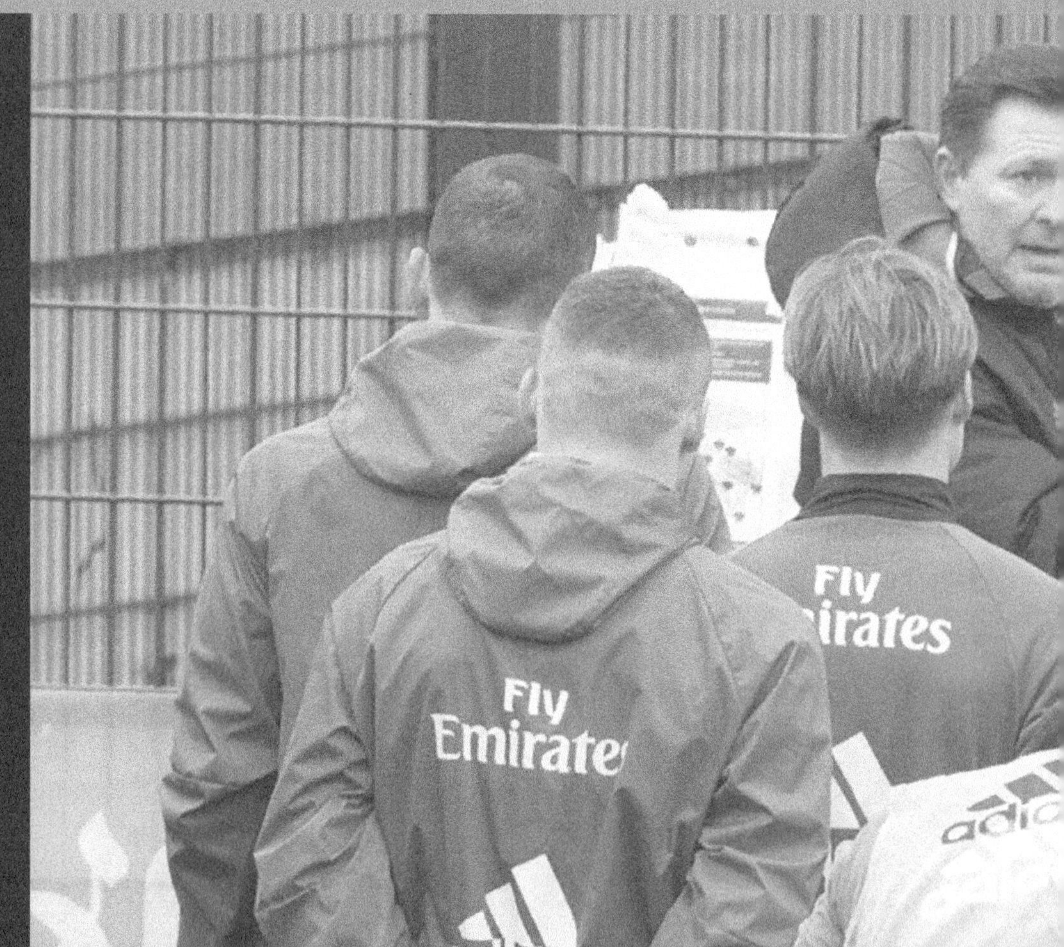

9

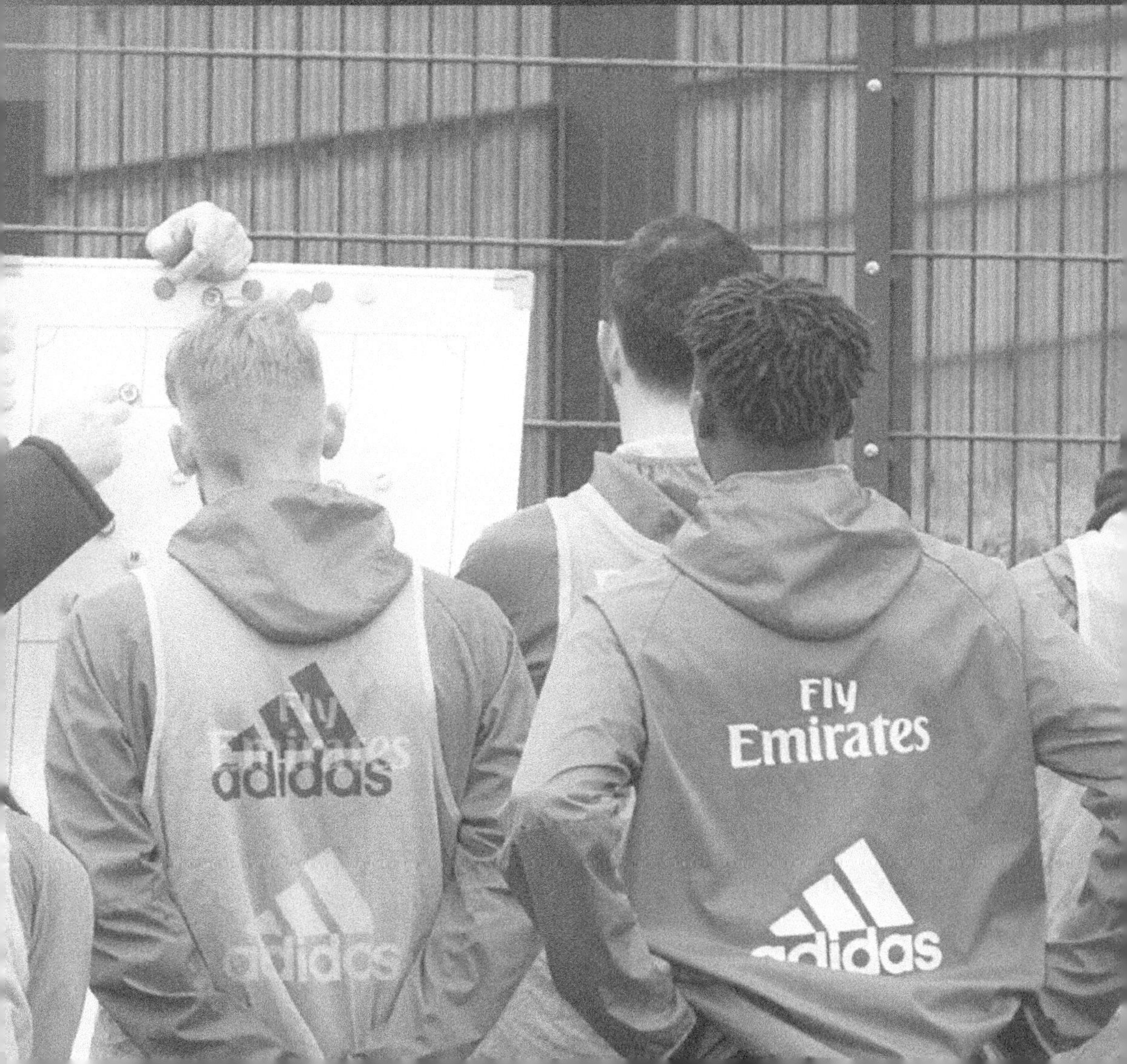

9 Psychologische Potenziale der Saisonvorbereitung

„Jedem Anfang wohnt ein Zauber inne ..."

Hermann Hesse

Wenn die Mannschaft nach der Saisonpause erstmals zusammenkommt, dann ist das immer ein besonderer Moment. Es ist wie ein leeres Blatt Papier. Alles ist möglich, noch nichts ist festgelegt. Was wird die neue Spielzeit bringen? Welchen Platz wird man am Ende einnehmen? Welche guten und schwierigen Erfahrungen werden Sie machen? Werden Sie am Ende als Triumphator dastehen oder werden Sie das Saisonende als Trainer gar nicht mehr erleben dürfen? Alles ist offen. Und vieles neu. Es sind Spieler hinzugekommen, andere haben das Team verlassen, vielleicht hat sich auch im Umfeld manches geändert. Das führt zu einer freudigen Gespanntheit, aber auch zu einer gewissen Unsicherheit. Immer wieder kann ich bei den Mannschaften, die ich betreue, beide Empfindungen ausmachen.

Die Saisonvorbereitung stellt aber nicht nur deshalb einen besonderen Moment dar. Nie wieder im kommenden Jahr werden Sie mit so viel Ruhe mit Ihrer Mannschaft arbeiten können. Noch stören keine guten und schlechten Ergebnisse Ihre Aufbauarbeit. Die Presse hält sich noch zurück. Die Zuschauer nehmen Sie nur am Rande wahr. Jetzt können Sie neue Taktiken erarbeiten, neue Spielsysteme vermitteln. Es ist die Zeit der Saat, in der Hoffnung, dass im Laufe der Saison die Arbeit reiche Früchte trägt.

Diese besondere Zeit gilt es zu nutzen. Jetzt stellen Sie die Weichen für vieles, was später Ihren Saisonverlauf bestimmt. Aus psychologischer Sicht sind für mich dabei die folgenden Aspekte von zentraler Bedeutung:

- Das gemeinsame Ziel
- Die gemeinsamen Normen und Regeln
- Die Teamentwicklung
- Die tragfähige Führungsstruktur

Als Trainer sollten Sie allen vier Faktoren einen ausreichenden Stellenwert in der Vorbereitung einräumen. Was ich damit jeweils genau meine und wie Sie die entsprechenden Qualitäten herausarbeiten können, will ich im Folgenden detaillierter beschreiben.

9.1 Das gemeinsame Saisonziel

„Das ist es, was die Mannschaft stark macht: das gemeinsame Ziel."

Dirk Nowitzki

Wie ich schon im ersten Teil des Buches deutlich gemacht habe, bilden Ziele für uns Menschen etwas Wichtiges. Für Mannschaften sind sie noch einmal bedeutsamer. Denn das gemeinsame Ziel stellt den am stärksten bindenden Faktor innerhalb der Teammitglieder dar. Das Herausarbeiten des gemeinsamen Saisonziels dient deshalb zugleich als erster Schritt zur Teambildung.

Meine Arbeit mit einer Mannschaft beginne ich in der Regel damit, dass ich zunächst mit den Spielern bespreche, was wir uns für das kommende Jahr vornehmen. Das gemeinsame Ziel ist der Anfang des Weges, welchen wir zusammen gehen wollen.

In der Trainerausbildung werde ich immer wieder gefragt, wann man als Trainer mit der Mannschaft dieses Thema angehen sollte. Ohne dass es dafür eine generelle Regel gibt, würde ich doch sagen, etwa 3 4 Wochen vor Saisonbeginn ist ein guter Zeitpunkt.

Dann haben die Spieler schon einige Zeit gehabt, sich zu beschnuppern und zusammenzuwachsen. Zugleich aber ist es noch früh genug, dass sie das Ziel verankern können und es so die volle Wirkung erzielen kann, bevor die Saison startet.

Die Spieler bekommen von mir die Aufgabe, jeder für sich aufzuschreiben, was sie als angemessenes Saisonziel ansehen. Dabei sollen sie sowohl ein qualitatives wie auch ein quantitatives (also in Zahlen ausgedrücktes) Saisonziel benennen. Ein Beispiel für einen solchen Fragebogen sehen Sie in *Abbildung 4*.

Diesen Fragebogen auszufüllen, fällt vielen Athleten schwerer, als ich anfangs dachte. Typische Argumente, die ich zu hören bekomme, sind: „Wir haben so viele neue Spieler dazubekommen. Da weiß ich noch gar nicht, was wir zu leisten vermögen." Oder: „Wir haben noch gar keine Vorbereitungsspiele absolviert, da wissen wir noch nicht, wo wir im Vergleich zu den anderen stehen." Für mich sind solche Argumente Versuche, davor auszuweichen, sich festzulegen.

Jede Mannschaft, die ich bisher betreut habe, konnte sehr wohl schon Wochen vor Saisonbeginn realistisch einschätzen, was sie in den kommenden Monaten zu leisten vermochte. Unter diesen Mannschaften befanden sich auch Teams, die personell völlig neu bestückt waren. Aber das stellte kein Hindernis dar.

Das Argument mit den Vorbereitungsspielen amüsiert mich immer besonders. Testspiele geben keinen brauchbaren Hinweis auf den Saisonverlauf. Das kann man jedes Jahr wieder beobachten. Sonst hätte Hertha BSC in der Saison 2001/02 um die Meisterschaft mitspielen müssen, nachdem sie im Ligapokal so souverän aufgetreten waren. Aber in Wirklichkeit waren sie am Ende froh, einen UEFA-Cup-Platz erreicht zu haben. Lassen Sie sich niemals von den Ergebnissen der Vorbereitung täuschen, in keine Richtung. Da spielt uns nur unser Bedürfnis nach Sicherheit einen Streich. Aber, realistisch betrachtet, bleibt vor dem ersten Spieltag immer die große Unsicherheit.

Selbst die ersten Saisonspiele sagen noch wenig aus über den weiteren Verlauf der Spielzeit. Manchmal kann man natürlich tatsächlich einen guten Start nutzen, um dauerhaft in höheren Tabellenregionen zu bleiben. Und umgekehrt genauso. Aber häufig kommt es ganz anders. Die Handballdamen von Leverkusen z. B. leisteten sich 2000 einen kleinen Fehlstart mit nur 6:6 Punkten aus den ersten sechs, nicht sonderlich schweren Spielen. Wie sollten sie da noch auf ihre 30 Punkte kommen, die sie erreichen wollten? Doch am Ende

SV HERMESBURG – HANDBALLLANDESLIGA
SAISON 2000/2001

In der letzten Saison konnten wir unser selbst gestecktes Ziel erreichen. Damit uns das auch dieses Jahr gelingt, möchte ich euch wieder bitten, euer Ziel für diese Saison zu beschreiben. Benenne bitte jeweils ein inhaltliches und ein in Zahlen ausgedrücktes Ziel.

Name: ....

1. Mein Ziel für die Mannschaft:

____

____

Platzierung: .... Punkte: ....

2. Mein persönliches Ziel:

____

____

Tore: .... Einsätze: ....

3. Was werde ich persönlich dazu beitragen, das Mannschaftsziel bzw. mein persönliches Ziel zu erreichen?

____

____

____

Abb. 4: Fragebogen zum Saisonbeginn

kamen sie genau da an, dank einer zwischenzeitlichen Serie von 10:0 Punkten. Und es gibt tausende vergleichbare Beispiele.

Aber zurück zum konkreten Vorgehen bei der Saisonzielfestlegung. Wenn alle Spieler den Fragebogen ausgefüllt haben, trage ich die Ergebnisse zusammen. Meist ergibt sich ein uneinheitliches Bild. Manche wollen höhere Ziele erreichen, andere sind vorsichtiger. Wichtig ist, dass sich jetzt alle auf ein gemeinsames Ziel einigen.

Das ist oftmals ein längerer Prozess, bei dem die Diskussion auch einmal hitzig werden kann. Aber es ist ein hilfreicher Prozess für die Mannschaft. Dadurch kommen die Teammitglieder näher zusammen. Sie finden heraus, was ihre gemeinsame Basis für die nächsten 12 Monate bildet. Deswegen bin ich auch unnachgiebig, wenn es zwischenzeitlich bei manchen Teams so aussieht, als wenn eine Einigung nicht möglich wäre.

Ich habe es zum Beispiel schon erlebt, dass eine Spielerin hartnäckig dabei blieb, an das höhere Ziel der anderen Spielerinnen nicht glauben zu können. Für dieses Problem muss die Mannschaft eine Lösung finden, denn sonst nimmt sie es als Konfliktstoff mit in die Saison. Sie kann entweder das Minderheitsvotum akzeptieren, weil sie sich stark genug fühlt, eine solche Uneinigkeit zu tragen. Oder sie besteht auf der Konformität aller Mitglieder. In diesem Fall müsste die Spielerin sich entscheiden, ob sie sich einfügt und das gemeinsame Ziel übernimmt oder ob sie aus der Mannschaft ausscheidet. Eine Trennung ist eine mögliche Alternative, vor der ich nicht zurückscheue, weil der Konflikt ansonsten die Mannschaft mehr schwächen würde als der Verlust eines Athleten. Hier werden neben dem Ziel zugleich wichtige Gruppenregeln entwickelt.

Ist das Team zu einem Entschluss gekommen, verfasse ich eine Vertrag, den jeder Spieler unterschreiben soll. Ich nenne ihn das „Mannschaftsmanifest" (*siehe Abbildung 5*). Dieses hält sowohl das quantitative Mannschaftsziel als auch die wichtigsten inhaltlichen Ziele fest. Das Manifest kommt in einen Bilderrahmen und dann hänge ich es in die Kabine. So ist es das ganze Jahr sichtbar und erinnert die Spieler immer wieder an ihr großes Ziel.

MANNSCHAFTSMANIFEST

Als Mitglieder der ersten Mannschaft des SV Hermesburg bekennen wir uns zu folgendem Ziel:

Wir werden in der Spielzeit 2002/2003 mindestens den **8. Platz** belegen.

Um dieses Ziel zu erreichen, bekennen wir uns zu folgenden Werten:

- **Wir kämpfen die vollen 60 Minuten.**
- **Wir unterstützen uns mit ganzer Kraft, gleichgültig, wie es steht oder um wen es geht.**
- **Wir spielen einen aggressiven, temporeichen Handball.**

Mit meiner Unterschrift bestätige ich, dass ich meine ganze Kraft dafür einsetze, das genannte Ziel zu erreichen und die Werte der Mannschaft zu verwirklichen.

Hermesburg, den ....

Abb. 5: Das Mannschaftsmanifest

9.2 Gemeinsame Normen und Regeln

Neben dem gemeinsamen Ziel entwickelt jede Mannschaft eigene Werte, Regeln und Normen. Auch hierbei handelt es sich um einen wichtigen Prozess im Rahmen der Teamentwicklung. Zu den eigenen Regeln gehört zum Beispiel der Strafenkatalog. Damit wird nicht nur festgelegt, welches „Vergehen" wie bestraft wird, vielmehr drückt eine Mannschaft dadurch aus, was ihr für ihr alltägliches Funktionieren wichtig ist. Bedeutet es der Mannschaft etwas, dass jeder Spieler pünktlich ist? Welchen Stellenwert hat eine einheitliche Kleidung beim Warmmachen? Was in den Strafenkatalog kommt und wie hoch die jeweilige Strafe ausfällt, ist ein Ausdruck der mannschaftlichen Identität.

Genauso verhält es sich mit den ausgesprochenen und unausgesprochenen Normen und Bräuchen. Wie wichtig ist die Teilnahme am Mannschaftsessen nach dem Spiel? Müssen die an dem Tag nichtnominierten Spieler mit zum Auswärtsspiel fahren oder dürfen sie freimachen? Dies sind nur zwei Beispiele für die vielen Fragen, die sich ständig stellen. Und jede Mannschaft findet da unterschiedliche Lösungen, auch wenn sich die Grundzüge meistens sehr ähneln.

Es liegt auf der Hand, die Regeln und Normen klar auszusprechen. Je deutlicher gemacht wird, was erlaubt ist und was nicht und welches Verhalten erwünscht ist und welches nicht, desto weniger Konflikte werden sich im Laufe der Saison deswegen ergeben.

Voraussetzung ist natürlich, dass die Einhaltung der Regeln auch konsequent eingefordert wird. Das muss nicht unbedingt durch den Trainer geschehen. Besser ist es sicherlich, wenn die meisten Dinge von der Mannschaft selbst eingefordert werden. Aber manchmal sind Sie da auch als Trainer gefragt.

Besonders, wenn es um gröbere Verstöße geht, oder wenn ein zunehmender, allgemeiner Unmut in der Mannschaft entsteht. Wann das genau gilt, kann man nicht objektiv sagen. Das muss ich Ihrem Fingerspitzengefühl und Ihrer Erfahrung überlassen.

Womit wir zu einer häufig vorkommenden Frage kommen: Wie gerecht muss ein Trainer sein? Ich habe es bis auf eine Ausnahme noch in jeder Mannschaft erlebt, dass irgendwann im Laufe einer Saison ein oder mehrere Spieler sich bei mir beschweren, der Trainer würde einzelne Athleten bevorzugen und andere benachteiligen. Mein Eindruck dazu war sehr unterschiedlich. Natürlich habe ich auch schon manchmal gedacht, dass ein Trainer verschiedene Athleten ungleich behandelte. Aber das war ganz klar die Ausnahme.

Die Spieler machen dabei einen typischen Fehler. Sie meinen, dass ein Trainer alle gleich behandeln könnte. Aber das ist gar nicht möglich. Es ist normal, dass man manche Spieler lieber mag als andere, dass man zu Einzelnen eine größere Nähe aufbaut. Das darf auch sein, ohne dass es einer Mannschaft schadet.

Problematisch wird es meiner Meinung nach nur, wenn ein Trainer die Spieler nicht mehr als gleichwertig ansieht. Wenn nicht mehr jeder Spieler die gleichen Chancen bekommt.

Ich bin z. B. als Sportpsychologe für jeden Spieler gleichermaßen verfügbar. Jeder kann zu mir kommen und ich nehme mir Zeit für ihn. Das kann jeder von mir verlangen. Aber natürlich spreche ich privat mit dem einen mehr als mit dem anderen. Solange ich das beides trennen kann, gibt es keine Schwierigkeiten. Und falls dann dennoch ein Spieler unzufrieden ist, muss ich ihm das zumuten. Ich werde es niemals schaffen, es jedem Spieler recht zu machen.

Noch eine wichtige Sache zu diesem Thema möchte ich erwähnen. Jede Regel braucht ihre Ausnahme. Das ist ganz wichtig. Sonst wird sie zum Dogma. Selbst die Tötung eines anderen Menschen, das schwerste Verbrechen in unserer Rechtsprechung, ist unter bestimmten Umständen erlaubt, etwa bei Notwehr. Nur, hier bewegen Sie sich auf einem glatten Parkett.

Zum Ersten droht bei manchen Fällen, dass die Ausnahme zur Regel wird. Zum Zweiten kommt schnell Unzufriedenheit auf, wenn bei einem Spieler eine Ausnahme gemacht wird und bei einem anderen nicht.

Hier sollten Sie sich gut prüfen und vor allem offen aussprechen, warum Sie eine Ungleichbehandlung vornehmen. Es gibt nämlich oftmals gute Gründe dafür. Ältere Spieler etwa, die schon viel für den Verein geleistet haben, dürfen sehr wohl manche Sonderregelung für sich beanspruchen.

9.3 Die Teamentwicklung

In der Schaffung eines positiven Teamgeists liegt für mich ein Schlüssel zum Erfolg im Mannschaftssport. Ich habe deshalb diesem Thema innerhalb des Buches ein eigenes Kapitel gewidmet („Der Weg zum Team", Kap. 10). Wenn Sie gerade an diesem Inhalt interessiert sind, so lade ich Sie ein, vorzublättern und sich diesem Kapitel zu widmen. An dieser Stelle möchte ich zu einem anderen bedeutungsvollen Inhalt weitergehen, nämlich der Mannschaftshierarchie.

9.4 Die tragfähige Führungsstruktur

Meiner Überzeugung nach sind Mannschaften langfristig nur dann erfolgreich, wenn sie eine gute Führungsstruktur besitzen. Vorübergehend mag es gelingen, auch ohne „Häuptlinge" zu gewinnen. Aber ich kenne kein Beispiel, wo das auf Dauer funktioniert hat.

Führungsspieler spielen eine wichtige Rolle, weil sie in den entscheidenden Situationen das Kommando übernehmen. Sie tragen eine größere Verantwortung, dafür haben sie auch mehr zu sagen. Zugleich sind sie die Personen, welche die großen Momente des Spiels bestimmen. Ein positives Beispiel in dieser Hinsicht lieferte für mich Bayern München 2001. Ich sehe den Sieg in der Champions League zu einem wesentlichen Teil darin begründet, dass Oliver Kahn und Stefan Effenberg die unangefochtenen Führungspersonen im Team bildeten. Nicht zufällig waren es auch die beiden, welche die spielentscheidenden Situationen (Effenberg verwandelte den Elfmeter zum Ausgleich, Kahn entschied das Elfmeterschießen) prägten. Die Entschlossenheit beider in diesen Szenen, ihren Gesichtsausdruck vorher und hinterher, werde ich vermutlich nie vergessen.

Was aber passiert, wenn man solche Führungsspieler nicht hat? Dann besteht die Gefahr, dass in brisanten Spielmomenten keiner die Verantwortung übernimmt und die notwendigen Impulse setzt. Von diesen Beispielen habe ich schon zu viele erlebt. Ich habe zum Beispiel eine Damenmannschaft betreut, der eine solche Führungsperson fehlte. Meine Versuche, gemeinsam mit der Mannschaft einzelne Spielerinnen in die Führungsrolle hineinzuentwickeln, wurden von den Spielerinnen abgelehnt. Sie wollten lieber je nach Spielsituation schauen, wer gerade in der Lage war, das Spiel zu bestimmen. Für mich kam es deshalb nicht überraschend, dass das Spiel, welches über den Einzug in den Europapokal entschied, verloren wurde. Es fehlte eine Person, welche die Initiative im kritischen Moment übernahm.

Auch den Erfolg der Hockeynationalmannschaft bei der WM 2002 führe ich (unter anderem) darauf zurück, dass vorher gezielt eine Führungsstruktur erarbeitet wurde. Dies geschah in Abstimmung mit der Mannschaft. Letzteres ist wichtig, da ich schlecht Spieler in die Führungsrolle bringen kann, welche von der Mannschaft abgelehnt wurde. Jeder wusste genau, wer wann was zu sagen hatte und wer wofür die Verantwortung trug. Die Führungsspieler übernahmen ihre besondere Stellung und die anderen Spieler erkannten diese Struktur an, ohne deswegen ihre persönliche Verantwortung abzugeben. Kapitän Florian Kunz verkörperte die benötigten Führungsqualitäten vorbildlich. Das gipfelte darin, dass er sowohl im Halbfinale als auch im Finale per Strafecke entscheidende Treffer erzielte.

Bei der Schaffung der Führungsstruktur achtete ich zudem darauf, dass ein weiteres Kriterium eingehalten wurde. Führungsspieler sollen meiner Ansicht nach nämlich immer zentrale Spielpositionen besetzen. Das hat mehrere Gründe. Zum einen sind zentrale Spieler in der Lage, mit vielen Mitspielern ohne großen Aufwand auf dem Feld zu kommunizieren.

Es ist ein bekanntes Problem, Torhüter zu Spielführern zu machen. Wie wollen diese Signale an die Offensivkräfte geben? Zum Zweiten werden die zentralen Spielpositionen oftmals von älteren, erfahreneren Athleten besetzt, die gelernt haben, in kritischen Situationen die Ruhe zu bewahren. Zugleich werden sie auf Grund ihrer Erfahrung von den anderen Mitspielern eher akzeptiert.

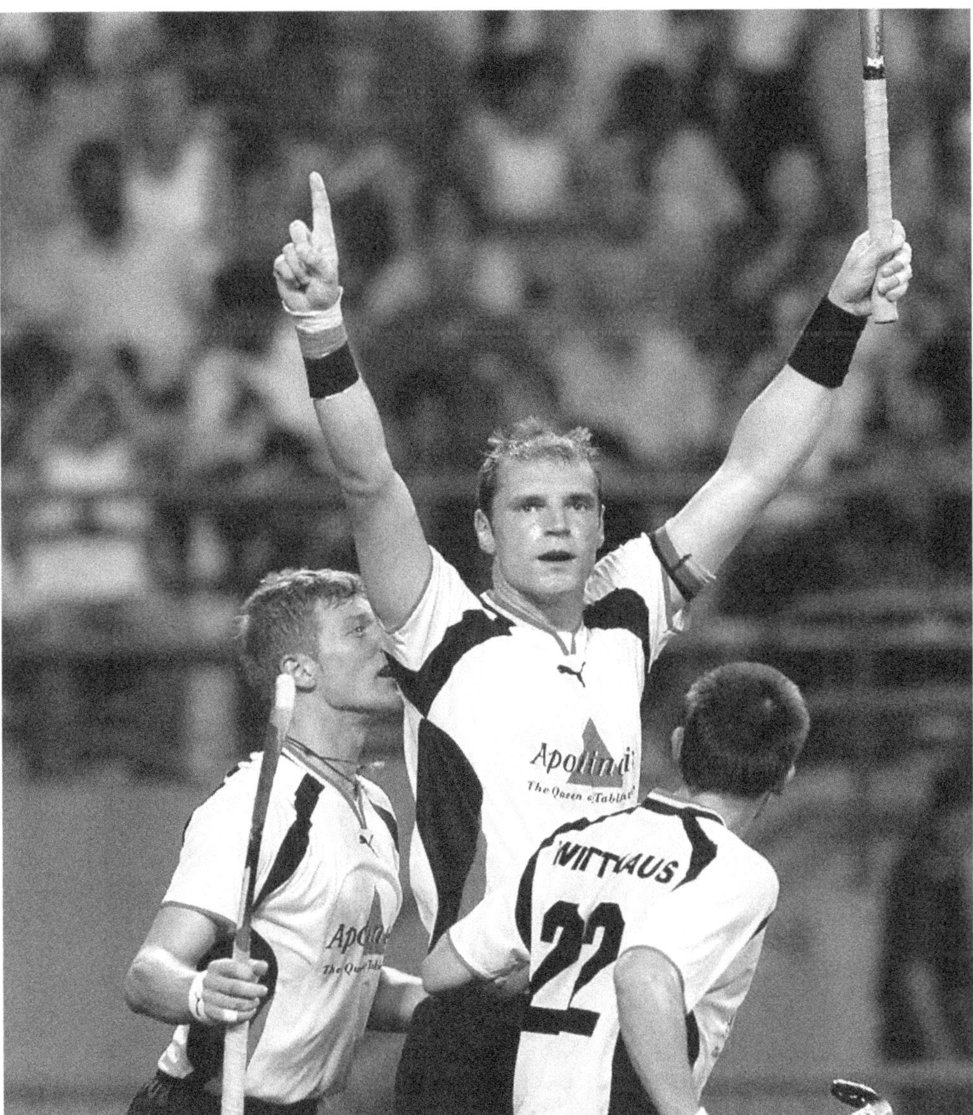

Florian Kunz ist ein Beispiel dafür, dass ein Führungsspieler nicht nur durch sein vorbildliches Verhalten auffällt, sondern meist auch eine zentrale Spielposition besetzt.

Ein dritter Grund liegt in einem Punkt begründet, den ich kurz erläutern will. Aus systemischer Sicht (siehe hierzu auch Kap. 3 „Was ist ein Team?") haben die Mitglieder in einem System Vorrang, welche für die Sicherheit des Systems sorgen (Holitzka & Remmert, 2001). In der Regel ist es der Mann, welcher für die Sicherheit der Familie zuständig ist, etwa indem er durch seine Arbeit das Geld verdient. Deswegen steht er in der Familie an erster Stelle. Das heißt nicht, dass er wichtiger oder besser ist als die Frau! Es geht mir hier keineswegs um eine Wertung der Geschlechter, sondern um eine Beschreibung dessen, was immer noch gesellschaftliche Realität ist, mag man das nun gutheißen oder nicht.

In betrieblichen Systemen verhält es sich ähnlich. Zum Beispiel hat in einem Krankenhaus die Verwaltung Vorrang vor der Ärzteschaft und dem Pflegepersonal, denn die Verwaltung sorgt für die Sicherheit des Unternehmens. Die Hierarchie eines Sportvereins, wie sie der Sportpsychologe Trosse (Trosse, 2003) aufstellt, entspricht diesem Ordnungsprinzip, da hier die Sponsoren als Geldgeber (= finanzielle Sicherheit) an erster Stelle kommen, obwohl der Trainer und die Mannschaft den sportlichen Erfolg viel stärker und direkter beeinflussen:

Die Hierarchie eines Vereins nach Trosse (2003):

1. Sponsoren und Geldgeber
2. Präsidenten und Vorsitzende
3. Manager
4. Trainer
5. Athleten
6. Betreuer
7. Fans
8. Zuschauer

Wenn ich dieses Prinzip auf den Mannschaftssport übertrage, so bedeutet es, dass Defensivkräfte Vorrang vor den Stürmern haben, denn sie sind am stärksten für die Sicherheit des Teams verantwortlich. Ich habe diese These schon an mehreren Mannschaften überprüft. Bisher haben die Spieler sich immer wohler und ruhiger gefühlt, wenn diese Ordnung eingehalten wurde.

Probieren Sie es doch selbst aus. Das können Sie tun, indem Sie die Mannschaft in einem Halbkreis sitzen lassen. Der Mannschaftskapitän bekommt als oberster Führungsspieler den ersten Platz. Das ist der Stuhl ganz links. Die Ordnung in einem Halbkreis ist also im Uhrzeigersinn zu sehen.

Interessant ist jetzt folgende Frage: Wann fühlen sich die Spieler besser? Wenn die Stürmer in der Sitzreihenfolge direkt nach dem Kapitän kommen oder wenn die Abwehrspieler am Anfang sitzen? Probieren Sie beide Varianten aus. In den meisten Fällen werden die Spieler eine Sitzordnung bevorzugen, bei der die Abwehrspieler vor den Angreifern kommen.

MANNSCHAFTSSTRUKTUR

(am Beispiel der Hockeynationalmannschaft 2002 – die wichtigsten Führungsspieler sind fett gedruckt)

Arnold

Weß **Crone** **Kunz** Mayerhöfer

Weißenborn **Eimer** Green

Michel Domke Reinelt

Anmerkung des Verfassers: Im Hockey ist das Interchanging erlaubt, sodass in der Regel alle aufgebotenen Athleten zum Einsatz kommen. Die Auswahl der 11 Namen ist also nicht als Rückstufung der anderen Spieler zu verstehen, sondern orientiert sich an der häufigsten Startformation bei der WM 2002.

Abb. 6: Die gute Mannschaftsstruktur

Ich will das Gesagte noch einmal konkret verdeutlichen. Die Hockeynationalmannschaft hatte drei Führungsspieler. Angesichts der 4-3-3-Spielformation waren das die beiden zentralen Abwehrspieler und der zentrale Mittelfeldmann (*siehe Abbildung 6*).

Dass die Spielposition für das Einnehmen einer Führungsrolle wichtiger war als Faktoren wie internationale Erfahrung, Spielstärke oder Alter, wird deutlich, wenn man betrachtet, welche Spieler nicht zu Führungsspielern wurden. Dazu gehörten der Rekordnationalspieler Christian Mayerhöfer, der Rekordtorschütze Björn Michel und der Welthockeyspieler 2002, Michael Green! Auch diese Drei waren für die Mannschaft sehr wichtig, aber eben nicht in führender Rolle.

Ihre Aufgabe als Trainer besteht darin, bei der Schaffung einer Führungsstruktur aktiv mitzuwirken. Lassen Sie es nicht zu, dass die Mannschaft selbst Spieler zu Leadern macht, welche sich nicht dafür eignen, sei es aus spieltaktischen, aus persönlichen oder aus eben positionsbedingten Gründen. Nehmen Sie ganz bewusst Einfluss auf diesen Prozess.

Sie sind der Chef, die oberste Führungsperson des gesamten Teams, und es ist Ihr gutes Recht, solche Dinge mitzubestimmen.

Außerdem sollten Sie sich klar darüber sein, dass manche Spieler erst in die Führungsrolle hineinwachsen müssen. Es ist Ihre Aufgabe, sie dabei zu unterstützen. Bei der Hockeynationalmannschaft habe ich es erlebt, dass ein Athlet sich seiner Rolle zunächst überhaupt nicht bewusst war. Erst in einem Gespräch mit mir hat er sich damit auseinander gesetzt. Er hatte zuvor nicht geglaubt, dass die anderen Mitspieler ihm diese Rolle zudenken würden. In den folgenden Wochen musste er deshalb zunächst im Spiel die Erfahrung machen, dass die anderen ihn als Leader akzeptierten. Als er diese Bestätigung erfuhr, wuchs er sehr schnell in seine neue Rolle hinein.

DER MANNSCHAFTSKAPITÄN

Auf welcher Position sollte er spielen?

Ist Ihnen schon einmal aufgefallen, dass die meisten Spielführer der Fußballbundesliga auf zentralen Positionen spielen? Das ist sicher kein Zufall. Vielleicht wenden Sie jetzt ein, das läge doch einfach daran, dass auf diesen Positionen bevorzugt erfahrene Spieler agierten. Ich glaube nicht, dass hierin der wesentliche Grund liegt.

Ein Beispiel ist für mich Jens Nowotny. Er war schon mit 23 Jahren in Leverkusen Kapitän – als zentraler Mann in der Vierer- und später in der Dreierkette. Als er lange verletzt war, wurde er von Carsten Ramelow vertreten. Ramelow ist sicher nicht für seine charismatische Ausstrahlung bekannt. Aber er spielt ebenfalls zentral defensiv!

Ich behaupte also, dass die beste Position für die Funktion des Mannschaftskapitäns die des Innenverteidigers (bzw. des Playmakers im Basketball oder einer der beiden zentralen Abwehrspieler im Handball usw.) ist. Der Innenverteidiger spielt zugleich zentral und sorgt für die Sicherheit. Wenn er aus irgendwelchen anderen Gründen nicht für diese Funktion taugt, so wäre ersatzweise der zentrale defensive Mittelfeldmann zu wählen. Stürmer eignen sich als Spielführer gar nicht, da sie a) zu wenig zentral spielen, b) zu wenig für die Sicherheit des Systems sorgen und c) außerdem noch zu abhängig von persönlichen Erfolgserlebnissen sind.

Die Beispiele von Jürgen Klinsmann und Oliver Bierhoff verdeutlichen sehr schön, wie problematisch es ist, einen Stürmer zum Kapitän zu machen. Beide waren umstritten, sobald sie nicht mehr regelmäßig Tore erzielten.

Zugleich zeigt diese kleine Gedankenspielerei, dass jede Regel ihre Ausnahme beinhaltet. Die Rede ist jetzt von Oliver Kahn. Von seiner Position her eigentlich ungeeignet, gab er doch einen guten Spielführer ab und ist in dieser Funktion auch im Verein wie in der Nationalelf unumstritten. Meine Überlegungen sind also nicht als Dogma, sondern als Anregung zu verstehen.

Selbst bestimmen oder wählen lassen?

Auf diese Frage gibt es keine generelle Antwort. Aus dem, was ich zuvor in diesem Kapitel über Führungsspieler gesagt habe, geht aber schon hervor, dass ich nicht befürworte, der Mannschaft freie Wahl zu lassen. Die Funktion des Spielführers ist eine wichtige! Außerdem müssen Sie mit diesem Athleten besonders eng kooperieren. Deshalb plädiere ich dafür, entweder einen Athleten Ihrer Wahl zu benennen, von dem Sie sicher sein können, dass ihn die Mannschaft akzeptiert. Oder Sie geben dem Team 2-3 Kandidaten vor, unter denen diese wählen können.

ÜBUNG 5: TEAMSKULPTUR

Suchen Sie mit Ihrer Mannschaft einen freien Raum oder eine freie Außenfläche auf. Markieren Sie den Mittelpunkt der Fläche, etwa indem Sie das Maskottchen dorthin stellen. Dann fordern Sie die Spieler auf, sich ohne Worte einen Platz auszusuchen, der ihrem derzeitigen Platz in der Mannschaft entspricht. Die Spieler dürfen sich so lange bewegen, bis jeder seinen Standort gewählt hat.

Jetzt beginnen Sie, mit den Spielern über das Bild zu sprechen.

Benutzen Sie dazu folgende Fragen:

Wie geht es euch da, wo ihr gerade steht?

Wer fühlt sich an seinem Platz nicht wohl?

Wo würde er lieber stehen?

Was hindert ihn daran, diesen Platz einzunehmen?

Von welchem Mitspieler habt ihr das Gefühl, dass er woanders stehen müsste?

Was kann das Team dafür tun, dass alle einen guten Platz bekommen?

Nach meiner Erfahrung werden einige interessante Dinge sichtbar werden und zur Sprache kommen. Wenn ein Wunsch nach Veränderung geäußert wird, lassen Sie ihn durchführen und fragen Sie dann die Gruppe, wie sie die Veränderung empfindet. Im Idealfall steht am Ende ein Gruppenbild, dem jeder Spieler zustimmen kann.

In einem funktionierenden Team nimmt jedes Mitglied die für ihn passende Position ein und gibt dort sein Bestes. Ein Bienenstock dient hierfür als gutes Beispiel. Die Königin ist das zentrale Tier, welches im Mittelpunkt steht und für den Fortbestand der Art sorgen muss. Die Drohnen füttern die Königin, sodass diese sich ganz ihrer Aufgabe der Vermehrung widmen kann. Und die Arbeiterinnen bauen den Bienenstock und produzieren den von uns Menschen geliebten Honig. Jeder gibt an seiner Stelle das Beste und jeder bekommt die Aufgabe, die seiner Natur entspricht.

Letzteres herauszufinden, stellt allerdings für Sie als Trainer keine leichte Aufgabe dar. Welcher Spieler für welche Aufgabe am besten geeignet ist, wer wo dem gesamten System die besten Dienste leisten kann, ist eine Wissenschaft für sich. Häufig wollen Athleten auch Aufgaben übernehmen, die ihnen gar nicht entsprechen, etwa aus falschem Ehrgeiz. Dennoch, so schwer diese Aufgabe ist, darin besteht eine der Künste eines erfolgreichen Trainers.

Um herauszufinden, ob jeder Spieler einen seinen Fähigkeiten entsprechenden Platz einnimmt, bietet sich die Übung der Teamskulptur an. Zum einen erfahren Sie dadurch, wie der Einzelne sich derzeit im Team fühlt. Zugleich können Sie auch mögliche Veränderungen auf ihre Wirkung hin ausprobieren.

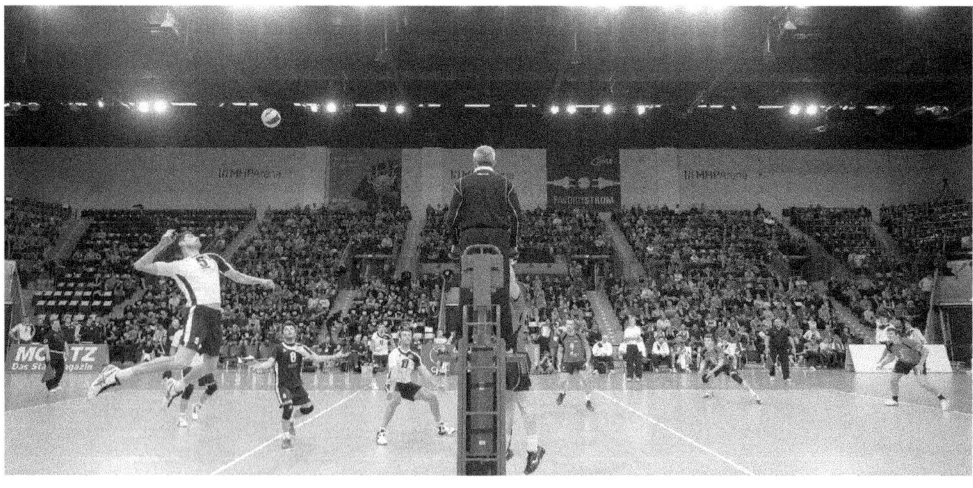

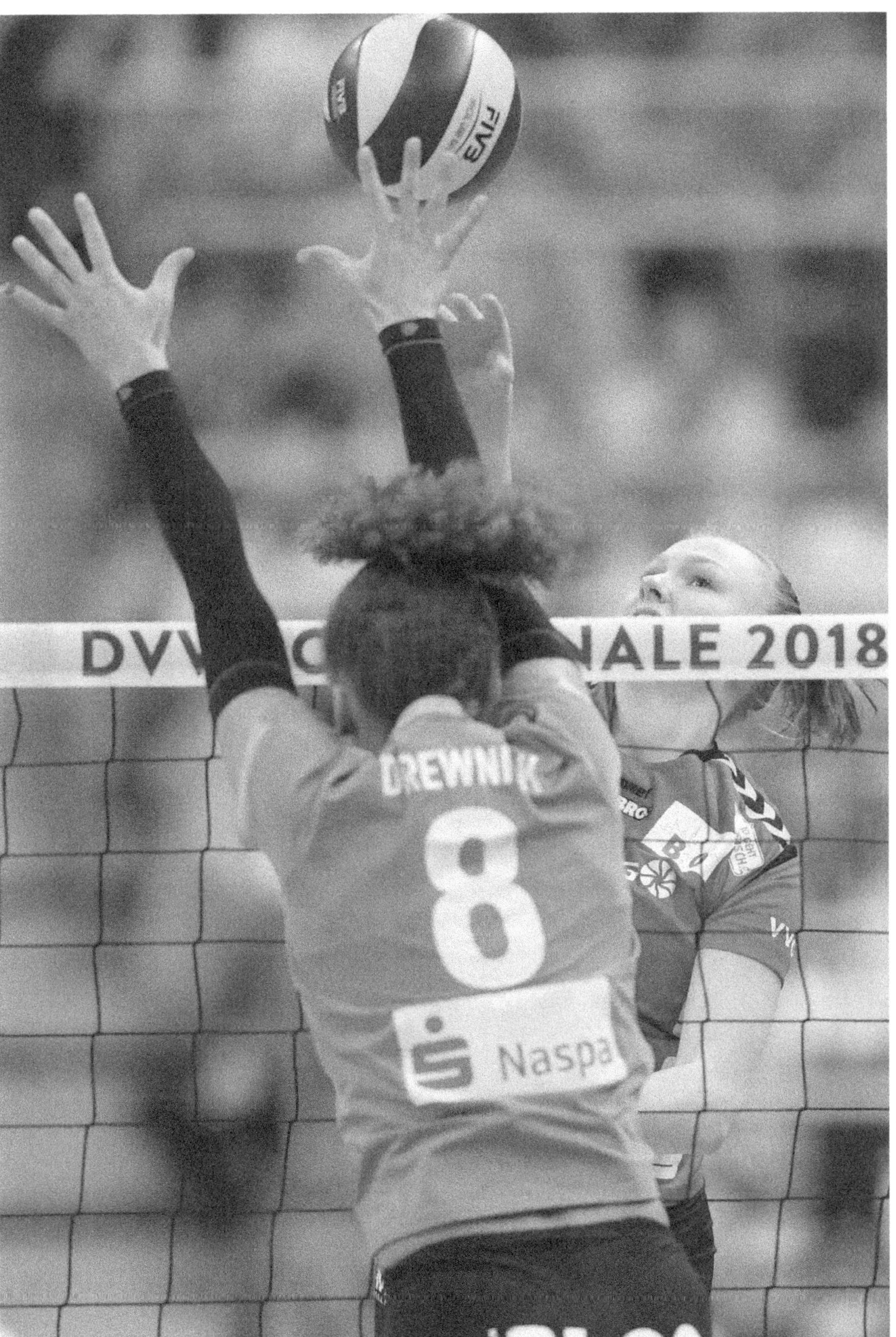
FIVB
DVV
NALE 2018
8
Naspa

Der Weg zum Team – Möglichkeiten der Mannschaftsbildung

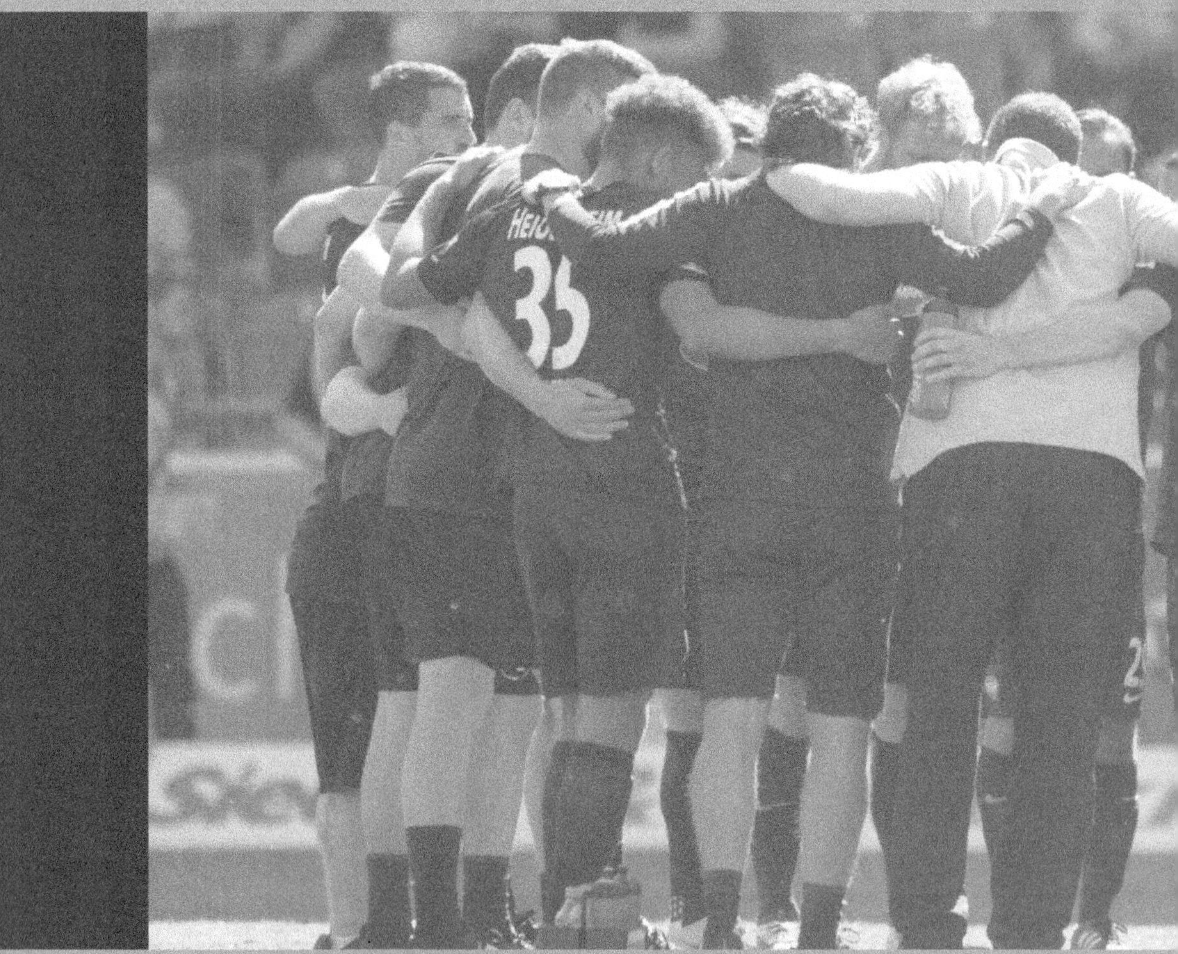

10

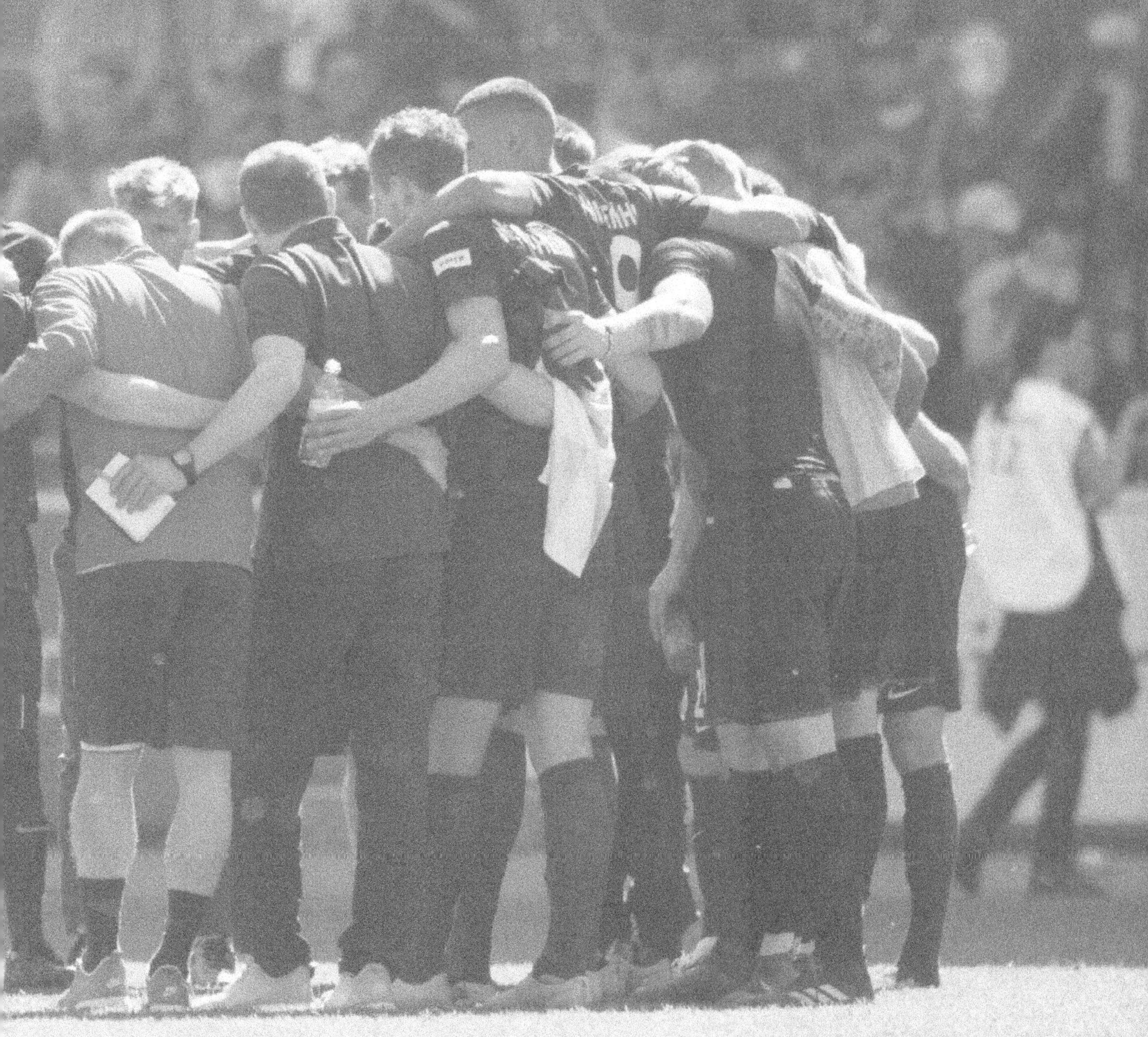

10 Der Weg zum Team – Möglichkeiten der Mannschaftsbildung

Im 3. Kapitel „Was ist ein Team?" habe ich schon deutlich gemacht, welches sportliche Potenzial in einer Mannschaft liegt, die sich auch als solche erlebt. Sie alle haben schon erfahren, wie negativ es sich auswirkt, wenn ein Team in Untergruppen zerfällt, welche nicht mehr zusammen agieren.

Ein positiver Teamgeist fällt aber nicht vom Himmel und als Trainer können Sie eine Menge dafür tun. In diesem Kapitel soll es darum gehen, was Sie konkret zur Entwicklung des Teamgeists unternehmen können.

10.1 Konkrete Maßnahmen der Teambildung

Einige dieser Möglichkeiten sind Ihnen sicher schon vertraut, wahrscheinlich werden Sie auch so manches schon bewusst oder unbewusst eingesetzt haben. Dazu dürften zum Beispiel **außersportliche Teamaktivitäten** gehören. Ob es sich um einen gemeinsamen Saunabesuch, Pizzabacken bei Ihnen zu Hause, einen Zug durch die Kneipen, das Renovieren der Mannschaftskabine oder einen Spieleabend handelt, es kommt nicht darauf an, was Sie zusammen machen.

Wichtig ist alleine, dass Sie gemeinsam etwas unternehmen, was nichts direkt mit Ihrem Sport zu tun hat. Der Effekt dabei ist, dass man sich besser kennen lernt und die Mitspieler in neuer Weise erlebt. Nicht nur in der Saisonvorbereitung, auch im weiteren Jahresverlauf sollte man immer wieder solche Momente einstreuen, wenn nötig, auch auf Kosten eines Trainings.

Weitergehender wirken spezielle Übungen zur Teambildung. Hier gibt es eine große Vielfalt an Möglichkeiten. Einen guten Überblick gibt das Buch „Teamgeist" von Maaß & Ritsch (1997).

Nicht alle Übungen in diesem Buch lassen sich gut mit Sportmannschaften durchführen, da sie teilweise zu sehr dem Sozialbereich entstammen. Aber Sie finden beim Durchsehen viele gute Ideen. Für besonders empfehlenswert erachte ich das Spinnennetz (s. u.) und die Teamskulptur (siehe am Ende des vorigen Kapitels).

ÜBUNG 6: DAS SPINNENNETZ

Diese Übung ist ein sehr schönes Beispiel für eine aufschlussreiche und wirksame, teambildende Maßnahme.

Spannen Sie eine Schnur so zwischen zwei Bäumen, dass eine Netzstruktur entsteht. Es sollte kurz über dem Boden beginnen und maximal mannshoch sein. Die Anzahl der Löcher sollte der Anzahl der Teammitglieder entsprechen.

Die Aufgabe der Gruppe besteht darin, durch das Netz auf die andere Seite zu kommen. Es darf dabei jedes Loch nur von einem Spieler durchstiegen werden. Jedoch darf die Schnur nicht berührt werden. Die anderen Spieler dürfen beim Durchsteigen nur von der Seite helfen, auf der sie gerade stehen.

Der Reiz der Übung liegt also darin, dass die Gruppe sich in ihrem Vorgehen abstimmen muss. Sie muss eine Strategie entwickeln, wer am besten durch welches Loch steigt.

Schickt man kleine Spieler durch niedrigere Öffnungen oder werden sie von den Größeren durch die oberen Löcher gehoben?

Wen muss man auf der einen Seite bis zum Schluss zurücklassen, damit er dort den anderen beim Durchsteigen helfen kann?

Wer muss ganz zu Anfang das Netz durchqueren, um auf der Zielseite helfen zu können?

ÜBUNG 7: DER LUFTBALLONLAUF

Hierbei handelt es sich um ein Wettrennen zwischen 2-4 Mannschaften. Bauen Sie zunächst mehrere identische Parcours mit kleineren Schwierigkeiten (z. B. mit Bänken zum Drübersteigen und Balancieren, Fahnenstangen zum Umkurven u. Ä.) auf. Dann bilden Sie die entsprechende Anzahl von Gruppen aus den Mitspielern (jeweils 4-6 Personen).

Achten Sie bei der Gruppenbildung darauf, dass speziell weniger vertraute Spieler zusammenkommen. Die Mitglieder der einzelnen Teams stellen sich hintereinander auf. Zwischen jeden Spieler kommt ein aufgeblasener Luftballon. Die Spieler nehmen ihn jeweils zwischen ihre Hüften. Auf Ihr Kommando beginnt jetzt ein Wettlauf der Teams über den vorbereiteten Parcours. Wenn ein Luftballon hinfällt, muss die Gruppe von vorne beginnen. Die Hände dürfen dabei nicht zum Festhalten eingesetzt werden. Sieger ist, wer zuerst am Ziel ankommt.

Das Schöne an der Übung liegt darin, dass sie innerhalb des Teams eine gute Koordination verlangt. Neben dem pädagogischen Effekt macht sie außerdem Spaß und die Spieler bekommen etwas zum Lachen. Sie können die Aufgabe auch variieren, etwa indem der Ballon zwischen die Knie genommen wird usw.

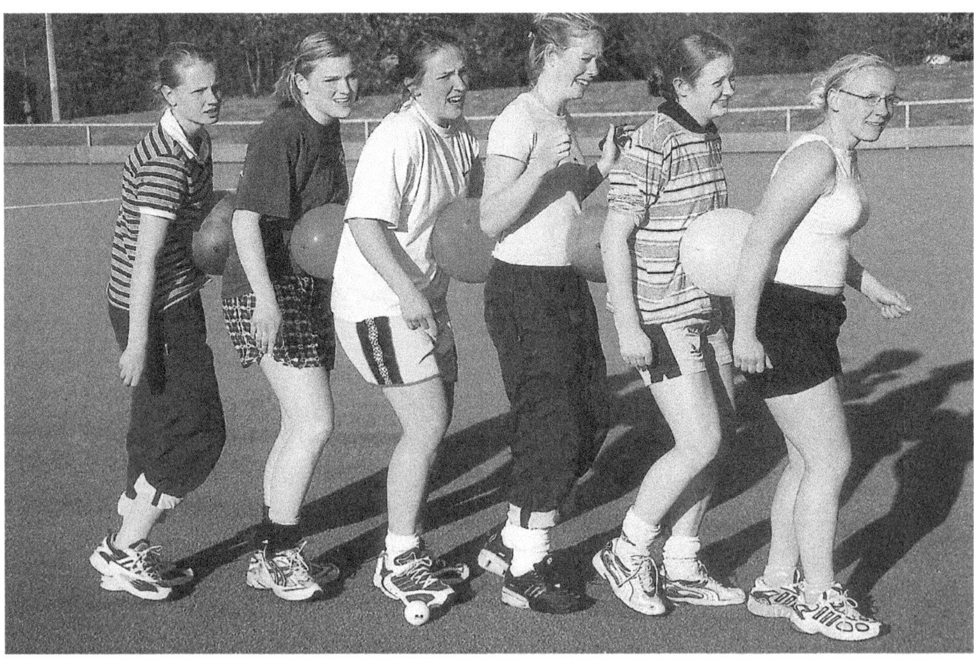

Noch einen Schritt weiter gehen die Maßnahmen, welche im Spitzensport zunehmend ergriffen werden. Die Zeitschrift „Handball-Woche" (Bundesligasonderheft 2002) berichtet zum Beispiel, dass der Trainer des HSV Hamburg mit seiner Mannschaft für eine Woche ein Survivaltraining in der weiten Natur Schwedens durchgeführt hat. Viele Mannschaften besuchen Hochseilgärten oder machen Mountainbike- und Hüttentouren in den Bergen. Andere Teams gehen zusammen Fallschirmspringen. Ein Trainer fragte mich, ob ich mit seinem Team eine Woche auf Segeltour gehen würde.

Alles das bringt eine ganze Menge, wenn es gut begleitet und anschließend in den Trainingsalltag integriert wird. Aber es ist natürlich zeitlich und finanziell aufwändig und man darf niemals vergessen, dass solche Aktionen die alltägliche Förderung des Mannschaftsgeists nicht ersetzen. Seien Sie also nicht traurig, wenn Sie sich entsprechende Maßnahmen nicht leisten können. Mit einfachen Mitteln kann man meiner Meinung nach genauso viel erreichen.

Es gibt z. B. einige gute und zugleich leicht umsetzbare Übungen für den Trainingsalltag. Ein schönes Beispiel bietet der Luftballonlauf (s. S. 96). Geeignet ist auch das auf einigen Sportfesten durchgeführte Wettrennen, bei dem zwei an den Knöcheln zusammengebundene Partner gegen andere Paare auf der Laufbahn antreten. Lassen Sie Ihrer Kreativität freien Lauf. Wichtig ist bei den Übungen, dass Sie die Athleten in eine Abhängigkeit voneinander bringen, sodass diese Strategien entwickeln müssen, die Situation gemeinsam zu lösen. Am Ende dieses Buches beschreibe ich einige solcher Übungen. Das sind alles Übungen, mit denen ich schon an verschiedener Stelle gute Erfahrungen gemacht habe. Weitere gute Anregungen finden Sie zudem bei Bussmann (2012), Engbert (2011), Beckmann & Elbe (2008), Briefs (2013), Deutsche Sportjugend im DOSB (2013) und in Büchern aus dem Bereich der Erlebnispädagogik (z. B. Gilsdorf & Kistner 2012).

10.2 Teambildung durch gemeinsame Aufgaben und Gegner

Neben konkreten Übungen und Maßnahmen gibt es noch einen weiteren Aspekt, der für die Teambildung hilfreich sein kann. In den 50er Jahren des letzten Jahrhunderts haben Wissenschaftler (Sherif, 1969) in den USA aufwändige Versuche in Jugendsommercamps gemacht, um herauszufinden, wie man verfeindete Gruppen wieder zusammenführen kann.

Bei der Zusammenführung haben sich zwei Mechanismen als wirkungsvoll erwiesen. Zum Ersten hat man den rivalisierenden Gruppen **gemeinsame Aufgaben** gegeben, bei deren

Bewältigung sie sich gegenseitig brauchten. Es ging z. B. darum, einen Wagen aus dem Schlamm zu ziehen oder eine Wasserleitung zu reparieren. Um das zu schaffen, waren jeweils die Kräfte beider Gruppen gemeinsam vonnöten.

Zum Zweiten hat man beide Gruppen **gemeinsam gegen einen anderen Gegner** in einem Wettkampf antreten lassen. Auch jetzt waren die beiden bisher rivalisierenden Gruppen wieder aufeinander angewiesen. Hinzu kommt aber bei diesem Eingriff der Faktor der Bedrohung von außen. Bedrohung von außen stellt etwas dar, das die Mitglieder der Gruppe sehr stark zusammenschweißt. Wenn sich eine Nation, die innerlich sehr zerstritten ist, plötzlich militärisch bedroht fühlt, dann rückt sie zusammen. Viele Könige der Vergangenheit und Politiker der Gegenwart haben sich diese Wirkung geschickt zunutze gemacht.

Ein typisches Beispiel ist für mich der Falklandkrieg in den 80er Jahren des 20. Jahrhunderts. Der Konflikt zwischen Großbritannien und Argentinien um die kleine Inselgruppe kam den damaligen Regierungsoberhäuptern beider Staaten gerade recht. Margret Thatcher war innenpolitisch vor dem Ausbruch des Konflikts sehr umstritten, ebenso das argentinische Regime. Doch durch den Krieg stand das Volk plötzlich geeint hinter seinen Führern. Auch der Irakkrieg der Amerikaner nach den Anschlägen des 11. September ist aus diesem Blickwinkel zu erklären. Der Wahlskandal in Florida hatte die amerikanische Nation zuvor in zwei Lager gespalten, durch den Krieg stand sie wieder zusammen und der harte außenpolitischer Kurs fand breite Zustimmung in der gesamten Bevölkerung.

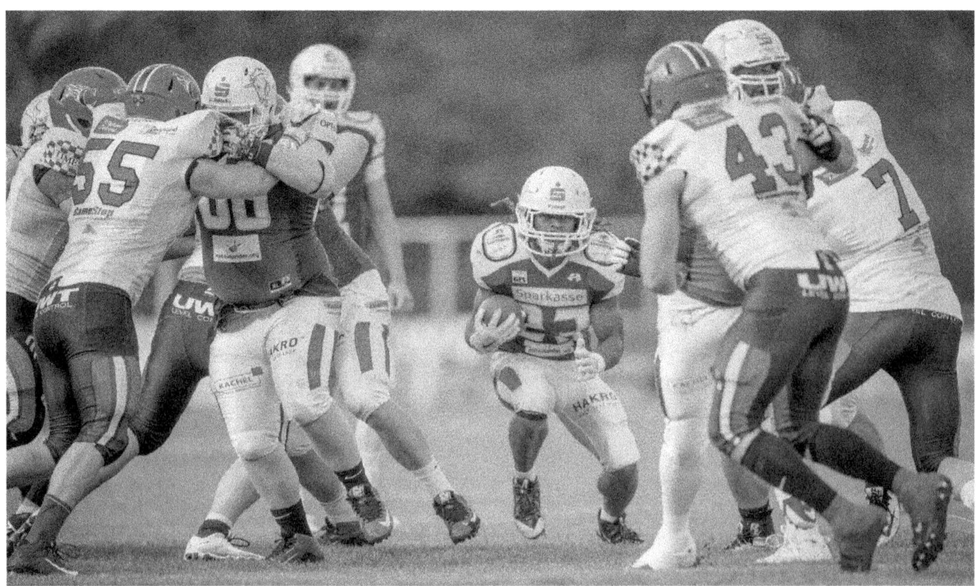

Der äußere Gegner schweißt das eigene Team zusammen.

Die in den Versuchen gewonnenen Erkenntnisse können Sie sich als Trainer leicht zunutze machen. Wenn Sie beobachten, dass innerhalb Ihrer Mannschaft widerstreitende Gruppen entstehen, so ist es sinnvoll, diesen gemeinsame Aufgaben zu geben. Das gilt genauso für Konflikte zwischen einzelnen Spielern. Häufig hilft es, diese beiden in eine Kleingruppe zu stecken, etwa bei trainingsinternen Wettkämpfen. Hierbei machen die beiden miteinander gute Erfahrungen und kommen sich so näher.

Besonders leicht fällt es im Sport, den Moment der Bedrohung von außen zur Teambildung zu nutzen. Der Spielplan bietet Ihnen ja jeden Spieltag einen Gegner, der Sie besiegen will! Indem Sie dies betonen und Ihren Athleten vor Augen führen, rücken die Spieler unwillkürlich ein Stück mehr zusammen. Ich plädiere hier keineswegs dafür, Feindschaften zwischen Mannschaften zu schüren. Die erschreckend häufigen und gewalttätigen Vorfälle auf den Fußballplätzen unterer Spielklassen in Deutschland sind sicher nicht das, worum es mir hier geht. Aber wenn ich grundsätzlich dem Gegner respektvoll begegne, die Grenzen des Erlaubten kenne (und einhalte) und nicht vergesse, dass es im Mannschaftssport immer nur um ein Spiel bzw. eine schöne Nebensache des Lebens geht, dann bin ich als Trainer sehr wohl in der Lage, die Karte der Rivalität zu meinem Vorteil auszuspielen.

Wir streifen hier ein grundsätzliches Problem, nämlich die Frage, was ein angemessenes Maß an Aggressivität im Sport darstellt. Diese Frage ist zu komplex und auch zu sehr eine gesellschaftliche Frage, als dass ich sie an dieser Stelle auch nur annähernd befriedigend behandeln könnte. Ich möchte deshalb lediglich dazu sagen, dass beide Extreme für den Sport unpassend sind. Ohne Aggressivität kann ich im Sport nicht erfolgreich sein und sicher hat der Sport auch eine aggressionslösende Funktion. Gleichzeitig darf die Aggressivität niemals in Gewalttätigkeit ausarten. Jeder Sportler muss eine Balance finden zwischen beiden Extremen. Auch Sie als Trainer müssen einerseits Ihre Spieler anstacheln, aber gleichzeitig immer die Grenze der Achtung des Gegenübers einhalten. Ich glaube, die ganz normale menschliche Achtung des anderen bietet ein gutes Maß für angemessene Aggressivität. Solange diese Achtung gegeben ist, werde ich nicht über die Grenzen hinausgehen.

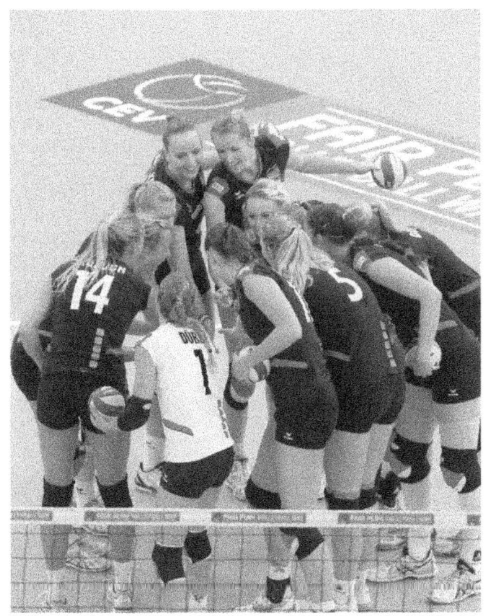

Gemeinsame Rituale fördern ebenfalls das Teamgefühl.

10.3 Die Integration neuer Spieler

Eine besondere Aufgabe besteht darin, neue Spieler in eine bestehende Mannschaft zu integrieren. Hier ergeben sich immer wieder Schwierigkeiten, die sowohl auf der Seite der Neuen als auch bei der Mannschaft liegen können.

Die Integration neuer Spieler ist besonders dann erschwert, wenn

- die Mannschaft sehr verschworen ist.
- die vorhandenen Spieler um ihre Einsatzzeiten fürchten.
- der neue Spieler sich nicht an die gegebenen Strukturen anpassen will.
- der Neue von der Persönlichkeit bzw. vom Charakter her nicht zur Mannschaft passt.
- die Neuverpflichtung gegen den Willen des Trainers getätigt wurde.
- mehrere Spieler gleichzeitig verpflichtet werden.

Ich habe einmal ein extremes Beispiel erlebt. Die von mir betreute Mannschaft hatte einen sehr kleinen Kader. Deshalb griff die Managerin zu, als sich mitten in der Saison die Chance ergab, zu günstigen Konditionen fünf niederländische Nationalspielerinnen gleichzeitig zu verpflichten. Damit war natürlich eine schwierige Situation geschaffen. Sportlich bedeuteten die neuen Spielerinnen eine echte Verstärkung. Aber für das Mannschaftsgefüge erwies sich dieser Schritt als eine große Belastung. Fünf neue Athletinnen, die alle auch spielen wollten – und dass dank ihrer Leistungsfähigkeit zu Recht. Die alten Spielerinnen wiederum hatten in den letzten Monaten vieles für den Verein geleistet und die Mannschaft überraschend gut in der Tabelle platziert. Was also war zu tun?

Für die Trainerin und mich stand zunächst im Vordergrund, eine Grüppchenbildung zu vermeiden. Das Schlechteste, was passieren konnte, war, dass sich zwei Fronten bildeten: auf der einen Seite die alte Mannschaft und auf der anderen Seite die Neuen. Von Anfang an bezogen wir den bestehenden Kader in alle Überlegungen mit ein. Wir wollten ganz bewusst, dass die Spielerinnen die Verantwortung für den Teambildungsprozess mittrugen.

Deshalb unternahmen wir zweierlei. Zunächst schafften wir ein „Patensystem". Aus dem bisherigen Team übernahm je eine Spielerin die Patenschaft für eine der Dazugekommenen. Das beinhaltete, ihr als Ansprechpartnerin zur Verfügung zu stehen, sie in die Regeln und Gebräuche der Mannschaft einzuführen und nach dem Training mit ihr Kontakt aufzubauen. Diese Maßnahme bezweckte, den neuen Spielerinnen das Gefühl zu geben, willkommen zu sein, ihnen die Integration in das bestehende Gefüge zu erleichtern und einzelne, tiefere Verbindungen zwischen den beiden Gruppen zu schaffen.

Als Zweites gestalteten wir einen Begrüßungsabend. Wir gingen in ein Restaurant, aßen dort zusammen, wobei wir bewusst die Sitzordnung mischten. Nach dem Essen machte ich mit den Spielerinnen ein paar Spiele, die dem Kennenlernen dienten. Eines davon war das Raten der gegenseitigen Vorlieben (siehe S. 102). Der Sinn dieser und ähnlicher Übungen liegt darin, Distanz durch besseres Kennenlernen abzubauen. Erfahrungsgemäß machen uns Dinge, die uns fremd sind, mehr Angst als das Vertraute. Solange ich vor etwas Angst habe, meide ich es und halte es von mir fern. Wenn mir das bisher Fremde aber vertraut wird, kann ich es näher an mich heranlassen.

Fremdheit führt zu Distanz, Vertrautheit zu Nähe.

Indem die Spielerinnen sich also über die kleinen Übungen besser kennen lernten, bauten sie ein Stück Distanz ab. Als Folge des Abends beschloss die Mannschaft, gemeinsam 1 x wöchentlich nach dem Training zusammen zu kochen, um den Prozess der Annäherung fortzusetzen. Neben diesen anfänglichen Maßnahmen war es in der Folgezeit wesentlich, dass es der Trainerin gelang, allen Spielerinnen ausreichend Spielzeiten zu geben.

Besonders lobenswert war dabei, dass sie ihr Vorgehen inklusive ihrer Begründungen bei der Nominierung von Spielerinnen immer offen aussprach, sodass die Athletinnen ihre Entscheidungen jeweils nachvollziehen konnten. Das heißt nicht, dass Sie als Trainer Ihr Handeln immer vor den Spielern begründen müssen. Aber in einer solch kritischen Situation bietet sich ein solches Vorgehen an, weil es der Entstehung von Unfrieden vorbeugt.

ÜBUNG 8 ZUM KENNENLERNEN: VORLIEBEN RATEN

Es werden zwei Teams zu mindestens vier Personen gebildet, die gegeneinander antreten. Jede Spielerin schreibt auf eine Karteikarte die Antworten auf die vier folgenden Punkte:

1. Mein Lieblingsgericht
2. Meine liebste Beschäftigung außerhalb des Sports
3. Eine gute Eigenschaft von mir
4. Eine schlechte Eigenschaft oder Angewohnheit von mir

Anschließend werden die Antwortkarten eines Teams gemischt und an das andere Team gegeben. Die Aufgabe besteht darin, zu erraten, welche Karte von welchem Mitglied des anderen Teams ausgefüllt wurde. Gewonnen hat das Team mit den meisten richtigen Antworten.

Die Auswahl der obigen Fragen erfolgt natürlich willkürlich. Sie können sie ganz nach Bedarf variieren. Es empfiehlt sich nur, weder ausschließlich oberflächliche noch zu persönliche Fragen zu stellen.

In Ihrer Praxis kommt es natürlich selten vor, dass Sie so viele Akteure gleichzeitig in eine bestehende Mannschaft integrieren müssen. Aber auch, wenn es sich nur um ein oder zwei Spieler handelt, so lohnt es sich, diesen Prozess bewusst zu gestalten und zu begleiten. Eine Patenschaft ist zum Beispiel immer ein probates Mittel.

10.4 Teamkiller

Nachdem Sie einiges darüber erfahren konnten, was zur Entwicklung eines positiven Mannschaftsgeistes führt, möchte ich mit Ihnen auch noch in die andere Richtung schauen, nämlich dahin, was für ein Team gefährlich ist. Die Faktoren, die ich hier nenne, sind sicher nicht die Einzigen, welche sich negativ auf eine Mannschaft auswirken. Vielleicht fallen Ihnen weitere bedeutsame Punkte ein. Die Sammlung umfasst ganz einfach die Faktoren, welche ich bisher als problematisch erlebt habe.

DIE 10 GEFÄHRLICHSTEN TEAMKILLER

- Egoismus
- Neid
- Einflussnahme von außen
- Zu viel Zeit miteinander
- Zu großer Konformitätsdruck
- Anhaltender Misserfolg ebenso wie zu viel Erfolg
- Grüppchenbildung
- Fehlende oder verdeckte Kommunikation
- Konfliktmeidung
- Unzufriedene Reservespieler

Egoismus schadet nicht grundsätzlich. Ein gewisses Maß an Egoismus ist sogar förderlich für die Mannschaft. Problematisch wird es nur, wenn der Egoismus des Einzelnen zu groß wird, weil er dann seine eigenen Interessen über die der Mannschaft stellt.

Es ist menschlich, **Neid** zu empfinden. Aber da Neid mit Missgunst verbunden ist, führt er zu kritischen Spannungen in der Mannschaft. Besonders, weil die wenigsten Menschen den Mut haben, ihren Neid offen auszusprechen. Lieber tuscheln sie hinter vorgehaltener Hand und untergraben so den Zusammenhalt.

Es ist noch einigermaßen einfach, innerhalb eines Teams einen gemeinsamen Geist zu entwickeln. Sobald aber die **Einflussnahme von außen**, etwa durch Eltern, Lebenspartner, Vorstand, Presse oder Spielerberater, zu stark anwächst, kann Ihnen das nicht mehr gelingen. Die Interessen sind zu uneinheitlich, die Perspektiven zu egoistisch, als dass sich alles noch unter einen Hut bringen ließe. Deshalb ist es wichtig, dass Sie diese Einflüsse so stark wie möglich begrenzen.

Wenn ein Team **zu viel Zeit miteinander** verbringt, gehen sich die Athleten leicht auf die Nerven. Der Lagerkoller ist ein allgemein bekanntes Phänomen. Deshalb sollte auch im Rahmen von Trainingslagern den Spielern genug Zeit zur eigenen Verfügung stehen.

Ganz ähnlich wirkt sich ein zu großer Konformitätsdruck aus. Damit ist gemeint, dass die Gruppe zu wenig Individualität zulässt. Dies führt bei einzelnen Spielern zu Ausbruchtendenzen. Auf diese Gefahr bin ich schon in Kap. 3 („Was ist ein Team?") näher eingegangen.

Bei **anhaltendem Misserfolg** droht ebenfalls ein Zersetzungsprozess. Der Einzelne baut über das Team keinen positiven Selbstwert mehr auf. Dadurch wird er dazu tendieren, sich von der Gruppe zu distanzieren. Hat man aber als Team **zu viel Erfolg**, werden die Spieler zunehmend einen persönlichen Anteil am Erfolg reklamieren. Sie fordern dann ein höheres Gehalt oder mehr Spielanteile oder nutzen den Erfolg als Sprungbrett zu einem höherklassigen Verein (mehr zu diesem Punkt finden Sie in Kap. 20 „Nach dem Erfolg").

Grüppchenbildung stellt nicht per se ein Problem dar. Schwierig wird es dann, wenn die Gruppen immer weniger Kontakt untereinander haben, die Grenzen also undurchlässig werden. Dann ist es nicht mehr weit zu verdeckter Kommunikation, Neid und anderen hier aufgeführten Teamkillern.

Kommunikation bildet ein Grundelement eines funktionierenden Teams. Über Kommunikation tauschen sich die Mitglieder aus, teilen sich mit und vereinbaren gemeinsame Ziele und Strategien. **Fehlt die Kommunikation** oder findet sie **nur noch verdeckt**, also hinter vorgehaltener Hand, statt, fehlt dem Team die gemeinsame Basis. Die Wirkungen sind sehr schnell zu sehen. Am deutlichsten wird das an Aussagen nach Ehescheidungen, wenn sich die Partner „schon lange nichts mehr zu sagen hatten". Ähnliches hört man auch nach Trainerentlassungen, etwa: „Der Trainer konnte die Spieler nicht mehr erreichen."

Treten Konflikte auf, so sollten diese angesprochen werden. Die **Meidung von Konflikten** hat auf Dauer eine schädliche Wirkung für das Team, weil die Probleme damit nicht gelöst, sondern nur übergangen werden. Dadurch gären sie unter der Oberfläche weiter und verursachen langfristig viel größere Schäden. Haben Sie also den Mut, Konflikte offen anzusprechen. In den meisten Fällen ist das die beste Strategie hin zu einer Verbesserung der Situation.

Dass **unzufriedene Reservespieler** eine Quelle der Unruhe in einem Team darstellen, beschreibe ich in Kap. 13 über die Nominierung von Athleten noch einmal detaillierter. Im ungünstigen Fall wirkt sich diese Unruhe auf das ganze Team negativ aus.

Wenn Sie die Liste der Teamkiller jetzt noch einmal betrachten, wo sind bei Ihrer derzeitigen Mannschaft die größten Gefahren? Und mit welchen Punkten haben Sie selbst als Trainer die meisten Schwierigkeiten? Sind Sie in der Lage, Konflikte anzusprechen? Nur wenn es Ihnen selbst gelingt, die genannten Punkte ausreichend in den Griff zu bekommen, werden Sie auch in der Lage sein, bei Ihrer Mannschaft einen entsprechenden Geist und das dazu passende Verhalten zu schaffen.

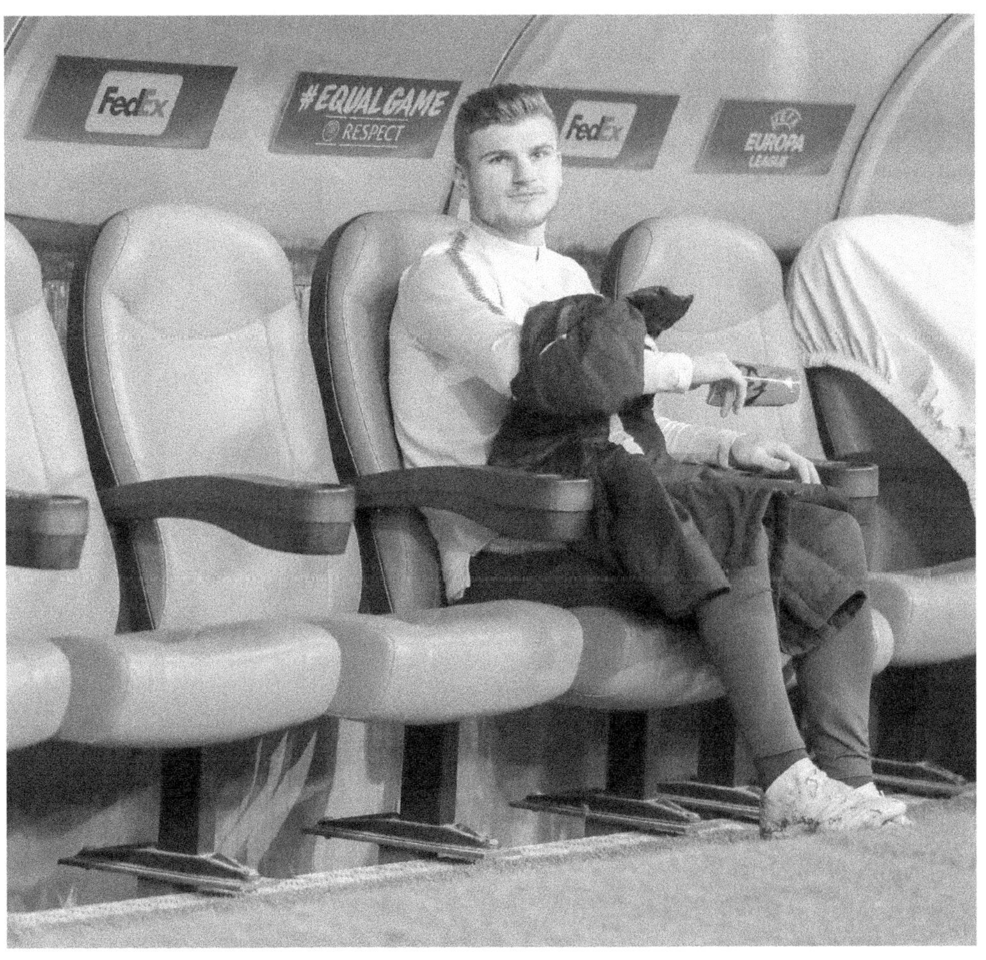

Der Stürmer Timo Werner von RB Leipzig sitzt auf der Reservebank.

Die Gestaltung der Teambesprechung

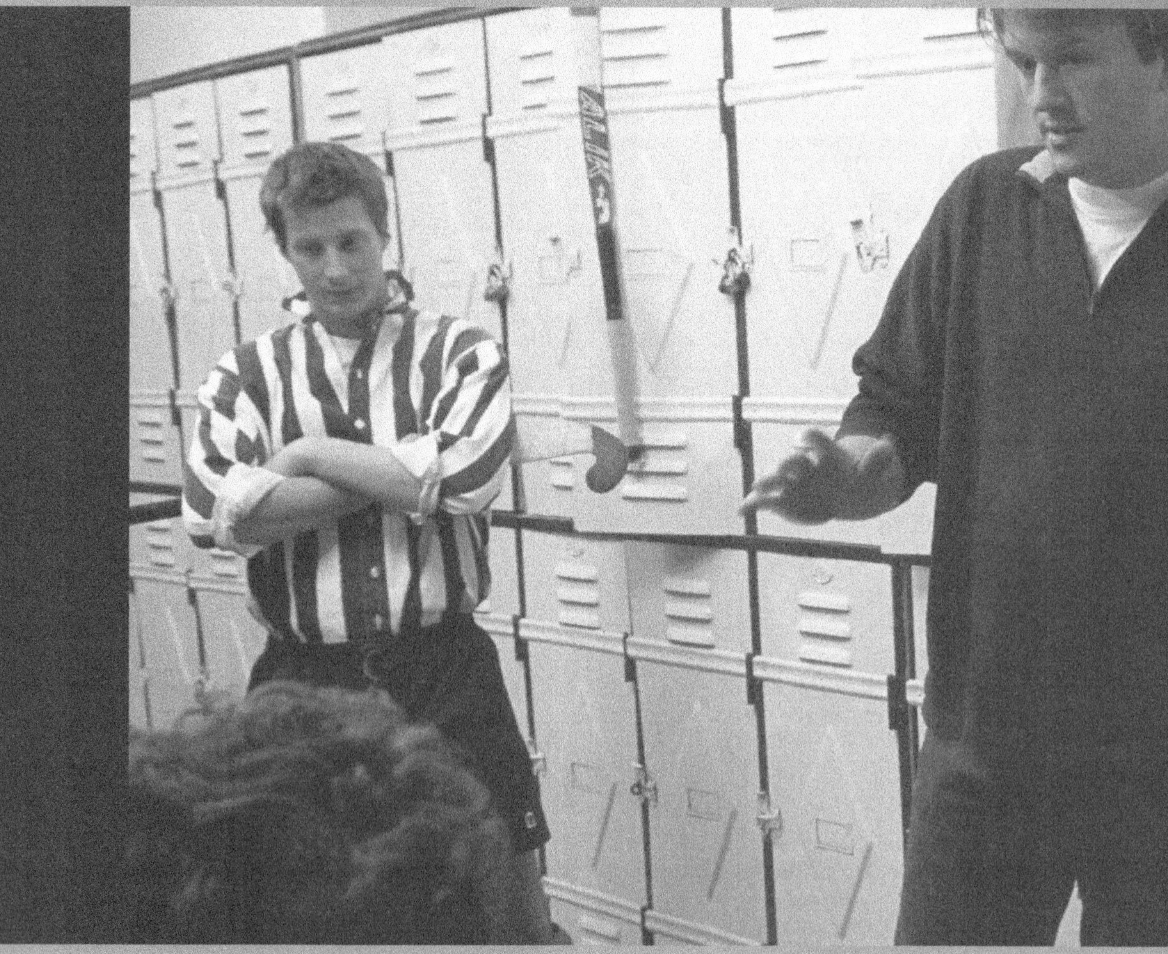

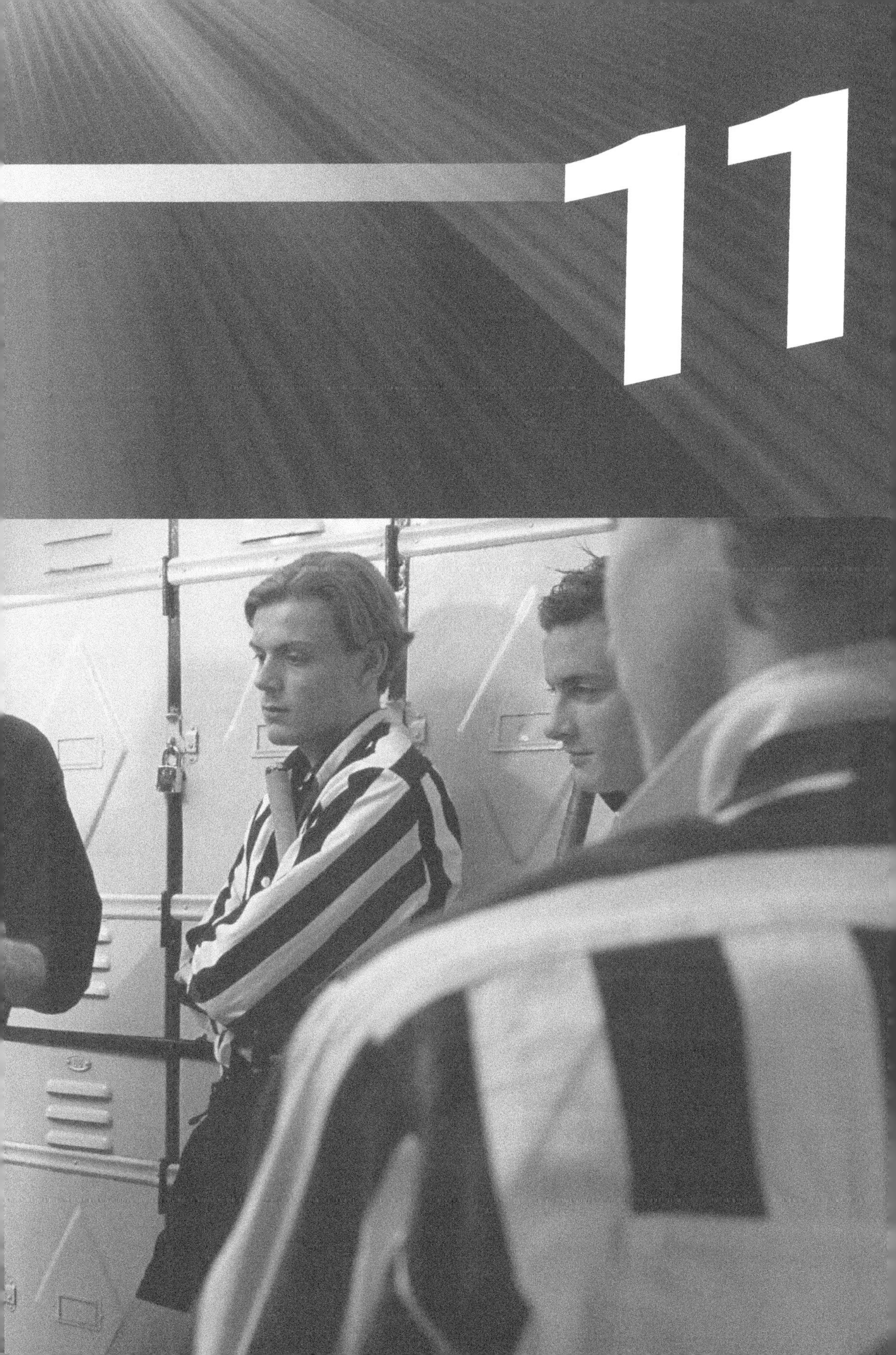
11

11 Die Gestaltung der Teambesprechung

Neben dem Training ist die Mannschaftsbesprechung das wohl wichtigste Instrument Ihrer Tätigkeit. Hierbei geht es darum, den Spielern Informationen zu vermitteln und dabei zugleich eine gemeinsame Einstellung zum Spiel und zum Gegner aufzubauen.

Was ist dabei zu beachten? Wie gestalten Sie am besten eine Teambesprechung? Was sollte eine solche Sitzung beinhalten und wie schaffen Sie es, dass Ihre Athleten anschließend auch die Vorgaben umsetzen?

Auf diese und ähnliche Fragen will ich im Folgenden näher eingehen. Ich werde mich dabei an den Gegebenheiten eines durchschnittlichen Amateurklubs orientieren, da ich vermute, dass die Mehrheit der Leser in einem solchen Verein tätig ist. Im Profi- und Nationalmannschaftsbereich ergeben sich natürlich manche Unterschiede in den zeitlichen Möglichkeiten während der Woche und in der Gestaltung des Ablaufs am Spieltag selbst. Die Leser, welche auf dieser Ebene arbeiten, bitte ich, die folgenden Inhalte selbstständig an ihre Gegebenheiten anzupassen.

11.1 Grundlegende Überlegungen

Zunächst müssen Sie günstige Rahmenbedingungen schaffen. Dazu gehören ganz einfache Überlegungen. In vielen Sportvereinen stehen nur mäßig geeignete Räume zur Verfügung. Ein normaler Kreisligafußballverein verfügt in der Regel nur über zwei Kabinen und eine Gaststätte. Der Schankraum verbietet sich als Ort für eine Sitzung von selbst, denn Sie wollen ja unter sich bleiben und nicht ständig abgelenkt werden. Also bleibt, wenn Sie keinen auswärtigen Raum nutzen können (z. B. hatten einmal die Eltern eines Spielers ein Hotel, dessen Gruppenraum wir gegen den Verzehr von Getränken nutzen durften), in solchen Fällen nur die Umkleidekabine.

Die Kabinen eignen sich, meiner Erfahrung nach, durchaus für Besprechungen, so- lange Sie die Dauer der Besprechung wegen der schlechten Belüftung und der unbequemen Sitze auf maximal 30 Minuten begrenzen. Schwierig wird es allerdings dann, wenn die Kabine so eng und mit Mittelbänken bestuhlt ist, dass sich nicht mehr alle Athleten gegenseitig sehen können.

Wenn Sie irgendeine Alternative haben, sollten Sie auf jeden Fall dafür sorgen, dass die freie Sicht möglich ist. Im Laufe der Jahre habe ich allerdings gelernt, zu improvisieren.

Worauf Sie jedoch auf keinen Fall verzichten sollten, ist, dass zumindest alle Athleten Sie sehen können. Ich bin immer wieder erstaunt, wie wenig die Spieler bei den Besprechungen zu Ihrem Trainer hinschauen. Dabei ist Blickkontakt ein wichtiges Mittel, um die Aufmerksamkeit zu fördern. Außerdem kommt nur dann Ihre Körpersprache als Verstärker Ihrer verbalen Botschaften zum Tragen. Sorgen Sie also dafür, dass Ihre Spieler zu Ihnen hinsehen, indem Sie sich zentral platzieren, beim Sprechen möglichst aufstehen und immer wieder Ihre Athleten durch Namensnennung direkt binden.

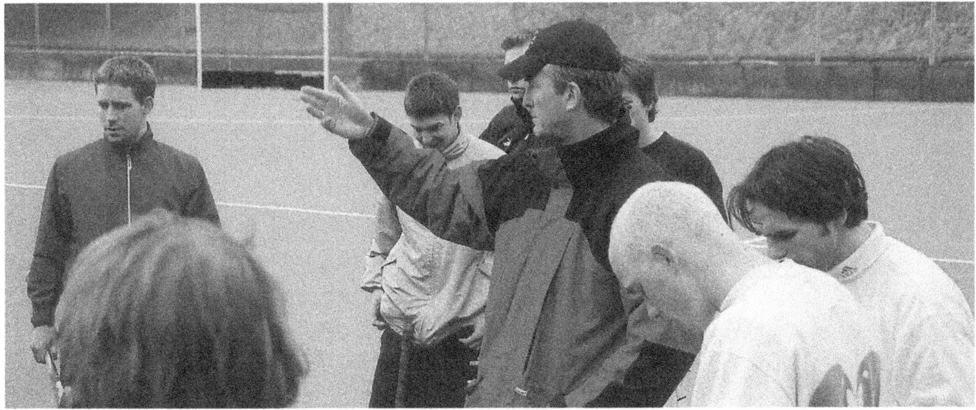

Häufig schauen die Spieler ihren Trainer nicht an, während er spricht. Sorgen Sie deshalb für Blickkontakt, etwa indem Sie die Spieler namentlich ansprechen.

Als Alternative zur Kabine gibt es bei schönem Wetter noch die Möglichkeit, sich draußen an der frischen Luft zusammenzusetzen. Von Besprechungen unter freiem Himmel halte ich jedoch sehr wenig. Lieber sitze ich mit einem Team in einem engen, stickigen Raum, als dass ich die Sitzung draußen abhalte. Das Problem dabei ist nämlich, dass die Aufmerksamkeit der Spieler deutlich leidet. Achten Sie da-rauf, wie viel weniger „dicht" die Atmosphäre bei einer Besprechung an frischer Luft ist. Das kann man schon alleine daran erkennen, dass die Athleten weniger nah beieinander sitzen. Auch schweifen immer wieder Einzelne mit ihren Blicken und in der Folge mit ihren Gedanken ab. Zudem hat Ihre Stimme eine viel geringere Wirkung.

Im Idealfall wählen Sie also einen geschlossenen Raum, in dem alle Spieler in einer Runde sitzen, der gut belüftet ist und wo Sie für die Zeit der Besprechung niemand stört.

Womit wir beim Thema Zeit sind. Besprechungen brauchen ein gutes Timing. Sie dürfen nicht zu lange dauern. Ich empfehle Ihnen deshalb, schon vorher einen zeitlichen Endpunkt festzulegen. Es spielt dabei keine Rolle, ob Sie eine Videobesprechung abhalten oder ob Sie ein mannschaftsinternes Problem lösen wollen. Ein früherer Hockeybundestrainer war unter den Athleten wegen seiner oftmals mehr als 90-minütigen Videoanalysen berüchtigt. Nicht wenige Spieler schliefen während dieser Sitzungen ein, kein Wunder angesichts dieser Dauer nach einem zuvor sehr anstrengenden Trainingstag. Erinnern Sie sich noch einmal daran: Die Aufmerksamkeit eines Zuhörers fällt schon nach wenigen Minuten ab. Alles, was länger als 45 Minuten dauert, geht fast zwangsläufig an Ihren Athleten vorbei, es sei denn, Sie sorgen für viel Abwechslung und zwischenzeitliche körperliche Bewegung.

11.2 Besprechungen während der Woche

Innerhalb einer Woche dienen Teambesprechungen sehr unterschiedlichen Zwecken. Viele Trainer führen zum Beispiel mit ihren Athleten regelmäßig Videoanalysen der vorangegangenen Spiele und der kommenden Gegner durch. Genauso kann aber auch eine Besprechung zur Aussprache genutzt werden. Oder Sie wollen organisatorische Fragen klären. Was auch immer Ihr Anliegen ist, die aller- erste Frage, welche Sie sich stellen müssen, lautet: Wann ist ein guter Zeitpunkt für eine solche Sitzung?

Nach dem Training sind viele Athleten körperlich kaputt, wodurch ihre Aufmerksamkeit wie auch die Bereitschaft, sich aktiv an der Besprechung zu beteiligen, deutlich absinkt. Vor dem Training ist es aber häufig aus Zeitgründen nicht möglich, da manche Spieler nicht früher von der Arbeit kommen können. Hierbei müssen Sie also damit rechnen, dass nicht alle Mannschaftsmitglieder anwesend sind. Es bedarf einer Abwägung, was der geringere Nachteil ist. Am besten fragen Sie dazu die Spieler selbst. Schildern Sie die möglichen Vor- und Nachteile und suchen Sie gemeinsam nach einer Lösung.

Die optimale Lösung besteht darin, einen festen Termin zu vereinbaren. Solche Besprechungen sollten auch bei unterklassigen Mannschaften einen regelmäßigen Platz bekommen, selbst wenn die zeitlichen Möglichkeiten hier sehr begrenzt sind. Sie können dabei sowohl eher sportliche (z. B. taktische) Fragen wie auch mannschaftsinterne Probleme ansprechen. Ich bin der Überzeugung, dass alle 14 Tage eine halbe Stunde Austausch einem Team mehr bringt, als diese Zeit zu trainieren. Wenn Sie Ihr normales Trainingspensum absolvieren können und die Spieler bereit sind, die Zeit zusätzlich zu investieren, wäre dies ideal.

Besprechungen während der Woche müssen sich gar nicht immer um große Dinge drehen. Auch wenn keine akuten Probleme anstehen, so tut es dem Team gut, sich regelmäßig auszutauschen und miteinander zu sprechen. Häufig aber ergeben sich genügend Inhalte für eine solche Sitzung. Daneben ist schon alleine die Videobetrachtung für viele Teams ein gewohntes wöchentliches Ritual. Außerdem bietet die Besprechung in der Woche schon eine Möglichkeit, den nächsten Gegner vorzustellen und erste taktische Vorgaben zu präsentieren. Dann haben Ihre Athleten schon ein paar Tage innerlich Gelegenheit, sich auf die anstehende Aufgabe einzustellen.

11.3 Die Spielbesprechung

Am Tag des Spiels selbst geht es darum, die Mannschaft endgültig auf den Gegner und das Spiel einzustellen. Denken Sie nochmals daran, dass die Aufnahmefähigkeit Ihrer Athleten angesichts des nahenden Wettkampfs und der damit verbundenen, steigenden Anspannung abnimmt. Halten Sie die direkte Spielbesprechung also möglichst kurz. 15 bis maximal 20 Minuten dürften ein guter Richtwert sein. Weniger ist hier oftmals schon mehr. Konzentrieren Sie sich auf einige wesentliche Punkte.

Zunächst gehen Sie kurz auf den Gegner ein. Mit welcher Taktik wird er womöglich auflaufen? Auf welche Gefahren und welche Spieler muss Ihre Mannschaft besonders achten?

Der weitaus größere Teil der Zeit (mindestens zwei Drittel) sollte sich aber mit dem eigenen Team beschäftigen. Beschreiben Sie Ihre Taktik und bestimmen Sie, worauf Ihr Team heute besonderen Wert legen soll. Benennen Sie auch noch einmal das Ziel des Tages (sowohl Handlungs- wie auch Ergebnisziel!). Es ist hilfreich, wenn Sie diese Inhalte noch einmal in Schlagworten schriftlich für alle sichtbar festhalten. Dann sind neben den Ohren auch die Augen beteiligt und die Inhalte werden so besser behalten. Außerdem helfen die Schlagworte später beim Coaching während des Spiels, da Sie mit ihrer Hilfe die wichtigsten Inhalte auch unter dem Stress des Geschehens für alle verständlich wachrufen können.

Die Spielvorbereitung sollte lieber kurz und intensiv, als ausführlich, aber langweilig sein.

Häufig machen Trainer den Fehler, dass sie die eigene Mannschaft zu ausführlich vor den Stärken des Gegners warnen. Das ist psychologisch unklug, weil Ihre Spieler dann mit einem zu großen Respekt, wenn nicht gar mit einer ängstlichen Haltung, auf den Platz gehen.

Zum Beispiel habe ich den Fall einer Fußballmannschaft erlebt, die gegen ein sehr kopfballstarkes Team antreten musste. Der Trainer zeigte deshalb in den letzten 10 Minuten vor dem Aufwärmen noch einmal das gegnerische Verhalten bei Standardsituationen (Ecken und hoch in den Strafraum gespielten Freistößen).

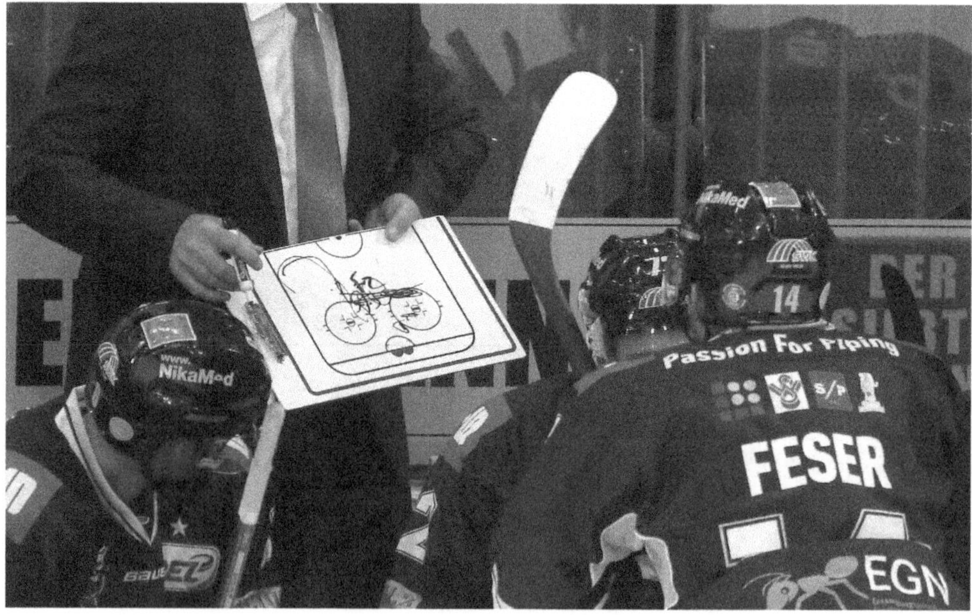

Zeichnungen und schriftliche Notizen verbessern die Aufnahmefähigkeit Ihrer Spieler in der Spielbesprechung.

Für mich kam es nicht überraschend, dass die Mannschaft am Ende ausgerechnet durch zwei Kopfballtore nach solchen Spielsituationen verlor. Es ist eben nicht so, dass die Spieler im positiven Sinne gewarnt waren. Vielmehr waren sie negativ gepolt und agierten dadurch in den entsprechenden Spielmomenten zu zögerlich.

Besser ist es, die eigenen Stärken zu betonen. Sie wollen eine selbstbewusste Mannschaft haben, also sollte das Gefühl für das eigene Pozential der Eindruck sein, den Ihr Team aus der Kabine mitnimmt. Die Übung „Unsere Stärken", (s. S. 167), welche ich in Kap. 18 „Die Bewältigung von Krisen und Konflikten" beschrieben habe, bietet eine gute Möglichkeit, direkt vor dem Spiel ein solches Bewusstsein zu fördern. Ich habe sie schon mit viel Erfolg in der Spielbesprechung eingesetzt.

Ein anderer, immer wieder gemachter Fehler besteht darin, die Spielbesprechung zeitlich zu früh vor dem Anpfiff anzusetzen. Der Nachteil ist dann, dass zwischen der Sitzung und dem Spiel ein zu langer Zeitraum liegt. Dadurch verblasst die Wirkung Ihrer Worte und der erzeugten Stimmung.

Die Funktion einer Spielbesprechung liegt unter anderem darin, die notwendige Spannung für den Wettkampf aufzubauen. Im Idealfall gehen die Athleten unmittelbar nach der Besprechung zum Warmmachen und Einspielen auf den Platz bzw. in die Halle. Dann können sie das Gesagte direkt umsetzen und mit in die Partie nehmen.

11.4 Die Halbzeitbesprechung

Da die Pausenbesprechung eine klar umrissene Situation darstellt, will ich hierauf etwas ausführlicher eingehen und an ihrem Beispiel exemplarisch verdeutlichen, wie die Umsetzung der im theoretischen Teil angesprochenen Inhalte, insbesondere die Berücksichtigung der Coachingfaktoren (Kap. 6), aussehen kann.

In der Spielpause bietet sich für Sie als Trainer nochmals eine gute Möglichkeit, Einfluss auf das Spielgeschehen zu nehmen. Dabei hat sich ein allgemeiner zeitlicher Ablauf als günstig erwiesen. Zunächst sollten Sie Ihren Spielern Zeit geben, sich zu beruhigen. Auch Sie selbst müssen zunächst Abstand zum gerade zu Ende gegangenen Spielgeschehen gewinnen. Atmen Sie dazu tief durch, sammeln Sie sich innerlich und treten Sie erst dann vor die Mannschaft, wenn Sie das Gefühl haben, wieder klar denken zu können. Wenn man von einer Pausenzeit von ca. 10 Minuten ausgeht, so sollten Sie dieser Phase etwa 2-3 Minuten Zeit geben.

Dann fangen Sie an, zur Mannschaft zu sprechen. Nehmen Sie sich etwa fünf Minuten Zeit, inhaltliche und zugleich handlungsbezogene Informationen zu vermitteln. Wie immer gilt auch hier: Beschränken Sie sich auf das Wesentliche. Ihre Spieler können nur sehr begrenzt Informationen aufnehmen. Also benennen Sie 4-5 zentrale Punkte, auf welche die Mannschaft in der zweiten Halbzeit achten soll. Sprechen Sie einzelne Spieler dabei persönlich an, das erhöht deren Aufmerksamkeit.

Zum Abschluss der Besprechung steht dann die Einstimmung auf das weitere Spiel. Hier geht es weniger um Inhalte, dafür mehr um Emotionen. Laden Sie Ihre Spieler wieder auf, vermitteln Sie ihnen Zuversicht und Kampfgeist. Rufen Sie positive Bilder (z. B. das Siegesgefühl beim Abpfiff) hervor. Klassische Parolen wie: „Das machen wir jetzt", oder: „Jeder gibt noch einmal alles, dann werden wir am Ende gewinnen" usw. sind hier angebracht. Der Inhalt muss dabei nicht mehr differenziert sein, es geht um die Stimmung, die solche Sätze erzeugen. *Abbildung 7* zeigt die zeitliche Umsetzung dieser drei Schritte.

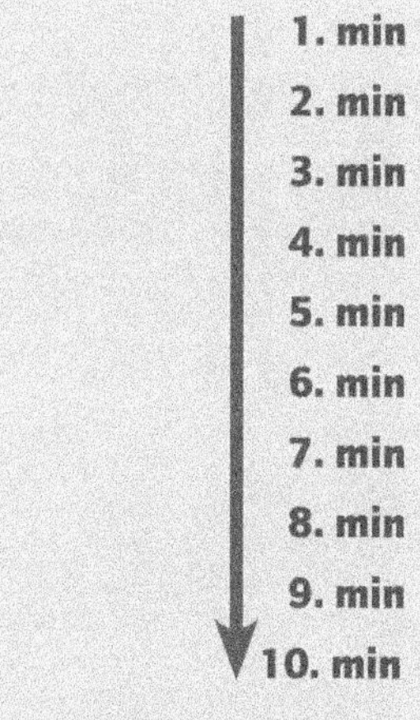

1. **Zunächst warten. Sich selbst beruhigen, Klarheit gewinnen, abreagieren.**
2. **Aufgabenbezogene Sachinformationen:**
   - **Taktik**
   - **Einstellung**
   - **Individuell und mannschaftlich**
   - **Positiv formuliert!**
3. **Emotionale Einstellung auf die zweite Halbzeit**

Abb. 7: Die Halbzeitbesprechung – drei Schritte zum Erfolg

Um die Inhalte einer Halbzeitbesprechung ranken sich manche Mythen. In der Realität dürfte das berühmte Donnerwetter eher Seltenheitswert haben, es ist auch nur in wenigen Fällen zu empfehlen. Eine Standpauke bietet sich nur dann an, wenn die Einstellung Ihrer Mannschaft sichtbare Mängel aufweist. Dann kann ein „Weckruf" angebracht sein. Selten aber stellt sich die Situation so eindeutig dar.

Die Gründe für eine schwache erste Spielhälfte können sehr vielfältig sein. Die Mannschaft ist durch vorhergehende Misserfolge verunsichert, die taktische Marschroute war ungeeignet, der Gegner präsentiert sich unerwartet stark oder das Team hat einen der berüchtigten „schwarzen Tage", an denen nichts gelingen will.

Sie sollten sich deshalb zunächst fragen, ob es wirklich hilft, auf Ihre Spieler verbal einzuprügeln. Möglicherweise werden sie nur noch verunsicherter. Deshalb empfiehlt es sich in der Regel, nach einer schwachen ersten Spielhälfte den Schwerpunkt mehr auf konkrete Handlungshinweise und auf die Betonung verschütteter Stärken zu legen.

Geben Sie Ihrem Team neue Hoffnung, betonen Sie, dass noch genug Zeit bleibt, das Spiel zu kippen. Erinnern Sie Ihr Team an frühere, erfolgreich gedrehte Matches. Wenn Ihre Mannschaft das Spielfeld betritt, sollte sie konkret wissen, was sie jetzt anders machen kann und sie sollte den Glauben an die eigene Chance wiedergewonnen haben. Das bedeutet keine leichte Aufgabe für Sie, aber mit den oben angesprochenen Punkten (und wenn Sie selbst den Glauben bewahrt haben) sollte es Ihnen gelingen.

Jetzt habe ich direkt mit dem negativsten Fall angefangen, nämlich einer enttäuschenden ersten Hälfte. Was ist denn, wenn genau das Gegenteil eintritt und Sie mit einer klaren Führung in die Pause gehen? Dann ist es ganz wichtig, dass Sie als Trainer den Spannungsabfall Ihres Teams verhindern. Die Pause kommt in einem solchen Fall ungelegen, da sie den Spielfluss Ihres Teams unterbricht. Häufig treten die Athleten lachend und feixend in die Kabine und es macht sich sehr leicht eine zu große Selbstzufriedenheit breit. Deshalb sollten Sie hier gezielt gegensteuern.

Loben Sie anfänglich Ihr Team, aber nur, sofern es wirklich gut gespielt hat. Merken Sie dann aber auch die Schwachpunkte an. Sprechen Sie einzelne Spieler namentlich an, womit Sie bei diesen nicht zufrieden waren und was sie deshalb besser machen müssen. Und dann fixieren Sie neue Ziele.

Eine Trainerin sagte in solchen Fällen zu ihrem Team: „Es steht 0:0! Wir fangen wieder ganz von vorne an. Es ist noch nichts gewonnen." Das hat eine Zeit lang sehr gut gewirkt.

Es kann auch helfen, jetzt einen Schwerpunkt auf Handlungsziele zu setzen. Das erfordert von Ihrer Mannschaft neue Konzentration. Unklug dagegen ist es, Ängs-te vor einem möglichen Aufholen des Gegners zu schüren. Das verunsichert Ihr Team, steigert aber nicht die

Einsatzbereitschaft. Die Mannschaft sollte – wie immer – positiv gestimmt und gespannt auf das Spielfeld gehen. Deshalb müssen die Spieler ein Gefühl dafür bekommen, wofür es sich lohnt, den bisherigen Einsatz weiter aufrechtzuerhalten oder sogar noch zu steigern.

Ihre Mannschaft sollte nach der Pause immer mit einem positiven Gefühl auf das Spielfeld zurückkehren.

Am häufigsten tritt der Fall ein, dass die Leistung Ihres Teams weder überragend noch miserabel war. Dann gilt es vor allem, nicht auf den gemachten Fehlern rumzuhacken. Vergangene Situationen lassen sich sowieso nicht mehr ändern. Lassen Sie sich von Ihrem Ärger nicht verführen. Besser ist es, die guten Szenen noch einmal heraufzubeschwören. Reden Sie Ihr Team stark und betonen Sie gleichzeitig, was Sie alle gemeinsam in der zweiten Halbzeit noch besser machen wollen. Beides zusammen bildet die beste Basis für eine gelungene zweite Spielhälfte.

Ein typischer Fehler bei der Gestaltung der Halbzeitbesprechung, den ich wiederholt miterlebt habe, liegt im immer wieder gleichen Ablauf und den jedes Mal wiederkehrenden Inhalten. Das langweilt Ihre Spieler, sie können es irgendwann nicht mehr hören.

Deshalb sollten Sie bewusst Variationen einstreuen. Überraschen Sie hin und wieder Ihre Athleten. So ist es angebracht, nach einer guten Leistung sehr kritisch zu sein, um einer möglichen Überheblichkeit vorzubeugen. Oder Sie sprechen plötzlich ganz leise. Eine andere Idee wäre es, es dem Team einmal selbst zu überlassen, sich auf die zweite Halbzeit einzustellen, während Sie sich zurückhalten.

Natürlich darf das nicht so weit führen, wie das bekannte Beispiel von Bernd Schuster, der seiner Mannschaft als Trainer einmal nicht in die Kabine folgte, sondern derweil im Regen auf dem Platz wartete. So etwas können Sie nicht machen, damit vermitteln Sie Ihrem Team, dass Sie nicht zu ihm stehen und das führt logischerweise zu einer Störung der Beziehung zwischen Trainer und Team.

Nachdem Sie nun viele Details zur Gestaltung der Halbzeitbesprechung erfahren haben, möchte ich deutlich machen, wie die in Kap. 6 beschriebenen Säulen des Coachings von Ihnen bewusst umgesetzt werden können.

Die folgende *Abbildung 8* zeigt in Kurzform die wichtigsten Aspekte:

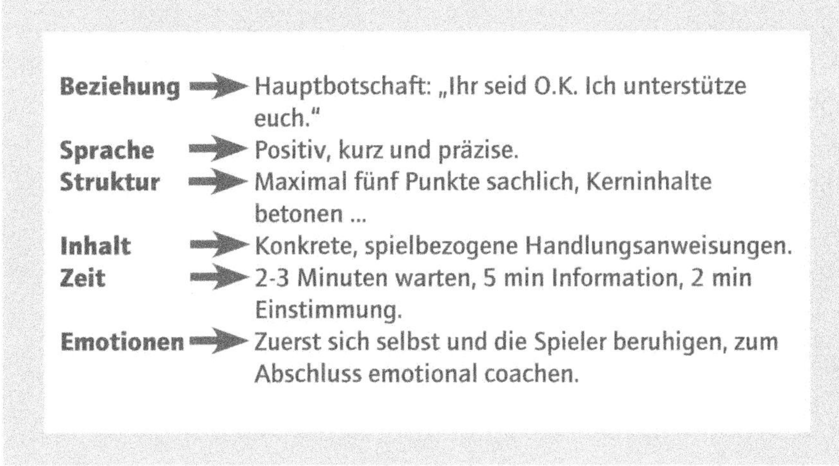
Beziehung → Hauptbotschaft: „Ihr seid O.K. Ich unterstütze euch."
Sprache → Positiv, kurz und präzise.
Struktur → Maximal fünf Punkte sachlich, Kerninhalte betonen ...
Inhalt → Konkrete, spielbezogene Handlungsanweisungen.
Zeit → 2-3 Minuten warten, 5 min Information, 2 min Einstimmung.
Emotionen → Zuerst sich selbst und die Spieler beruhigen, zum Abschluss emotional coachen.

Abb. 8: Die sechs Coachingfaktoren in der Halbzeitbesprechung

Achten Sie also zunächst wie immer darauf, dass Ihre Beziehung zur Mannschaft als Basis Ihres Coachings geklärt ist. Das ist nicht selbstverständlich, denn im Laufe eines Spiels kommt es immer wieder zu Konflikten zwischen Ihnen als Trainer und einzelnen Athleten, etwa weil diese sich übermäßig kritisiert oder zu wenig eingesetzt fühlen. Natürlich reicht hier die Zeit nicht für eine klärende Aussprache, aber Sie können mit ein paar Worten wenigstens den schlimmsten Unmut besänftigen. Treten Sie Ihrer Mannschaft grundsätzlich positiv gegenüber. Ihre Aufgabe besteht darin, der Mannschaft zu helfen, das Spiel erfolgreich zu beenden.

Dann denken Sie daran, dass Sie laut, deutlich und in kurzer, präziser Sprache sprechen. Schaffen Sie in Ihrem Coaching eine klare Struktur, machen Sie immer deutlich, wen Sie gerade ansprechen (Defensive, Offensive, einzelne Athleten oder das gesamte Team?) und um welches Thema es sich dreht. Geben Sie Ihren Athleten eindeutige Handlungsanweisungen, dann ist es für sie am leichtesten, das Gewünschte umzusetzen. Seien Sie bei der Vermittlung solcher Inhalte möglichst sachlich, zum Abschluss sollten Sie aber bewusst noch einmal Emotionen wecken.

11.5 Die Besprechung unmittelbar nach dem Spiel

Wenn das Spiel vorbei ist, ist Ihr Job noch nicht getan. Unterschätzen Sie nicht die Bedeutung der Worte unmittelbar nach dem Match. Diese Besprechung übt im Idealfall einen wichtigen positiven Einfluss auf die Spielverarbeitung und auf den weiteren Prozess hin zum nächsten Spieltag aus, genauso können Sie aber auch eine negative Wirkung erzielen. Dabei kommt es natürlich sehr darauf an, wie das gerade zu Ende gegangene Duell verlaufen und mit welchem Ergebnis es ausgegangen ist.

Zunächst halte ich es für wichtig, dass die Mannschaft nach dem Spiel noch einmal zusammenkommt. Schon oft habe ich es erlebt, dass ein Team unmittelbar nach dem Schlusspfiff auseinander geht. Der eine Spieler eilt in die Kabine, der Nächste läuft sich aus, einige gehen zu ihren Eltern oder Partnern, der Trainer eilt zur Presse usw. Dabei ist ein gemeinsamer Abschluss sehr wertvoll. Er drückt aus, dass man die Folgen des Spiels zusammen trägt, gleichgültig, ob es erfolgreich war oder nicht. Gemeinsam sind wir stark, auch in der Verarbeitung des Erlebten. Und nach dem Spiel ist bekanntlich vor dem Spiel. Jetzt findet also schon der erste Moment der Spielvorbereitung für die kommende Aufgabe statt.

In den heutigen Erkenntnissen über die Verarbeitung von Traumata spielt es eine große Rolle, dass die psychologische Unterstützung möglichst schnell vor Ort ist.

Inzwischen gibt es in unserem Land gut organisierte Pläne für Notfälle. So sind bei Unglücken wie der ICE-Katastrophe von Eschede oder bei Flugzeugabstürzen in der Regel sehr schnell speziell geschulte Psychologen und Notfallseelsorger vor Ort.

Bei schweren Niederlagen sollte das genauso sein. Da sind Sie als Trainer besonders gefragt, den Athleten Unterstützung zu geben. Gemeinsam freut es sich besser und gemeinsam ist Schmerz auch leichter zu ertragen. Nach solchen Niederlagen ist es vor allem wichtig, die Gefühle zu teilen. Wer das Bedürfnis dazu hat, sollte die Gelegenheit haben, seine Empfindungen auszudrücken.

Sie als Trainer brauchen gar nicht viel zu sagen. Seien Sie einfach da. Und wenn Sie selbst zu aufgebracht sind und Ihrem Team deshalb nicht beistehen können, dann ist das auch O.K. Nur sollten Sie das dem Team wenigstens kurz mitteilen, damit auf der Beziehungsebene keine unnötigen Störungen auftreten. Wenn Sie sich ohne ein Wort zurückziehen, verstehen die anderen das schnell als Abwendung und damit als Ablehnung. Auch macht es selten Sinn, unmittelbar nach dem Spiel auf der Mannschaft herumzuhacken. In den seltensten Fällen hat das Team absichtlich verloren, die Spieler sind meist selbst sehr enttäuscht. Was bringt es dann, seine eigene Wut an ihnen auszulassen? Warten Sie besser bis zum nächsten Training und schauen Sie, wie es dann in Ihnen aussieht.

Die Nachbesprechung sollte nur kurz sein, ich würde dabei fünf Minuten als die Obergrenze setzen. Nach einem Erfolg ist es wichtig, dass Sie die Spieler dazu anleiten, die frischen Bilder in dem noch gefühlsintensiven Zustand zu speichern. Lassen Sie die Spieler die besten Szenen noch einmal bei geschlossenen Augen erinnern und in sich aufnehmen. Dadurch werden diese tiefer verankert und können später besser wieder wachgerufen und damit bewusst genutzt werden. So kann man sich vor dem nächsten Spiel noch einmal sehr gut an die gelungenen Aktionen erinnern.

Bei Misserfolg spielt es eine große Rolle, die Mannschaft zunächst zu beruhigen und zu trösten. Gehen Sie nicht auf einzelne Spielmomente ein. Negative Bilder sollten möglichst gefühlsarm gespeichert werden, damit sie keine langfristige Wirkung erzielen. Das ist aber unmittelbar nach dem Spiel nicht möglich. Warten Sie also mindestens bis zum nächsten Tag, bevor Sie ein solches Spiel noch einmal im Geiste durchgehen. Die Nachbetrachtung nach Misserfolgen sollte eher analytisch sein, denn sie ist nur in Hinsicht auf die Fehlererkennung bedeutsam. Lassen Sie sich also damit Zeit. Eine kritische Analyse eines Spiels mit der Mannschaft ist in der Woche besser aufgehoben als am Spieltag selbst.

Ansonsten möchte ich noch einmal an das erinnern, was ich in Kap. 20 „Nach dem Erfolg" ausführlicher darstelle: Seien Sie wachsam, wie stark der Jubel Ihrer Mannschaft ausfällt. Jubel ist etwas sehr Schönes. Es ist wichtig, dass Sie Ihren Spielern erlauben, einen Erfolg zu feiern. Aber das Feiern muss, wenn Sie nicht gerade das entscheidende Spiel gewonnen haben, gemäßigt ausfallen, damit die Spannung für die kommende Aufgabe bleibt. Stellen Sie sich als Beispiel Folgendes vor: Wenn der Vorrundensiebte im Play-off-Viertelfinale den Tabellenzweiten schlägt, dann hat er guten Grund zum Jubeln. Aber wie weit darf die Freude gehen, damit man auch im Halbfinale eine Chance auf das Weiterkommen hat? Wie viel Biere und Gesänge dürfen sein? Es gibt darauf keine objektive Antwort, aber es steht außer Zweifel, dass viele Teams ihre Chancen durch zu große Ausgelassenheit verspielt haben. Wenn Sie das vermeiden wollen, dann drücken Sie früh genug auf die viel zitierte „Euphoriebremse".

Das Coaching am Spielfeldrand

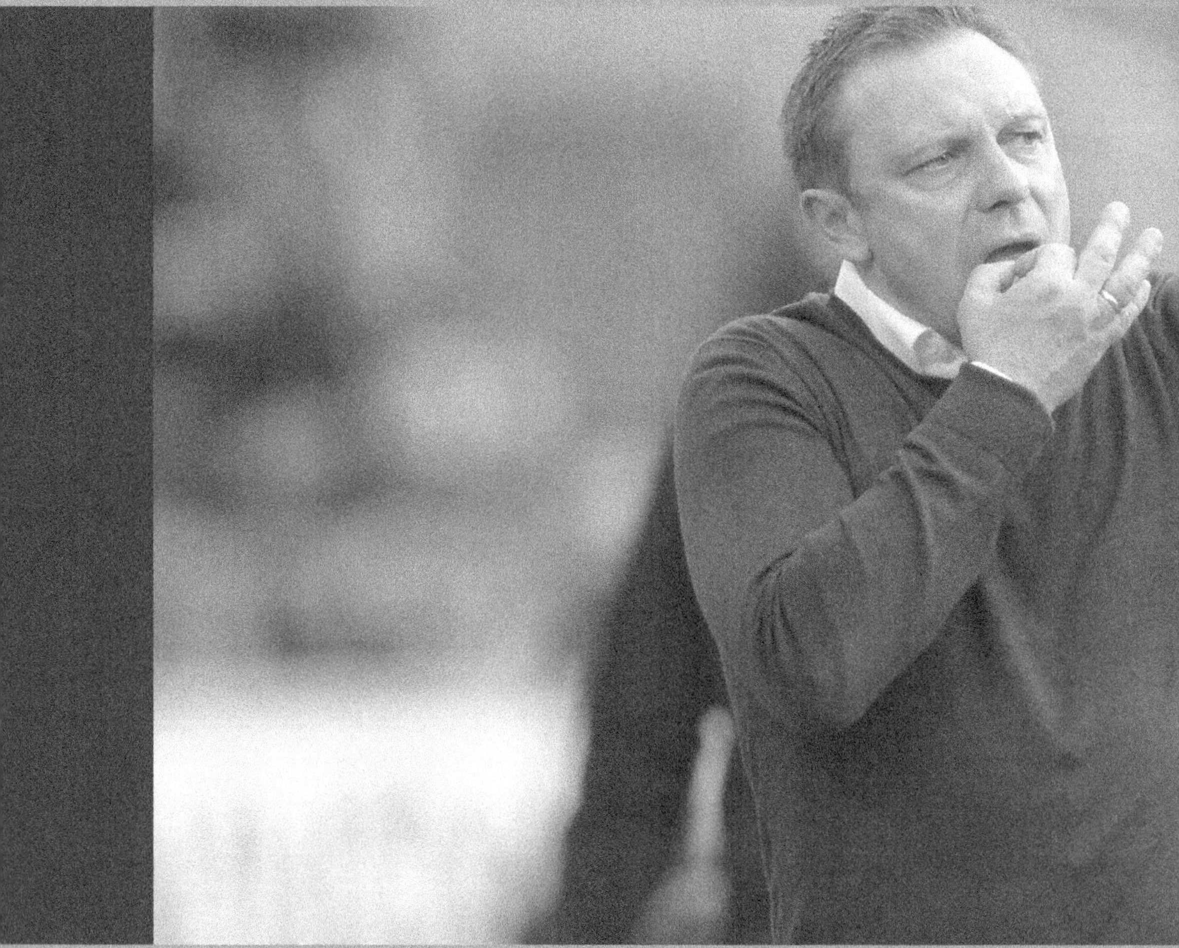

12

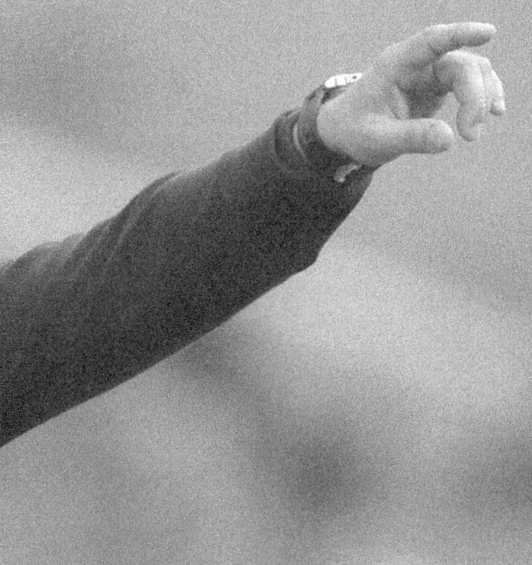

12 Das Coaching am Spielfeldrand

12.1 Die Grenzen Ihrer Einflussmöglichkeiten

Einen wichtigen Gedanken muss ich diesem Kapitel voranstellen: Wenn das Spiel einmal angefangen hat, können Sie als Trainer nur noch in geringem Maß Einfluss auf das Geschehen nehmen. Es ist wichtig, dass Sie sich dessen vollkommen bewusst sind. In Kap. 18 („Die Bewältigung von Krisen und Konflikten") werde ich noch einmal darauf eingehen, welche Wirkung das Gefühl der Ohnmacht auf Sie haben kann. Und im Spiel werden Sie sich oftmals ohnmächtig fühlen. Das kann zum Beispiel daran liegen, dass Ihre Spieler sich ungeschickt anstellen, dass sie nicht das zuvor abgesprochene taktische Konzept umsetzen, dass sie aus Nervosität viele Fehler machen oder dass sie große Chancen nicht nutzen.

Sie als Trainer hängen in diesen Momenten von Ihren Athleten ab, denn Sie können nicht auf den Platz stürmen und selbst das Tor machen, und das ist nicht immer ein schönes Gefühl. Es ist wichtig, dass Sie sich über diese Gefühle im Klaren sind und dass Sie Strategien entwickeln, um die Ohnmacht aushalten zu können.

Am besten gelingt das, wenn Sie sich bewusst auf die Faktoren konzentrieren, die weiterhin in Ihrer Macht liegen (das ist übrigens eine Fähigkeit, die auch Ihr Team lernen sollte). Auch wenn Ihr Einfluss nur noch gering ist, so ist er doch vorhanden, im positiven wie im negativen Sinne.

Sie können Ihre Mannschaft verbal unterstützen und stärken, Sie können durch gute Wechsel und geschickt gesetzte Auszeiten hilfreiche Impulse geben, Sie können aber auch durch abfällige Äußerungen den Spielern das angeknackste Selbstvertrauen weiter nehmen oder durch hektisches Handeln zusätzliche Unruhe in Ihr Team bringen.

12.2 Die Aufgaben des spielbegleitenden Coachings

Ich habe damit ein paar wichtige Faktoren angedeutet. Betrachten wir die Rolle des Trainers am Spielfeldrand jetzt noch einmal systematischer. Ich beschränke mich hierbei auf Ihr Coaching während der Spielzeit. Die Spielvorbereitung und die Halbzeitbesprechung behandle ich in einem eigenen Kapitel (Kap. 11: „Die Teambesprechung").

Zu den wesentlichen Aufgaben des Trainers während des Wettkampfs gehören:

- Verbale und emotionale Unterstützung des Teams.
- (Fehler-)Analyse des Spiels aus taktischer und psychologischer Sicht.
- Taktische Korrekturen und Beeinflussung der Einstellung.
- Ein- und Auswechslung von Spielern.
- Gezielt gesetzte Auszeiten.

Ihre wichtigste Aufgabe sehe ich darin, **Ihr Team zu unterstützen**. Dies geschieht vorwiegend über Ihre Rufe auf das Spielfeld und durch Ihre Gesten. Die Spieler registrieren davon mehr, als man denkt. Schon eine abfällige Hand-bewegung beeinflusst manche Ihrer Athleten negativ.

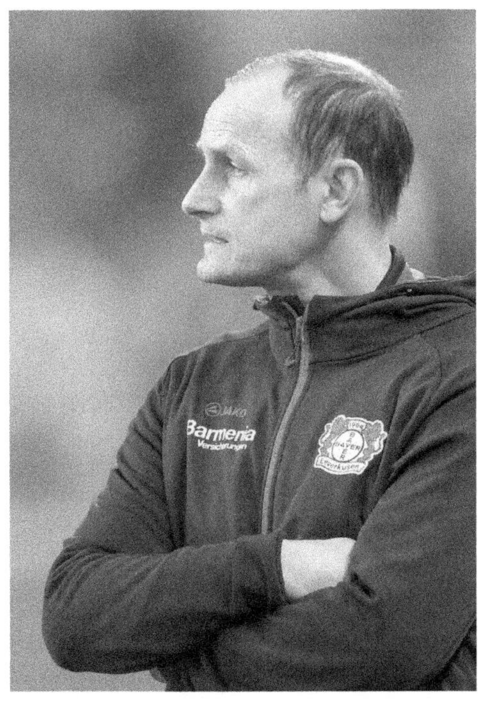

Am Spielfeldrand können Sie als Trainer nur noch wenig Einfluss nehmen.

Ich habe einen Spieler betreut, der nach verpassten Torchancen immer zu seinem Trainer hinsah. Als ihm eine längere Zeit kein Treffer mehr gelang, erzählte er, dass er in dieser Phase zunehmende Angst vor der wegwerfenden Geste des Trainers bekam, die er immer wieder in solchen Situationen beobachtete. Wenn aber schon eine Handbewegung eine derartig große Wirkung auf einen Athleten haben kann, wie stark können sich dann fortwährende kritische Äußerungen bis hin zu Schreitiraden auswirken?

Und haben Sie schon mal überlegt, wie Ihre Äußerungen auf die Spieler auf der Ersatzbank wirken? Wie mag sich ein Athlet fühlen, der gleich in das Spiel kommt, wenn er zuvor hört, wie Sie das Handeln seiner Mitspieler heruntermachen? Hat er dann den Mut, im Spiel die entscheidende Aktion zu riskieren oder wird er eher gehemmt und vorsichtig spielen, um nur keinen Fehler zu machen und damit eine ähnliche Reaktion auf sein eigenes Handeln zu provozieren?

Ich empfehle Ihnen, als neutraler Beobachter das Verhalten Ihrer Trainerkollegen während des Wettkampfs zu beobachten. Ich fürchte, Ihnen werden die Augen aufgehen, wie viele Flüche, abschätzige Gesten und verzerrte Gesichtsausdrücke Ihnen begegnen werden. (Noch besser: Bitten Sie einen Bekannten, Sie während des nächsten Spiels Ihrer Mannschaft am Spielfeldrand zu filmen. Das Ergebnis kann sehr aufschlussreich sein und möglicherweise haben Sie anschließend mehr Verständnis für manche Reaktion Ihrer Athleten.)

Schimpfe, Flüche u. Ä. sind sehr verständlich, da Sie vieles mit ansehen müssen, was weder Ihren Vorstellungen noch den in der Spielvorbereitung besprochenen Vorgaben entspricht. Außerdem ist es wichtig, dass Sie die Emotionen, welche sich während des Spiels in Ihnen entwickeln, entladen, damit Ihr Kopf wieder frei für die Spielanalyse und ein darauf basierendes, überlegtes Handeln ist.

Es bedarf einer Abwägung, in welchem Maß Ihre Flüche wichtig und wann sie nur schädlich sind. Sie müssen auch für sich sorgen und das bedeutet, dass Sie manchmal Ihren Ärger loswerden müssen. Generell aber gilt: Arbeiten Sie vor allem über die Bestärkung gelungener Aktionen. Es bringt viel mehr, einen guten Pass zu loben, als drei misslungene Vorlagen zu kritisieren. Damit Ihnen das gelingt, ist es wichtig, dass Sie zunächst an Ihrer Wahrnehmung arbeiten. Denn viele Trainer neigen dazu, die Fehler ihrer Spieler deutlicher zu sehen als die gelungenen Aktionen.

Das ist wie bei der alten Geschichte mit dem halb vollen und dem halb leeren Glas. Worauf richte ich mein Augenmerk, auf das, was gut ist oder auf das, was nicht funktioniert?

Konzentrieren Sie sich auf das Positive und handeln Sie entsprechend. Sie werden überrascht sein, wie viel Selbstvertrauen Ihre Spieler plötzlich gewinnen.

Die zweite große Aufgabe während des Spiels besteht darin, **dieses zu beobachten und zu analysieren**. Was läuft gut, was nicht? Wie spielt der Gegner? Ist die gewählte Taktik geeignet, dem Gegner zu begegnen oder bedarf es einer Änderung? Wie ist die Einstellung meiner Mannschaft? Mit welchen Angriffsaktionen haben wir Erfolg und wo sind wir anfällig? Dies sind einige der Fragen, die Sie sich als Trainer ständig stellen. Hier muss ich wenig zu sagen, denn alle Trainer, die ich erleben durfte, waren in diesem Punkt ausreichend geschult.

Wichtig ist mir deswegen nur die Erwähnung eines Punkts: Aus der Distanz beobachtet es sich anders (und teilweise besser), als wenn man sehr nah am Geschehen dran ist. Das gilt sowohl für räumliche wie für emotionale Distanz bzw. Nähe. Da Sie als Trainer in der Regel sehr nahe am Geschehen sind, ist es eine große Hilfe, einen zweiten Beobachter auf die Tribüne zu setzen, der Ihnen dann in der Halbzeit wertvolle Tipps geben kann, eben weil er das Spiel aus einer anderen Perspektive sieht. Sicher findet sich jemand im Verein, der diese Aufgabe übernimmt, auch wenn Sie keinen Kotrainer haben.

Der mit großem Medieninteresse von Berti Vogts in Leverkusen initiierte Versuch, die ersten 30 Spielminuten auf der Tribüne zu verbringen, war in der Umsetzung ungeschickt, aber grundsätzlich von der Idee her nicht schlecht. Bei der Hockeynationalmannschaft ist es völlig normal, dass der Kotrainer das Spiel aus der Distanz beobachtet.

Aus der Analyse ergeben sich dann logischerweise **Korrekturen aufgetretener Fehler** bzw. Schwachpunkte. Das können taktische Umstellungen sein, das kann die positive Beeinflussung der Einstellung sein, es kann sich um hilfreiche Hinweise an einzelne Athleten handeln oder Sie wechseln Spieler ein und aus. Das ist Ihnen aus Ihrem Alltag bestens vertraut und so möchte ich mich bei diesem Aspekt ebenfalls auf einen Gedanken konzentrieren.

Ich habe beobachtet, dass fast alle Trainer nur sehr wenig mit den Reservespielern sprechen. Dabei liegt hier ein großes Potenzial. Die Spieler auf dem Platz handeln unter Stress, manche Ihrer Hinweise bekommen sie gar nicht mit, andere können sie nicht handlungsbezogen verarbeiten und oftmals reagieren sie auch nur ärgerlich auf Ihre Anmerkungen. Die Ergänzungsspieler aber haben mehr Ruhe und Sie können mit diesen in einen direkten Dialog treten.

Außerdem sind das die Spieler, die gleich, wenn sie eingewechselt werden, entscheidende Veränderungen in das Spiel bringen sollen. Warum also nutzen Sie dieses Potenzial nicht besser? Ich nenne das „Coaching über die Bank". Besonders in der zweiten Halbzeit, wenn das Spiel meist hektischer wird, empfehle ich Ihnen, verstärkt über die Bank zu coachen, zumal in den Sportarten, wo ein fliegender Wechsel erlaubt ist.

Eine Möglichkeit, aufgetretene Schwachpunkte zu korrigieren, bietet natürlich der **Spielerwechsel**. Hier ergeben sich zwischen den Sportarten große Unterschiede. Beim Interchanging (wie z. B. im Hockey, Eishockey, Handball und Basketball) ist der Spielerwechsel keine große Sache, weil Sie sehr freizügig mit den Auswechslungen umgehen können. Hier geht es mehr um die Frage, wie viel Spielzeit ich meiner bevorzugten Formation gebe und wie häufig ich die anderen Spieler einsetze. Beides hat natürlich Vorzüge.

Eine eingespielte Stammformation (z. B. die „ersten Fünf" im Basketball) versteht sich sehr gut und die einzelnen Athleten besitzen in der Regel großes Selbstvertrauen. Dafür bewirkt ein stärkeres Durchwechseln, dass die Spieler sich auf der Bank immer wieder regenerieren können (übrigens einer der Gründe, warum das deutsche Team in Malaysia bei der Hockey-WM 2002 auch nach neun Spielen in 14 Tagen bei tropischen Temperaturen im Finale noch volle 70 Minuten auf höchstem Niveau spielen und somit am Ende triumphieren konnte). Außerdem trifft das Team der Ausfall von Stammspielern weniger, weil die anderen Athleten immer schon mehr Mitverantwortung getragen haben.

Ganz anders ist die Situation in Sportarten wie Fußball, wo nur eine sehr begrenzte Zahl von Auswechslungen während eines Spiels erlaubt ist. Hier kommt jedem Spielerwechsel eine wesentlich höhere Bedeutung zu. Sie müssen besser abwägen, wann Sie wen aus dem Spiel nehmen und durch welchen Mitspieler Sie ihn ersetzen. Für die Reservespieler ergibt sich zudem das Problem, dass sie möglicherweise viel öfter und länger nur auf der Bank sitzen, was naturgemäß bei vielen Athleten zu zunehmender Frustration führt. Besonders bei Torhütern kann man das immer wieder beobachten, da sie möglicherweise über Jahre auf Einsätze und damit ihre Chance, sich zu beweisen, warten müssen. Das erfordert von Ihnen ein noch stärkeres Abwägen, wen Sie spielen lassen und wen nicht. Auch die ausgewechselten Spieler sind über ihre Herausnahme oftmals alles andere als glücklich.

Zugleich aber bietet sich damit für Sie als Trainer ein disziplinarisches Mittel, das – wohldosiert eingesetzt – durchaus hilfreich sein kann. Nicht selten erlebt man, dass Spieler, die zunächst „auf der Bank geschmort haben", anschließend besonders motiviert in das Spiel gehen. Wie gesagt, es bleibt Ihrem Fingerspitzengefühl überlassen, richtig einzuschätzen, wann eine Auswechslung motivierend wirkt und wann sie eher das Selbstbewusstsein des Athleten beeinträchtigt.

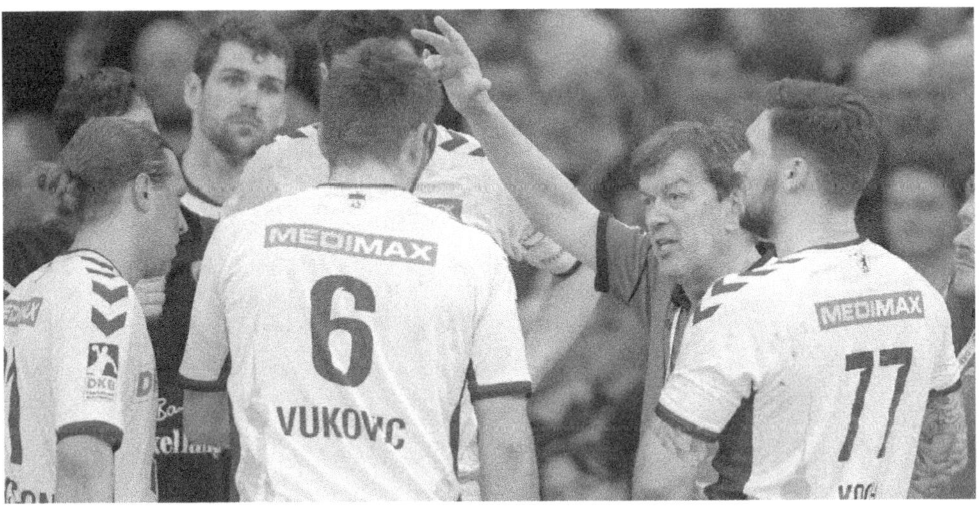

Die Auszeit ist ein gutes Mittel, der Mannschaft neue Impulse zu vermitteln und zugleich den Spielfluss des Gegners zu bremsen.

In vielen Sportarten haben Sie als Trainer die Möglichkeit, über **Auszeiten** Einfluss auf das Spielgeschehen zu nehmen. (Siehe z. B. Fust & Kittel 2012). Die Auszeit bietet Ihnen die Gelegenheit, ein paar taktische Hinweise zu geben. Denken Sie daran, dass Ihre Athleten mitten im Spiel stecken und ihre Aufnahmefähigkeit von daher extrem eingeschränkt ist.

Sprechen Sie also deutlich und in einfachen Worten. Geben Sie klare, positiv und direkt formulierte Anweisungen. Sparen Sie sich Erklärungen, dafür ist die Zeit viel zu begrenzt und die Aufnahmefähigkeit bei den Spielern zudem zu gering.

Wichtiger als der Inhalt scheint mir aber die psychologische Wirkung einer Auszeit zu sein. Eine Auszeit dient vor allem dazu, den Spielfluss zu unterbrechen. Ihre Athleten bekommen eine Atempause und zugleich die Möglichkeit, sich neu zu sammeln und zu finden. Die meisten Trainer wissen das und setzen deshalb ihre Auszeiten sehr gezielt.

Dabei fällt mir auf, dass häufig ein typischer Fehler gemacht wird. Von vielen Trainern werden die Auszeiten erst dann eingesetzt, wenn das Spiel schon erkennbar eine negative Entwicklung genommen hat. Dabei wäre es viel besser, sie so zu nutzen, dass eine sich abzeichnende Schwächeperiode schon im Ansatz gestoppt bzw. verhindert wird.

Ich will das wieder an einem Beispiel deutlich machen: Neulich schaute ich mir im Fernsehen das Spitzenspiel der Männerhandballbundesliga an. Die Heimmannschaft führte nach überlegenem Spiel sieben Minuten vor der Halbzeit mit fünf Toren Vorsprung. Im Gefühl der Überlegenheit begannen einzelne Athleten zu „zaubern". Anstatt weiter konsequent die Angriffe abzuschließen, gab es zwei leichtfertig vergebene Angriffe. Nicht weiter schlimm, könnte man meinen. Aber für mich war sofort klar, dass jetzt ein kritischer Moment erreicht war. Und siehe da, der Gegner nutzte diese Entwicklung sofort aus, machte fünf Tore in Folge und glich noch vor der Halbzeit aus. Erst bei Gleichstand nahm der Trainer der Heimmannschaft eine Auszeit. Das aber war in meinen Augen ein Fehler. Es wäre viel klüger gewesen, dies schon früher zu tun, nämlich solange die eigene Mannschaft noch deutlich in Front lag.

Genau das Gegenteil habe ich beim Volleyball erlebt. Der Tabellenführer spielte bei seinem Verfolger und führte dort im dritten Satz (bei Satzgleichstand) mit einigen Punkten Vorsprung. Da nahm der Trainer der Heimmannschaft eine Auszeit. Prompt gelangen seinem Team zwei Punkte in Folge. Der Trainer des Tabellenführers aber war so clever, nicht darauf zu warten, dass die Serie bis zum Gleichstand anhielt, sondern er konterte direkt mit einer eigenen Auszeit. Sicher denken Sie sich schon, wie die Geschichte ausging. Umgehend punktete der Tabellenführer wieder selbst und wenig später feierte er den Satzgewinn.

Warten Sie also nicht darauf, bis die Auszeit unumgänglich ist, sondern setzen Sie sie gezielt an einem kritischen Punkt ein, wo das Spiel eine für Sie negative Entwicklung zu nehmen droht. Agieren Sie, anstatt erst nachträglich zu reagieren! Behalten Sie das Zepter des Handelns in der Hand. Das erfordert von Ihnen eine gewisse Sensibilität und Erfahrung für kritische Momente, aber das kann man mit gezielter Beobachtung schnell lernen. Wenn Sie das nächste Mal ein Spiel im Fernsehen oder als Zuschauer betrachten, dann versuchen Sie einfach, die Momente zu erahnen, wo für eins der beiden Teams das Spiel zu kippen droht, noch bevor es für alle Betrachter auffällig wird und überprüfen Sie anhand des weiteren Spielverlaufs, ob Ihre Beobachtung richtig war.

Grundsätzlich müssen Sie sich über eines im Klaren sein: Während der Woche im Training besteht Ihr zentrales Ziel darin, die Spieler auszubilden. Dazu arbeiten Sie an den Schwächen und Stärken Ihrer Mannschaft. Während des Spiels aber müssen Sie die Rolle des Ausbilders ganz ablegen. Jetzt sind Sie nicht mehr Trainer, sondern Coach, d. h., Sie nutzen Ihre Position am Spielfeldrand, um dem Team Unterstützung und hilfreiche Hinweise zu geben und um die Mannschaft zu führen. Das ist eine völlig andere Aufgabe. Machen Sie sich diesen Unterschied bewusst. Umso besser Sie die jeweilige Rolle annehmen, umso leichter wird Ihnen die Arbeit fallen und desto größer wird Ihre positive Wirkung auf die Mannschaft sein.

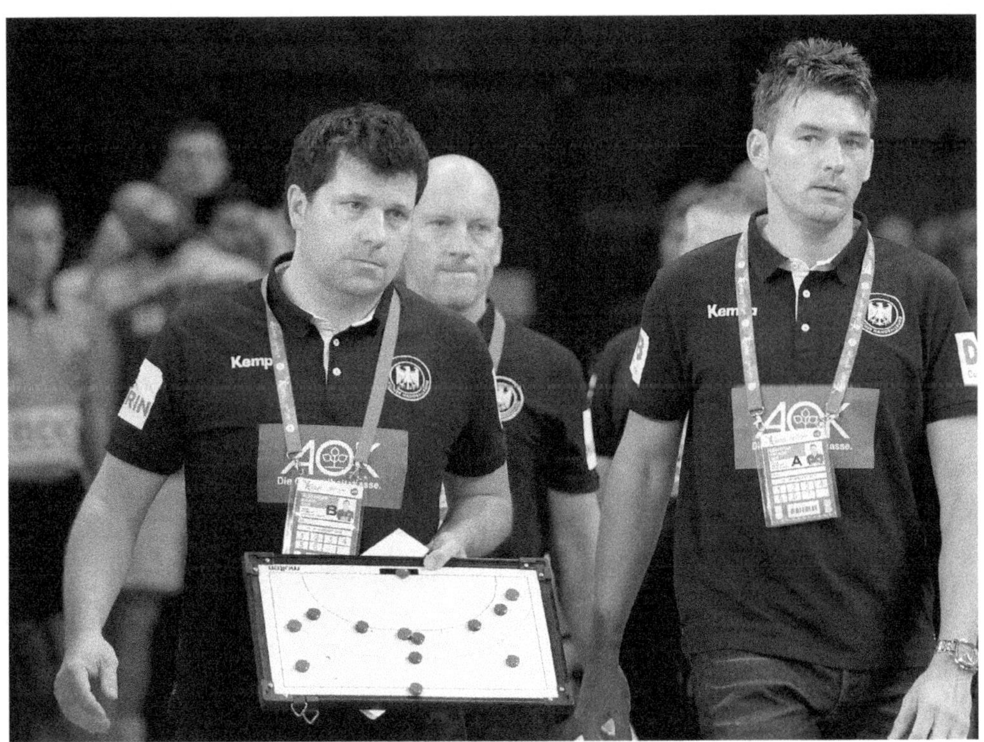

Die Nominierungssituation

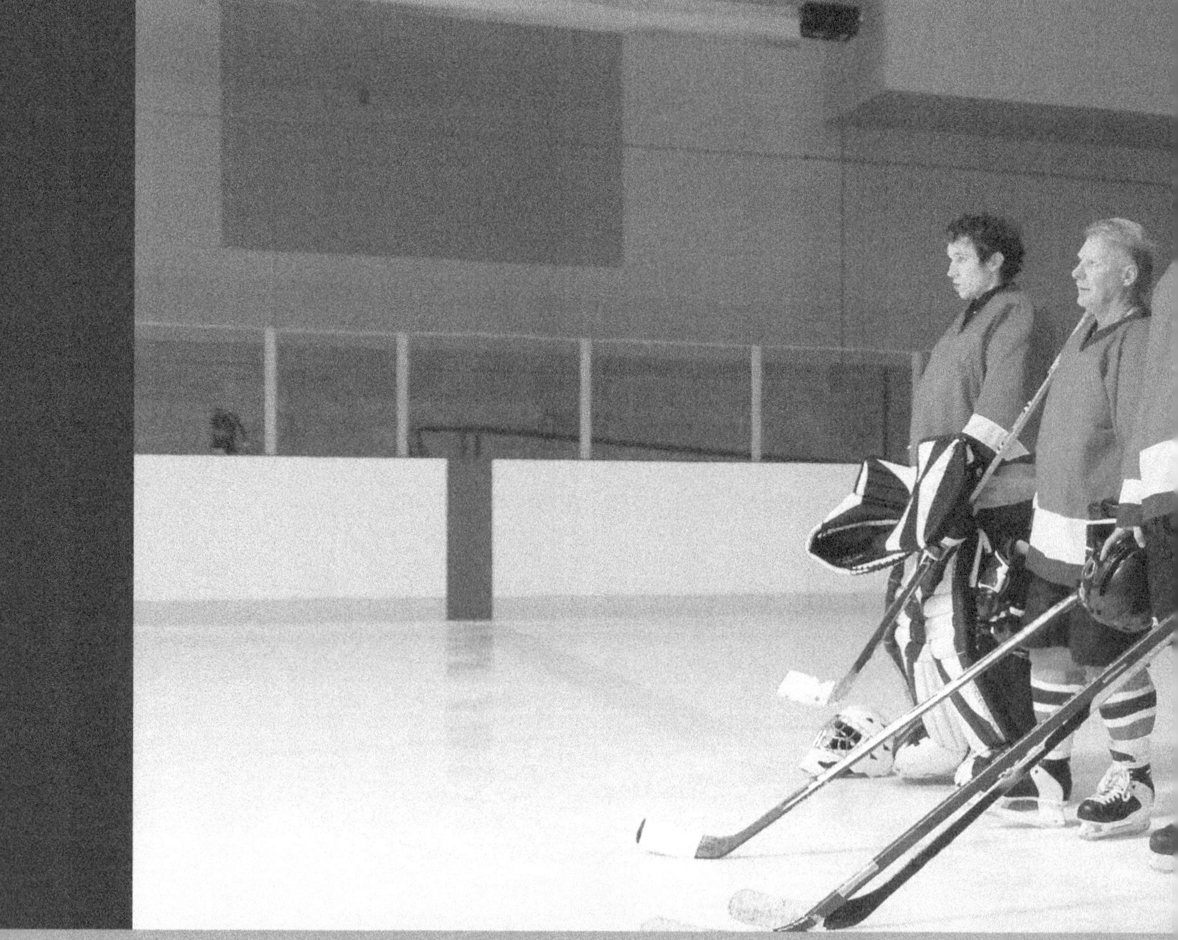

13

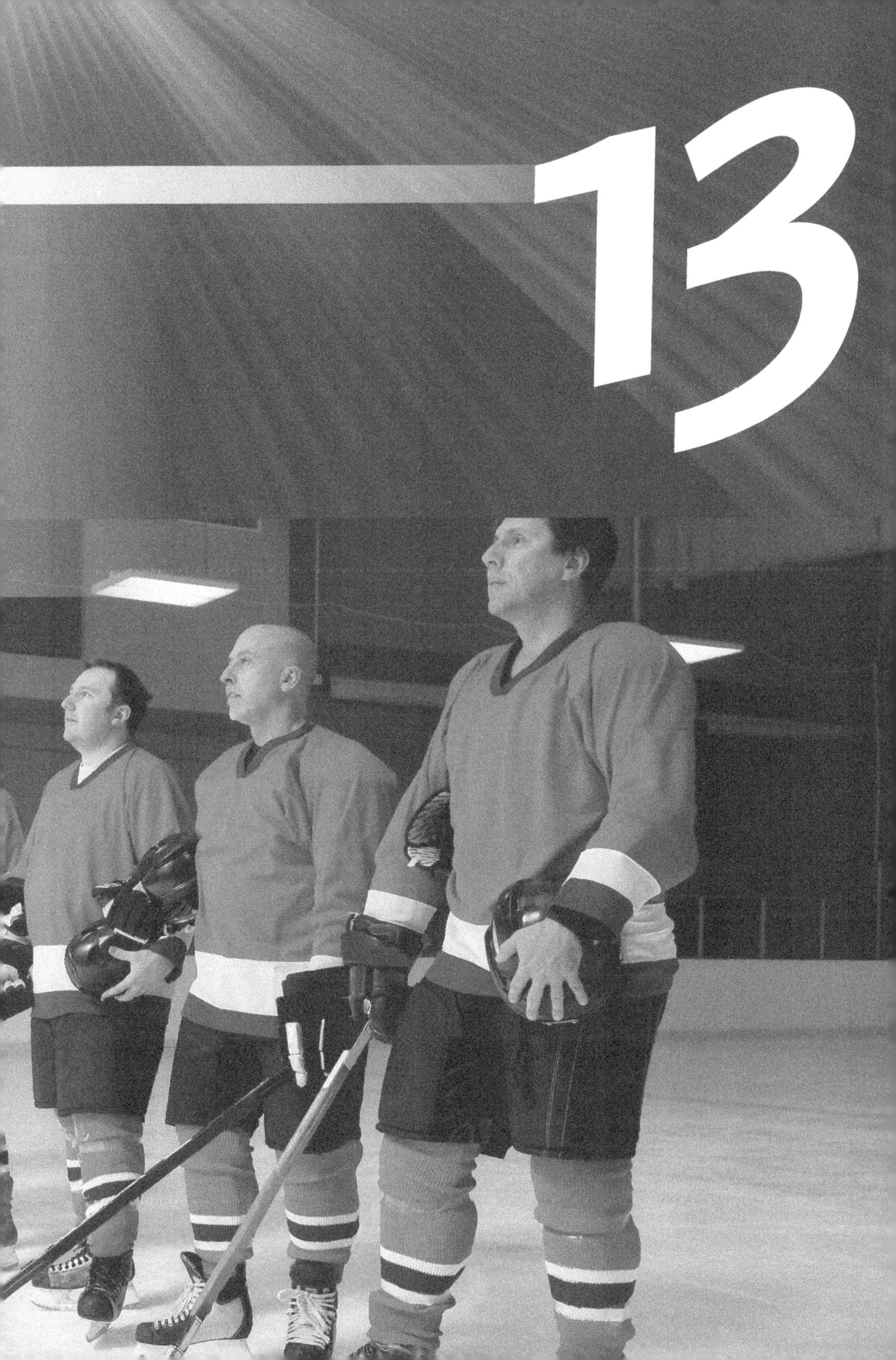

13 Die Nominierungssituation

Ein klassisches Problem, welches sich jedem Trainer früher oder später stellen wird, ist die Nominierung von Athleten für einen Wettkampf. Sich für den einen Spieler zu entscheiden, bedeutet immer auch, einen anderen zurückzusetzen. Die Beziehung zwischen Trainer und Spieler wird in starkem Maße durch diesen Aspekt beeinflusst.

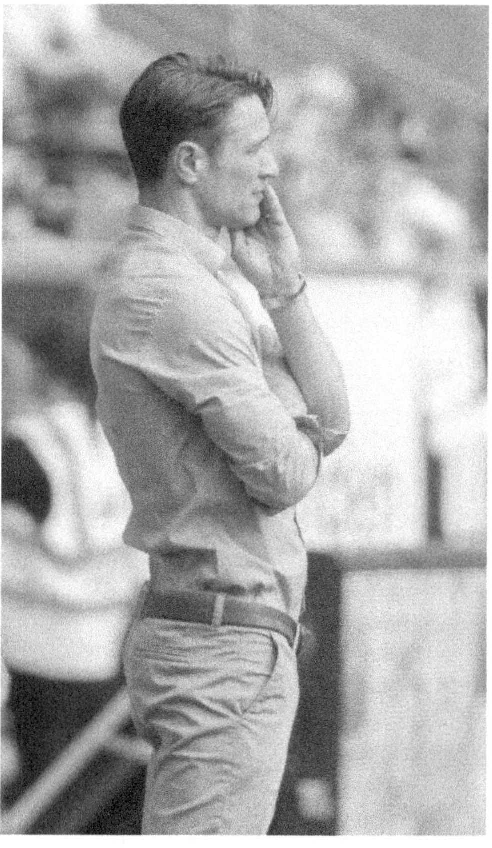

Trainer sind oft im Spiel ohnmächtige Beobachter, dafür sind die Spieler ihnen bei der Nominierung ausgeliefert.

Sie als Trainer bestimmen darüber, ob der Athlet am kommenden Sonntag auf der Tribüne zusehen muss, ob er auf der Ersatzbank Platz nimmt oder ob er von Anfang an spielen darf. Dadurch entsteht zwischen Ihnen und den Spielern ein Machtgefälle. Der Athlet ist in seiner Zielerreichung von Ihnen abhängig.

Wobei natürlich nicht vergessen werden darf, dass Sie als Trainer in anderer Weise von Ihrer Mannschaft abhängen. Sie selbst können ja keine Tore erzielen und wenn die Mannschaft geschlossen die Gefolgschaft verweigert, sind Ihre Tage als Führungsperson gezählt. So gesehen, ist Ihr Verhältnis also ausgewogen. Doch das werden die meisten Spieler nicht bewusst wahrnehmen. Diese sehen vordergründig nur, ob sie von Ihnen aufgestellt werden oder nicht. Und wenn ein Spieler an diesem Wochenende auf der Tribüne Platz nimmt, dann wird er kaum freundliche Gedanken für Sie übrig haben. (Leider sind die wenigsten Athleten so reif, dass sie selbst die Verantwortung dafür übernehmen, warum es für sie nicht zu einem Einsatz gereicht hat. Vielmehr geben sie bevorzugt dem Trainer die Schuld.)

13.1 Mut zur Entscheidung und ihren Folgen

Eine wichtige Fähigkeit eines erfolgreichen Trainers besteht also darin, diesen Ärger von Seiten der Spieler auszuhalten. Es ist nicht möglich, sich immer mit allen Athleten der eigenen Mannschaft gut zu stellen. Wenn Sie das versuchen, werden Sie zwangsläufig in eine Falle tappen, die Ihnen früher oder später zum Verhängnis wird. Sie geben dann Ihre Verantwortung und Ihre Kraft ab.

Deshalb ist es wichtig, mutig Entscheidungen zu treffen und diese aktiv nach außen zu vertreten. Es gibt für Sie keine Garantie, dass Ihre Wahl immer die richtige ist. Wenn Sie einen Fehler machen sollten, so dürfen Sie das hinterher auch offen zugeben. Das stärkt in der Regel sogar Ihre Position, weil es Sie für die Mannschaft und das Umfeld glaubwürdig macht. Aber vor dem Spiel treffen Sie die Entscheidungen.

Natürlich ist es möglich, einzelne, vertrauensvolle Spieler oder den Mannschaftsrat um Rat zu fragen. Das kann für die eigene Entscheidung hilfreich sein. Aber es muss immer deutlich bleiben, dass Sie am Ende die Entscheidung treffen. Ich habe einmal ein negatives Beispiel erlebt. Der Trainer hatte die Führungsspieler wünschen lassen, mit welcher taktischen Spielformation sie in der kommenden Saison am liebsten auf den Platz gehen wollten.

Diesem Wunsch hat er sich aus einer eigenen Führungsschwäche heraus angeschlossen. Im Saisonverlauf führte das dazu, dass einzelne Spieler, welche der Trainer gerne eingesetzt hätte, diesem Spielsystem zum Opfer fielen, da sie nicht in das taktische Konzept passten. So mussten sie immer wieder auf der Ersatzbank Platz nehmen, obwohl der Trainer von ihrer Spielstärke überzeugt war. Wer wedelt da mit wem, der Hund mit dem Schwanz oder umgekehrt?

Ein Trainer braucht Mut zu unpopulären Entscheidungen. So wie zum Beispiel Jürgen Klinsmann vor der WM 2006, als er sich für Jens Lehmann an Stelle von Oliver Kahn als Nr. 1 im Tor entschied. (Siehe auch die spannende Schilderung von Bernhard Peters zu seiner Nichtnominierung von Michael Green für die Olympischen Spiele 2004, zu finden in Peters 2008.) Schließlich müssen Sie ja auch die daraus resultierenden Folgen tragen. Wenn der Erfolg ausbleibt, sind Sie der Erste, der gehen muss. Unpopuläre Entscheidungen sind manchmal sogar ein hilfreiches Mittel, um die eigene Autorität zu stärken. Wenn Ihre Wahl zum Erfolg führt, erkennen die Spieler, dass Sie besser wissen, was für die Gemeinschaft gut ist. Und so sollte es idealerweise sein.

Denn die Perspektive des Trainers unterscheidet sich von der eines Spielers. Für den Trainer geht es immer um das Wohl der gesamten Mannschaft und erst in zweiter Linie um einzelne Personen. Das ist Ihr Job, das wird von Ihnen erwartet. Als Spieler ist das nicht so eindeutig, denn ein Athlet muss egoistischer sein als Sie.

Er muss zugleich auf das Wohl der Mannschaft und auf sein eigenes Wohl schauen. Wenn er nur an die Mannschaft denkt, verliert er seinen persönlichen Ehrgeiz und das schadet auf Dauer wiederum dem Ganzen. Eine gesunde Konkurrenz belebt das Geschäft. Wenn der Einzelne nicht heiß darauf ist, zu spielen, dann fehlt etwas Wichtiges. Aber Sie als Trainer können auf den persönlichen Ehrgeiz keine Rücksicht nehmen. Sie müssen die Mannschaft spielen lassen, welche langfristig den größten Erfolg verspricht.

ÜBUNG 9: DIE DEMOKRATISCH GEWÄHLTE MANNSCHAFT

Trotz des oben genannten Beispiels ist es manchmal eine pädagogisch wertvolle Variante, die Mannschaft selbst die vermeintlich beste Aufstellung bestimmen zu lassen. Dies lässt sich ganz einfach umsetzen, indem Sie jeden Spieler geheim und anonym seine bevorzugte Mannschaftsaufstellung für das nächste Spiel bzw. für die kommende Saison aufschreiben lassen und dann das Resultat offen zu einer Wunschaufstellung zusammentragen. So bekommen Sie und die Spieler ein Bild, wen die gesamte Gruppe auf welcher Position für den geeignetsten Athleten hält.

Eine solche Maßnahme hilft, wenn Sie einem Athleten verdeutlichen wollen, dass sein Selbstbild überhöht ist und Sie als Trainer mit Ihrer negativeren Einschätzung seiner Leistungen nicht alleine liegen. Diese Übung stellt dann ein Aha-Erlebnis für den Athleten dar. Außerdem können möglicherweise Konflikte zwischen der Mannschaft und einzelnen Spielern deutlich werden, nämlich wenn diese trotz guter Leistungen von den anderen nicht in die Aufstellung gewählt werden.

Aber Sie müssen auch vorsichtig sein. Es kann passieren, dass das Ergebnis nicht Ihren Vorstellungen entspricht (siehe dazu das eben angeführte Beispiel), und deshalb müssen Sie im Vorfeld dem Team klarmachen, wie Sie damit umgehen werden. Fühlen Sie sich an die Mannschaftsmeinung gebunden? Oder reklamieren Sie für sich das Recht, dennoch am Spieltag eine andere Aufstellung zu wählen? Und riskieren Sie in diesem Falle den Unmut der Spieler? Die Übung bietet also eine interessante Möglichkeit, wenn die Voraussetzungen stimmen, wenn Ihre Beziehung zum Team stimmt und die Entscheidungsgewalt bei Ihnen bleibt. Wenn Ihr Verhältnis aber eher belastet ist, dann überlegen Sie gut, ob Sie sich damit einen Gefallen tun.

13.2 Welche Entscheidung ist richtig?

Damit Sie auf Dauer erfolgreich sind, braucht es natürlich eine Abwägung zwischen kurzfristigen Vorteilen und langfristigen Auswirkungen. Der Einsatz des Spielers A mag im Moment vielleicht angebracht erscheinen, da er im nächsten Spiel eher ein Tor machen wird. Aber bringt das auch langfristig einen Vorteil? Wenn dieser Spieler zum Beispiel wenig Disziplin hat, also oftmals zu spät zum Training kommt und dann dabei nur geringes Engagement zeigt, so wäre sein Einsatz im Spiel ein schlechtes Signal für die Disziplin der anderen Spieler. Denn die lernen dann, dass es sich nicht lohnt, zuverlässig und engagiert zu sein, da man ja ohnehin im Team steht.

Die Abwägung zwischen lang- und kurzfristigen Vorteilen stellt aber nur eine der Überlegungen dar, welche es bei der Nominierung zu beachten gilt. Oftmals stellt sich auch die Frage, ob Sie eher einen mannschaftsdienlichen oder einen individuelleren Typ bevorzugen, ob ein unberechenbarer dem soliden Spieler vorzuziehen ist, ob Sie eher auf Jugend oder auf Erfahrung setzen oder ob Sie Ihren Kopf gegen die Forderungen des Umfelds (und der Presse) durchsetzen. Auf alle diese Fragen gibt es keine allgemein gültigen Antworten.

Das hängt ganz stark von Ihrer jeweiligen Situation ab (im Abstiegskampf tendieren die meisten Trainer dazu, routinierte Athleten zu bevorzugen), aber auch von Ihrer Person. Wie risikofreudig sind Sie zum Beispiel?

Eines aber lässt sich grundlegend sagen: Treffen Sie Entscheidungen nicht nur auf Grund Ihres Kopfes, sondern auch vermittels Ihres Gefühls. Der analytische Verstand ist bei Entscheidungen sehr hilfreich, aber er ist nicht alles.

Vor einigen Jahren nahm ich an einer interessanten Tagung in der Schweiz teil. Die Trainer der U 21-Fußballnationalmannschaft der Schweiz berichteten dort darüber, dass sie auf Grund jahrelanger Beobachtungen zu einer neuen Erkenntnis gekommen waren. Sie hatten in der Vergangenheit bei Entscheidungen zu wenig auf ihr Gefühl gehört. Seit sie ihre Strategie diesbezüglich geändert haben, hat sich ihr Erfolg erkennbar gewandelt. Als Krönung wurden sie 2001 überraschenderweise in dieser Altersklasse Europameister!

Auch ich selbst habe schon in beeindruckender Weise miterlebt, wie nützlich es sein kann, auf das eigene Gefühl zu hören. Vor der Hockey-WM stand beim ab-schließenden Lehrgang die Entscheidung für die letzten zwei freien Plätze im Kader an. Wir brauchten noch zwei Stürmer, wofür drei Athleten zur Auswahl standen.

Das Problem war unter anderem, dass der potenziell offensivstärkste Spieler noch an den Folgen eines Achillessehnenrisses litt und deshalb an seiner Turniertauglichkeit Zweifel bestanden. Nachdem er sich mit seinem Stab eingehend beraten hatte, verließ sich der Bundestrainer schließlich auf sein Gespür – mit Erfolg.

Die beiden ausgewählten Athleten (darunter der angesprochene Spieler) erzielten jeweils im Turnierverlauf drei Tore, darunter die entscheidenden Treffer im Halbfinale.

13.3 Der richtige Zeitpunkt, die beste Weise

Wenn Sie sich entschieden haben, stellt sich natürlich die Frage, wann Sie als Trainer am besten Ihre Entscheidung verkünden und in welchem Rahmen Sie das tun sollten. Ich habe dabei zwei unterschiedliche Strategien erlebt. Die einen Trainer tun dies bevorzugt in der Mannschaftsbesprechung vor einem Spiel. Die anderen sprechen lieber schon im Vorfeld mit den Betroffenen unter vier Augen. Manchmal ist es aus disziplinarischen Gründen sicher sinnvoll, eine solche Entscheidung vor der gesamten Truppe zu verkünden. Ein Beispiel hierfür wäre ein Athlet, der im Vorfeld sehr lautstark, möglicherweise sogar über die Presse, seinen Einsatz einfordert. Indem Sie Ihre Entscheidung, ihn auf der Bank zu lassen, vor der versammelten Mannschaft verkünden, demonstrieren Sie, dass Sie die Entscheidungen treffen und dass Sie sich dabei nicht durch öffentlichen Druck beeinflussen lassen. Aber solche Beispiele sind eher selten.

Meistens ist es besser, das Vier-Augen-Gespräch zu wählen. Das gilt umso mehr, je bedeutsamer die Entscheidung ist. (Die Frage, wer in den Olympiakader rutscht, hat für den Einzelnen einen viel höheren Stellenwert als eine Nominierung für die Startelf in einem gewöhnlichen Ligaspiel.) Der Hintergrund lässt sich sehr einfach erklären. Für uns Menschen ist es sehr schwierig, vor anderen bloßgestellt zu werden. Und die Tatsache der Nichtnominierung bedeutet für uns jeweils eine kleine (oder sogar große) persönliche Niederlage, damit zugleich eine potenzielle Demütigung. Das sollten Sie den Athleten ersparen. Geben Sie ihnen eine Chance, ihr Gesicht zu wahren. (Jeder Streit sollte ebenfalls so geschlichtet werden, dass beide beteiligten Parteien ihr Gesicht wahren können. Siehe hierzu auch Kap. 18). Indem Sie die Entscheidung zunächst im kleinen Kreis verkünden, kann der Betroffene sich erst abreagieren und sammeln, bevor er damit vor die Mitspieler tritt.

Eine Nichtnominierung ist eine persönliche Niederlage. Deshalb ist es wichtig, dass der Betroffene das Gesicht wahren kann.

Natürlich dürfen Sie diese Empfehlung nicht übertreiben. Nicht jede Kleinigkeit benötigt eine derartige Fürsorge. Manche Dinge können Sie einfach offen verkünden, ohne erst die Einzelnen zu konsultieren. Aber schon die Frage, wer am Wochenende aufläuft, beinhaltet für einige Spieler ein wichtiges Moment und hier können Sie eine Menge Frust erzeugen oder vermeiden. Es bedarf immer wieder Ihres Einfühlungsvermögens, wie der jeweilige Athlet am besten behandelt werden sollte, ob er eher sensibel oder robust reagiert und ob er deshalb mehr Streicheleinheiten oder im Gegenteil eher einmal eine harte Hand braucht.

Genauso spannend ist die Überlegung, ob Sie Ihre Entscheidung begründen oder nicht. Auch hier gibt es wieder eine einfache Daumenregel: Im Zweifelsfall ist es besser, eine Begründung zu liefern. Nicht, weil Sie dazu verpflichtet wären. Das ist keineswegs der Fall, Sie brauchen sich nicht für Ihr Handeln zu rechtfertigen! Der wirkliche Grund liegt darin, dass Sie es für den anderen tun. Es hilft ihm nämlich, die Entscheidung anzunehmen. Machen wir es an einem einfachen Beispiel deutlich: Wenn Sie einen Termin absagen, dann rufen Sie nicht einfach an und sagen, Sie könnten nicht kommen.

In der Regel werden Sie hinzufügen, warum Sie den Termin nicht einhalten können. Dabei würde faktisch die reine Absage genügen. Aber dann wäre der Gegenüber womöglich verärgert. Wenn Sie aber sagen, dass Sie Kopfschmerzen haben oder dass Ihnen ein anderer wichtiger Termin dazwischengekommen ist, dann ist es für den anderen leichter, Verständnis für Ihre Entscheidung zu haben.

Womit deutlich wird, dass wir uns hier auf dünnem Eis bewegen. Denn es kann ja passieren, dass der andere Ihre Gründe für nicht nachvollziehbar hält. Immer wieder höre ich Athleten nach einer Entscheidung des Trainers klagen, die genannten Gründe seien parteiisch, ungerecht oder nicht stimmig. Aus der Perspektive des von der Entscheidung betroffenen Spielers lässt sich das auch nachvollziehen, weil er meistens sehr subjektiv auf die Situation schaut. Aber damit haben Sie miteinander ein Problem, nämlich dass der Athlet verärgert über Sie ist. Dieses Risiko sollten Sie in Kauf nehmen. Der Ärger wäre nämlich auch ohne Begründung Ihrer Entscheidung da. Denn er gilt ja gar nicht Ihren Begründungen, sondern der Tatsache der Nichtnominierung und er resultiert aus der Abhängigkeit, die der Athlet in dieser Hinsicht Ihnen gegenüber hat.

Begründungen vermeiden Ärger also nicht immer, sie erhöhen aber die Wahrscheinlichkeit, dass Ihre Entscheidung gut aufgenommen wird. (Genau genommen wäre es für Sie als Trainer langfristig sogar viel problematischer, wenn Sie mit einer Nichtnominierung keinen Ärger heraufbeschwören, denn das lässt in vielen Fällen auf fehlenden Ehrgeiz auf Seiten des Athleten schließen.)

Bleibt noch eine dritte Frage, nämlich die nach dem passenden Zeitpunkt. Sollten Sie Ihren Spielern schon am Vortag sagen, wer spielt und wer nicht, oder warten Sie damit bis kurz vor dem Spiel? Auch hier verfolgt jeder Trainer seine eigene Strategie. Mir fällt eine eindeutige Antwort zu diesem Punkt auch schwer. Ich glaube, es gibt vor allem zwei Dinge abzuwägen.

Wenn ich die Entscheidung schon früh mitteile, führt das unweigerlich zu einem Spannungsverlust. Der nichtnominierte Spieler distanziert sich innerlich, anstatt am Team dranzubleiben. Das aber ist wichtig, denn es kann der Fall eintreten, dass er doch noch in den Kader rutscht, wenn ein Mitspieler kurzfristig ausfällt. Auch die Nominierten verlieren ein Stück ihrer Spannung. Ralph Krueger erzählt dazu in seinem Buch (Krueger, 2001) sehr anschaulich, dass am ersten Tag nach der Nominierung seines endgültigen WM-Kaders immer eine kritische Stimmung herrscht, weil die Nominierten sich erleichtert entspannen und dadurch die Qualität der Vorbereitung leidet.

Auf der anderen Seite erreiche ich durch eine frühzeitige Verkündung meiner Entscheidung, dass die Betroffenen sich länger auf die Situation einstellen können. Oftmals reagieren Spieler ärgerlich, wenn sie erst sehr spät von ihrer Nichtberücksichtigung erfahren, weil sie sich nicht offen behandelt fühlen. Auch dem Nominierten hilft es, sich schon am Vortag auf seine spezielle Aufgabe zu konzentrieren. Beides birgt also Vorteile. Und in der Praxis wird es dann noch einmal komplexer. Für einen Neuling mag es von Vorteil sein, wenn er erst spät von seinem Einsatz erfährt, da er sich dann nicht mehr verrückt machen kann. Es sei denn wiederum, er ist nervlich ein sehr robuster Typ. Sie sehen also, dass es keine allgemein gültige Regel für diese Situation gibt. Hier ist sicher Ihr Fingerspitzengefühl gefragt.

Heine Jensen, der aktuelle Trainer der deutschen Handball-Nationalmannschaft der Frauen, hält es so, dass er seinen Kader schon vor dem letzten langen Lehrgang vor den Jahreshöhepunkten (WM, EM) nominiert. Das hat zwar den Nachteil, dass im Falle einer Verletzung während des Lehrgangs neu dazu kommende Spielerinnen wichtige Vorbereitungstage verpasst haben. Dafür kann er jedoch mit den Nominierten ganz ungestört und konzentriert arbeiten. Alle können sich uneingeschränkt auf den Prozess einlassen, weil sie keine Energie mehr auf die Frage verlieren, ob sie überhaupt im endgültigen Kader stehen.

13.4 Die Einbindung der Nichtnominierten

Ich habe oben schon gesagt, dass Sie sich mit Ihren Entscheidungen nicht nur Freunde machen. Jede Entscheidung für einen Spieler bedeutet eine Absage für einen anderen Athleten. Das tut dem Betroffenen weh. Wenn Sie einen Spieler nicht nominieren, so wird er das wahrscheinlich als Ablehnung empfinden und Ablehnung ist für uns Menschen eines der am schwierigsten auszuhaltenden Gefühle. Es empfiehlt sich deshalb, auf solche Athleten ein besonderes Auge zu haben.

Unzufriedene Reservespieler bilden ein großes Risiko für die gesamte Mannschaft. Besonders eklatant wird das bei Stars, die plötzlich auf der Bank Platz nehmen müssen (man denke nur an den Konflikt zwischen Trapattoni und Klinsmann bei den Bayern) und bei Torhütern.

Außer im Handball, wo der Keeper fliegend gewechselt wird, bedeutet das Dasein des Ersatztorwarts in der Regel eine langfristige Wartezeit auf der Bank. Die betroffenen Spieler sind um ihre Position nicht zu beneiden. Aber wenn sie anfangen, Unruhe zu stiften, schaden sie der gesamten Mannschaft. Eines der extremsten Beispiele war Uli Stein, den Franz Beckenbauer 1986 sogar aus dem WM-Kader schmiss, weil er zu vehement seinen Einsatz gefordert hatte.

Damit ein Reservespieler förderlich für das Team bleibt, ist es wichtig, ihn in das gesamte Geschehen einzubinden. Er muss immer das Gefühl behalten, dass er eine Chance besitzt und dass er vollwertig dazugehört. Viele Trainer geben den Ergänzungskräften deshalb Einsatzzeiten bei weniger bedeutsamen Spielen. Aber dabei darf es nicht alleine bleiben. Es ist auch wichtig, dass Sie mit diesen Athleten genauso viel im Training arbeiten wie mit den Stammkräften, dass Sie immer wieder das Gespräch mit den Athleten suchen und dass Sie ihnen Aufgaben geben.

Spieler, die auf der Tribüne sitzen, sollten nicht nur tatenlos zusehen. Sie können sehr gut als Spielbeobachter dienen. Eine einfache Beobachtungsaufgabe besteht im Erstellen von Spielstatistiken. Aber das alleine wird auf Dauer eher als Strafe empfunden. Wieso geben Sie deshalb einem solchen Spieler nicht die Aufgabe, nach Lösungen gegen den Deckungstyp des Gegners zu suchen? Oder er soll beobachten, wo in der eigenen Abwehr die größten Schwachpunkte liegen. Dann muss er mitdenken.

In der Woche nach dem Spiel können Sie die Ergebnisse gemeinsam besprechen. So ist der Reservespieler plötzlich wichtig, indem er neue Lösungsansätze anbietet und zugleich entwickelt er sich in seinem Spielverständnis weiter.

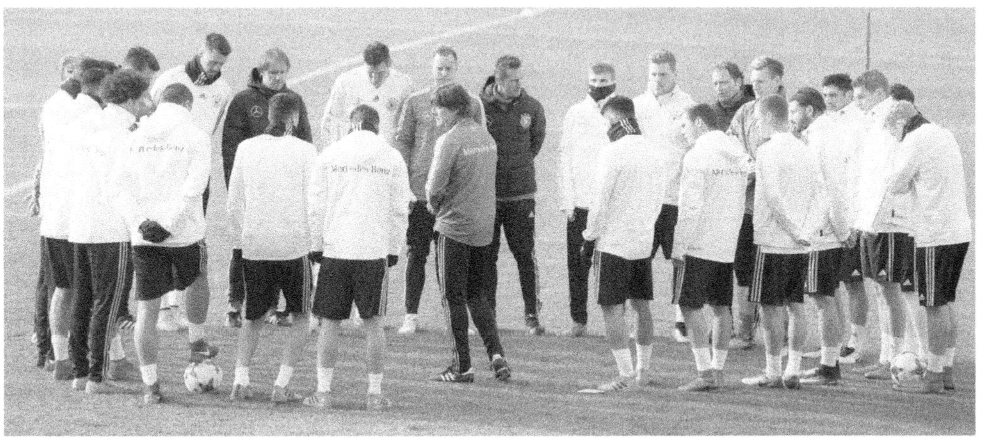

Die Deutsche Natianalmannschaft beim Training in Berlin.

Der Sieg Davids – wie Sie als Außenseiter gewinnen können

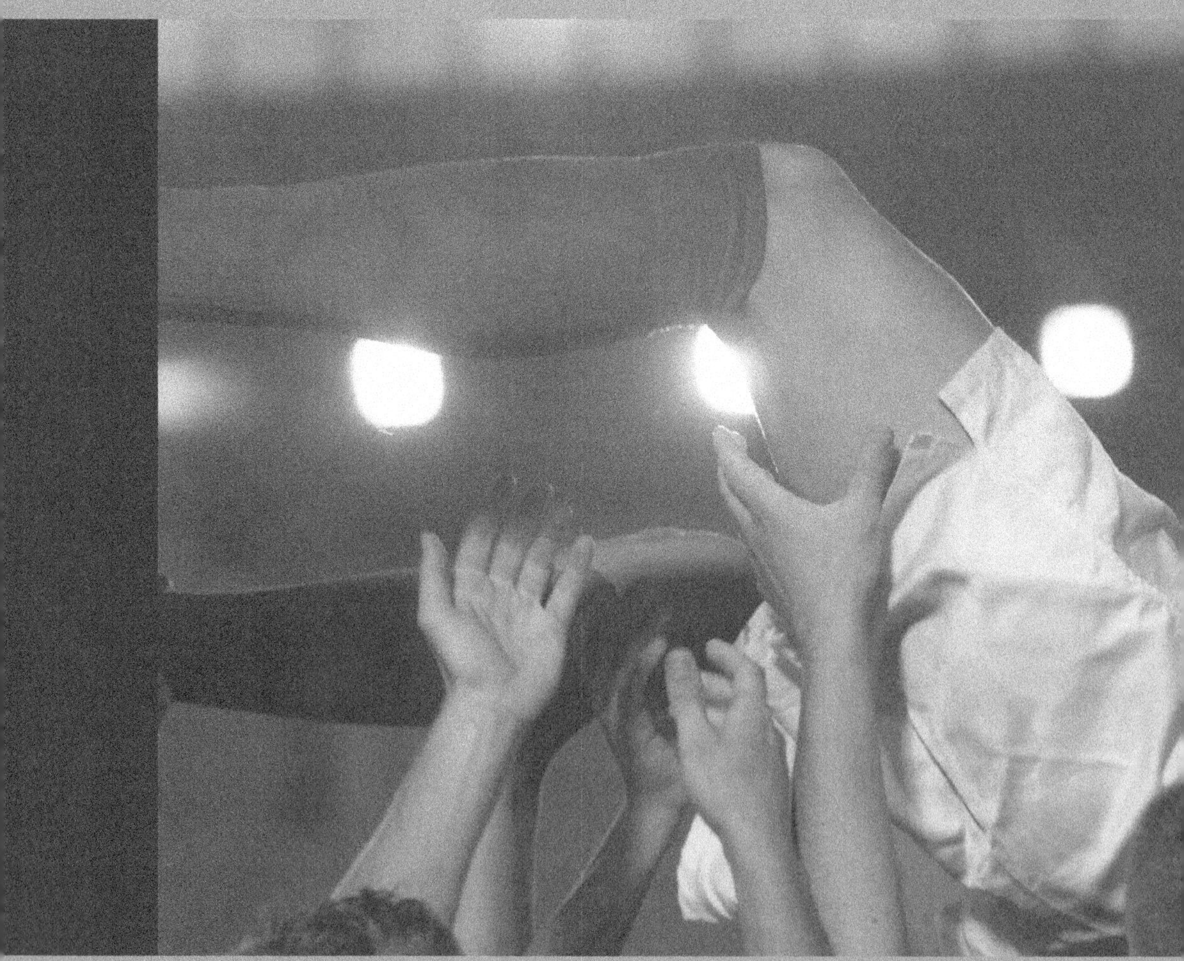

14

14 Der Sieg Davids – wie Sie als Außenseiter gewinnen können

Früher oder später wird es jeder Mannschaft passieren, dass sie als Außenseiter gegen einen haushoch favorisierten Gegner antreten muss. Was machen Sie in einer solchen Situation? Welche Impulse setzen Sie als Trainer, damit Ihre Spieler nicht zu ängstlich auftreten oder sich gar schon im Vorfeld aufgeben? Davon handelt dieses Kapitel.

14.1 Die Geschichte von David und Goliath

Wenn ich eine Mannschaft betreue, die gegen einen wesentlich stärkeren Gegner antreten muss, dann erzähle ich gerne die biblische Geschichte von David und Goliath (1. Samuel, 17). Diese stellt das Urbild des Sieges eines unscheinbaren Außenseiters über einen haushoch überlegenen Gegner dar.

Deshalb lohnt es sich, sie einmal näher zu betrachten. Ist Ihnen die Geschichte präsent? Wahrscheinlich nicht, deshalb will ich sie kurz wiedergeben. Diese Geschichte bietet eine gute Chance, altes Menschheitswissen zu nutzen.

Die Israeliten lagen im Krieg mit den Philistern. Beide Heere standen sich seit Wochen in ihren Festungen gegenüber. Jeden Morgen trat Goliath, ein hünenhafter Krieger der Philister, vor den Feind und verhöhnte diesen, weil keiner der Israeliten gegen ihn im Zweikampf anzutreten wagte. David, ein junger Schäfer, besuchte seine Brüder, die im Heere der Israeliten dienten, als er die abfälligen Worte des gegnerischen Riesen vernahm. Da trat er vor seinen König und bot sich als Herausforderer des Feindes an. Er sagte, er habe schon einmal einen Löwen von seiner Herde vertrieben, da könne er es auch mit Goliath aufnehmen. Gott werde ihm den Sieg zukommen lassen. Der König stimmte nach kurzem Zögern zu, wollte aber, dass David ein Schwert nehme und eine Rüstung anzöge. David probierte die schwere Rüstung, legte sie aber direkt wieder ab, weil sie ihm ungewohnt war und er sich darin nur schlecht bewegen konnte. So trat er dem Hünen entgegen. Schnell griff er ein paar geeignete Steine vom Boden, legte einen in seine Steinschleuder, zielte genau und schleuderte, noch bevor er in Reichweite des Riesen kam, ihm einen Stein an die Stirn. Goliath kippte bewusstlos um. David zögerte nicht, sondern zog dem Riesen das Schwert aus der Scheide und hieb ihm damit den Kopf ab.

Betrachten wir diese Geschichte jetzt genauer an. Wie schaffte es David, den mächtigen Goliath zu bezwingen? Sechs Faktoren scheinen mir dabei entscheidend zu sein:

Wie David Goliath bezwang

1. Mut, Unerschrockenheit.
2. Vertrauen auf den Sieg.
3. Wissen um seine Stärken und Einsatz genau dieser Stärken.
4. Handeln, ohne zu zögern.
5. Überraschungsmoment (was beinhaltet, als Erster zu handeln).
6. Gnadenlosigkeit.

Das ist nun wirklich interessant. Hätten Sie von sich aus auch diese sechs Faktoren als die Wesentlichen für den Sieg eines Außenseiters genannt? Und wenn nicht, welcher davon hat Sie überrascht?

Ich halte es bei meinen Teams so, dass ich die Faktoren, nachdem wir über die Geschichte gesprochen haben, jeweils auf eine Karteikarte schreibe und jede Karte einem anderen Spieler mitgebe. Dieser muss dann vor dem Spiel die Karte hervorholen und die Mitspieler an die Umsetzung dieses Faktors erinnern. Das schafft eine eindringliche Atmosphäre und erhöht die Chance, dass die Spieler mit diesen Qualitäten im Bewusstsein das Spielfeld betreten.

14.2
Keine Angst vor großen Namen

Lassen Sie mich jetzt auf die einzelnen Aspekte gesondert eingehen. Zunächst ist es wichtig, überhaupt den Mut zu haben, dem scheinbar übermächtigen Gegner zu begegnen. Für Sie als Trainer besteht die Aufgabe darin, der Mannschaft die mögliche Angst vor dem Kontrahenten zu nehmen. Dazu hilft es, den Spielern von den Problemen des Gegners zu erzählen (welche Schwierigkeiten genau der Favorit immer hat, beschreibe ich im folgenden Kapitel ausführlicher).

Sie können ihnen auch deutlich machen, dass Ihr Team nichts zu verlieren, aber viel zu gewinnen hat, ganz im Gegensatz zum Gegner. Häufig erinnere ich die Mannschaft auch an frühere Spiele, in denen ihnen überraschende Siege gegen große Gegner gelungen sind.

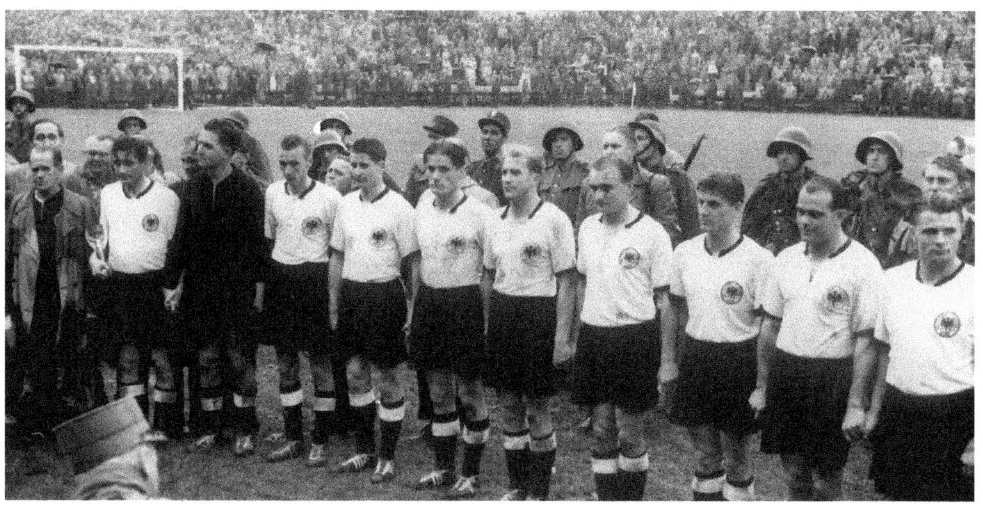

Das immer noch faszinierende deutsche Erlebnis des Siegs als „David": der WM-Titel von Bern

Hilfreich ist zudem, wenn Sie nicht den Sieg in den Vordergrund stellen, sondern Handlungsziele und Zwischenziele formulieren. Die scheinbar übermächtige Aufgabe wird dadurch in bewältigbare Sequenzen zerlegt. Mit jedem erreichten Etappenziel wächst dann das Selbstvertrauen Ihrer Athleten und am Ende sind sie zum großen Triumph bereit.

Konkret könnte das so aussehen, dass Ihr Team zunächst versucht, in den ersten 10 Minuten den Gegner mit einer überraschend offensiven Spielweise zu beschäftigen und dadurch ein Unentschieden zu halten. Wenn das gelungen ist, könnte das nächste Zwischenziel sein, den Ball lange in den eigenen Reihen zu halten und dadurch den Kontrahenten nicht zur Entfaltung kommen zu lassen. Dann könnten Sie sich als dritte Phase vornehmen, gezielt ein paar schnelle Außenangriffe einzubauen usw. Wichtig ist dabei, dass die Ziele vorher genau abgesprochen werden, damit die Spieler die entsprechenden Strategien verwirklichen und die Erfolgserlebnisse realisieren. Nur dann wird ihr Selbstvertrauen schrittweise

zunehmen. Auch für den Fall, dass einzelne Spieler zu ängstlich sind, empfiehlt es sich, diesen konkrete Aufgaben zu übertragen. Hierauf können sie ihre Konzentration lenken, sodass die Angst weniger Platz in ihrem Denken und Fühlen hat.

14.3 Vertrauen in den eigenen Sieg

Interessant an Davids Verhalten ist auch, dass er sich nicht damit beschäftigt, ob ihm ein Sieg im ungleichen Duell gelingen könnte, oder was gar passieren würde, wenn er unterliegen würde. Solche Gedanken wären für ihn schädlich gewesen. Sie hätten ihm Kraft genommen und seine Handlungsfähigkeit beeinträchtigt.

Sie kennen das bestimmt vom Elfmeter- oder Siebenmeterschießen. Wenn ein Schütze, während er sich den Ball nimmt, darüber nachdenkt, was im Falle eines Fehlschusses/ Fehlwurfs passiert, hat er schon verloren. Zweifel sind menschlich, aber in entscheidenden Situationen schaden sie. In diesen Augenblicken braucht es das volle Vertrauen, dass man erfolgreich sein wird. Und dieses Vertrauen kann man wie David aus den früheren Erfolgen ziehen. Jede Mannschaft hat schon einmal eine Überraschung geschafft. Wenn Sie sich hieran erinnern, wissen Sie, dass ein Sieg möglich ist.

14.4 Aus der eigenen Stärke handeln

Gegen einen grundsätzlich stärkeren Gegner macht es wenig Sinn, auf dessen Fehler zu warten oder sich seiner Spielführung anzupassen. Gerade hier muss ich mich auf meine eigenen Qualitäten besinnen. David probiert eine Rüstung an, legt diese aber wieder ab, weil er es nicht gewohnt ist, mit einer solchen zu kämpfen. Auch streitet er nicht mit einem Schwert, sondern besiegt den Gegner mithilfe seiner Steinschleuder, in deren Benutzung er durch tägliche Praxis bestens geübt ist.

Genauso sollten Sie es auch halten. Besinnen Sie sich auf Ihre Stärken, auf das, was Sie gut können. Was ist Ihre Steinschleuder, Ihre tödliche Waffe? Damit werden Sie den Favoriten am ehesten stürzen. Es muss nichts Spektakuläres sein, keine Wunderwaffe. Ein alltägliches Mittel, gekonnt eingesetzt, macht jedem Gegner zu schaffen. Und dann richten Sie Ihre Stärken gezielt gegen die Schwächen des Gegners, hier die empfindliche Stirnpartie Goliaths. (Genauso starb ja auch Siegfried in der Nibelungensaga, indem er an der einzigen, nicht von Drachenblut geschützten Stelle getroffen wurde.)

14.5 Entschlossenes und überraschendes Handeln

David fackelte in der Geschichte nicht lange. Er tastete sich nicht erst vorsichtig mit dem Gegner ab oder erkundete zunächst dessen Stärken und Schwächen. Nein, er hatte eine einfache Strategie und die setzte er unverzüglich um. Als Außenseiter kann man sich das anfängliche Abtasten nicht leisten. Der andere ist mir überlegen, deswegen kann ich nicht passiv bleiben.

Als „David" müssen Sie zuerst handeln. Sie brauchen eine Strategie, die Sie genauso, wie Sie sie sich vorgenommen haben, umsetzen. Dabei ist Zögerlichkeit tödlich für Sie. Das Überraschungsmoment lebt davon, dass er unverzüglich umgesetzt wird. Ihr Gegner ist ja nicht auf den Kopf gefallen. Wenn Sie nicht entschlossen handeln, wird er sich schnell wieder formieren und Ihre weiteren Bemühungen zunichte machen. Goliath war nicht auf den Angriff mit der Steinschleuder vorbereitet. Sonst hätte er sich bestimmt besser gewappnet oder wäre ausgewichen. Nur, indem David unverzüglich und unerwartet handelte, konnte er Goliath entscheidend treffen.

14.6 Auf den Todesstoß vorbereitet sein

Wenn ich Spieler bitte, zu erraten, welche Faktoren für Davids Sieg entscheidend sein könnten, dann kommen sie auf einen der sechs Aspekte ganz bestimmt nicht, nämlich die **Gnadenlosigkeit**. Aber es ist ein wesentlicher Punkt, dass David sich nicht damit begnügt, den Riesen mit der Steinschleuder zu treffen. Er hackt ihm anschließend mit dessen Schwert den Kopf ab! Das klingt grausam, aber nur so konnte er sicher sein, dass der Gegner sich nicht wieder aufrafft und doch noch den Zweikampf gewinnt. So verhält es sich auch im

Spiel. Stellen Sie sich zum Beispiel vor, Sie führen als das Team vom Mitteldeutschen BC gegen ALBA Berlin im Basketball 10 Minuten vor Schluss mit 15 Punkten Vorsprung. Haben Sie dann schon gewonnen? Nein, Sie müssen den Mut haben, den Gegner endgültig zu erlegen. Häufig aber passiert genau das Gegenteil. Der Außenseiter bekommt plötzlich Angst vor der eigenen Courage und verspielt am Ende noch seinen Vorsprung.

Ein klassisches Beispiel war das Wimbledonendspiel zwischen Jana Novotna und Steffi Graf im Jahre 1996. Die Tschechin führte gegen die wenig überzeugende Favoritin im dritten Satz schon 4:1 bei eigenem Aufschlag. Alles schien gelaufen zu sein. Novotna stand ganz dicht vor ihrem ersten Wimbledonsieg. Doch dann fingen ihre Nerven an zu flattern. Sie gewann kein Spiel mehr und gab das Match mit 4:6 ab. Sie hatte ganz einfach Angst vor dem eigenen Erfolg bekommen.

Auch die Beachvolleyballer Julius Brink und Jonas Reckermann zeigten 2012 bei ihrem überraschenden Olympiasieg beim Stande von 14:11 im entscheidenden dritten Satz plötzlich Nerven. Besonders der dritte Matchball verdeutlichte die Angst vor dem Gewinnen. Als der brasilianische Gegner den Aufschlag in die Mitte der deutschen Seite schlug, machten beide Spieler einen Schritt zur Seite, weg vom Ball. Der Ball fiel zu Boden und die Chance war vertan. Anstatt cool den nicht allzu schwierigen Ball anzunehmen und zu verwerten, hoffte besonders Julius Brink instinktiv, dass sein Partner ihm die Last der Verantwortung abnehmen würde. Zum Glück fingen die Beiden sich danach und besannen sich wieder auf das entschlossene Handeln. Zwei Punkte später hatten sie die Goldmedaille gewonnen.

Wie man eine solche Situation besser lösen kann, hat dagegen Arthur Ashe vorgemacht. Wie James Loehr in seinem Buch anschaulich berichtet (Loehr, 1997), hatte sich Ashe am Tag vor seinem Wimbledonendspiel gegen den favorisierten Titelverteidiger Jimmy Connors immer wieder vor seinem inneren Auge vorgestellt, wie er den Matchball verwandelt. Derart vorbereitet, blieb er am Finaltag ganz cool und holte sich den Titel.

Es hilft also, sich geistig auf den Erfolg vorzubereiten. Ob Sie das mithilfe von Visualisierungen machen oder ob Sie dazu andere Mittel wählen, spielt keine Rolle. Sie können natürlich auch im Training solche Situationen simulieren, etwa indem Sie zwei ungleich starke Teams gegeneinander spielen lassen, wobei das schwächere Team führt und nur noch sieben Minuten zu spielen sind. Das schult zugleich die Mitglieder des stärkeren Teams, mit der Situation eines Rückstandes trotz Überlegenheit klarzukommen. Solche Trainingsformen nennt man in der Sportpsychologie „wettkampfnahes Training". Sie werden damit niemals die wirkliche Wettkampfsituation erlebbar machen, aber es bedeutet ein gewisse Annäherung und es hilft deshalb, die Athleten im Umgang mit den entsprechenden Spielsituationen zu schulen.

Einen weiteren Aspekt der Angst vor dem Gewinnen beleuchtet sehr anschaulich der Extrembergsteiger Alexander Huber (Huber 2013) als er schreibt: „In meinem Verständnis ist Versagensangst einfach ein anderes Wort für Erfolgsangst. Ich habe mich selber dabei ertappt, wie ich eigentlich gar nicht vor dem Scheitern an einer schwierigen Stelle Angst hatte, sondern vor dem Erfolg. Das geht vielen Sportlern so: dem Fußballspieler vor dem Elfmeter, dem Tennisspieler vor dem Matchball. Mit dem Scheitern rechnen wir, aber nicht mit dem Erfolg. Es ist in Wahrheit so, dass uns der Moment abschreckt, in dem wir ein Problem überwinden. Warum? Weil wir gar nicht wissen, was wir danach zu tun haben. Deswegen kann es hilfreich sein, sich in dieser Situation mit der Frage zu beschäftigen: Was mache ich, wenn ich erfolgreich bin?"

Unterschätzen Sie solche Gedanken nicht. Erfolg ist nicht nur toll. Erfolg kann auch einsam machen, er schafft Neider und er macht Angst. Ich kenne nicht wenige Sportler, die sich in entscheidenden Momenten immer wieder ausbremsen, weil sie tief innen gar nicht zu erfolgreich sein wollen. Wem das nicht glaubhaft erscheint, der lese einmal im Internet die Antrittsrede von Nelson Mandela von 1994, die man leicht im Internet finden kann.

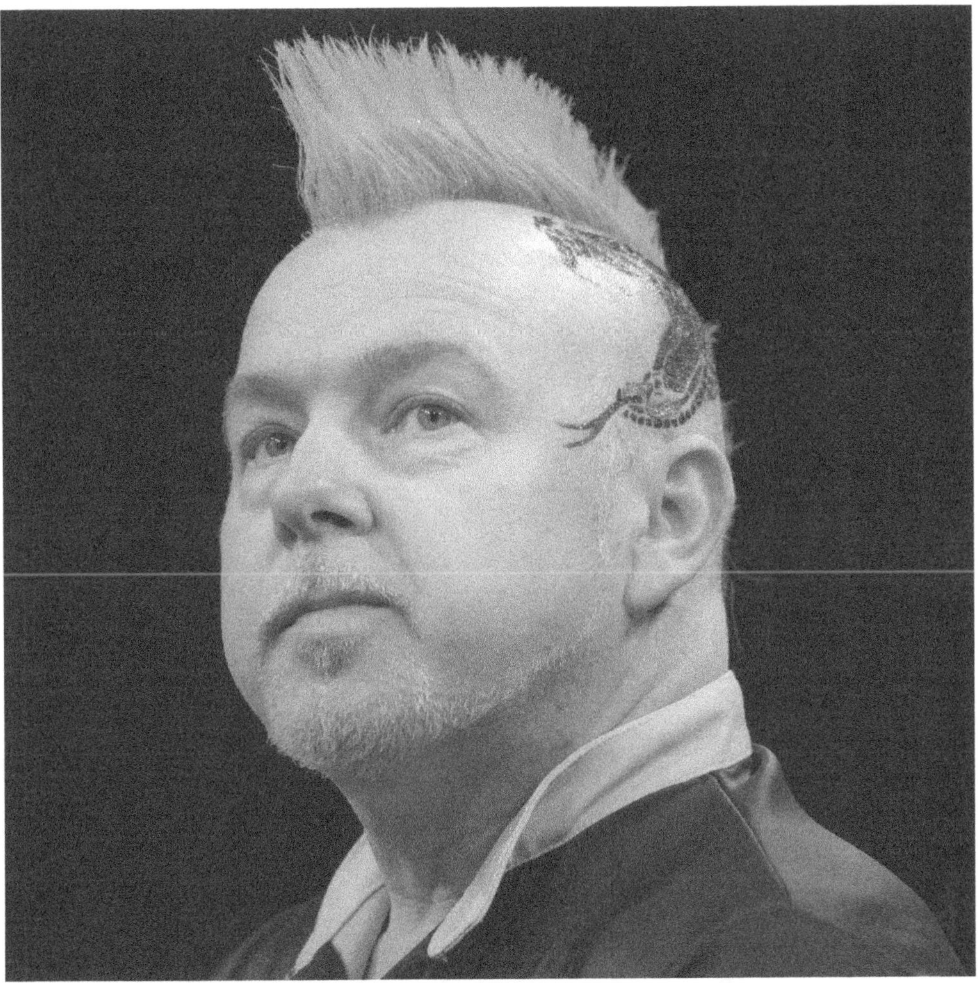

Den Sieg vor Augen, Peter Wright beim betway Premier League Darts Finale 2017.

Wie Goliath gewonnen hätte – vom Umgang mit der Favoritenrolle

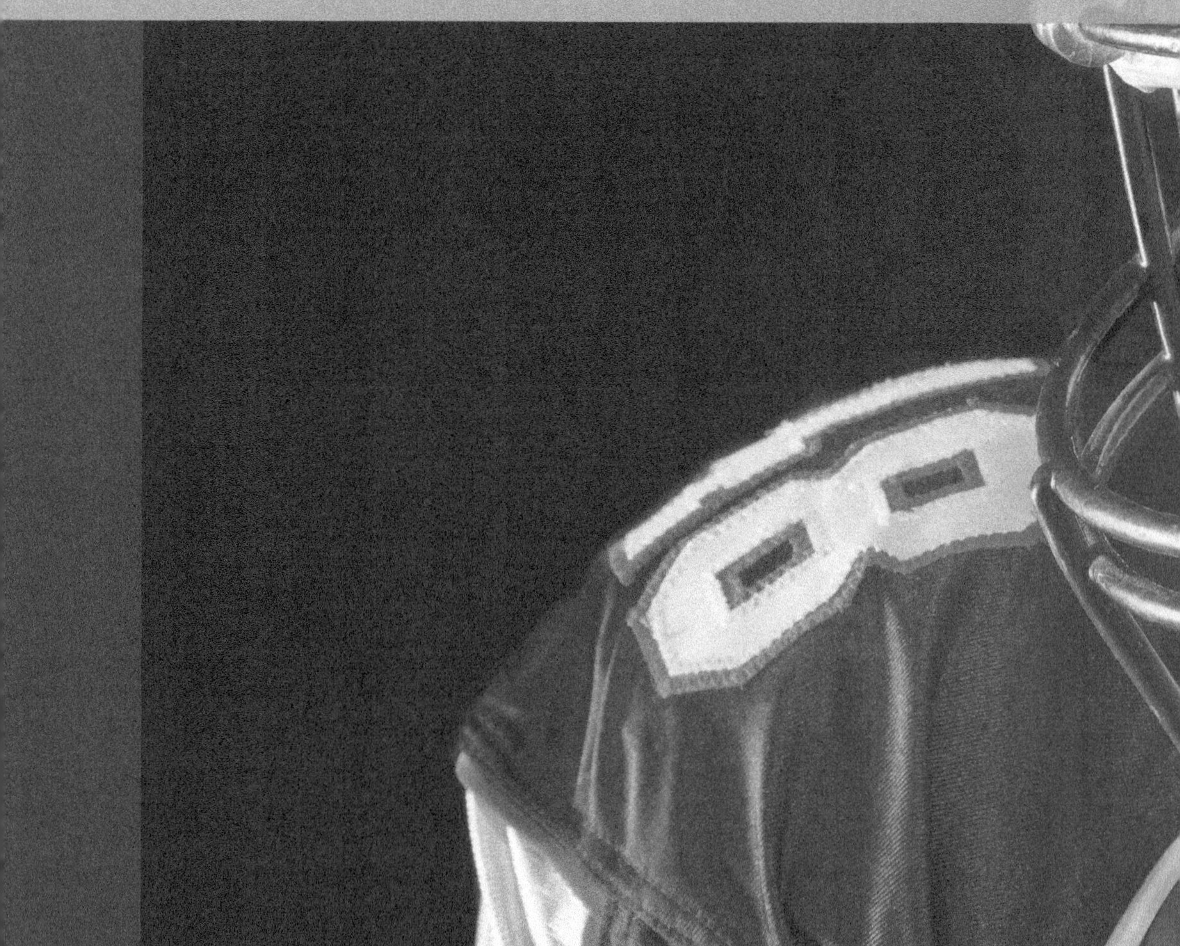

15

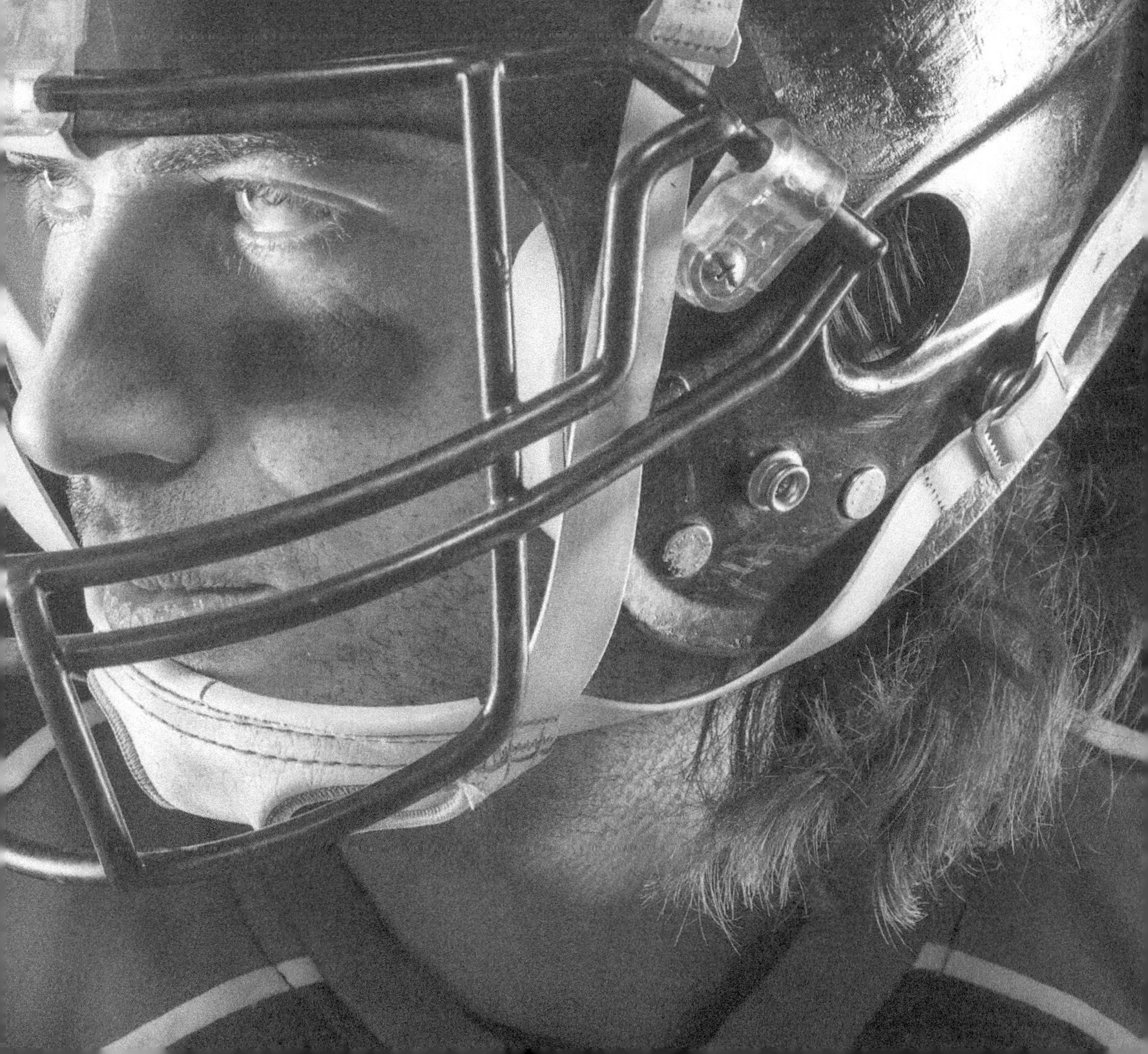

15 Wie Goliath gewonnen hätte – vom Umgang mit der Favoritenrolle

15.1 Das Handicap des Favoriten

Im vorigen Kapitel habe ich darüber gesprochen, wie Sie es schaffen können, dass Ihre Mannschaft gegen einen klaren Favoriten mutig spielt und dadurch die Siegchance nutzt. Jetzt möchte ich mich mit dem umgekehrten Fall beschäftigen. Sie alle kennen das Problem: Ihre Mannschaft tritt zu Hause als Spitzenmannschaft gegen ein Team der Abstiegszone an. Vielleicht ist es sogar noch extremer und Sie müssen im Pokal gegen einen unterklassigen Gegner spielen. Obwohl bekannt ist, dass der Pokal eigene Gesetze hat, verhalten sich Ihre Athleten vor dem Spiel lockerer als sonst. Sie spüren, dass Ihre Mahnungen, den Gegner ernst zu nehmen, zu keiner befriedigenden Reaktion bei den Spielern führen.

Das ist verständlich. Die Woche über hat jeder Spieler mehrfach zu hören bekommen, dass es am Wochenende ja wohl einen sicheren Sieg gäbe. Die Spieler haben alle schon in Gedanken ausgerechnet, wie sie in der Tabelle mit den drei Punkten für den Sieg dastehen. Ein Erfolg ist also selbstverständlich. Deshalb gibt es in dem Spiel gar nichts mehr zu gewinnen. Wenn die Mannschaft siegt, na ja, dann war das doch nur selbstverständlich. Keine besondere Leistung. Das führt zu Überheblichkeit und damit verbunden zu Nachlässigkeit. Machen Sie sich als Trainer klar: Diesen Effekt können Sie meiner Erfahrung nach nicht völlig verhindern. Denn die Überheblichkeit entsteht nicht in unserem bewussten Denken, sondern im Hinterkopf. Da kommen Sie bei aller guter Absicht niemals richtig ran.

Christian Wörns machte das Problem der Überheblichkeit in einem Interview (Wörns, 2003) sehr schön deutlich. Er sagte: „Ich denke, jeder Spieler glaubt vor jedem Spiel, er geht mit der richtigen Einstellung da rein. Aber im Unterbewusstsein spielt sich dann etwas ganz anderes ab. Du weißt, dass du gegen die großen Gegner mehr investieren musst, tust das gegen die Kleinen aber oft nicht, da bist du nicht konsequent genug in den Zweikämpfen oder gehst den einen oder anderen Weg zu wenig. Es muss ja nicht viel sein, was an der Einstellung fehlt, aber es reicht, um diese Spiele zu verlieren."

Aber das ist nicht das einzige Problem. Die Spieler können in dem Match nichts gewinnen, aber viel verlieren! Denn eine Niederlage wäre zugleich eine öffentliche Blamage. Was müsste sich jeder Spieler am nächsten Tag anhören? Was in den Zeitungen lesen? Die Mannschaft befindet sich deshalb in einem Dilemma. Das kann man als Beobachter immer wieder schön sehen. Da geht der Außenseiter durch ein Tor in Führung und schon macht sich Angst bei dem Favoriten breit. „Das kann doch nicht ... Man wird doch nicht ... Das darf doch gar nicht ..." Plötzlich spielen die eigentlich viel stärkeren Athleten gehemmt, verkrampft und ohne Souveränität. Die Uhr läuft runter und am Ende gewinnt die Mannschaft, die angeblich gar nicht gewinnen konnte (achten Sie nur einmal darauf, wie viele Verneinungen in einem solchen Denken stecken, wie sehr die Sicht also auf etwas Negatives gerichtet ist).

Damit ist das Phänomen gut beschrieben. Und wie gesagt, jeder von Ihnen hat so etwas bestimmt schon mal erlebt. Die spannende Frage aber ist: Wie lässt sich so etwas verhindern? Was können Sie als Trainer tun, damit Ihre Mannschaft einer solchen Situation besser gewachsen ist?

15.2
Handlungsmöglichkeiten

Zunächst erscheint es mir wichtig, dass Sie sich selbst gut beobachten. Welche Gedanken haben Sie in den Tagen vor dem Spiel? Entdecken Sie bei sich selbst Spuren der Überheblichkeit? Ist Ihre eigene Konzentration auf das Match geringer als sonst? Oder aber haben Sie insgeheim Angst vor einer Blamage?

Als Trainer sind Sie das Vorbild. Selbst wenn Sie sich nach außen hin wie immer verhalten, spüren Ihre Spieler genau, wie Ihre Einstellung zum Gegner ist.

Unterschätzen Sie nicht die subtile Wirkung, die von Ihnen ausgeht! Außerdem habe ich bei mir selbst bemerkt, dass meine Einstellung die der Mannschaft widerspiegelt. Wenn ich vor einem Gegner Angst habe, hat die Mannschaft meist auch Angst davor. Wenn ich umgekehrt mir zu sicher bin, verhält es sich bei den Spielern häufig ebenso. Ich sage damit nicht, dass die Spieler die Gefühle haben, weil ich sie habe. Wahrscheinlich ist es eher so: Wir alle werden von einer kollektiven Stimmung erfasst und denken und fühlen deshalb ähnlich. **Die Veränderung zum Guten fängt deshalb bei mir selbst an**. Zuerst arbeite ich an meiner Haltung zur Favoritenrolle, dann vermittle ich meine Gedanken den Spielern. Das erscheint mir auch für Sie als Trainer ein guter Ansatz.

Der Sportpsychologe Sigurd Baumann (Baumann, 2002) äußerte die Meinung, dass **Einzelgespräche** das wirksamste Mittel darstellen, einem Überheblichkeitseffekt vorzubeugen. Aus meiner Erfahrung kann ich das vollkommen bestätigen. Es empfiehlt sich dabei besonders, Schlüsselspieler anzusprechen. Zum Beispiel können Sie den Mannschaftsrat zusammenrufen und mit ihm Ihre Sorgen besprechen. Seien Sie dabei ehrlich, sprechen Sie einfach aus, welche Probleme Sie in der Favoritenrolle sehen und suchen Sie dann gemeinsam nach Lösungen. Zugleich erreichen Sie dadurch, dass die Athleten mit in die Verantwortung genommen werden.

Des Weiteren bietet es sich an, **Handlungsziele** zu formulieren und in den Mittelpunkt zu stellen. Wenn ich im Handball zum Beispiel als THW Kiel zu Hause gegen Balingen spiele, ist es nicht unbedingt schlau, den reinen Sieg in den Vordergrund zu stellen. Die Spieler werden dann möglicherweise nur mit halber Kraft in das Spiel gehen, weil sie denken, dass ein geringerer Einsatz zum Erfolg genügt.

Aber eine solche Einstellung wollen Sie als Trainer ja gerade verhindern. Wenn Sie dagegen als Hauptziel vorgeben, dass ein Schwerpunkt auf Außenangriffe gelegt wird und dass Sie damit mindestens 10 Tore erzielen wollen, dann hat die Mannschaft eine Aufgabe, die sie fordert, für die sie sich ganz einsetzen muss. Außerdem wird es für die Athleten dadurch interessanter, was wiederum ihre Konzentration steigert.

Als Nächstes frage ich gerne meine Mannschaft, was ihr ein Sieg gegen den vermeintlich schwachen Gegner einbringt und was im Gegenzug dazu das Spitzenspiel eine Woche später an Punkten bereithält. Wenn wir gegen Bayern München gewinnen, meinen wir, etwas ganz Tolles erreicht zu haben. Ein Sieg gegen Nürnberg zählt dagegen nur als Pflichtsieg. Dummerweise ist der Sport aber ganz nüchtern. Am Ende zählen immer die erzielten Tore, Körbe oder Punkte. Meister wird die Mannschaft mit den meisten Punkten, gleichgültig, gegen wen ich diese geholt habe.

Einmal habe ich versucht, den Favoriteneffekt dadurch zu verhindern, indem ich der Mannschaft einen Fragebogen gegeben habe, der so konzipiert war, dass die **Spielerinnen selbst drauf kommen** sollten, welche Gefahr in einer möglichen Überheblichkeit liegt. (Dazu gehörten Fragen wie: „Wie schwer schätzt du das bevorstehende Spiel ein?"; „Wo siehst du im Hinblick auf das Spiel die größten Gefahren für uns?"; „Was würdest du als Trainer der Mannschaft in der Besprechung vermitteln wollen?" und: „Was kannst du dafür tun, in das Spiel mit der gleichen Einstellung zu gehen, wie wenn der Gegner der Tabellenführer wäre?")

Dahinter steckte die Idee, dass es wirksamer ist, aus eigener Einsicht zu Erkenntnissen zu gelangen, als wenn ich es nur von jemand anderem gesagt bekomme. Das werden Sie sicher alle schon bei sich selbst erlebt haben. Selbst gemachte Erfahrungen und selbst gewonnene Erkenntnisse sind grundsätzlich viel stärker handlungsleitend als Äußerungen eines anderen Menschen. In dem genannten Fall verbuchte ich mit dieser Maßnahme einen Teilerfolg – wir spielten unentschieden. Dieses durchwachsene Resultat macht deutlich, was ich zu Anfang des Kapitels sagte: Auch wenn ich um die Gefahr des Favoriten weiß, bin ich vor ihr nicht sicher, da mein Hinterkopf nur begrenzt von meinen bewussten Gedanken beeinflusst wird.

Eine Möglichkeit besteht natürlich auch darin, die Spieler mithilfe von **Provokationen** zum Nachdenken zu bringen. Einem Trainer habe ich empfohlen, Folgendes zu tun: Er sollte der Mannschaft sagen, dass sie das Spiel gegen den bisher noch punktlosen Tabellenletzten sicher gewinnen würde und dass er es nicht für nötig erachte, sich eingehender mit dem Gegner zu beschäftigen. Die Frage war nun, ob die Spieler protestieren würden oder ob sie seine Äußerungen so hinnahmen.

Wenn sie widersprachen, hätte die Provokation direkt gewirkt und sie selbst würden die Verantwortung für eine angemessene Einstellung auf das Spiel übernehmen. Für den Fall, dass seine Äußerungen unwidersprochen blieben, könnte er nachfragen, warum sie das so hinnehmen würden. Ob sie sich nicht klar darüber wären, wozu eine solche laxe Einstellung führen könne? Die Chance wäre dann, dass sich die Spieler ertappt fühlen und dadurch der Nachdenkeffekt verstärkt würde.

Ich weiß leider nicht genau, wie das konkrete Gespräch verlaufen ist, aber offensichtlich hat die Maßnahme gut gewirkt, denn die Mannschaft gewann das Spiel souverän. Provokationen stellen oftmals ein wirksames Mittel dar, aber sie sind auch gefährlich. Sie sollten dieses Mittel deshalb nur unter der Voraussetzung anwenden, dass Ihre Beziehung zum Team gut ist. Wenn Sie umstritten sind, erreichen Sie möglicherweise nur, dass die Spieler noch mehr von Ihnen abrücken. Außerdem sollten Sie bedenken, dass sich dieses Mittel schnell abnutzt, wenn man es öfters benutzt.

Es gibt noch etwas, was Sie im Vorfeld machen können. Sprechen Sie mit Ihrer Mannschaft in einer ruhigen Stunde durch, wie Sie sich bei einem Rückstand gegen einen Außenseiter verhalten wollen. Gefährlich ist es besonders, wenn Ihre Mannschaft von dieser Situation überrascht wird und dann Angst vor der Niederlage bekommt.

Dann reagieren die Spieler oftmals verkrampft und kopflos. Wenn ich aber **auf diese Situation vorbereitet** bin, wenn ich einen Handlungsplan habe, dann bleibe ich kontrolliert und handlungsfähig. Ein Handlungsplan kann so aussehen, dass Sie vorher bestimmte Angriffszüge vereinbaren, die Sie bei Rückstand bevorzugt einsetzen wollen. (Im Handball kann das zum Beispiel bedeuten, dass man vor dem Spiel abspricht, in diesem Fall kurz vor Schluss bevorzugt den linken Rückraum zum Schuss freizublocken.)

Oder indem Sie bestimmte verbale Signale absprechen, mit denen sich die Spieler auf dem Platz gegenseitig aufbauen können („Am Ende siegen wir." „Darauf sind wir vorbereitet." „Jetzt kommt unser Moment." usw.).

Erfolg versprechend ist es in einer solchen Situation besonders, geduldig zu bleiben. Geduld ist eine der größten Tugenden. Beharrlichkeit, das unermüdliche Hinwirken auf den

Erfolg, ist für mich überhaupt eines der wichtigsten Erfolgsrezepte. Wenn ich zum Beispiel den Gegner immer wieder berenne, auch wenn dieser eine Führung hartnäckig verteidigt, wird er irgendwann Fehler machen, die ich ausnutzen kann. Wenn ich dagegen anfange, mich aufzugeben oder wenn ich hektisch werde und meine, jetzt schnell das Tor machen zu müssen, schwäche ich mich selbst.

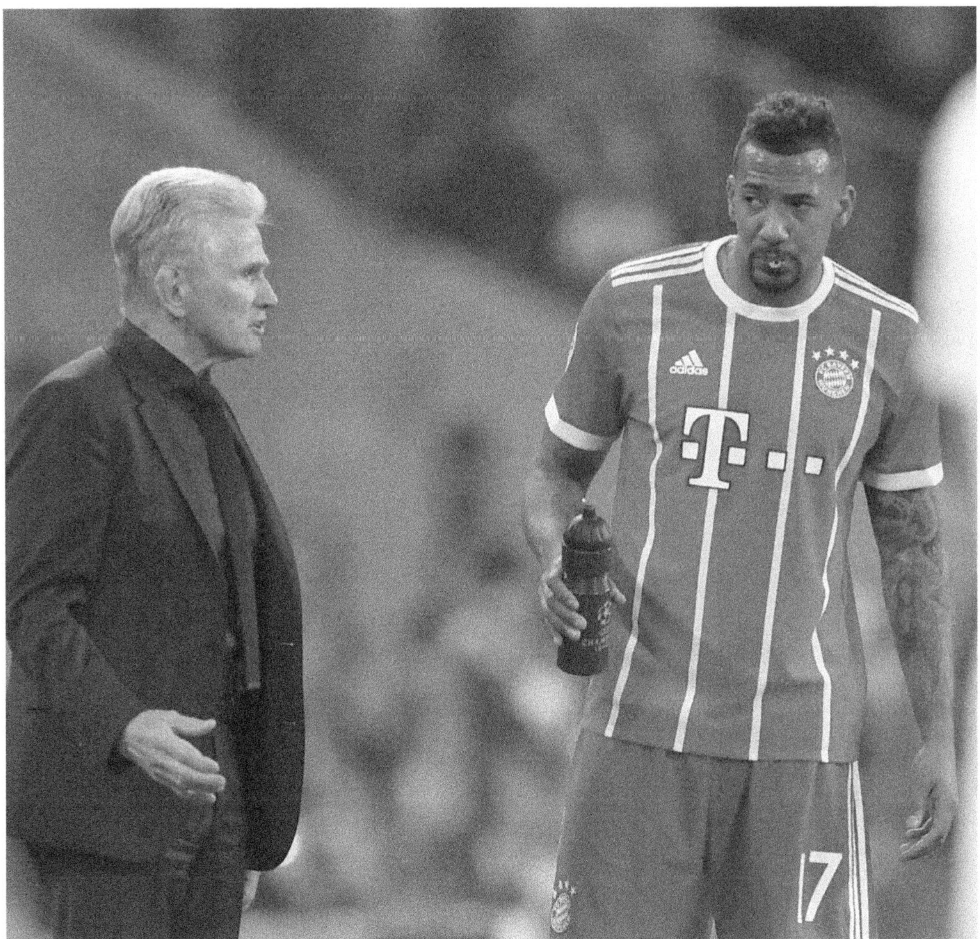

Jupp Heynckes (L) und Jérôme Boateng (R)

Wie man einen Angstgegner bezwingt

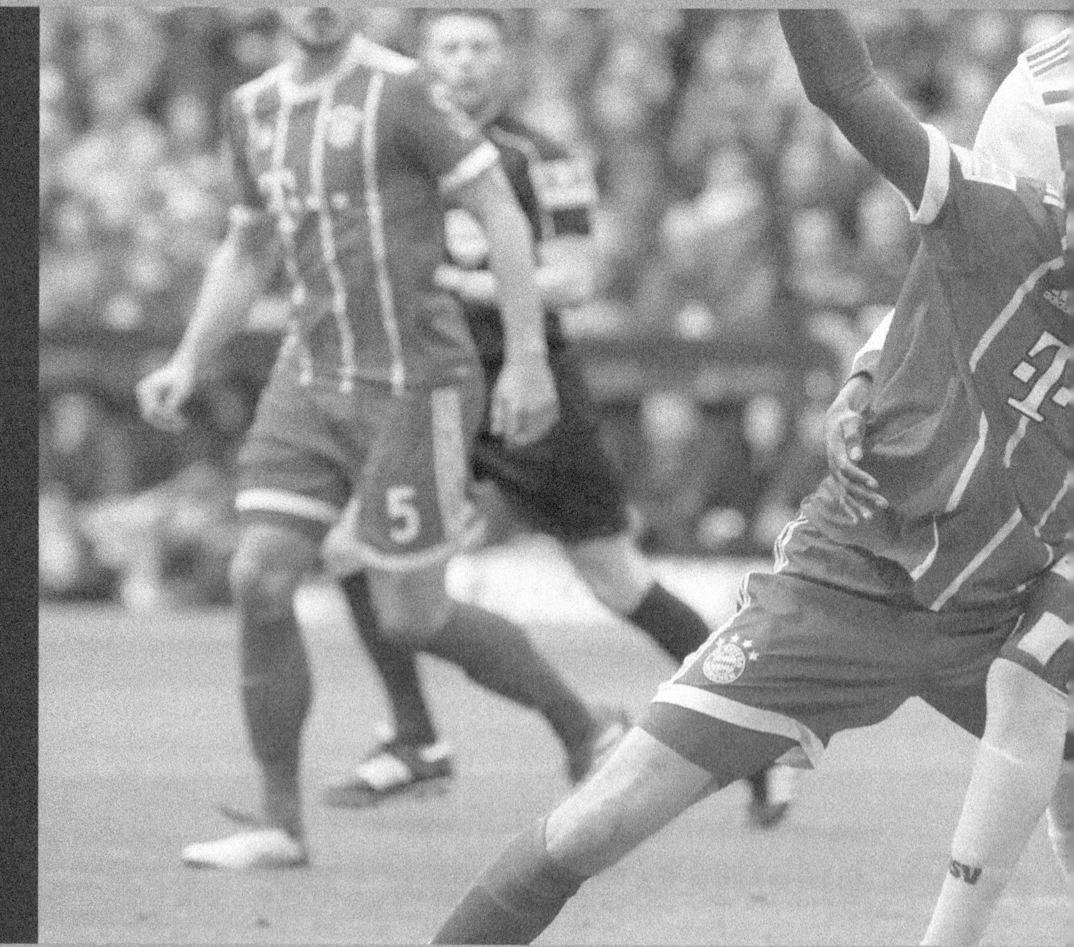

16

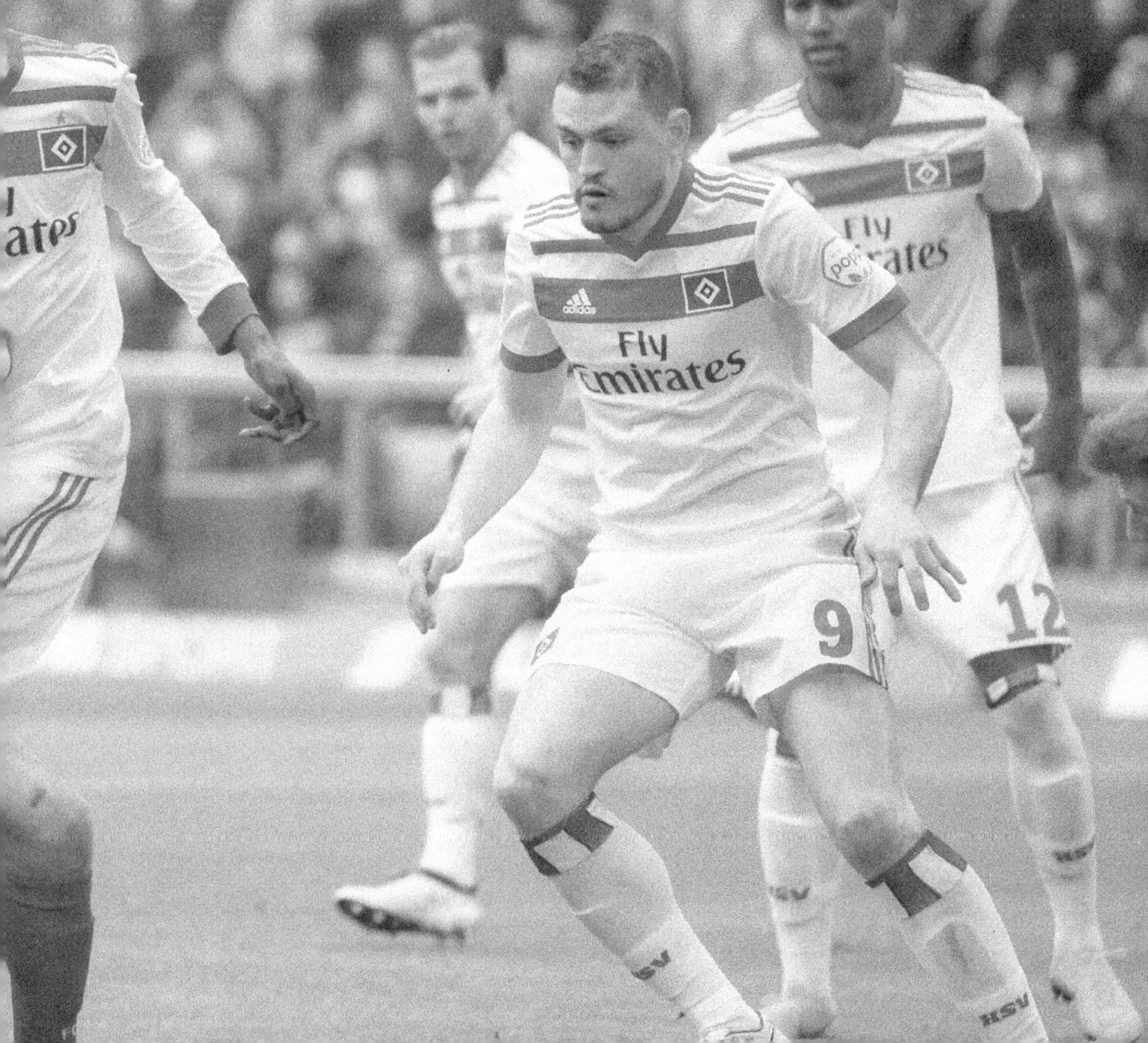

16 Wie man einen Angstgegner bezwingt

Neulich rief mich ein befreundeter Hockeytrainer an. Seine Vereinsmannschaft war überraschend stark in die Hallensaison gestartet. Nach vier Spieltagen rangierte sie auf Platz 2 der Tabelle. Jetzt aber stand ein Gegner an, der dem Trainer sehr unangenehm im Magen lag. Es war der Tabellenletzte. Obwohl damit die Favoritenrolle klar verteilt schien, machte er sich viele Gedanken vor dem Spiel. Denn es handelte sich um den Angstgegner seiner Mannen. In den letzten Jahren hatte dieser Gegner immer wieder die direkten Duelle gewonnen.

Wahrscheinlich gibt es keine Mannschaft im Sport, die diesen Moment nicht kennt. Irgendeinen Gegner mag man einfach nicht. Es erscheint manchmal irrational, aber gegen diese Mannschaft bekommt man einfach kein Bein auf die Erde. Woran liegt das? Und wie können Sie als Trainer diesem Phänomen begegnen?

16.1 Merkmale eines Angstgegners und wie ich ihnen begegne

Bei der Suche nach Lösungen steht für mich am Anfang die Frage: Wie wird denn überhaupt ein Gegner zu einem Angstgegner? Normalerweise doch dadurch, dass man mehrmals gegen diesen Gegner verloren hat. Man hat also mit der Mannschaft schlechte Erfahrungen gemacht.

Die Psyche versucht, diese negativen Erfahrungen zu verarbeiten. Dabei geschieht es, dass wir die Konfrontation mit dem Gegner mit Angst verbinden. Möglicherweise kommen wir zu der Überzeugung, gegen ihn nicht gewinnen zu können. Die Psyche neigt also dazu, einzelne Erfahrungen zu verallgemeinern, in die Zukunft zu übertragen und mit einer emotionalen Bedeutung zu verbinden, in diesem Fall der Angst.

Je bedeutsamer die erlittenen Niederlagen waren, umso tiefer reicht dieser Prozess in unser Unterbewusstsein. Damit aber beginnt ein Teufelskreis, aus dem wir häufig keinen Ausweg finden. Die Sichtweise des Gegners als Angstgegner wird somit zur selbsterfüllenden Prophezeiung, d. h., dass wir unsere Sichtweise in der Realität immer wieder durch weitere Niederlagen bestätigen werden.

Hilfreich ist es deswegen, zu den nüchternen Fakten zurückzukehren.

Ein Angstgegner ist eine Mannschaft,
gegen die ich mehrmals verloren habe.

Nicht mehr und nicht weniger. Häufig sind das einfach Teams, die einer Mannschaft auf Grund ihrer Spielweise nicht liegen. Bei der Hockeynationalmannschaft habe ich das sehr eindrücklich erlebt. Nach der überraschenden Halbfinalniederlage bei der WM 1998 gegen Spanien begann sich der Angstgegnernimbus aufzubauen. Bei der WM 2002 fand er dann seine Fortsetzung, als das deutsche Team in der Vorrunde als WM-Favorit wiederum gegen diesen Gegner überraschend verlor.

Dabei sind die Gründe für die Niederlage sehr einfach zu benennen. Denn die Spanier spielen seit Jahren einen für sie charakteristischen Stil. Aus einer massierten Defensive starten sie, dank ihrer ungewöhnlich schnellen Stürmer, einige gefährliche Konter. Wenn es ihnen also gegen eine offensiv auftretende Mannschaft gelingt, dank einem dieser Konter, in Führung zu gehen, können sie in der Folge ihre Stärken optimal ausspielen, da auf Grund des Rückstands die Offensivbemühungen noch mehr verstärkt werden müssen und man dadurch in der Abwehr anfällig wird. Bei der WM 2002 führte das dazu, dass die deutsche Mannschaft bis zur 60. Spielminute 0:3 in Rückstand geriet. Trotz zweier Treffer in der Schlussphase konnte der Rückstand nicht mehr ausgeglichen werden.

Aus der Distanz betrachtet, lässt sich deshalb feststellen, dass die Hockeynationalmannschaft verloren hat, weil sie (neben einer an diesem Tag oberflächlich zu selbstsicheren und darunter zu ängstlichen Einstellung und einer mangelnden Chancenverwertung) daran gescheitert ist, dass sie den Spaniern in die Falle gelaufen ist. Für die Zukunft bedeutet das aber keineswegs, dass sie das nächste Mal wieder gegen diesen Gegner verlieren wird. Wieso sollte sie? Es bedeutet nur, dass der Trainer nach neuen Lösungen suchen muss. (Spätestens das EM-Finale 2003 bedeutete schließlich einen Wendepunkt in dieser konkreten Geschichte. Der hart erkämpfte und auch etwas glückliche Sieg nach Verlängerung gegen die Spanier bedeutete den Beginn von mehreren entscheidenden Erfolgen gegen die Iberer, darunter beim Spiel um Bronze bei den Olympischen Spielen 2004 und im Olympiafinale 2008.)

**Ein Angstgegner ist eine Mannschaft,
gegen die ich bisher noch nicht die richtige Lösung gefunden habe.**

Wenn Sie das sehen können, sind Sie einen entscheidenden Schritt vorwärts gekommen. Wenn für mich ein Gegner zum Angstgegner geworden ist, dann weiß ich als Trainer, was zu tun ist.

Es geht einfach darum, nach neuen Lösungen zu suchen! Wie kann ich gegen diese Mannschaft anders spielen, als ich es bisher getan habe? Muss ich vielleicht eine neue Vorbereitung wählen? Gibt es andere taktische Varianten, die ich ausprobieren kann? Kann ich den Gegner möglicherweise sogar mit seinen Mitteln schlagen? Was würde zum Beispiel passieren, wenn ich als die Hockeynationalelf gegen die Spanier selbst auf Konter spielen würde, wenn ich meine Deckung massiere, sodass die gegnerischen Stürmer keinen Platz haben, ihre Schnelligkeit auszuspielen?

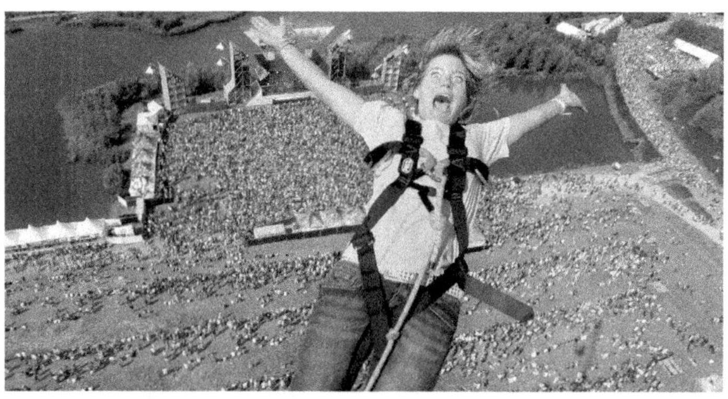

Für manche Menschen eine bedrohliche Situation, für andere eine spannende Herausforderung

Erkennen Sie den Unterschied? Angst hat häufig eine lähmende Wirkung auf das Denken und Handeln. Nicht selten gehen Gefühle der Machtlosigkeit mit ihr einher. Wenn ich aber zur Einsicht komme, dass mir bisher nur die richtige Lösung für das Problem fehlt, dann bin ich wieder handlungsfähig. Dann habe ich es in der Hand, in Zukunft auch gegen diesen unangenehmen Gegner zu gewinnen.

Ein und dieselbe Situation können zwei Menschen völlig unterschiedlich erleben. Wenn Sie auf einem 10-m-Turm stehen und davon runterspringen sollen, dann werden die meisten Menschen das als bedrohlich empfinden. Mit gutem Grund, denn natürlich ist diese Situation nicht ungefährlich. Aber so gefährlich, wie unser subjektives Gefühl uns einreden will, ist es gar nicht. Beim Fliegen ist das genauso. Fliegen ist bekanntermaßen weitaus ungefährlicher als Autofahren, aber vor dem Fliegen haben viel mehr Menschen große Ängste. Nur, weil wir auf eine Situation mit Angst reagieren, heißt das also noch lange nicht, dass sie eine große Gefahr darstellt. Vielleicht ist sie einfach nur neu und unvertraut. Außerdem verhält es sich nicht so, dass das Bedrohungsgefühl immer gleich groß bleibt. Wir können lernen, eine zunächst Angst auslösende Situation positiver wahrzunehmen. Genauer betrachtet, haben Sie die Wahl, ob Sie den Sprung vom 10-m-Turm als Bedrohung erleben wollen. Sie können ihn genauso gut als eine Herausforderung ansehen. Als eine spannende, neue Erfahrung, die Sie jetzt gleich eingehen möchten, um zu sehen, wie gut Sie sie meistern werden und wie sich diese Erfahrung anfühlt.

Je nachdem, wie ich eine Situation subjektiv bewerte, ob als Bedrohung oder als Herausforderung, hat das sehr unterschiedliche Auswirkungen auf mich. Das Stressmodell von Lazarus (Lazarus, 1966) macht deutlich, dass ich eine Situation nur dann als Stress erlebe, wenn ich sie als bedrohlich bewerte. Situationen, die ich als Herausforderung wahrnehme, sind für mich dagegen unproblematisch.

Ein Angstgegner ist:

... eine Mannschaft, gegen die ich mehrmals verloren habe.

... eine Mannschaft, deren Spielweise mir nicht liegt.

... eine Mannschaft, gegen die ich nicht gerne spiele.

... eine Mannschaft, für die ich bisher noch nicht die richtige Lösung gefunden habe.

... eine Herausforderung für mich!

Im neurolinguistischen Programmieren (siehe z. B. Robbins, 1986), kurz NLP, einer zunehmend verbreiteten Sichtweise und Methodik zur Beratung von Menschen, wird deshalb viel mit der Technik des „Reframings" gearbeitet. Hierbei geht es darum, einen Sachverhalt in einen neuen Bezugsrahmen zu stellen. Man überlegt, was eine schwierige Situation (in diesem Fall der Angstgegner) für positive Aspekte für mich beinhaltet und wie ich ihr anders als bisher begegnen kann. Ich selbst habe mit dieser Technik sehr gute Erfahrungen gemacht und setze sie deshalb mit viel Erfolg in meiner Arbeit mit Athleten ein (siehe z. B. Linz, 2002).

Zusammengefasst kann man also sagen:

Eines ist natürlich ganz wichtig: Wenn Sie als Trainer zu neuen Sichtweisen und Lösungen für die Begegnung mit Ihrem Angstgegner gekommen sind, so müssen Sie von deren Wirksamkeit auch überzeugt sein. Überzeugt sein bedeutet nicht, keinerlei Zweifel zu haben, sondern es meint hier, an die realistische Chance zu glauben. Wenn Sie aber selbst nicht dahinter stehen, weil Sie emotional nicht überzeugt sind, so wird sich das nonverbal auf die Mannschaft übertragen. Also, gewinnen Sie zunächst sich selbst für die neuen Ansätze und erst dann Ihr Team.

16.2 Allgemeine Überlegungen zur Angst im Sport

„Mut ist die notwendige Eigenschaft eines jeden Spitzensportlers. Ein Sportler kann aber nicht mutig sein, ohne vorher Angst gehabt zu haben."

Bob Rotella

Mir ist schon oft aufgefallen, wie schwer sich die meisten Sportler mit dem Gefühl der Angst tun. Es ist fast so, als wenn ein Sportler keine Angst haben dürfte, wahrscheinlich weil er meint, dass er dann eine Schwäche preisgeben würde, welche sich sofort zu seinem Nachteil ausgenutzt würde. Bei Mannschaften verstärkt sich dieser Mechanismus noch einmal, da man sich vor den anderen Mitspielern nicht als schwächlich präsentieren will. Oftmals geht die Verdrängung so weit, dass die Athleten nicht einmal sich selbst gegenüber ihre Angst eingestehen.

Dabei ist Angst etwas zutiefst Menschliches. Sie ist uns nicht umsonst in unserer Natur mitgegeben worden. Angst hat eine wichtige Funktion für uns: Sie macht uns aufmerksam, lässt uns unnötige Risiken vermeiden und sie macht uns handlungsfähig, z. B. indem sie zu einer verbesserten Durchblutung der Muskulatur führt. Es ist eine der ältesten Erkenntnisse der Psychologie, dass unsere Leistungsfähigkeit entscheidend von unserer körperlichen Erregung abhängt (siehe *Abbildung 9*). Wenn wir zu entspannt sind, werden wir keine guten Leistungen bringen. Sind wir jedoch zu aufgeregt, so verkrampfen wir und unsere Leistungen werden ebenfalls unbefriedigend sein. Die Kunst besteht darin, das richtige Maß an Erregung vor dem Wettkampf aufzubauen, welche ich für mein Leistungsmaximum benötige.

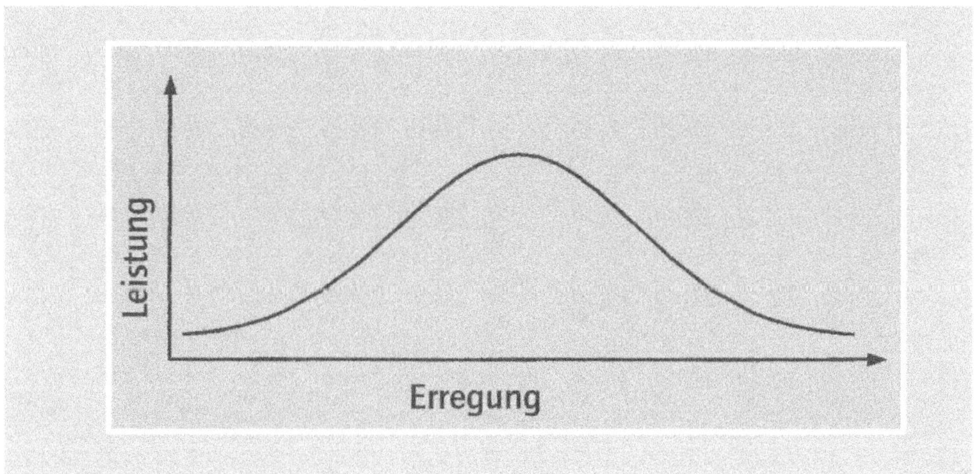

Abb. 9: Der Zusammenhang zwischen Leistung und Erregung

Etwas Angst ist also hilfreich. Die Angst darf nur nicht so groß sein, dass sie uns beherrscht und blockiert. (Besonders auf die koordinativen und komplexen Anforderungen des Spielsports wirkt sich ein Übermaß an Angst negativ aus.) Oliver Kahn sagte dazu einmal: „Angst ist ein immenser Antriebsfaktor. Angst kann einen aber – wenn sie nicht richtig kanalisiert wird – lähmen." Zu große Angst reduziere ich aber nicht dadurch, dass ich sie verdränge. Ich brauche sie dann zwar nicht zu spüren, aber ihren unheilvollen Einfluss auf mich wird sie weiterhin ausüben. Das ist der typische Denkfehler, den viele Menschen und auch viele Sportler begehen. Was ich nicht fühle, ist noch lange nicht weg. Hilfreich ist vielmehr das Gegenteil. Angst will, wie alle Gefühle, gesehen werden.

Angst will wahrgenommen werden. Mehr nicht.

Es geht gar nicht darum, zitternd in der Ecke zu sitzen. Häufig hilft es schon, sich selbst überhaupt einzugestehen, dass man Angst hat. Noch wirkungsvoller wird es, wenn Sie Ihre

Angst einer Vertrauensperson gegenüber äußern. Probieren Sie es einmal aus. Sie werden überrascht sein, wie entlastend es ist, wenn Sie Ihre Ängste einmal aussprechen. Das gilt dann natürlich genauso für Ihre Spieler.

Ermutigen Sie diese, ihre Ängste auszusprechen. Schaffen Sie eine Atmosphäre des Vertrauens, damit es den Spielern möglich wird. Gehen Sie als gutes Beispiel voran, indem Sie der Mannschaft Ihre eigenen Befürchtungen eingestehen. Ihre Schützlinge werden sowieso merken, wenn Sie Angst haben. Egal, wie gut Sie das zu verbergen wissen, darin haben Spieler ein untrügliches Gespür, wie ich immer wieder erleben konnte.

Um zu zeigen, welche positive Wirkung das Eingestehen der eigenen Ängste haben kann, will ich Ihnen ein Beispiel erzählen. Eine von mir damals betreute Mannschaft musste im Pokalhalbfinale gegen den amtierenden deutschen Meister antreten, der wenige Wochen zuvor seinen Titel souverän verteidigt hatte. Zu dieser an sich schon schwierigen Situation kam hinzu, dass das Team gegen diesen Gegner in den letzten vier Bundesligabegegnungen jeweils eine deftige Niederlage kassiert hatte. Natürlich hatten die Spielerinnen Bammel vor diesem Match, auch wenn es niemand offen aussprach.

Ein paar Tage vor dem Spiel haben wir uns deshalb zusammengesetzt und unsere Angst bewusst angesprochen. Schon an diesem Abend konnte jede Spielerin spüren, dass plötzlich eine Erleichterung eintrat. Wenn wir der Angst offen ins Gesicht sahen, konnte sie uns nicht mehr in ihren Bann ziehen.

Um diesen Effekt in das Spiel mitzunehmen, machten wir Folgendes: Jede Athletin, inklusive des Betreuerstabs, bekam in der Kabine eine Pampers mit ihrem Namen drauf ausgehändigt, in die sie sinnbildlich machen konnte. Diese kamen in eine große Sporttasche, welche während des Spiels neben der Bank stand. Die Angst durfte also symbolisch mit zum Spiel. Aber damit stand sie zugleich nicht mehr im Mittelpunkt, auch nicht heimlich, sondern sie war einfach als ein Aspekt dabei. So frei habe ich das Team noch nie aufspielen sehen. Schon zur Halbzeit hatte es eine sichere Führung erspielt, die es nicht mehr abgab. Sicher können Sie sich den erleichterten Jubel nach dem Schlusspfiff vorstellen.

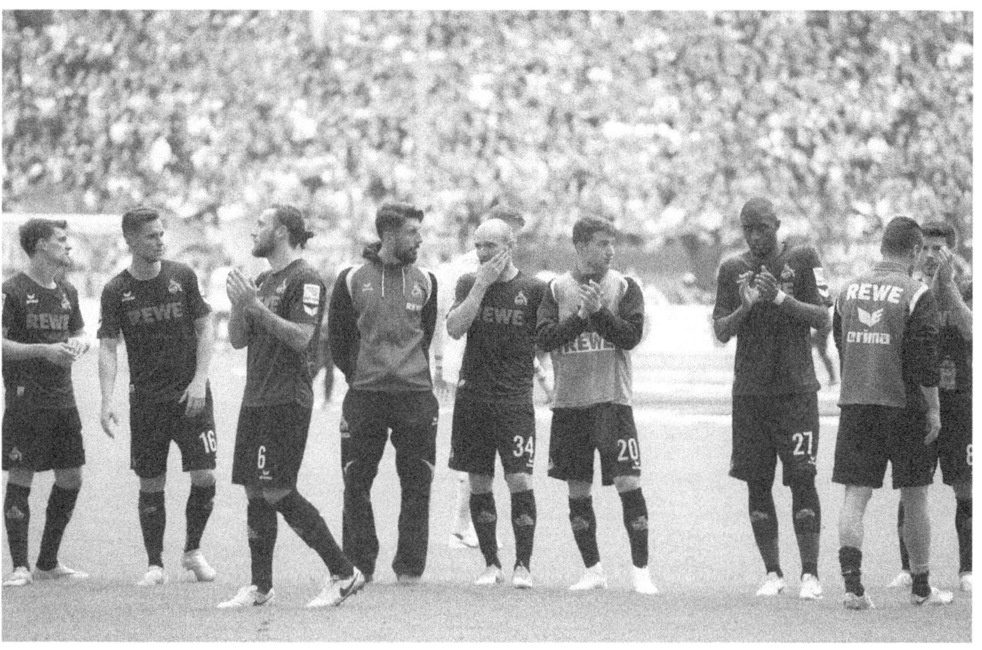

Offen geteilte Ängste befreien die Mannschaft.

Vor dem entscheidenden Spiel

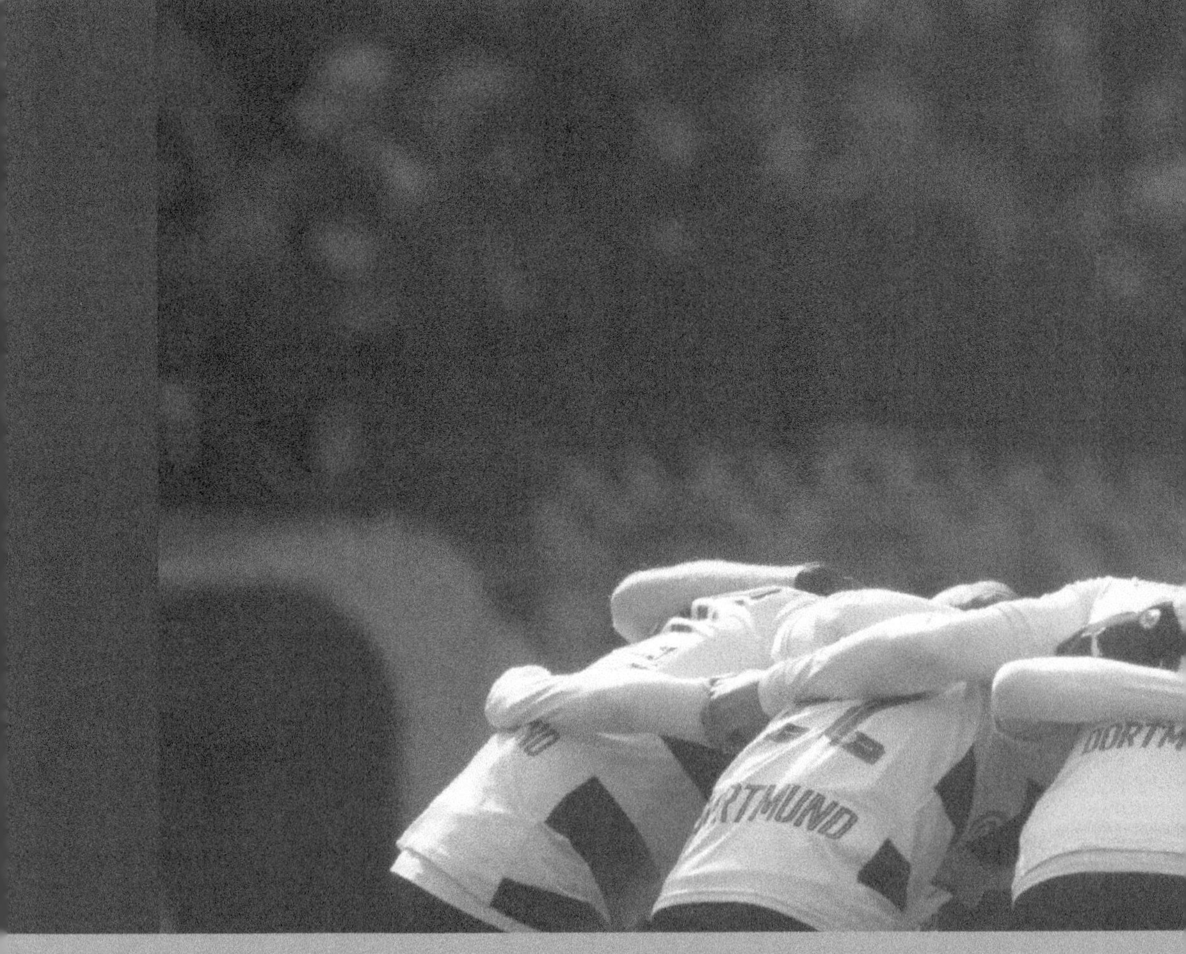

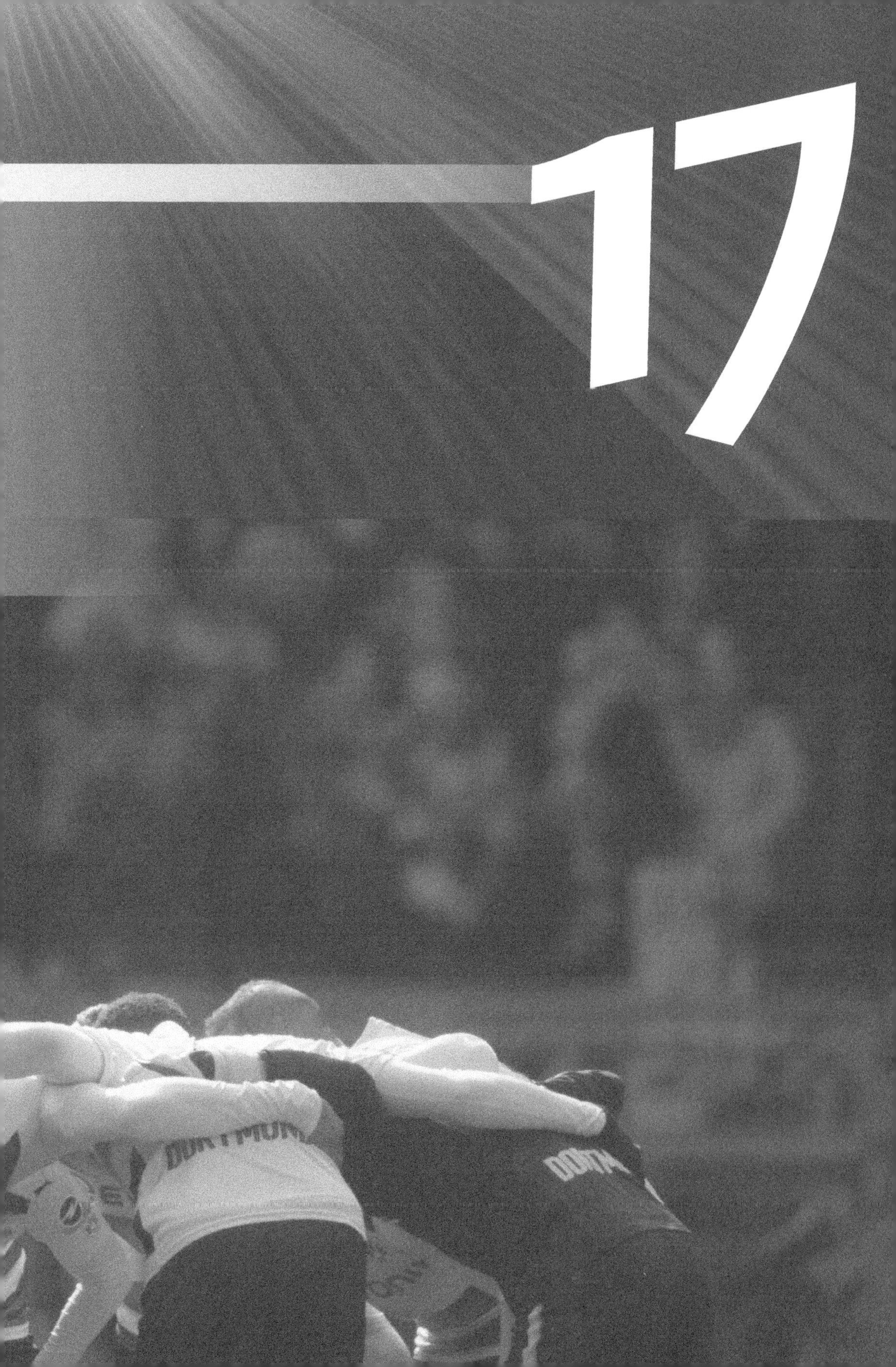

17

17 Vor dem entscheidenden Spiel

Jeder, der schon einmal die Stimmung vor einem Finale erlebt hat, weiß, wie einzigartig dieser Moment ist. Diese besondere Stimmung, die Hoffnungen, die Wünsche, die Ängste, das alles verdichtet auf die letzten Stunden vor dem Anpfiff, das ist etwas, was man außerhalb des Sports wohl nur noch vor großen Premieren im Theater oder vor dem Start einer neuartigen Rakete erleben kann.

Im Laufe der Jahre hatte ich schon mehrfach das Glück, mit verschiedenen Teams in Endspielen um den Aufstieg, den Pokal, den Turniersieg oder einen internationalen Titel zu stehen. Und gleichgültig, auf welchem sportlichen Niveau sich das Ganze abspielte, die Gefühle waren immer dieselben. Natürlich ist es etwas ganz Besonderes, dabei zu sein, wie von einem selber betreute Athleten den WM-Titel oder olympisches Gold erringen zu können. Die Stunden vor und nach dem Hockey-Finale in Kuala Lumpur 2002 oder die letzten Tage von London 2012 gehören zu den herausragenden Momenten meines Lebens und ich werde sie vermutlich niemals vergessen.

Aber mein erstes großes Spiel, es ging für mein Team des SV Schlebusch um den Aufstieg in die Fußballlandesliga, bildete ebenfalls ein absolutes Highlight, denn dieses Spiel war das persönliche „WM-Endspiel" der beteiligten Spieler und auch ich wusste damals noch nicht, wohin mich meine Karriere führen würde.

Man muss also nicht Bundestrainer werden, um in eine vergleichbare Situation zu kommen. Auch Sie werden früher oder später wahrscheinlich ein solches Highlight vor sich haben, vielleicht auch schon erlebt haben. Leider aber sind solche Momente für die meisten selten, sodass Sie, wenn es plötzlich eintritt, keine Erfahrung mit einer solchen Situation besitzen. Deshalb lohnt es sich, in diesem Buch auf diese spezielle Situation einzugehen.

17.1 Keine Angst vor der Niederlage

Das Wesen eines Finals besteht darin, dass einer von beiden Kontrahenten verlieren muss. Es gibt für Sie keinerlei Sicherheit, dass Sie nicht der Geschlagene sein werden. Kein noch so großer Trainer hat nicht früher oder später einmal ein solches Match verloren. Darum geht es gar nicht.

Es ist mir wichtig, dass Sie eine Niederlage nicht als ein persönliches Versagen verstehen. Sie können alles richtig gemacht haben und dennoch verlieren. Sie können von den Schiedsrichtern betrogen werden. Sie können ganz einfach Pech haben. Natürlich können Sie auch entscheidende Fehler machen. Aber was sagt das über Sie aus? Ist Oliver Kahn ein Versager, weil er im WM-Finale den einen großen Fehler gemacht hat? Ausgerechnet Oliver Kahn, der eine so große mentale Stärke besitzt und Spiele alleine entscheiden zu können scheint. Gegen das Verlieren gibt es kein Allheilmittel. Das gehört im Sport dazu. Gerade Niederlagen in Finals schmerzen besonders. Keine Frage. Wenn ich ein entscheidendes Spiel verloren hatte, musste ich anschließend meist durch eine mehrtägige Depression gehen und in der Folge nagte es noch lange an mir. Aber was soll's? Das ist es wert. Der Sieg bleibt mir dafür ein Leben lang. Die Erinnerung an den Erfolg ist so herrlich und erfüllend, das ist mir das Risiko des Verlierens ohne Zögern wert.

Warum widme ich diesen Überlegungen so viel Platz? Weil ich gesehen habe, wozu die Angst vor einer Niederlage führen kann. Bei manchem führt sie dazu, dass er sich nicht mehr traut, ein Risiko einzugehen. Mit reinem Sicherheitsdenken gewinnen Sie aber kein Finale! Andere werden verkrampft und übernervös. Fragen Sie sich also, ob Sie bereit sind, auch und gerade in dieser Situation ein Risiko einzugehen, mutig zu spielen, auf die Gefahr hin zu verlieren.

Wäre Dortmund im Champions-League-Finale 2013 besser beraten gewesen, gegen München mit einer strikten Defensivtaktik aufzutreten? Ich denke, nein. Sie hatten ihre Chancen und mit einem eigentlich verdienten Tor in den ersten zwanzig Minuten hätte das Spiel auch ganz anders ausgehen können. Das heißt nicht, dass es grundsätzlich falsch ist, in einem Endspiel defensiv aufzutreten. Gar nicht. Wenn Ihr Team defensiv stark ist, warum sollten Sie diese Taktik dann nicht im Finale einsetzen? Fragen Sie einmal die Italiener bei ihrem WM-Sieg 2006. Nicht umsonst wurde anschließend Fabio Cannavaro zum besten Spieler der WM gewählt. Es geht um den Mut im Herzen. Um die innere Bereitschaft, mit aller Kraft und auf die Gefahr des Scheiterns hin etwas zu wagen. Denn Zögerlichkeit, davon bin ich überzeugt, führt unweigerlich zur Niederlage.

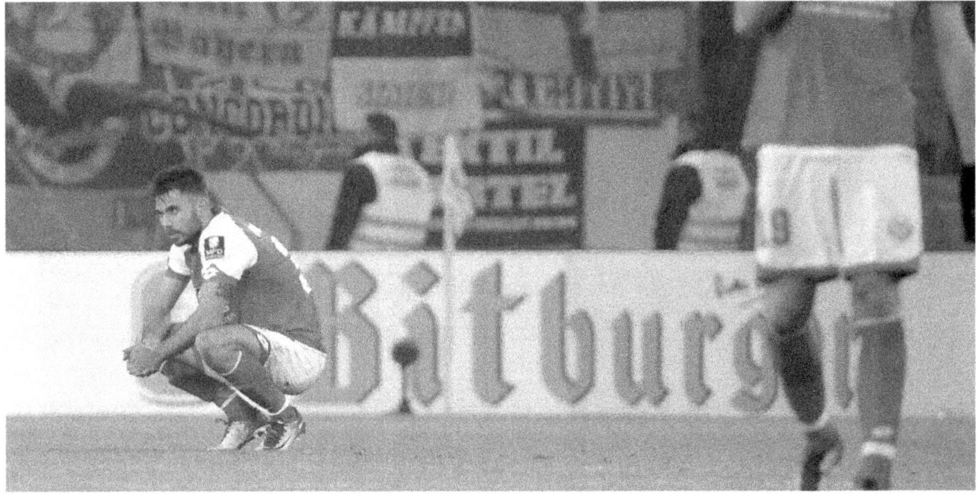

Nur wer die Niederlage als Möglichkeit annimmt, kann in einem Finale mutig aufspielen.

17.2
Die richtige Anspannung

Niemals habe ich dieses Phänomen so eindrücklich erlebt wie vor dem Finale der Champions-Trophy 2002 in Köln. Eine halbe Stunde vor Abfahrt in das Stadion saß ich mit dem Bundestrainer und seinem Assistenten auf dem Innenhof des Hotels. Wir besprachen ein paar letzte Details. Aus allen Fenstern des ersten Stocks schallte laute Musik auf den Innenhof, aus jedem Zimmer eine andere. Ein sicheres Zeichen, dass bei den Spielern die nötige Anspannung da war. Wenn man auf den Flur ging, herrschte emsiges Treiben. Spieler rannten von einem Zimmer in das andere, um sich noch etwas zu holen, um nicht alleine zu sein oder um irgendwie die innere Anspannung abzubauen. Andere Türen waren geschlossen und die Spieler darin zurückgezogen angesichts der nahen Aufgabe.

Jeder reagiert auf eine solche Situation anders. Der eine bringt die Anspannung nach außen, der andere zieht sich in sich zurück. Der Dritte rennt alle 10 Minuten auf die Toilette. Ein Vierter braucht Aufmunterung. Und wieder ein anderer wirkt, als wenn gar nichts Besonderes wäre. Das ist normal und es ist für Sie als Trainer wichtig, dass Sie jedem Athleten seinen Stil lassen. Zu viel Einheitsdruck ist in dieser Situation nicht angebracht.

Worauf Sie achten sollten, ist, wie Sie die Spannung erleben, sowohl die Anspannung bei einzelnen Spielern als auch die Anspannung bei der gesamten Mannschaft. Inzwischen habe ich oft genug betont, dass Sie dazu zuerst bei sich selbst schauen sollten. Wie ist meine Anspannung, ist sie nicht zu niedrig und nicht zu hoch, gerade so, wie ich es für eine optimale Leistung brauche? Erst dann fragen Sie sich: Macht die Mannschaft auf Sie einen guten Eindruck? Halten Sie Ihre Nase in die Luft und „riechen" Sie die Atmosphäre. Nehmen die Spieler den Gegner ernst genug? Sind sie sich ihrer Sache zu sicher? Das ist nicht gut. Eine gewisse Unsicherheit gehört dazu. Oder ist die Mannschaft im Gegensatz zu ängstlich? Zu angespannt?

Fallen Ihnen Athleten auf, die sehr nervös und verkrampft wirken? Vielleicht können Sie ihnen noch ein paar beruhigende Worte mit auf den Weg geben. Besser noch, Sie beauftragen einen erfahrenen Mitspieler damit. Sind einzelne Spieler betont locker, so weist das darauf hin, dass sie ihre Angst überspielen wollen. Wenn Ihnen das auffällt, sprechen Sie die Spieler noch einmal unter vier Augen an. Lassen Sie diese ihre Ängste aussprechen, es wird sie entlasten. Das Einzelgespräch ist in einer solchen Phase überhaupt das beste Mittel, Einfluss zu nehmen. Damit meine ich nicht lange, tief greifende Gespräche. Dafür hat sowieso kein Spieler mehr ein Ohr. Es genügt, sich zwei Minuten Zeit zu nehmen und dem Spieler 1-2 persönliche Leitsätze mitzugeben.

17.3 Ein Finale ist etwas Besonderes

Eine Frage, die ich immer wieder gestellt bekomme, ist die, ob man vor entscheidenden Spielen besser alles genauso macht wie sonst oder ob man lieber besondere Maßnahmen ergreifen sollte. Dazu möchte ich Folgendes sagen: Entscheidende Spiele stellen etwas Besonderes dar, da führt kein Weg dran vorbei. An diesem Tag kommt es darauf an, jetzt spitzt sich alles zu und das weiß jeder Beteiligte. Es macht deshalb für mich keinen Sinn, so zu tun, als ob es ein Spiel wie jedes andere wäre. Das stimmt einfach nicht und die Spieler werden es Ihnen nicht glauben. Im Gegenteil, die Spieler würden sich in diesem Fall mit ihren Empfindungen allein gelassen fühlen.

Tragen Sie also der Besonderheit des Tages Rechnung, machen Sie etwas Besonderes. Halten Sie zum Beispiel eine ungewöhnliche Abschlussbesprechung (s. u.) oder ändern Sie den Ablauf der Vorbereitung in einigen Punkten. Aber verändern Sie wiederum nicht zu viel. Der übliche Ablauf hilft den Spielern. Routine bedeutet Sicherheit. Wenn Sie Spitzensportler beobachten, etwa Skifahrer oder Wasserspringer, dann halten diese vor dem Start bzw. Absprung immer eine feste Routine ein. Dieser eingeübte Ablauf hilft, sich zu beruhigen und sicher zu fühlen. Das Geheimnis der angemessenen Vorbereitung auf ein Entscheidungsspiel liegt also nach meiner Meinung in der richtigen Mischung zwischen Neuem und Gewohntem. Ein kleinerer Teil Besonderheit, ein größerer Teil Vertrautheit, das dürfte in den meisten Fällen ein gutes Rezept sein. Viel Glück beim Ausprobieren!

17.4 Die Abschlussbesprechung

Die Besprechung vor dem entscheidenden Spiel ist ein extremer Moment. Es ist Ihre letzte Möglichkeit, noch einmal Einfluss auf das Team zu nehmen. Später, unter der Anspannung des Spiels, werden Ihre Athleten nicht mehr viel von dem mitbekommen, was Sie ihnen sagen wollen. Die Abschlussbesprechung aber ist der große Moment des Trainers. Was wollen Sie Ihren Spielern noch mitgeben, mit welcher Stimmung wollen Sie sie in das Match entlassen? Gibt es Schlüsselpunkte, die Ihrer Meinung nach entscheidend sein werden?

Jeder Trainer gestaltet solch eine Sitzung anders. Manche sind sehr emotional, andere eher sachlich. Manche konzentrieren sich auf taktische Anweisungen, andere betonen dagegen den Teamgeist, die Einsatzbereitschaft, das Herzblut usw., also eher emotionale und psychologische Merkmale. Es gibt kein festes Schema für eine solche Besprechung. Wichtig ist in meinen Augen etwas ganz anderes:

Übertragen Sie in der Besprechung Ihre Vision und Ihren Glauben an den Erfolg auf das Team.

Das scheint mir das Wesentliche zu sein. Die Spieler müssen spüren, was Ihnen wichtig ist. Sie müssen spüren können, dass ihr Trainer ganz hinter ihnen steht. Seien Sie als Führer da, gehen Sie voran, inspirieren Sie Ihr Team. Nichts anderes machten die großen Heerführer vor den Schlachten, wenn sie zu ihren Truppen sprachen.

Es kann Sinn machen, vor dem Finale noch einmal das Ziel zu visualisieren. Es gibt eine Reihe schöner Vorstellungsübungen für solche Momente. Eine Möglichkeit, wie man das machen kann, habe ich in der Übung Der Moment des Abpfiffs (s. S. 156) beschrieben. Diese Übung habe ich übrigens auch mit dem Hockeyteam in der Besprechung vor dem WM-Finale durchgeführt.

Manchmal hilft es auch, selbst gar nicht viel zu sprechen, sondern andere zu Wort kommen zu lassen. Wie er auch in seinem Buch schreibt (Peters, 2008), hatte Bernhard Peters hatte zum Beispiel vor dem Finale der Hockey-WM die Größe, die Abschlussbesprechung von seinem Assistenten Markus Weise gestalten zu lassen. (Und, lieber Markus, das hast du riesig gemacht!) Oder Sie lassen die Spieler zu Wort kommen. Fordern Sie die Athleten auf, dass jeder sagt, was er in seinem Leben dafür investiert hat, heute hier zu sein und dieses Match zu spielen. Wenn Ihre Mannschaft sehr nervös ist, können Sie auch eine kleine Vertrauensübung machen, indem Sie jeden Spieler einmal von der gesamten Mannschaft halten lassen (einfach, indem er sich an die geschlossene Gruppe anlehnt und das Team sagt: „Wir stehen zusammen hinter dir.").

Sie sehen, es gibt eine Vielzahl von Möglichkeiten, wie Sie diese Minuten gestalten können. Seien Sie kreativ. Folgen Sie Ihrer Eingebung. Am wirkungsvollsten ist das, was aus Ihrem Herzen kommt. Seien Sie mutig und entschlossen, dann ist es Ihr Team auch. In Verbindung mit dem nötigen Glück wird es Ihr großes Spiel werden.

ÜBUNG 10: DER MOMENT DES ABPFIFFS

Nehmen Sie eine entspannte Sitz- oder Liegeposition ein. Schließen Sie die Augen. Dann nehmen Sie sich zunächst ein paar Atemzüge Zeit, ganz im Augenblick anzukommen und alles, was Sie bisher noch beschäftigte, von sich abfallen zu lassen.

Jetzt stellen Sie sich vor, Sie wären auf dem Spielfeld. Es sind noch 10 Sekunden zu spielen. Ihr Team führt, der Sieg ist greifbar nahe. Nehmen Sie sich Zeit, die Szenerie in allen Details zu sehen. Wo befinden Sie sich? Wo ist der Ball (bzw. Puck)? Wie ist das Wetter? Wie sind die Lichtverhältnisse? Was bekommen Sie vom Publikum mit?

Dann lassen Sie langsam die letzten Sekunden in Zeitlupe ablaufen, bis der Schlusspfiff ertönt. Halten Sie das Bild in diesem Moment an. Was empfinden Sie innerlich, jetzt, da es geschafft ist? Wie fühlt es sich an, die Gewissheit zu haben, am Ziel angekommen zu sein? Kosten Sie dieses Gefühl einige Sekunden lang aus.

Lassen Sie es jede Zelle Ihres Körpers erreichen. Speichern Sie dieses Gefühl in Ihrem Zellgedächtnis. Und dann lassen Sie den Film weiterlaufen. Nehmen Sie jetzt wieder die Außenwelt wahr: die Mitspieler, den Jubel, das Publikum. Schließlich kommen Sie wieder mit Ihrer Aufmerksamkeit zurück in den Raum. Nehmen Sie ganz bewusst Ihre Umwelt wahr. Sie sind jetzt bereit und gerüstet.

17.5
Selbst gewinnen statt rechnen

Vor den letzten Spieltagen lässt sich immer wieder das gleiche Phänomen beobachten. Überall werden Überlegungen angestellt, wer gegen wen gewinnen muss, in welchem Spiel man sich vielleicht noch einen Punktverlust leisten darf und in welchem Spiel die Konkurrenz entscheidende Punkte lassen könnte. Gleichgültig, ob es um den Abstiegskampf oder das Duell um den Titel geht, egal, ob Volleyballkreisliga oder Badmintonbundesliga, fast alle Beteiligten erliegen dieser Versuchung.

Ganz klar, wir Menschen haben ein Bedürfnis, Kontrolle über unser Leben zu gewinnen. In vielen Dingen gelingt uns das auch, die Welt als Ganzes aber entzieht sich diesem Wunsch. Allen Wetterprognosen und Astrologen zum Trotz, niemand weiß, was die Zukunft bringen wird. Das erzeugt Unsicherheit. Um diese Unsicherheit zu beseitigen, fangen wir an zu rechnen. Wer spielt wann gegen wen und wie viele Punkte müssen wir wo holen, um am Ende unser Ziel zu erreichen?

Ein kluger Mensch, ich weiß nicht wer, sagte dazu sehr treffend: „Wer viel rechnet, rechnet falsch." Genauso ist es. Sicher ist das ein Satz für das Sprücheschwein, aber er trifft den Nagel auf den Kopf. Wofür ist all das Rechnen gut? Die Basis meines Erfolgs ist, dass ich selbst gewinne. Wenn ich mein Spiel erfolgreich gestalte, dann habe ich alles Wichtige getan. Meistens reicht das dann auch zum großen Triumph. Denn erfahrungsgemäß lässt die Konkurrenz auch Federn. Und wenn nicht, dann hat sie auch verdient gewonnen! Aber dann kann ich wenigstens in den Spiegel schauen, ohne mich grün und blau zu ärgern.

Solange ich spekuliere, wer wann wo wie spielen wird, gebe ich ein Stück meiner Konzentration ab. Ich konzentriere mich nur noch zu 90 % auf meine Aufgabe, die anderen 10 % sind beim Gegner. Vielleicht sind es am Ende genau diese 10 %, welche mir fehlen.

Bei diesem Thema spreche ich aus leidvoller Erfahrung. Lassen Sie mich kurz erzählen. Das von mir betreute Team spielte in der Aufstiegsrelegation. Es kamen vor dem letzten Spieltag noch drei Mannschaften für den Aufstieg in Frage. Mein Team, unser Gegner im letzten Spiel und eine dritte Mannschaft. Unsere Ausgangslage war die Schlechteste, denn ein Sieg war notwendig und zugleich durfte das andere Team gegen den Tabellenletzten nicht gewinnen. Meine Mannschaft zeigt eine super Leistung und führte überraschend nach 30 Minuten mit 1:0. Diese Führung verteidigten sie über die reguläre Spielzeit, nach einem Platzverweis gegen den Gegner waren sie zum Schluss sogar in Überzahl. In der 96. Minute des Spiels erfuhren sie über ein Handy, dass auf dem anderen Platz abgepfiffen wurde und der Konkurrent tatsächlich nicht über ein 0:0 hinausgekommen war. Sie hatten es also fast geschafft. Jetzt stand die Tür ganz weit offen. Erste Jubler waren zu hören. Keine 30 Sekunden später unterlief eine Unaufmerksamkeit und der Gegner kam zum Ausgleich. Aus, vorbei. Sie hatten es verpasst. Wäre es genauso gekommen, wenn man sich während des Spiels nicht für das andere Ergebnis interessiert hätte, sondern erst nach dem Abpfiff dort angerufen worden wäre? Die Antwort wird man nie erfahren, aber innerlich bin ich davon überzeugt, dass es ein Fehler war.

Die Bewältigung von Krisen und Konflikten

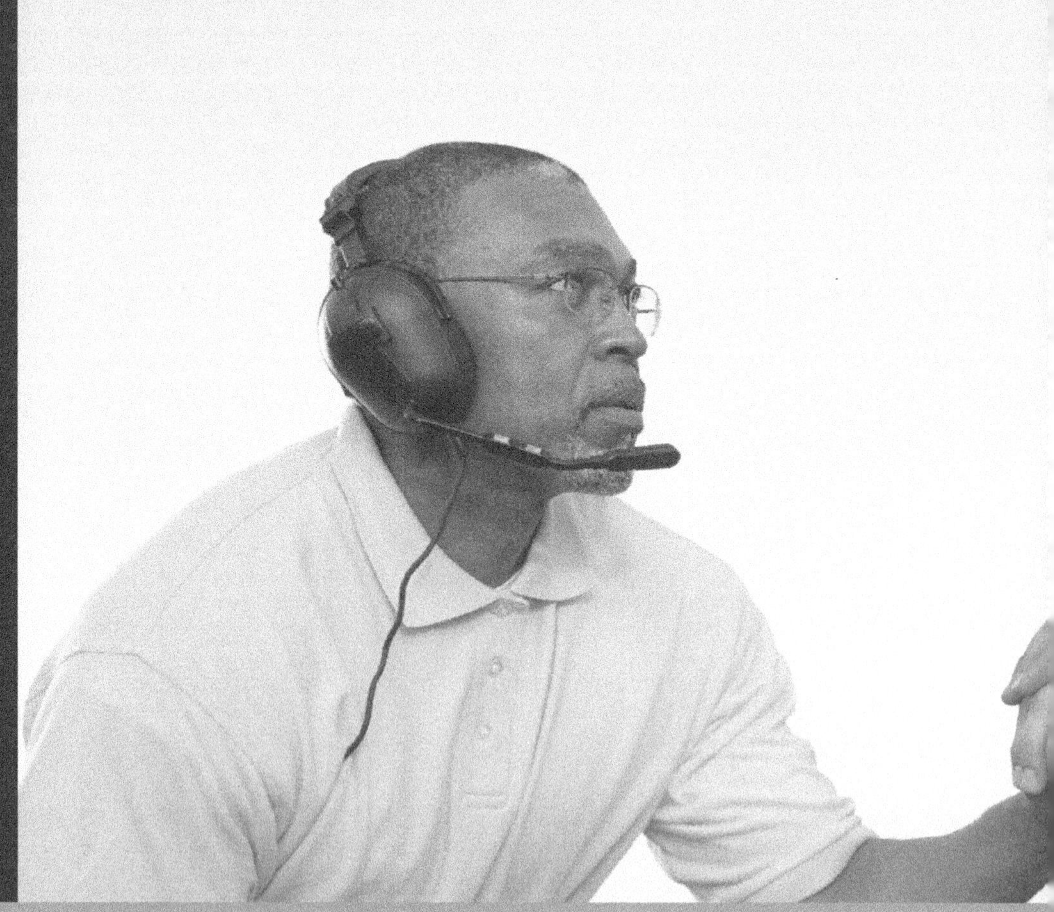

18

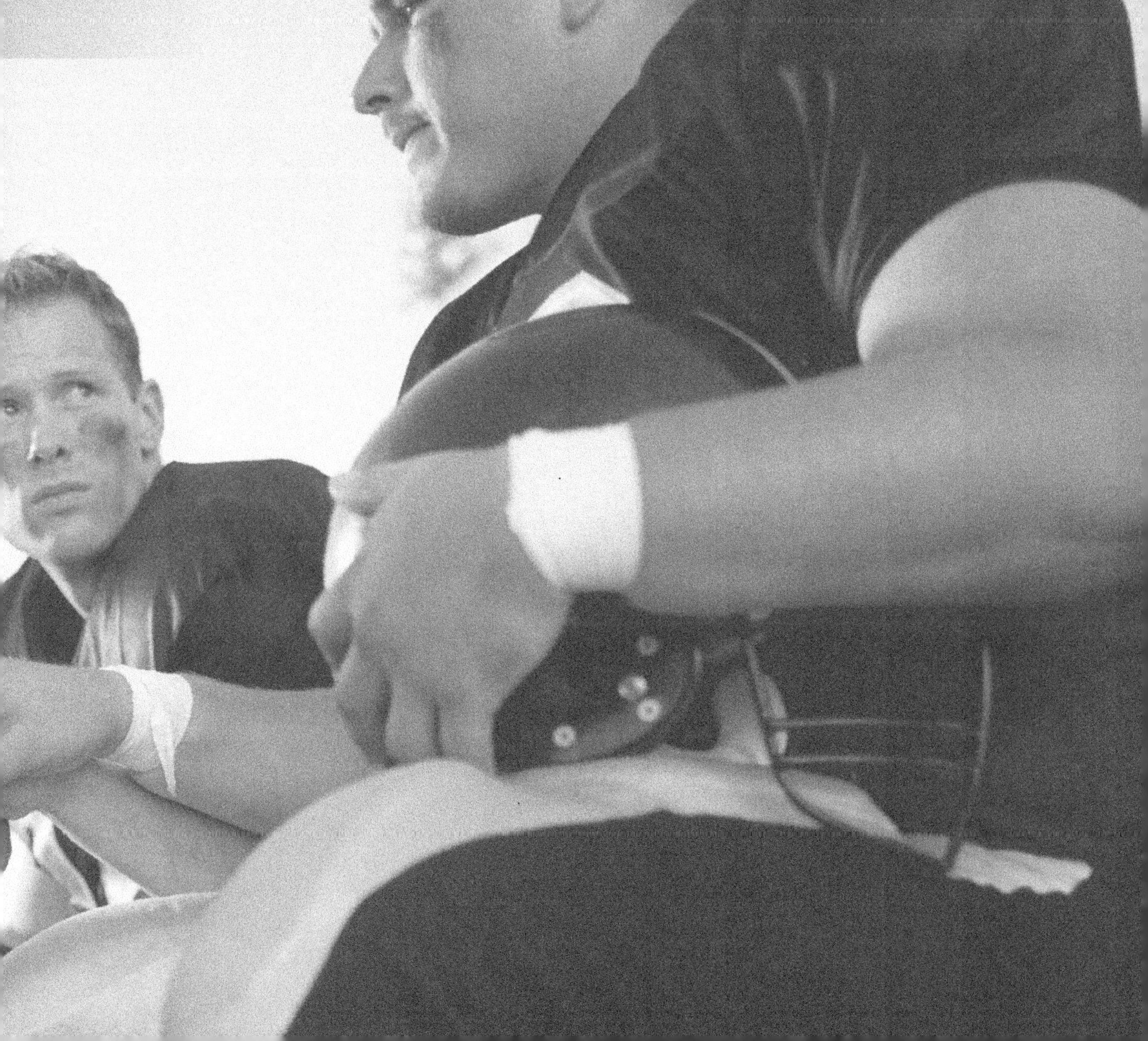

18 Die Bewältigung von Krisen und Konflikten

„Lehne es nicht ab, das Negative zur Kenntnis zu nehmen. Weigere dich lediglich, dich ihm zu unterwerfen."

Norman Vincent Peale

18.1 Die Krise als Chance

Nicht immer läuft es im Sport so, wie wir uns das wünschen. Das ist natürlich nicht nur im Sport so, das gilt für das ganze Leben. Unser Weg ist ein Auf und Ab. Deshalb ist es unvermeidlich, dass ich früher oder später eine Krise erleben werde. Im Chinesischen bedeutet das Schriftzeichen für unser Wort „Krise" zweierlei. Es meint sowohl „Risiko" wie auch „Chance". Das macht sehr schön den Charakter von Krisen deutlich. Krisen sind nicht nur bedrohlich, sie bieten immer auch eine Chance. Wenn es mir gelingt, aus einer Krise etwas zu lernen oder sie als Anstoß zu einer bedeutsamen Veränderung zu nehmen, dann kann ich aus Krisen gereift und gestärkt hervorgehen.

Im Sport begegnen uns verschiedene Krisen. Wir können in wirtschaftliche Engpässe geraten, private Probleme können uns ablenken, sportlich kann es schlecht laufen, wir können von Verletzungen geplagt sein oder das soziale Miteinander funktioniert nicht mehr. Oftmals treten auch mehrere Dinge gleichzeitig auf, da sie sich zum Teil bedingen. Zum Beispiel kann eine Mannschaft von vielen Verletzungen getroffen werden. Dadurch geht es sportlich bergab, was wiederum zu einer Verschlechterung der Stimmung im Team und Umfeld führt.

Welcher Natur auch immer die Krise ist, die mich und meine Mannschaft befällt, (siehe dazu auch das speziell auf dieses Thema ausgerichtete Buch von Kleinert, 2003) wichtig ist immer, dass ich sie nicht nur als Hindernis auf meinem Weg verstehe, sondern dass ich auch die Chance sehe, die sie mir bietet. Die Krise macht mir die Notwendigkeit bewusst, dass ich etwas ändern muss, weil es so wie bisher nicht weitergeht.

Eine Krise bietet immer eine Chance, etwas zum Guten zu verbessern.

Das Schlechteste, was Sie tun können, ist, vor der Krise die Augen zu verschließen. Ich weiß, dass es manchmal eine gute Strategie ist, Probleme auszusitzen.

Aber diese Problemlösung funktioniert im Sport nur selten, alleine schon deshalb, weil Ihnen in der Regel nicht die Zeit gewährt wird, in Ruhe abzuwarten. Wenn Sie nichts unternehmen, müssen Sie als Trainer damit rechnen, schon bald nicht mehr im Amt zu sein. Gehen Sie also offensiv mit der Krise um. Stellen Sie sich der Herausforderung. Was kann Ihnen die Situation sagen? Wo können und müssen Sie etwas verändern (oder ist möglicherweise sogar einfach nur Ihre Beharrlichkeit gefordert)?

Natürlich gibt es auch hier wieder ein Zuviel. Man kann eine Krise auch zum Dauerthema machen, was sicherlich nicht hilfreich ist. Genauso wird häufig zu schnell das Wort „Krise" in den Mund genommen. Wenn man zwei Spiele hintereinander verloren hat, ist das noch keine Krise. Es ist ein schmaler Grat. Zu viel Krisengerede schwächt die Mannschaft. Bleiben Sie also realistisch in Ihrer Einschätzung. Aber genau darum geht es mir ja, nämlich, dass Sie nichts dramatisieren und nichts schönreden, sondern dass Sie den vorhandenen Problemen ins Auge schauen und danach handeln. Dabei warne ich auch vor blindem Aktionismus. Der nützt Ihnen nichts, er überdeckt nur die eigene Hilflosigkeit. Es geht darum, die Situation zu erfassen und dann gezielte Gegenmaßnahmen zu ergreifen, nicht mehr und nicht weniger.

18.2
Grundlegende Gefühle und ihre Wirkung

So viel zunächst zur grundsätzlichen Betrachtung von Krisen. Bevor ich näher auf einzelne Situationen eingehe, möchte ich etwas dazu sagen, welche Emotionen sich wie auswirken. Normalerweise ist es nämlich so, dass Krisen unsere Gefühle stark ansprechen und dann besteht die Gefahr, dass wir dadurch in unserem Handeln negativ beeinflusst werden. Es ist gut, sich der Wirkungen dieser Emotionen bewusst zu sein. Dadurch fällt es Ihnen leichter, mit ihnen umzugehen und bei Bedarf gezielt gegenzusteuern.

Aus der folgenden Zusammenstellung können Sie entnehmen, dass jedes dieser Gefühle eine negative Auswirkung auf die Leistung haben kann. Ich bin dabei keineswegs der Meinung, dass Sportler keine Emotionen haben dürfen. Gefühle stellen für die meisten Menschen etwas Wichtiges dar, sie sind ein Teil unseres seelischen Lebens und es ist nicht möglich, unsere Gefühle abzutrennen oder dauerhaft zu verdrängen. Im Sport geht es einfach darum, sich von seinen Gefühlen nicht beherrschen zu lassen. Das ist alles. Dazu ist es notwendig, dass ich meine Gefühle kennen lerne und herausfinde, wie ich sie zu meinem Vorteil nutzen kann oder wann ich mich von ihnen distanzieren muss.

DIE WIRKUNG VON EMOTIONEN

Trauer	nimmt Kraft und Selbstvertrauen.
Angst	macht im rechten Maß aufmerksam, führt aber im Übermaß zu Unsicherheit, Verkrampfung und Hemmung.
Ärger	will Ihnen helfen, beeinträchtigt aber häufig die Konzentration.
Ohnmacht	macht passiv und fatalistisch, manche Menschen auch wütend.
Wut	gibt Energie, macht aber blind und das Handeln damit ungerichtet.
Freude	gibt Zuversicht und Kraft, macht aber auch unaufmerksam, führt zudem zu gefährlichem Spannungsabbau.
Scham	macht gehemmt und unsicher.

Benennen wir es konkret. Nehmen wir an, Ihre Mannschaft hat in einem wichtigen Spiel nach anfänglicher Führung einige gute Chancen vergeben und dann allmählich die Kontrolle über das Geschehen verloren, sodass sie jetzt 10 Minuten vor Schluss zurückliegt.

Die meisten Menschen werden in einer solchen Situation starken Gefühlen ausgesetzt sein. Möglicherweise ärgern Sie sich über die ungenutzten Chancen oder über die Unfähigkeit Ihres Teams. Vielleicht fühlen Sie sich ohnmächtig, weil Sie das Gefühl haben, keinen Einfluss auf die Spielweise Ihres Teams mehr zu haben, und so tatenlos mit ansehen müssen, wie das Match verloren geht. Das könnte dazu führen, dass Sie in Ihrem Coaching zunehmend passiv werden, also resignierend verstummen, anstatt gerade in dieser Situation Ihre Mannschaft aktiv zu unterstützen. Oder macht Sie diese Ohnmacht im Gegenteil sogar wütend auf Ihre Spieler und Sie schreien diese deshalb an, wenn sie wieder einen Fehler gemacht haben? Wie auch immer Ihr persönliches Verhaltensmuster aussieht, alles das hilft in der Situation nicht weiter.

Was Ihr Team jetzt braucht, ist, dass Sie als Trainer den Spielern Zutrauen, Kampfgeist und Ideen vermitteln. Dabei können Ihnen Ihre Emotionen sogar helfen. Wieder einmal liegt der Ansatzpunkt darin, dass Sie sich selbst beobachten. Ihre Hektik spiegelt wahrscheinlich die Hektik der Spieler auf dem Platz wider. Wenn Sie resignieren, ist es wahrscheinlich, dass auch Ihr Team die Hoffnung verliert. Also, steuern Sie zuerst bei sich selbst gegen. Lassen Sie sich von Ihrem Ärger nicht ablenken (etwa indem Sie sich über die Schiedsrichter aufregen), sondern nutzen Sie die Energie, die in dem Ärger steckt, um noch einmal die Initiative zu ergreifen. Ärger beinhaltet den Impuls, etwas besser machen zu wollen, eine Änderung herbeizuführen. Anstatt also den Ärger gegen sich selbst oder die eigene Mannschaft zu richten, ändern Sie aktiv die Situation. Wenn Sie stattdessen Angst haben, münzen Sie die Angst in erhöhte Wachsamkeit um. Angst ermöglicht Ihnen eine besonders gute Konzentration.

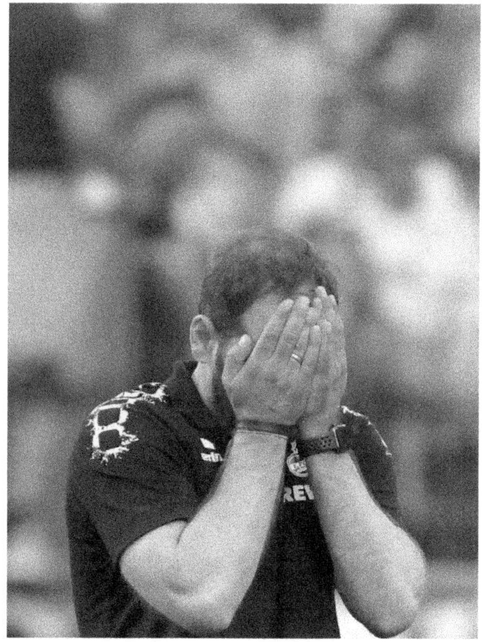

Im Spiel wird man als Trainer vielen Emotionen ausgesetzt.

Ich hoffe, es wird deutlich, was ich meine. Finden Sie heraus, was Ihre aktuellen Gefühle sind, und fragen Sie sich, was daran hilfreich bei der Bewältigung der Situation ist oder was Ihnen derzeit nur im Wege steht, und dann handeln Sie entsprechend. So schaffen Sie es, dass nicht mehr die Gefühle Sie beherrschen, sondern umgekehrt.

18.3
Sportliche Krisen – die Verarbeitung von Niederlagen

Früher oder später verlieren wir alle einmal. Jede Niederlage löst eine kleine Krise aus und eine Serie von sieglosen Spielen noch viel mehr. Das größte Problem ist dabei jeweils, dass eine Niederlage einen Angriff auf unser Selbstwertgefühl bedeutet. Die Tatsache, dass wir unsere Leistung im Sport scheinbar an den Ergebnissen messen können, verführt uns dazu, Resultate überzubewerten. Wenn wir Erfolg haben, ist das wunderbar. Dann fühlen wir uns mit uns gut. Misserfolg führt unter dieser Prämisse aber unweigerlich zu Selbstzweifeln. Das wiederum lässt uns mit einem schlechteren Gefühl in das nächste Spiel gehen, womit die Gefahr, erneut zu verlieren, größer wird. Im ungünstigen Fall entsteht so eine negative Spirale.

Es ist deshalb sehr wichtig, dass Sie die Fähigkeit entwickeln, mit einer Niederlage angemessen umzugehen. Für viele Menschen bedeutet das ein Problem. Manche haben nie gelernt zu verlieren. Ihr Ärger ist so groß, dass sie es nicht schaffen, bis zum nächsten Spiel wieder eine positive Einstellung zu gewinnen. Oder sie versuchen, beim nächsten Mal alles besser zu machen, was ein übertriebenes Vorhaben ist und deshalb unweigerlich zum Scheitern führt. Andere wiederum nehmen eine Niederlage zu leicht, sodass sie nichts aus den Fehlern, die zum Misserfolg führten, lernen. Es geht darum, das richtige Maß zu finden. Es geht darum, einen Misserfolg auszuwerten, Schlüsse zu ziehen und dann wieder eine positive Einstellung für das nächste Spiel zu gewinnen. Den letzten Satz habe ich bewusst wiederholt, denn darin liegt für mich das Elementare. Es spielt keine Rolle, wie ich die Niederlage verarbeite, bis zum Anpfiff des nächsten Spieltags muss ich wieder zu Zuversicht und einem Gefühl von Handlungsfähigkeit gefunden haben.

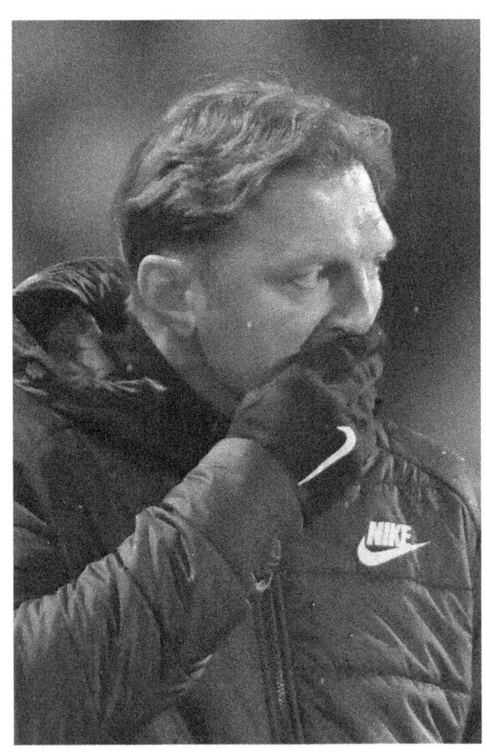

Man muss lernen, mit Niederlagen umzugehen.

HILFREICHE REAKTIONEN AUF MISSERFOLGE

- Das richtige Maß an Ärger finden.
- Sich und die Mannschaft schon vorher auf solche Momente vorbereiten (und dann entsprechend handeln).
- Die Spieler dazu anleiten, negative Gefühle auszudrücken (etwa indem im Rahmen einer Aussprache jeder sagen darf, was er denkt und fühlt).
- Handlungsfähigkeit wiederherstellen (über einfaches und handlungsbezogenes Coaching).
- Praktische Konsequenzen aus der Niederlage ziehen (➲ Was lernen wir daraus?).
- Als Vorbild wirken.
- Positives Coaching (z. B. Selbstbeherrschung, Zuversicht, Angriffslust ...).
- **Positive Bilder schaffen (an frühere Erfolge erinnern, andere Vorbilder aus dem Sport wachrufen, die gemeinsame Vision beschreiben ...).**

Wenn sich trotz aller Bemühungen kein Erfolg einstellt, dann empfehle ich meinen Athleten Folgendes: Prüfen Sie zuerst, ob Sie mit Ihrer Arbeit, mit Ihrem Training und Ihrer Wettkampfvorbereitung zufrieden sind. Wenn nicht, ziehen Sie die nötigen Konsequenzen und verändern Sie das, was erforderlich ist (z. B. härteres Training, vertrauensbildende Maßnahmen oder worin immer das erkannte Problem liegt). Wenn Sie aber mit dem, worauf Sie Einfluss haben, einverstanden sind, dann liegt der Schlüssel in der Geduld. Immer wieder kommt es vor, dass Sie trotz guter Arbeit eine Zeit lang keinen Erfolg haben werden. Ich bin jedoch davon überzeugt (und meine Erfahrung hat es immer wieder bestätigt):

Gute Arbeit führt langfristig immer zum Erfolg!

Problematisch an einer Negativserie ist vor allem, dass mit jedem Spiel der Druck auf die kommende Aufgabe wächst, diese müsse jetzt aber unbedingt den gewünschten Erfolg bringen. Dadurch werden Sie immer verkrampfter, was Ihre Erfolgsaussichten deutlich beeinträchtigt. Unterbinden Sie solche Gedanken. Unser gewohntes Denken bietet uns in solchen Fällen keine Hilfe. Gehen Sie stattdessen in jedes Spiel mit einer Einstellung, die sich nicht um Ihre Tabellensituation kümmert, sondern nur die anstehende Aufgabe sieht. Wenn Sie den Rückstand sehen, den Sie aufholen müssen, dann sind neun Punkte unheimlich viel. Wenn Sie aber Spiel für Spiel Ihr Bestes geben (und nicht mehr!), dann können neun Punkte ganz schnell aufgeholt sein.

Und noch etwas möchte ich zu Serien sagen: Serien sind dazu da, gebrochen zu werden. Jede Negativserie findet ihr Ende, das ist sicher, die meisten sogar schon sehr bald. Sie werden umso schneller enden, je weniger ich mich um sie kümmere. Eine Erfolgsserie gibt mir keinerlei Garantie, dass ich das nächste Spiel gewinne. Im Gegenteil, sie macht mich nachlässig und damit ist die kommende Niederlage schon vorprogrammiert. Wenn Sie dem zustimmen, dann gilt das umgekehrt aber genauso! Also, wenn Sie mehrfach nicht gewonnen haben, dann naht Ihr nächster Sieg, (vorausgesetzt natürlich, Sie nehmen das gerade Gesagte nicht als Selbstläufer, sondern arbeiten weiter hart für den Erfolg).

18.4 Das Selbstvertrauen wiederfinden

Wie ich im vorigen Kapitel schon sagte, lassen sich Niederlagen deshalb so schlecht verarbeiten, weil sie das Selbstvertrauen untergraben. Wenn Ihnen ein paar Mal wenig Gutes gelungen ist, dann beginnen die meisten Menschen sehr schnell, an sich zu zweifeln. Das führt zum Teil schon innerhalb weniger Wochen so weit, dass Spieler sagen: „Ich kann gar nicht mehr Fußball spielen." „Ich habe alles verlernt." Das ist natürlich ausgemachter Blödsinn. Als wenn man seinen Sport innerhalb weniger Wochen verlernen könnte. Als wenn man ihn überhaupt verlernen könnte. Was passieren kann, ist, dass man nicht immer dasselbe Gefühl für den Ball oder die eigene Bewegung hat. Vor allem aber kann man das Vertrauen in die eigenen Fähigkeiten verlieren und dann sind die eigenen Handlungen von Unsicherheit und Hemmung geprägt. Das ist gerade die Krux am Selbstvertrauen: Wenn ich Erfolg habe, kommt das Selbstvertrauen von selber. Dann ist alles leicht. Wenn der Erfolg aber ausbleibt und ich eigentlich das Selbstvertrauen am dringendsten benötige, macht es sich rar. Die meisten Sportler wissen nicht, wie sie aktiv etwas tun können, um ihr Selbstvertrauen zu behalten oder wieder aufzubauen:

Ich kann dazu einige Vorschläge machen:

- Überdenken: Sind die Ziele realistisch?
- Sich seine Stärken bewusst machen.
- Sich an frühere Erfolge und gelungene Problemlösungen erinnern.
- Erfolgserlebnisse über einfaches Handeln schaffen.
- Selbstvertrauen über Training aufbauen.
- Handeln, als ob man stark wäre.

Zunächst sollte ich mich in einer Krise fragen, **ob meine Ziele noch erreichbar sind** oder ob ich sie überarbeiten sollte. Zu hohe Ziele wirken sich leistungshemmend aus. Wenn ich durch die Krise zu weit hinter meiner eigenen Vorgabe hinterherhinke, so gerate ich unter Druck und verliere den Glauben an meine Fähigkeiten und an die Zielerreichung. Damit aber ist die positive Wirkung des Ziels dahin. Möglicherweise muss ich sogar erkennen, dass meine Zielsetzung von Anfang an unrealistisch hoch war. Dann hilft mir die Krise, eine realistische Selbsteinschätzung zurückzugewinnen. Im Fußball ist der 1. FC Köln ein schönes Beispiel für wiederholte Selbstüberschätzung. Vor der Saison 2001/02 träumten die Offiziellen wie auch das gesamte Umfeld inklusive der Presse und Fans schon von einem Einzug in den UEFA-Cup, nur weil das Team zuvor nach dem geglückten Aufstieg eine gute erste Bundesligasaison gespielt hatte. Dabei ist es allgemein bekannt, dass das zweite Jahr für Aufsteiger schwerer wird. Umso herber wirkte der Aufprall, als man auf einem Abstiegsplatz überwinterte. Die kölsche Mentalität hatte den Verein wieder einmal zu schnell in den Himmel gehoben.

Am hilfreichsten ist es meiner Ansicht nach, sich bei fehlendem Selbstvertrauen wieder **auf die eigenen Stärken zu besinnen**. Dies kann man mithilfe der Übung „Unsere Stärken" (siehe S. 167) machen. Vor Jahren wurde ich kurzfristig gebeten, einer Fußballmannschaft zu helfen, die sehr schlecht in die Saison gestartet war. Jetzt stand das Duell gegen einen der Aufstiegskandidaten an. Zunächst machte ich im Trainingslager mit dem Team den „Sitzkreis" (siehe Kap. 3 „Was ist ein Team?", S. 22) und anschließend diese Übung. Dadurch gelang es, den Glauben an sich selbst wieder aufzubauen. Am nächsten Tag gewann die Elf das Match 5:3 durch zwei Treffer in der 90. und 92. Minute. Und dies ist nur ein Beispiel. So weit ich mich zurückerinnern kann, hat noch nie eine Mannschaft ein Spiel verloren, unmittelbar nachdem ich mit ihr diese Übung durchgeführt habe.

Selbstvertrauen kann ich auch aus **früheren Erfolgen und gelungenen Problemlösungen** ziehen. Die Rückerinnerung zeigt mir, dass ich in der Vergangenheit in der Lage war, erfolgreich zu agieren. Das tut unmittelbar gut. Schauen Sie nur einmal Menschen ins Gesicht, wenn Sie diese bitten, sich an einen früheren Erfolg zu erinnern. Sofort kommt ein Lächeln in ihre Züge. Zugleich kann ich mir innerlich sagen: „Was einmal geklappt hat, klappt auch ein zweites Mal."

Neben der Bewusstmachung der vorhandenen Stärken und früheren Erfolge spielt es eine Rolle, sich schrittweise neue kleine Erfolgserlebnisse zu verschaffen. Erfolgserlebnisse habe ich dann, wenn ich **einfache Dinge** tue.

ÜBUNG 11: UNSERE STÄRKEN

Hängen Sie ein großes Papier oder eine Pappe auf. Malen Sie in die Mitte einen großen Kreis. Fordern Sie die Mannschaft auf, nacheinander für jeden Spieler eine herausragende Stärke zu benennen. Schreiben Sie diese Stärken jeweils in den Kreis hinein, sodass er sich zunehmend füllt. Wenn das ganze Team sich geäußert hat, dann fragen Sie danach, was spezifische Stärken der gesamten Mannschaft sind. Diese schreiben Sie um den Kreis herum. So ergibt sich ein Bild von inneren/individuellen und äußeren/gemeinschaftlichen Stärken. Es ist eindrücklich zu sehen, wie viele verschiedene Stärken zusammenkommen. Schließen Sie die Übung ab, indem Sie darunter die Formel schreiben:

Erfolg ist, wenn wir alle unsere Stärken einsetzen.

Dieses Blatt können Sie dann in der Kabine aufhängen, sodass die Spieler vor dem nächsten Spiel noch einmal an ihre Stärken erinnert werden.

Eine Variation dieser Übung sieht so aus, dass Sie die Stärken Ihrer Athleten ihrer jeweiligen Spielposition entsprechend eintragen, sodass ein aufgemaltes Spielfeld sich zunehmend mit ihren Qualitäten füllt.

Wenn ich mir unsicher geworden bin, was ich noch kann, dann fange ich am besten im Training (und im Spiel) mit den Sachen an, die ich sicher beherrsche und steigere dann schrittweise den Schwierigkeitsgrad. Häufig neigen Menschen dazu, genau das Gegenteil zu tun. Wenn nichts klappt, probieren sie in ihrer Verzweiflung Dinge, die noch nie funktioniert haben. Dass die dann auch nicht klappen, ist nur logisch, was die Frustration noch weiter verstärkt.

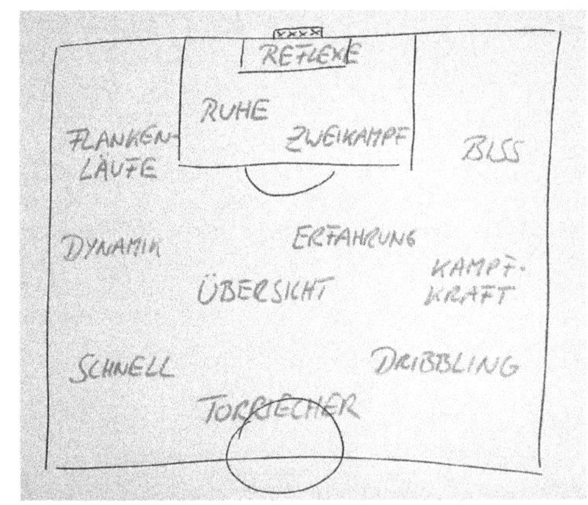

So kann das Ergebnis der Übung „Unsere Stärken" bei einer Fußballmannschaft aussehen.

Die Zauberformel heißt: Wenn es schwierig wird, handle einfach.

Sind Sie sich zudem bewusst, welche Wirkung die **Intensität und Qualität** des Trainings auf das Selbstvertrauen Ihrer Athleten hat? Die Tennisspielerin Andrea Petkovic sagte einmal zur Zeit ihrer größten Erfolge als Erklärung für ihre damaligen Leistungen: „Wenn man gut trainiert hat, wenn man rundum fit ist, fällt alles wesentlich leichter, dann hat man gleich ein neues Selbstwertgefühl. Und ein anderes Selbstbewusstsein." Häufig ergeht es uns genau andersherum. Es läuft seit einiger Zeit nicht, dadurch schwindet unser Selbstvertrauen und zugleich unsere Motivation. Weil wir so deprimiert sind, werden wir zögerlicher im Handeln und unmerklich sind nicht mehr genauso aktiv im Training. Doch gerade da liegt ein Fehler. Jetzt ist das Training für uns noch wichtiger. Hier können wir Selbstvertrauen aufbauen und stärken, um dann mit diesem erfrischten Selbstvertrauen in den nächsten Wettkampf zu gehen.

Was auch hilft, ist, zu **„handeln als ob"**. Versetzen Sie sich vor dem Spiel gedanklich zurück in einen Moment, wo Ihnen alles gelungen ist. Lassen Sie dieses Gefühl in sich stärker werden. Und dann gehen Sie mit diesem Gefühl auf den Platz bzw. in die Halle. Handeln Sie so, als ob Sie heute voller Selbstvertrauen wären. Als ob Sie sich ganz stark und unbezwingbar fühlten. Das hat eine überraschende Wirkung.

Sie können das an folgendem Beispiel ausprobieren. Stellen Sie sich vor den Spiegel und lachen Sie sich an, auch wenn Ihnen gar nicht zum Lachen zumute ist. Beobachten Sie dabei, wie lange es dauert, bis Ihre Laune besser wird. (Mir ist klar, dass einige Leser jetzt denken: „Was soll der Quatsch, sich minutenlang vor den Spiegel zu stellen und dumm anzugrinsen?" Es ist auch nur ein Vorschlag für die, welche die Wirkung des „Handelns als ob" ausprobieren wollen.)

18.5 Heim- und Auswärtsschwäche

Wenden wir uns damit einem spezielleren Fall zu. Vor einigen Jahren habe ich eine Fußballmannschaft betreut, die zu Hause sehr erfolgreich, aber auswärts ohne Fortune auftrat. In der Winterpause überlegten wir deshalb zusammen, wo-ran das liegen könnte. Ein Spieler meinte, es könne an der Tatsache liegen, dass sie als Aufsteiger auf vielen ihnen unbekannten Plätzen spielen würden, was zu einer größeren Unsicherheit bei den Spielern führte. (Sie erinnern sich vielleicht daran, dass ich in Kap. 10 schon darauf hinwies, wie eng Fremdheit und Unsicherheit zusammenhängen.) So wurde beschlossen, in der Rückrunde früher zu den Spielen anzureisen. Die Athleten hatten so mehr Zeit, sich mit der Sportanlage vertraut zu machen. Diese einfache Maßnahme führte direkt im ersten Auswärtsspiel zu einem 6:0-Erfolg!

Ich habe Ihnen dieses Beispiel erzählt, weil es Ihnen einen Lösungsweg für ein solches Problem aufzeigt. Setzen Sie sich mit Ihrem Team zusammen und ergründen Sie, woran die negative Bilanz bei Ihnen liegen könnte. Häufig gibt es ganz konkrete Erklärungen, wie auch im obigen Fall, und damit auch ganz konkrete Lösungen. Es ist vergleichbar der Situation mit dem Angstgegner (siehe Kap. 18). Auswärtsschwäche hat nichts Mystisches, sondern ist eine Herausforderung für mich, neue Lösungen zu finden. Die Fremdheit stellt dabei einen klassischen Faktor dar, welcher die Auswärtsmannschaft benachteiligt, ein anderer die teilweise strapaziöse Anreise.

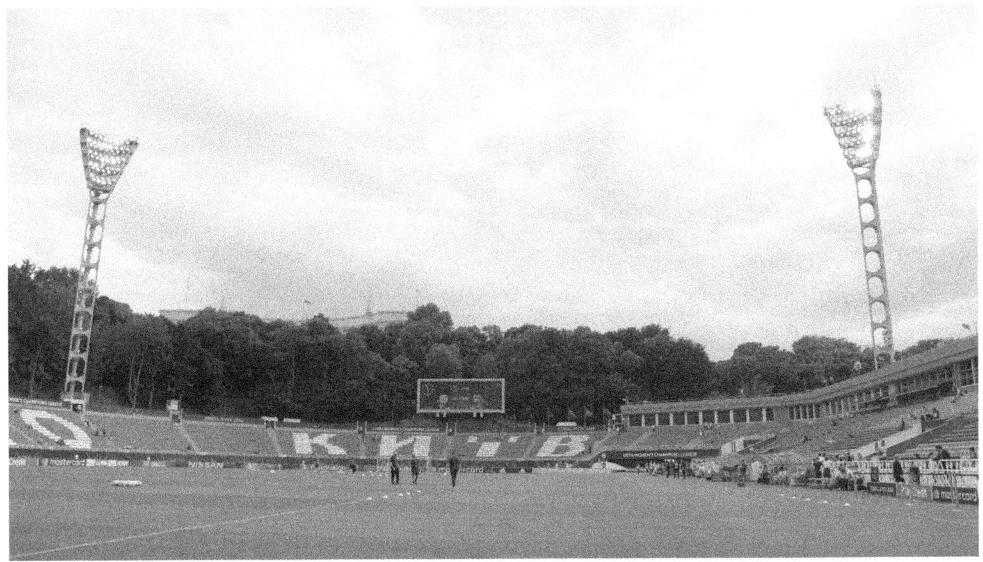

Ein fremdes Stadion erzeugt Unsicherheit bei Ihren Athleten.

Heimschwäche hängt häufig mit den erhöhten Erwartungen zusammen. Man selbst erwartet von sich, die Heimspiele zu gewinnen und das Publikum sieht es ebenso. Jedes Jahr können wir im Abstiegskampf der Fußballbundesliga wieder sehen, dass die beteiligten Mannschaften auswärts viele Punkte sammeln, dagegen im eigenen Stadion nur selten gewinnen. Der Heimsieg ist für diese Teams „ein Muss" im Kampf um den Klassenerhalt. Wenn ich aber gewinnen muss, bin ich verkrampft und dann leidet meine Leistung.

Vielleicht denken Sie jetzt: Aber das eigene Publikum dient doch mit seinen Anfeuerungen als Unterstützung für meine Mannschaft. Nicht umsonst spricht man so gerne vom „12. Mann". Leider stimmt das nur selten.

Der Sportpsychologe Bernd Strauß (Strauß, 1999) zeigt in seinen Untersuchungen, dass das heimische Publikum, entgegen der allgemeinen Erwartung, nur unter sehr speziellen Bedingungen einen Vorteil darstellt, häufiger dagegen sogar leistungsmindernd wirkt. Schalke 04 und die neue Arena „Auf Schalke" sind ein schönes Beispiel dafür. Seit die Arena fertiggestellt wurde, hat sich die Heimbilanz der Königsblauen verschlechtert, obwohl man angesichts der tollen Stimmung und der Nähe der Zuschauer zum Spielfeld einen gesteigerten Heimbonus vermuten dürfte. Auch Wolfsburg weihte das neue, stimmungsvolle Stadion zunächst mit zwei Heimpleiten ein.

18.6 Verletzungspech

„Hindernisse bringen manche Menschen dazu, zu zerbrechen; andere dazu, Rekorde zu brechen." William A. Ward

Früher oder später wird jede Mannschaft von einer Verletzungsserie heimgesucht. Komischerweise gibt es Jahre, in denen Unglücke gehäuft auftreten. Warum das so ist, weiß niemand genau zu sagen. Wenn es passiert, müssen Sie als Trainer damit umgehen. Was ist die Chance einer Verletzungsmisere? Zumindest, dass andere Spieler ihre Qualitäten beweisen können. Spieler, die bisher meist nur auf der Auswechselbank Platz genommen haben, müssen plötzlich Verantwortung übernehmen.

Immer wieder erlebe ich, dass sie dies viel besser umsetzen, als man ihnen zuvor zugetraut hatte. Während ich diese Zeilen schreibe, kann man im Skispringen gerade ein schönes Beispiel dafür erleben. Michael Uhrmann steht seit Jahren im Schatten der großen Stars Sven Hannawald und Martin Schmitt. Zu Beginn des Winters waren diese beiden aber auf Grund von Knieverletzungen gehandicapt, sodass sie noch nicht im Weltcup starten konnten.

Plötzlich war es Michael Uhrmann, der in diese Lücke stieß und mehrfach Plätze unter den ersten Fünf belegte. Ein neuer Stern war geboren, so schien es. Doch kaum kehrten die beiden alten Helden auf die Bühne zurück, ging es mit Michael Uhrmann wieder bergab. Seitdem kommt er nicht mehr über Platzierungen zwischen 15 und 30 hinaus. Er ist wieder genau da, wo er sich zuvor befand.

Dieses Beispiel zeigt sehr schön, wozu ein Athlet in der Lage sein kann, wenn vor ihm der Stammspieler plötzlich fehlt. Solche „Stars" blockieren oftmals die Entwicklung der Dahinterstehenden. Sind sie verletzt, so bietet sich die Chance, dass die anderen zeigen können, was in ihnen steckt.

Es gibt aber noch einen weiteren positiven Effekt, den Verletzungspech hervorbringt. Im optimalen Fall rückt die Mannschaft dadurch enger zusammen. In Kap. 10 habe ich davon gesprochen, dass eine Bedrohung von außen zum Zusammenschluss innerhalb der Gruppe führt. Die Benachteiligung durch das Schicksal in Form von wiederholten Verletzungen kann genau solch einen Effekt auslösen. Die Gruppe erlebt die Situation dann als „Alle Welt ist gegen uns" und tritt dadurch geschlossener auf.

Zusätzlich kann eine Verletzungsmisere natürlich auch darauf hinweisen, dass Ihr Kader zu klein war. Vielleicht bildet sie also eine ganz konkrete Anregung, nach Verstärkung Ausschau zu halten.

18.7 Möglichkeiten der Konfliktlösung

Bisher habe ich ausführlich über sportliche Probleme gesprochen. Natürlich kann es aber auch zu ganz anderen Schwierigkeiten kommen. Solange der Erfolg anhält, funktioniert das soziale System meistens ohne größere Reibereien. Misserfolg aber bringt häufig die möglicherweise schon länger schwelenden Konflikte zwischen den Spielern oder zwischen Ihnen als Trainer und einzelnen Athleten zu Tage.

Wie können Sie solche Konflikte lösen? Nun, zunächst ist es wichtig, dass Sie den Konflikt überhaupt sehen. Viele Menschen neigen dazu, aus einem ausgeprägten Harmoniebedürfnis heraus Konflikte zu meiden. Solange kann ich sie nicht lösen. Schaue ich den sozialen Spannungen aber ins Auge, bin ich handlungsfähig. Zu den bewährten Strategien zur Konfliktlösung zählen dabei folgende (weitere Ansätze finden Sie in der vertiefenden Literatur, so z. B. in Glasl 2011 oder Gührs & Nowak, 2006):

Einige wichtige Strategien zur Konfliktlösung

- Gemeinsame Aussprache der Betroffenen.
- Schlichtung durch einen unbeteiligten Dritten.
- Praktische Regelungen schaffen.
- Ein Machtwort sprechen.
- Gemeinsamkeiten finden bzw. wiederfinden.

Jeder Lösungsversuch setzt natürlich voraus, dass die beteiligten Personen überhaupt ein Interesse daran haben. Dazu gehört es, dass sie grundsätzlich bereit sind, zur Lösung auch etwas beizusteuern. Partnerschaft bedeutet immer, für den anderen etwas Individuelles zu opfern und dafür etwas vom anderen zu bekommen. Ist die Bereitschaft hierzu nicht vorhanden und sehen die Beteiligten nicht, dass sie einander brauchen, so wird keine Konfliktlösung stattfinden.

Doch gehen wir vom positiven Fall aus. Das Einfachste ist es, zunächst die beiden **Konfliktparteien an einen Tisch zu bringen**. Diese können sich alleine zusammensetzen oder aber sie können es zusammen **mit einem neutralen Dritten** tun. Wichtig ist bei Letzterem, dass die neutrale Person von beiden Seiten als geeignet angesehen wird. Ansonsten fühlt sich einer der Beteiligten benachteiligt und das Gespräch scheitert dadurch. Das Verfahren, eine dritte Partei einzubeziehen, findet inzwischen sowohl in der Wirtschaft (z. B. der Schlichter bei Tarifverhandlungen), wie im Gerichtswesen (➲ Schiedsmann) als auch in der Partnerschaftsberatung (➲ Mediation) Berücksichtigung. Eine solche dritte Person können Sie als Trainer sein, der Spielführer, der Teambetreuer, ein Vorstandsmitglied oder jede andere geeignete Person.

Wenn beide Seiten bereit sind, einen Kompromiss zu finden, so hilft es oft, konkrete, **praktische Regelungen** zu treffen. Wer darf wann was machen? Nehmen wir zum Beispiel an, der Konflikt würde darin bestehen, dass ein Spieler sich vom anderen auf dem Platz geschnitten fühlt. Es hilft in einem solchen Fall, nicht nur nach möglichen Ursachen zu fragen, sondern auch konkrete Abmachungen zu treffen. So lässt sich vereinbaren, dass ein Beobachter in den nächsten Spielen die Pässe zwischen beiden Athleten zählt.

Oder es wird abgesprochen, dass beide im Training gemeinsam bestimmte Übungen machen. Solche konkreten Abmachungen wirken zwar manchmal etwas künstlich, aber sie führen zu einer Konkretisierung der Erwartungen aneinander. Dadurch weiß jeder der beiden Spieler, was er genau zu tun hat, um den gefundenen Kompromiss einzuhalten.

Aber nicht immer bietet eine Aussprache die richtige Lösung. In einigen Fällen bedarf es ganz einfach eines **Machtworts** durch die Führungsperson, also durch Sie, den Trainer. Bei Kindern können wir das gut beobachten. Viele Streitigkeiten zwischen Geschwistern brauchen keine Lösung. Da genügt es, wenn die Eltern sagen: „Jetzt ist Schluss. Sonst geht jeder auf sein Zimmer." Und nicht selten reicht das aus, damit Ruhe eintritt. So wenig schmeichelhaft das klingt, aber Erwachsene verhalten sich oftmals genau wie Kinder. Deswegen ist es durchaus eine brauchbare Option, Konflikte durch ein Machtwort zu lösen.

ÜBUNG 12: ICH & WIR

Geben Sie Ihren Spielern einen Fragebogen mit den folgenden Satzanfängen. Die Spieler sollen jeder für sich die Sätze jeweils vervollständigen.

ICH:		WIR:	
	Ich habe das Ziel …		*Wir haben das Ziel …*
	Meine Motivation liegt in …		*Unsere Motivation liegt in …*
	Ich kann gut …		*Wir können gut …*
	Ich gebe den anderen …		*Wir geben einander …*
	Ich wünsche mir von …		*Wir wünschen uns von …*
	Ich brauche …		*Wir brauchen …*
	Ich werde …		*Wir werden …*

Anschließend tragen Sie die Ergebnisse zusammen, indem Sie die Spieler Ihre Antworten zu den Fragen laut aussprechen lassen. Indem Sie auf die Antworten eingehen, ist es möglich, mit den Athleten ins Gespräch zu kommen.

Es geht darum, herauszuarbeiten, wie das Verhältnis des Einzelnen zur Mannschaft aussieht und was gemeinsam getan werden kann, um die gemeinschaftliche Situation positiv zu verändern.

Eine weitere Option, die Sie haben, besteht darin, **Gemeinsamkeiten herauszuarbeiten.** Über einen Konflikt geht häufig die Wahrnehmung dessen, was uns verbindet, verloren. In einer Mannschaft sind alle vereint durch das gemeinsame Ziel. Man besitzt außerdem gemeinsame Interessen, hat gemeinsame Dinge erlebt, gemeinsame Zeit verbracht, hat gemeinsame Probleme usw. Wenn es mir gelingt, diese Gemeinsamkeiten (wieder-) zu erkennen, habe ich eine Basis gefunden, auf der die gemeinsame Zukunft gründen kann.

Ich habe in einer Fußballmannschaft folgendes Problem erlebt. Der Zugang von mehreren Spielern türkischer Herkunft führte in der Mannschaft zur Bildung von zwei Gruppen, die nur noch wenig Kontakt miteinander pflegten. Auf der einen Seite standen die sieben Türken des Teams und auf der anderen Seite die etwa 15 deutschen Athleten. Nicht, dass beide Gruppen gegeneinander gearbeitet hätten, aber der Zusammenhalt war verloren gegangen. Darunter litten zunehmend die sportlichen Resultate.

Mithilfe der Übung „Ich & Wir" (s. S. 173) kam ein fruchtbares Gespräch zu Stande, welches das gemeinsame Interesse der gesamten Mannschaft wieder in den Vordergrund brachte. Dadurch waren beide Gruppierungen bereit, sich zum Wohle des Teams aufeinander zuzubewegen, etwa indem mehr gemeinsame Zeit nach dem Training verbracht wurde. Schon im nächsten Spiel stellte sich der Erfolg ein. (Natürlich ist eine Lösung nicht für alle Konflikte so einfach, aber dieses Beispiel zeigt, welche simplen Maßnahmen manchmal ausreichen, um aus konkurrierenden Spielern wieder ein Team zu machen.)

18.8 Die große Aussprache im ganzen Team

Wenn Sie es genau betrachten, werden Sie feststellen, dass fast keine Mannschaft ohne Krisen durch ein Jahr kommt. Eine Form, mit solchen Krisen umzugehen, besteht darin, im ganzen Team eine große Aussprache durchzuführen. Hiermit ist ein Treffen gemeint, bei dem alles auf den Tisch kommt, was bisher ungesagt blieb, bei dem unangenehme Wahrheiten und persönliche Sichtweisen ausgesprochen werden dürfen. Häufig reinigt ein solches Gespräch die Luft und anschließend haben alle Beteiligten neue Kraft, sich den Aufgaben zu stellen.

Bei der Hockey-WM 2002 hatte das deutsche Team zum Beispiel das Gruppenspiel gegen Spanien überraschend verloren. Schon frühzeitig war damit die Qualifikation für das Halbfinale in Gefahr. Das Bedrückende war aber nicht nur die Niederlage an sich, sondern auch die Art und Weise, wie die Mannschaft diese Niederlage erlitten hatte. Noch am selben Abend trafen wir uns deshalb zu einer Aussprache. Hierbei machten sich die Trainer und auch ich Luft. Wir verdeutlichten die Situation und die möglichen Ursachen dafür. Viel wichtiger aber war, dass die Spieler sich untereinander „die Meinung sagten". Besonders waren die Führungsspieler gefragt, da sie den Ton im Team angaben.

Aber auch die anderen wurden zum Sprechen aufgefordert. Am Ende blieb bei allen das Gefühl zurück, dass einige schwelende Dinge ausgesprochen und schleichende Gefahren sichtbar gemacht wurden. In diesen Stunden wurde der Geist geboren (oder besser gesagt „wiedergefunden"), der die Mannschaft zu den folgenden sechs Siegen und damit zum Titel führte.

Natürlich ist eine solche Aussprache nicht immer von Erfolg gekrönt. Im Gegenteil, eine Aussprache birgt eine Menge Gefahren in sich. Darüber müssen Sie sich im Klaren sein!

Man kann auch schlafende Hunde wecken, unangenehme Gefühle können angefacht und Probleme aufgebauscht werden. Häufig führt ein solches Gespräch zu einer Konfrontation, entweder zwischen verschiedenen Spielern, viel mehr jedoch noch zwischen Spielern und Trainer. Dennoch habe ich dieses Mittel immer wieder mit viel Erfolg eingesetzt.

Damit es gelingt, ist es notwendig, einige grundsätzliche Dinge zu beachten:

Wann?: Zunächst muss der Zeitpunkt gut gewählt werden. Es macht keinen Sinn, unmittelbar nach einem Spiel zusammenzusitzen. Die Gefühle sind noch viel zu frisch, die Emotionen zu aufbrausend. Etwas Abstand zum Geschehen tut gut. Jedoch nicht zu viel. Denn das Thema muss auch noch „heiß" sein. Am besten ist also, den ersten Trainingstag nach dem zurückliegenden Spiel zu nutzen. Oder den spielfreien Tag zwischen zwei Spielen innerhalb eines Turniers.

Rahmenbedingungen: Ganz wichtig ist, dass Sie einen ungestörten Raum finden, der groß genug ist und wo alle sich sehen können. Viele Kabinen eignen sich nicht, da sie eng und durch Mittelreihen unübersichtlich sind. Wenn möglich, gehen Sie in den Nebenraum einer Gaststätte oder Ähnliches. Dann sorgen Sie dafür, dass genug Zeit zur Verfügung steht. Verzichten Sie lieber auf ein Training. Denken Sie daran: „Störungen haben Vorrang". Bedenken Sie auch: Nach dem Training sind die Spieler oft müde und unter Zeitdruck.

Wer?: Alle beteiligten Personen sollten anwesend sein, also möglichst alle Spieler und Sie als Trainer sowie alle weiteren Personen des direkten Umfelds (Physiotherapeut, Betreuer, Kotrainer ...), welche mitbetroffen sind. Zugleich sollte der Kreis aber so klein wie möglich gehalten werden.

Was?: Schon vorher sollten Sie sich überlegen, was zur Aussprache kommen soll. Wollen Sie eher eine emotionale oder eine sachliche Aussprache? Wollen Sie gerade die aktuellen Gefühle aussprechen oder eher eine rationale Analyse? Welches Ergebnis soll am Ende stehen? Was soll in der Aussprache vermieden werden (z. B. die „klassische" Trainer-Athleten-Konfrontation)? Wie können Sie alle Spieler dazu bringen, sich zu äußern? Finden Sie schon im Vorfeld Antworten auf diese Fragen und gestalten Sie die Sitzung entsprechend.

Wie?: Sorgen Sie dafür, dass vor allem die Spieler selbst zur Sprache kommen. (Ein Trainer hat das auf den griffigen Nenner gebracht: „Ich habe nur einen Mund, aber zwei Ohren, also rede ich höchstens halb so viel wie ich zuhöre.") Es hat sich dabei bewährt, das Gespräch durch Leitfragen einzuführen. Lassen Sie dazu jeden Spieler seine zentralen Gedanken zunächst für sich fassen und formulieren, etwa als Schlagwort auf eine Karteikarte, die Sie vorne für alle sichtbar auf eine Pappe oder ein Flipchart heften. Legen Sie zu Anfang ein Zeitlimit fest, da solche Gespräche sehr leicht ausufern. Am Ende sollten Sie darauf achten, dass eine konkrete Vereinbarung getroffen wird. (Wer macht wann was?) Das hilft dabei, dass man später feststellen kann, ob die Ideen der Sitzung umgesetzt wurden. Und dann viel Glück und gutes Gelingen.

Solche Aussprachen stellen ein besonderes Mittel dar. Wenn Sie zu häufig darauf zurückgreifen, reagieren Ihre Athleten schnell genervt. Setzen Sie diese Alternative also gezielt ein, z. B. wenn Sie eine Dringlichkeit verspüren oder wenn für Sie spürbar etwas Wichtiges schief läuft, wenn Sie also grundsätzliche Probleme sehen. Häufig sind in der Praxis anhaltende Misserfolgsserien der passende Anlass, keineswegs jedoch der einzig sinnvolle. Ich habe eine solche Aussprache auch schon nach dem ersten Saisonspiel durchgeführt, weil die Art und Weise, wie wir dieses Spiel verloren, in meinen Augen einen tief greifenden Charakter aufwies.

Der schwierige Spieler

19

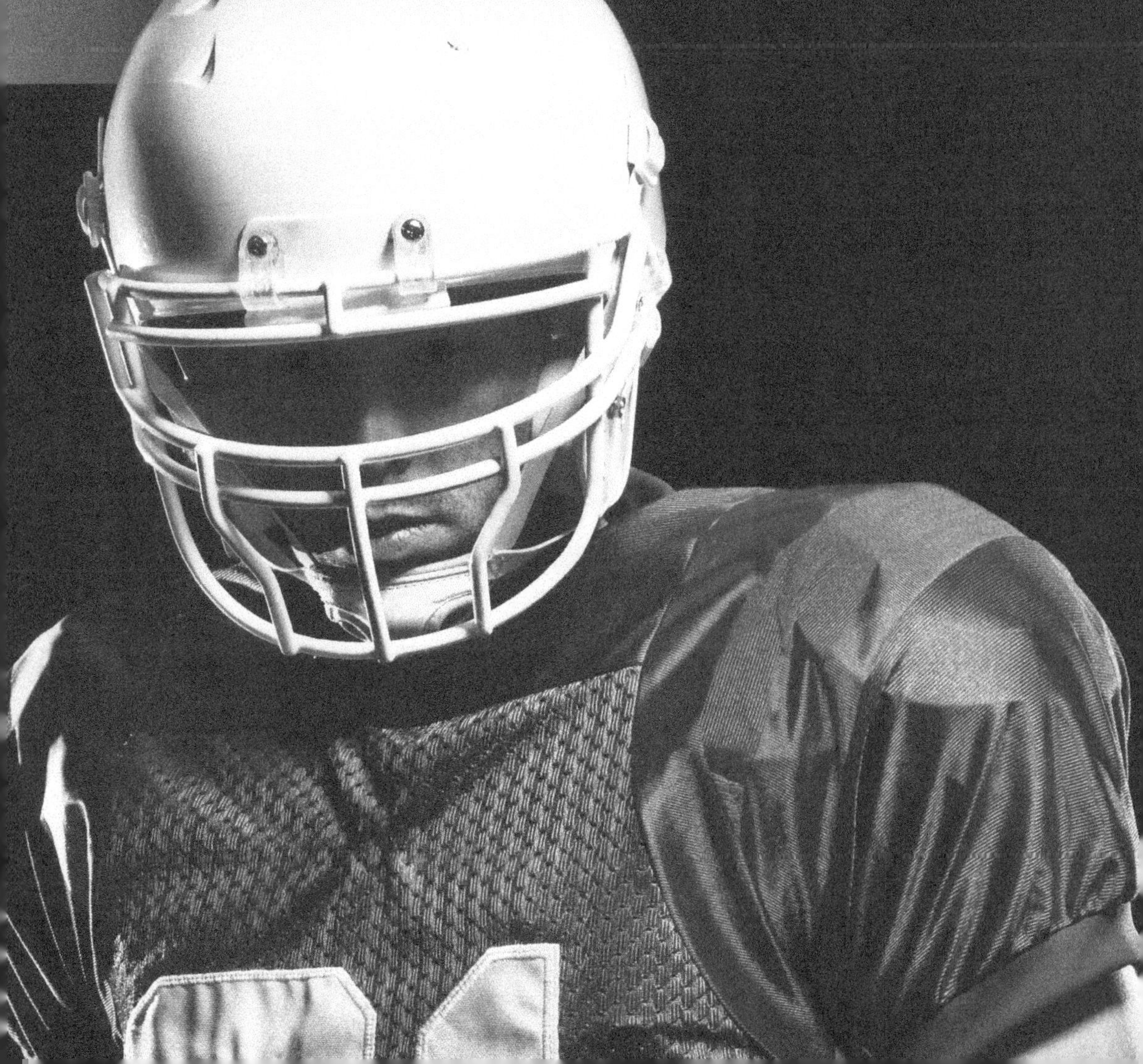

19

19 Der schwierige Spieler

Der Aspekt des „Problemspielers" wird in der Literatur und unter Trainern immer wieder gerne diskutiert. Mir scheint dieser Aspekt überbewertet. Es stellen sich nämlich ein paar grundlegende Fragen: Was ist eigentlich ein schwieriger Spieler? Gibt es so etwas überhaupt? Oder sind Spieler vielleicht nur für Sie persönlich schwierig, während andere Trainer mit ihnen gut auskommen?

Nach meiner Erfahrung ist an beidem etwas dran. Es gibt Menschen, die mit den meisten Mitmenschen früher oder später Probleme bekommen und die sich deshalb in allen Mannschaften ins Abseits manövrieren. Über mögliche Gründe und Charaktereigenschaften wird in der Folge noch zu sprechen sein. Genauso gibt es aber auch Menschen, mit denen ich persönlich immer wieder Probleme bekomme, weil solche Typen speziell für mich eine Schwierigkeit darstellen.

19.1 Eigene empfindliche Punkte

Nicht immer ist also der Spieler schwierig, wenn Sie mit einem Athleten ein Problem haben. Genauso kann es sein, dass er bei Ihnen einen heiklen Punkt berührt hat. (In den meisten Fällen wird die Antwort wohl in der Mitte liegen. An der Entstehung von zwischenmenschlichen Konflikten haben – nicht immer, aber doch in vielen Fällen – beide Parteien ihren Anteil.)

Gehen wir erst einmal von diesem Fall aus. Wir alle haben Stellen, an denen wir besonders empfindlich reagieren. Der eine kann vielleicht Unpünktlichkeit nicht ausstehen, während den anderen das gar nicht stört. Letzteren bringt dafür ganz schnell Ungerechtigkeit auf die Palme. Der Dritte wiederum kann es nicht leiden, wenn Athleten zu wenig Eigenverantwortung übernehmen usw. Das ist alles menschlich.

Für Sie lautet die Frage: Was sind Ihre empfindlichen Punkte? Wo reagieren Sie sehr schnell und ungewöhnlich heftig? Es ist gut, wenn Sie sich das bewusst machen. Nicht, weil es darum geht, es abzustellen. Warum sollen Sie nicht in manchen Punkten heftiger reagieren? Das dürfen Sie Ihren Athleten ruhig zumuten. Wenn Sie sich Ihre empfindlichen Punkte jedoch bewusst machen, lernen Sie sich besser kennen. Und dann können Sie Situationen, die zu einem Konflikt mit einem Spieler führen, in Zukunft besser verstehen. Das wiederum ermöglicht es Ihnen, sich nicht in die Auseinandersetzung zu verbeißen, sondern in einer ruhigen Stunde zu einer gelasseneren Haltung zurückzufinden.

Ich selbst weiß zum Beispiel von mir, dass ich empfindlich auf Menschen reagiere, die mich nicht ernst nehmen. Dann werde ich ungewöhnlich kalt, arrogant und ärgerlich. Da ich das inzwischen weiß, kann ich heutzutage, nachdem ich wieder derart reagiert habe, im Nachhinein mein Verhalten besser verstehen und dadurch möglicherweise zu anderen Lösungen kommen. Das Verstehen bringt mir also mehr Klarheit und einen größeren Verhaltensspielraum.

19.2 Problematische Verhaltensweisen von Athleten

Nicht immer aber reicht es aus, bei mir selbst nach Schwierigkeiten zu suchen. Natürlich liegen auch viele Fehler auf Seiten der Spieler. In meiner Praxis sind mir dabei die folgenden problematischen Verhaltensweisen immer wieder begegnet:

Typische problematische Verhaltensweisen einzelner Athleten:

- Disziplinlosigkeit
- Mangelnde Einstellung zum Sport (bis hin zur Faulheit)
- Fehlende Selbstkritik
- Eigensinn
- Unehrlichkeit

Ausführlicher beschreiben, was mit den einzelnen Punkten gemeint ist, muss ich wahrscheinlich nicht, denn Sie alle schlagen sich mit diesen Dingen in Ihrem Traineralltag tagtäglich herum. Für mich ist es deshalb interessanter, nach Lösungsansätzen zu schauen. Wenn ich das in der ganzen Breite der Möglichkeiten tun wollte, würde ich damit schnell den Rahmen dieses Buches sprengen. Zu individuell sind die Menschen und die konkreten Situationen, in denen sich die problematischen Verhaltensweisen zeigen. Ich möchte mich deshalb darauf beschränken, ein paar einfache Ideen zu den einzelnen Punkten zu formulieren. Wer mehr dazu erfahren möchte, der sei auf den interessanten Beitrag von Dettmar Cramer (Cramer, 1995) verwiesen.

Disziplinlosigkeit begegnen Sie am besten, indem Sie klare Regeln aufstellen und deren Einhaltung durch erkennbare Strafen einfordern. Manche Athleten brauchen das einfach. Erst wenn es sie richtig Geld kostet oder wenn sie andere negative Folgen tragen müssen, nehmen Sie die Einhaltung der Regeln ernst. Von Ihnen als Trainer erfordert das die Fähigkeit, konsequent zu sein und Strafen auch wirklich auszusprechen. Ich weiß, dass einige Trainer damit Probleme haben. Aber dann dürfen Sie sich auch nicht wundern, wenn Ihre Athleten die Vorgaben nicht einhalten. Was glauben Sie: Würden genauso viele Menschen an jeder roten Ampel halten, wenn sie nicht mit einer Strafe rechnen müssen? Vergessen Sie außerdem nicht: Die Mannschaft selbst wünscht klare Regelungen. Gerade erst konnte man wieder in der Fußballbundesliga erleben, dass die Mannschaft von Bayer Leverkusen von sich aus einen Strafenkatalog erstellt hat, um die Disziplin im Team zu fördern.

Manchmal genügen aber auch die üblichen Strafen nicht. Es gibt Menschen, die in ihrem Leben einfach extrem unorganisiert sind oder die nicht gelernt haben, Regeln zu achten. Hier müssen Sie sich dann fragen, ob Sie bereit sind, auch drastischere Folgen auszusprechen. (Im Fußball gibt es zum Beispiel in solchen Fällen sehr hohe Geldstrafen. Ich denke da an Spieler wie Amoroso und Ailton, die wiederholt zu spät aus ihrem Urlaub zurückkamen und dafür fünfstellige Beträge zahlen mussten.) Am Ende der möglichen Konsequenzen steht immer die gegenseitige Trennung. Sie müssen dabei für sich abwägen, ob der Schaden durch die fortwährende Verletzung der Disziplin schwerer wiegt als der Verlust des betreffenden Athleten. Grundsätzlich vertrete ich die Haltung, eine Trennung auch bei den besten Spielern nicht auszuschließen. Nur wenn ich zu dieser letzten Konsequenz bereit bin, habe ich die volle Kraft zum Handeln.

Mangelnde Einstellung kann einen Hinweis beinhalten, dass der betroffene Akteur sich über seine Motivation nicht im Klaren ist bzw. keine ausreichende Motivation für den Sport besitzt oder dass er den Zusammenhang zwischen Aufwand und Ertrag nicht erkannt hat. Letzteres kommt immer wieder vor. Es fällt leicht, von großen Zielen zu träumen, doch um sie zu erreichen, muss man sehr viel und sehr hart arbeiten. Darüber sind sich viele Athleten nicht im Klaren.

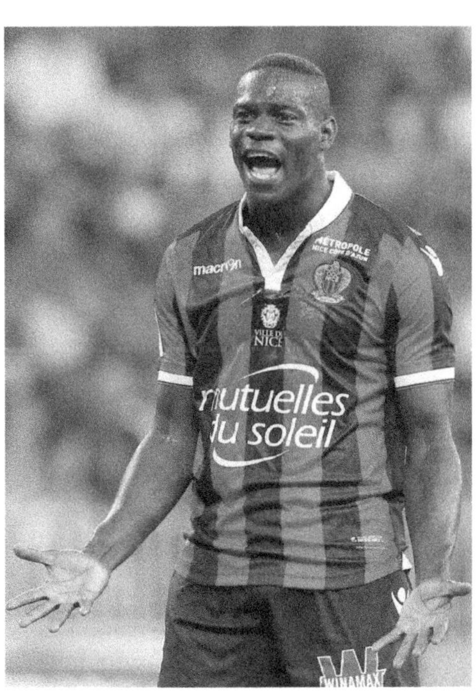

Gilt als Prototyp eines schwierigen Spielers: Mario Balotelli.

Ich habe einen Fußballspieler einer Amateurmannschaft betreut, der davon träumte, einmal in der Bundesliga zu spielen. Aber er handelte nicht danach, trainierte nur 3 x die Woche und unternahm auch ansonsten nichts, um seinen Wunsch zu verwirklichen. Wie sollte es dann klappen? Logischerweise ist nichts aus seinem Traum geworden.

Nicht immer sind die Diskrepanzen zwischen Anspruch und Wirklichkeit derart extrem, aber auch im Kleinen handeln viele Spieler nicht so, dass sie ihr Ziel erreichen können. Erst wenn Sie erkennen, dass Sie selbst den Grundstein für Ihren Erfolg durch Ihr konsequentes und ausdauerndes Handeln legen müssen, haben Sie eine realistische Chance.

Einem Spieler mit unzureichender Einstellung würde ich deshalb zum Einzelgespräch bitten. Dann würde ich ihn danach fragen, was er im Sport erreichen möchte und wie er dahin zu kommen gedenkt. Ein solches Gespräch ist sicher nicht immer leicht zu führen, bringt aber mehrere positive Aspekte mit sich.

Zum einen erfahren Sie etwas über den Spieler. Wie sieht er sich selbst und welche Gründe bringt er für sein Verhalten an? Zum anderen kann das Gespräch für den Athleten einen Anstoß bilden, seine Situation zu überdenken. Außerdem können Sie gemeinsame Schritte vereinbaren, die zu einer geänderten Einstellung führen.

Dazu gehören sicher Dinge, die der Spieler tun muss, aber auch Sie können möglicherweise etwas beitragen. Nicht immer ist mangelnde Einstellung ja ein Problem, das vorrangig von der Spielerseite herrührt. Wenn Sie als Trainer (oder auch die Vereinsführung) einem Spieler schon frühzeitig signalisiert haben, dass er in Ihren Planungen keine Rolle mehr spielt, wird er vermutlich im Training nur noch mit gebremstem Einsatz agieren. Dieses Beispiel bestätigt, was ich eingangs gesagt habe, nämlich dass mangelnde Einstellung häufig mit einer unklaren oder fehlenden Motivation zusammenhängt.

ÜBUNG 13: MEIN INPUT – MEIN OUTPUT

Zur Vorbereitung auf ein Vier-Augen-Gespräch können Sie gut folgenden Fragebogen „Input – Output" einsetzen. Er zielt bewusst darauf ab, den Athleten dazu anzuregen, über das Verhältnis von Einsatz und Ertrag seiner sportlichen Aktivität nachzudenken. Dieser Fragebogen bildet dann die Grundlage Ihrer Unterhaltung.

1. Was ist das derzeit Wichtigste in deinem Leben?
2. An welcher Stelle steht für dich dabei der Sport?
3. Wie groß bezifferst du dein eigenes Talent auf einer Skala von 1-100?
4. Wie viel Prozent davon hast du bis heute umgesetzt?
5. Was müsstest du tun, um die restlichen Prozente deines Talents abzurufen?
6. Was hindert dich daran, dies zu tun?
7. Was ist dein höchstes Ziel, welches du im Sport einmal erreichen möchtest?
8. Wie viel Prozent investierst du, um dieses Ziel zu erreichen?
9. Was könnte dich dazu bringen, noch mehr Energie dafür aufzubringen als bisher?
10. Was war deine ursprüngliche Motivation, mit dem Sport anzufangen?
11. Und was treibt dich heute an?
12. Wenn sich dazwischen Unterschiede ergeben: Was ist aus den ursprünglichen Antrieben
13. Einmal anders gefragt: Was soll dir der Sport geben?
14. Gibt er dir das, was du von ihm haben möchtest?
15. Gibst du ihm das, was es braucht, damit du das Gewünschte erhältst?
16. Wenn nein, was hält dich davon ab?
17. Gibt es etwas, was die Fragen in dir ausgelöst haben und das du ebenfalls noch festhalten willst?

Fehlende Motivation erlebt man im Jugendbereich häufig dann, wenn der Athlet nicht aus eigenem Antrieb den Sport ausübt, sondern weil die Eltern das gerne wollen. Nicht selten sind ja die Eltern ehrgeiziger als das eigene Kind. Früher oder später wird eine solche Konstellation aber zwangsläufig zu Problemen führen. Erfolgreiche Athleten brauchen eine starke intrinsische, also aus ihnen selbst kommende, Motivation. Nur dann haben sie die Ausdauer und Kraft, den langen Weg mit all seinen zwischenzeitlichen Problemen und Rückschlägen zu bewältigen (eine Auflistung der wichtigsten intrinsischen Motive finden Sie bei Trosse, 2003).

Schwierig wird der Umgang mit Athleten auch dann, wenn Sie nicht in der Lage sind, **Selbstkritik** zu üben. Manche Sportler sehen die Gründe für ungenügende Leistungen immer in den Umständen bzw. im Umfeld. Wenn das Wetter anders gewesen wäre oder wenn der Trainer mich nur früher gebracht hätte oder wenn die Mitspieler mich besser mit Pässen versorgt hätten usw. So oder so ähnlich lauten die Erklärungen, welche die Spieler dann vorbringen. Solange ein Spieler nicht seinen eigenen Anteil an seiner mangelnden Leistung sieht, entwickelt er sich auch nicht weiter.

Ihre Aufgabe als Trainer besteht darin, diesen Spieler mit Ihrer Sichtweise zu konfrontieren. Machen Sie dabei deutlich, was Ihr subjektiver Eindruck ist und wo es sich um objektive Fakten handelt. Letztere bilden einen guten Orientierungspunkt. Wenn also ein Athlet uneinsichtig bleibt, vereinbaren Sie mit ihm, dass Sie in der nächsten Zeit seine Leistungen objektiv erfassen. Lassen Sie ihn vor dem Spiel einschätzen, wie er sich fühlt und welche Leistung er heute von sich erwartet und überprüfen Sie anschließend gemeinsam, was davon eingetroffen ist. Auch der Einbezug Dritter, die ihre Einschätzung mitteilen, hilft, weil es natürlich für den Betroffenen schwieriger ist, bei seiner Haltung zu bleiben, wenn mehrere andere Personen einhellig eine andere Sichtweise zu seiner Leistung äußern.

Eine hilfreiche Übung stellt das Prognosetraining dar. Dazu geben Sie dem Spieler die Aufgabe, vorherzusagen, wie viele Freiwürfe er z. B. zu einem vereinbarten Zeitpunkt an einem vereinbarten Ort treffen wird oder wie viele seiner Pässe ankommen werden usw. Dann führen Sie die Übung durch und werten sie gemeinsam aus. Der Athlet lernt dadurch, sich realistischer einzuschätzen.

Manche Athleten sind in diesem Punkt sehr hartnäckige Fälle. Lohnen kann sich dann noch, ihn zu fragen, wohin ihn das führt, wenn er bei der Haltung bleibt, dass der fehlende Erfolg auf keinen Fall an ihm liegt. Wie er sich dann entwickeln will und wie er auf Dauer seine Stellung in der Mannschaft sieht. Wenn er die Konsequenzen seines bisherigen Handelns sieht, wird er vielleicht hellhörig.

Aber, ich will ehrlich sein, bei manchen Spielern hilft das alles nichts. Im Extremfall bleibt auch hier nur, den Spieler so zu lassen oder sich zu trennen.

Eigensinn ist eine Eigenschaft, die dem Teamgedanken entgegensteht. Deswegen werden Athleten, die zu sehr den eigenen Vorteil in den Vordergrund stellen, früher oder später auf Schwierigkeiten stoßen. Optimal ist es, wenn die Mannschaft selbst als Korrektiv auftritt, indem sie das übermäßig egoistische Verhalten des Spielers sanktioniert. Vielleicht können Sie Führungsspieler des Teams dafür gewinnen, mit dem Athleten zu sprechen. Ein Mittel, seine Einsicht zu fördern, stellt die Übung „Ich & Wir" aus dem vorigen Kapitel dar.

Ansonsten kommen Sie nicht umhin, dem Spieler gegenüber Forderungen zu stellen. Formulieren Sie ganz klar, was Sie von ihm erwarten und was er dafür von Ihnen bzw. vom Team erhalten wird. Je konkreter die Aussagen sind, desto besser können Sie den Spieler in der Folge auf diese Inhalte festlegen und damit sein Verhalten in den Griff kriegen. Treffen Sie also klare Absprachen und machen Sie die drohenden Konsequenzen bei Nichteinhaltung deutlich. Er muss erkennen, dass sein egoistisches Verhalten für ihn selbst Folgen hat und dass er die anderen braucht, um seine eigenen Ziele zu erreichen. Das geht am besten über konkrete Schritte, ein allgemeines Gespräch bleibt im luftleeren Raum.

An mehreren Stellen dieses Buches habe ich schon deutlich gemacht, wie wichtig Offenheit für ein Team ist. Daraus ergibt sich logischerweise, dass **Unehrlichkeit** eine der großen Untugenden ist. Wenn Athleten nach außen sich friedlich und zufrieden geben, aber hintenherum gegen Mitspieler oder gegen den Trainer intrigieren, so schafft das große Probleme. Hier ist es wichtig, sobald Sie davon etwas mitbekommen, den Athleten mit Ihrem Wissen zu konfrontieren. Beim ersten Mal machen Sie das am besten unter vier Augen, damit er sein Gesicht wahren kann. Außerdem kann es gute Gründe für die Unehrlichkeit geben (siehe nächster Abschnitt). Wenn das allerdings nichts hilft, so sollten Sie vor der ganzen Mannschaft die Thematik ansprechen. Natürlich kann es sein, dass er weiterhin leugnet, aber damit wird er in der Mannschaft mit seinem Verhalten isoliert.

> Unehrlichkeit ist ein Zeichen mangelnden Mutes oder mangelnden Respekts.

Wenn es an Mut fehlt, etwas Schwieriges auszusprechen, sei es Kritik oder ein Fehler, den man gemacht hat, so impliziert das für Sie als Trainer einen wichtigen Hinweis, denn dann sollten Sie darüber nachdenken, wie Sie Ihren Athleten vermitteln können, dass diese alles aussprechen dürfen. Vorausgesetzt natürlich, sie dürfen das überhaupt. Oder gibt es Dinge, die Sie ablehnen, sodass der Athlet zu Recht besser schweigt? Denken Sie doch kurz über diesen Aspekt nach. Wovor könnten Ihre Athleten bei Ihnen Angst haben, mit welcher Aussage oder Handlung provoziert man bei Ihnen eine starke negative Reaktion? Fast jeder von uns hat solche blinden Flecken. Vielleicht gibt es sogar einen vertrauensvollen Spieler in Ihrem Team, den Sie danach fragen können.

Man macht es den Athleten leichter, sich zu öffnen, indem man selbst als Beispiel vorangeht. Wenn ich mit meinen Teams etwas Schwieriges ansprechen will, z. B. wenn es darum geht, über unsere Ängste zu sprechen, dann beginne ich damit, von meinen Angstgefühlen zu sprechen. Dadurch entblöße ich mich selbst ein Stück, sodass die anderen in der Folge leichter ebenfalls ihre Schwächen preisgeben. Wichtig ist zudem, dass Sie in einem solchen Gespräch alle unpassenden Bemerkungen aus dem Spielerkreis unterbinden. Nur wenn die Athleten sich gut geschützt fühlen, werden sie den Mut haben, sich zu öffnen.

Wie ich eben schon sagte, kann Unehrlichkeit aber auch ein Zeichen fehlenden Respekts sein. Sie erkennen den Unterschied meist daran, dass der Betroffene in diesem Fall die Lüge ohne eine Spur von Unsicherheit vorbringt. Sprichwörtlich sagt man dazu so schön: „Er lügt Ihnen direkt ins Gesicht." Das müssen Sie natürlich sofort unterbinden. Damit Sie als Trainer erfolgreich arbeiten können, ist es unerlässlich, dass Ihre Spieler Sie respektieren. Diesen Respekt müssen Sie sich verschaffen. Respekt erlangt man zum einen über die nötige Autorität und Konsequenz, zum anderen über die von den anderen erfahrbare Kompetenz. Beides ist in meinen Augen notwendig. Außerdem müssen die Spieler erleben, dass Sie „stimmig" sind, Ihr Verhalten also dem entspricht, was Sie selbst von anderen fordern und auch zu Ihrem nonverbalen Ausdruck passt.

Respekt erwerben Sie sich durch Ihre Kompetenz und durch glaubwürdiges, konsequentes Verhalten.

Lügt also ein Spieler Sie aus Respektlosigkeit an, so müssen Sie zunächst konsequent durchgreifen, indem Sie sein Verhalten ahnden. Und dann sollten Sie sich fragen, ob das ein Einzelfall war oder ob noch mehr Spieler Sie derart sehen und behandeln. Wenn das der Fall ist, dann sollten Sie Ihr bisheriges Verhalten kritisch überdenken. Was müssen Sie tun, um die Achtung der Mannschaft zurückzugewinnen?

Einem Spieler vorzuwerfen, dass er Sie anlügt, ist natürlich ein schwerer Vorwurf. Deshalb sollten Sie sich sehr sicher sein, dass es auch tatsächlich eine Lüge war. In der Praxis ist die

Situation aber nicht immer so eindeutig gelagert. Was machen Sie, wenn Sie das Gefühl haben, angelogen worden zu sein, Sie es aber nicht mit letzter Sicherheit wissen? Dann empfehle ich Ihnen, dem Spieler einfach zu sagen, dass Ihr Vertrauen in ihn gestört ist. Wenn Sie das in einer direkten, aber auch offenen Art aussprechen, wird ein „normaler" Athlet daran interessiert sein, diesen Zustand zu bereinigen. Deshalb wird er gerne bereit sein, mithilfe konkreter Maßnahmen dieses Vertrauen wieder aufzubauen. Wenn nicht, haben Sie wahrscheinlich gute Gründe, ihm kritisch gegenüberzutreten (auch wenn man einen solchen Erfahrungswert natürlich nur mit aller Vorsicht verallgemeinern darf).

19.3 Ein allgemeiner Lösungsansatz

Vielleicht ist Ihnen aufgefallen, dass sich durch meine Anregungen zu allen behandelten Punkten ein roter Faden zieht. Mir scheint, dass bei jeder problematischen Eigenschaft ein bestimmtes Muster Grundlage Ihres Verhaltens sein sollte. Zum einen empfiehlt es sich fast immer, zunächst ein persönliches Gespräch zu suchen. Dieses dient sowohl dem besseren Verständnis des Athletenverhaltens wie auch der Findung einer konkret vereinbarten Grundlage für das weitere Zusammenarbeiten. In diesem Gespräch sollten Sie auch Ihre Forderungen an den Athleten aussprechen und mögliche Konsequenzen aufzeigen. Als Zweites empfehle ich immer wieder, eine klare Linie im weiteren Verhalten zu verfolgen. Dazu gehört es, dass Verstöße gegen die Abmachungen auch wirklich zu den vereinbarten Folgen führen. Es reicht z. B. nicht, Strafen anzudrohen, sie müssen auch vollstreckt werden, wenn der Athlet sich weiterhin nicht an die Regeln hält.

Und noch eines konnten Sie mehrfach lesen, nämlich dass problematisches Verhalten von Spielern zugleich eine Anregung für Sie enthält, Ihr eigenes Handeln wie auch die Zustände im Team kritisch zu überdenken. Es kann sein, dass Sie am Ende zu dem Schluss kommen, mit sich selbst vollkommen einverstanden zu sein. Das wird sogar häufig der Fall sein, denn wie ich selbst oft genug erlebt habe, liegen viele Fehler wirklich auf Seiten der Athleten. Aber nicht selten verdeckt das auffällige Verhalten des Einzelnen nur ein Symptom für tiefer liegende Probleme und es beinhaltet damit für Sie die Chance, diesen Schwierigkeiten auf die Schliche zu kommen.

19.4
Das Kritikgespräch

Jetzt habe ich immer wieder davon gesprochen, dass Sie den Athleten zum Einzelgespräch bitten. Man kann ein solches Gespräch auch als Kritikgespräch bezeichnen. Wie ich oft genug betont habe, hat ein Kritikgespräch eine wichtige positive Funktion, genauso kann es aber auch, wenn es ungeschickt durchgeführt wird, negative Wirkungen haben. Damit das nicht geschieht, sollten Sie folgenden Ablauf einhalten:

Ablauf eines Kritikgesprächs

1. Eröffnungsphase
2. Inhaltzentrierte Phase
3. Abschlussphase

Zunächst sollten Sie in der **Eröffnungsphase** die Beziehung pflegen. Ihr Gegenüber wird nur dann bereit sein, Kritik überhaupt aufzunehmen, wenn die Beziehung zwischen Ihnen beiden gut ist. Sagen Sie ihm etwas Nettes, loben Sie ihn. Versichern Sie Ihrem Gesprächspartner, dass Sie ihm wohlgesonnen sind. Dann braucht er die Kritik nicht als Angriff auf seine Person zu sehen, sondern kann sich sachlich damit auseinander setzen. Die so genannte **Sandwichtechnik** basiert genau auf diesem Prinzip. Dabei sagt man dem anderen zunächst etwas Positives, dann etwas Kritisches und zuletzt wieder etwas Positives. Die Kritik wird also in zwei anerkennende Äußerungen eingebettet und dadurch leichter verdaulich. Natürlich ist diese Technik etwas „weich gespült", aber vom Grundprinzip her ist sie sehr hilfreich. Für die Eröffnung sollten Sie sich maximal fünf Minuten Zeit nehmen.

Nach der Einführung kommen Sie „zur Sache". Die **inhaltzentrierte Phase** bildet das Kernstück des Gesprächs. Beide Seiten äußern zunächst ihre Wahrnehmung und Empfindungen. Es ist wichtig, dass Sie sogenannte **„Ich-Aussagen"** verwenden. Damit ist gemeint, dass Sie davon sprechen, wie Sie die Dinge sehen, anstatt Ihre Eindrücke als allgemein gültig darzustellen. Sagen Sie also anstatt: „Mit deiner Leistung kann *man* nicht zufrieden sein" besser: „*Ich* bin mit deiner Leistung nicht zufrieden".

Ich-Aussagen lassen dem anderen die Möglichkeit, eine eigene Sichtweise zu haben. Geben Sie dem Athleten die Möglichkeit, selbst dazu Stellung zu nehmen. Anschließend sollten mögliche Ursachen, Handlungsalternativen, Forderungen, Hilfen und Sanktionen angesprochen werden, genauso wie ich es oben schon mehrfach gesagt habe. Wichtig ist, dass das Gespräch nicht zu einem Zerreden des Problems führt, sondern dass Ihre Kritik ebenso wie alles Folgende kurz und prägnant formuliert wird. Für diese Phase sollten Sie maximal 15-20 Minuten aufbringen.

Schließlich kommen Sie zur **Abschlussphase** des Gesprächs. Am Ende sollte eine gemeinsame Vereinbarung stehen. Wer macht was in welchem zeitlichen Rahmen? Das sollte möglichst deutlich und konkret ausgesprochen werden, damit später keine Missverständnisse und daraus resultierende neuerliche Konflikte entstehen. Möglicherweise ist außerdem ein erneutes Eingehen auf die Beziehungs-ebene notwendig. Der Gesprächsabschluss sollte wiederum nicht mehr als fünf Minuten umfassen. Insgesamt dauert ein solches Gespräch, wenn es nach diesen Vorgaben durchgeführt wird, also zwischen 10 und maximal 30 Minuten.

Es ist wichtig, ein Kritikgespräch gut vorzubereiten. Überlegen Sie sich schon vorher, was Ihr Ziel ist und wie Sie dieses erreichen wollen. Wie wollen Sie das Gespräch einführen? Was wollen Sie mitteilen? (Trennen Sie dabei gut zwischen Wahrnehmung, Empfindung und Interpretation.) Welche Vereinbarung soll am Ende stehen?

Bedenken Sie bitte auch, dass Ihre Kritik Sie selbst angreifbar macht. Sind Sie dazu bereit? Häufig reagieren Menschen nämlich auf Kritik mit Gegenkritik. (Offensichtlich reduziert Kritik an der eigenen Person unsere Hemmung, andere Menschen direkt zu kritisieren. Das dürfte u. a. daran liegen, dass Gegenkritik eine Form der Selbstverteidigung ist.)

19.5 Der Starspieler

Wenn wir über problematische Spieler sprechen, dann sollten wir auch noch auf einen besonderen Aspekt eingehen, der in der Praxis immer wieder vorkommt. Ich meine das Phänomen des Starspielers. Dabei denke ich an einen Athleten, der aus dem Leistungsniveau des sonstigen Teams herausragt und/oder eine besondere Popularität besitzt, sodass er bei Publikum und Medien ein erhöhtes Interesse hervorruft.

Diese Situation tritt keineswegs nur im Leistungssport auf, auch im Amateur- und Breitensport wird man als Trainer immer wieder mit solchen Athleten konfrontiert. Wenn Sie eine Jugendmannschaft trainieren, kann es sein, dass der Sohn von Matthias Sammer in Ihrer Mannschaft mitspielt.

Wie gehen Sie damit um? Oder was machen Sie, wenn ein ehemaliger Oberligaakteur seine Laufbahn in Ihrer Bezirksligamannschaft beendet? Schon die Tatsache, dass ein Fußballer in der A-Jugend beim Hamburger SV spielte, kann ihn in der Folge in einer Landesligamannschaft in einen besonderes Status heben.

Zunächst muss man bei diesem Thema wieder ein paar Fragen stellen. Wer sieht den Athleten überhaupt als Star? Er sich selbst oder die anderen ihn? Das macht einen großen Unterschied. Beansprucht der „Star" auch besondere Rechte für sich oder verhält er sich wie alle anderen? Weckt sein Status Neid unter den Mitspielern oder wird er in seiner Rolle anerkannt? Verdient er deutlich mehr Geld? Rechtfertigen seine Leistungen seine besondere Position? Je nachdem, wie Sie die Fragen beantworten, führt Sie das zu verschiedenen Konsequenzen.

Ein Starspieler an sich stellt ja noch kein Problem dar. Genauso gut kann er ein echter Glücksfall sein, weil er das spielerische Potenzial Ihrer Mannschaft erhöht, weil er ein anerkannter und erfahrener Führungsspieler ist, weil er den anderen als Vorbild dient und weil er ihnen gemeinsam zu einer größeren Aufmerksamkeit und zu mehr Zuschauern verhilft. Aber nicht immer funktioniert das so reibungslos. (Woran die Trainer manchmal nicht ganz unschuldig sind, weil sich einige Ihrer Kollegen gerne auf Kosten des Stars profilieren wollen. Aber damit tut man sich selten einen Gefallen. Besser ist es, gemeinsam mit dem Athleten die Situation so zu gestalten, dass sie allen Vorteile bringt.)

Ich stelle mir eine gelungene Konstellation von Team, Trainer und Starspieler folgendermaßen vor: Der Starspieler nimmt eine herausragende Position im Teamgefüge ein. Als Führungsspieler trägt er mehr Verantwortung als die anderen. Dafür genießt er auch besondere Rechte. Z. B. musste der langjährige Handball-Nationaltorhüter Stefan Hecker am Ende seiner Laufbahn in Gummersbach nur noch 2 x pro Woche trainieren. Wichtig ist aber, dass so etwas von Anfang an dem Team gegenüber offensiv vertreten wird, damit kein heimlicher Unmut entsteht.

Damit meine ich, dass Sie es offen aussprechen und kurz begründen. Dann herrscht auf jeden Fall Klarheit, selbst wenn einzelne Spieler nicht damit einverstanden sind und Klarheit reduziert das negative Gerede schlagartig ganz wesentlich. Außerdem müssen die Vergünstigungen in einem angemessenen Verhältnis stehen. Das reduzierte Training war nur deshalb vertretbar, weil der Keeper schon 40 Jahre alt war und weil seine Leistungen immer noch alle Erwartungen erfüllten.

Kommen wir noch einmal zurück zu meiner Idealvorstellung: Am besten ist es natürlich, wenn der Star von sich aus auf besondere Rechte verzichtet. Damit erwirbt er sich die Hochachtung des ganzen Teams. So dient er zugleich als ein Vorbild für die jüngeren Athleten in der Mannschaft und im ganzen Verein. Der Star hat besondere repräsentative Pflichten, für die er angemessen (!) entlohnt wird. Trotz seiner herausragenden Position und eventueller besonderer Rechte ist immer deutlich, dass er den gleichen Wert besitzt wie alle anderen Spieler. Der grundlegende gleiche Wert stellt eine ganz wichtige Bedingung dafür dar, dass die Konstellation sich auf Dauer positiv entwickelt. Und was noch wichtig ist: Der Star ist genauso wie jeder andere Spieler jederzeit ersetzbar, auch wenn sein Verlust zunächst besonders bedeutungsvoll erscheint.

Einfach ausgedrückt, könnte man auch sagen: Der Star ist ein Besonderer zwischen Gleichen. In diesem vermeintlichen Widerspruch verbirgt sich für mich die Realität, die alle Beteiligten anerkennen müssen. Auf der Grund-ebene sind wir alle gleich, aber im Erscheinungsbild unterscheiden wir uns. Wie das dann im Alltag genau ausgestaltet werden muss, das wiederum kann nicht in einem solchen Buch allgemein gelöst werden, sondern obliegt – wie so vieles – Ihrem Gefühl für die Situation, in der Sie sich befinden.

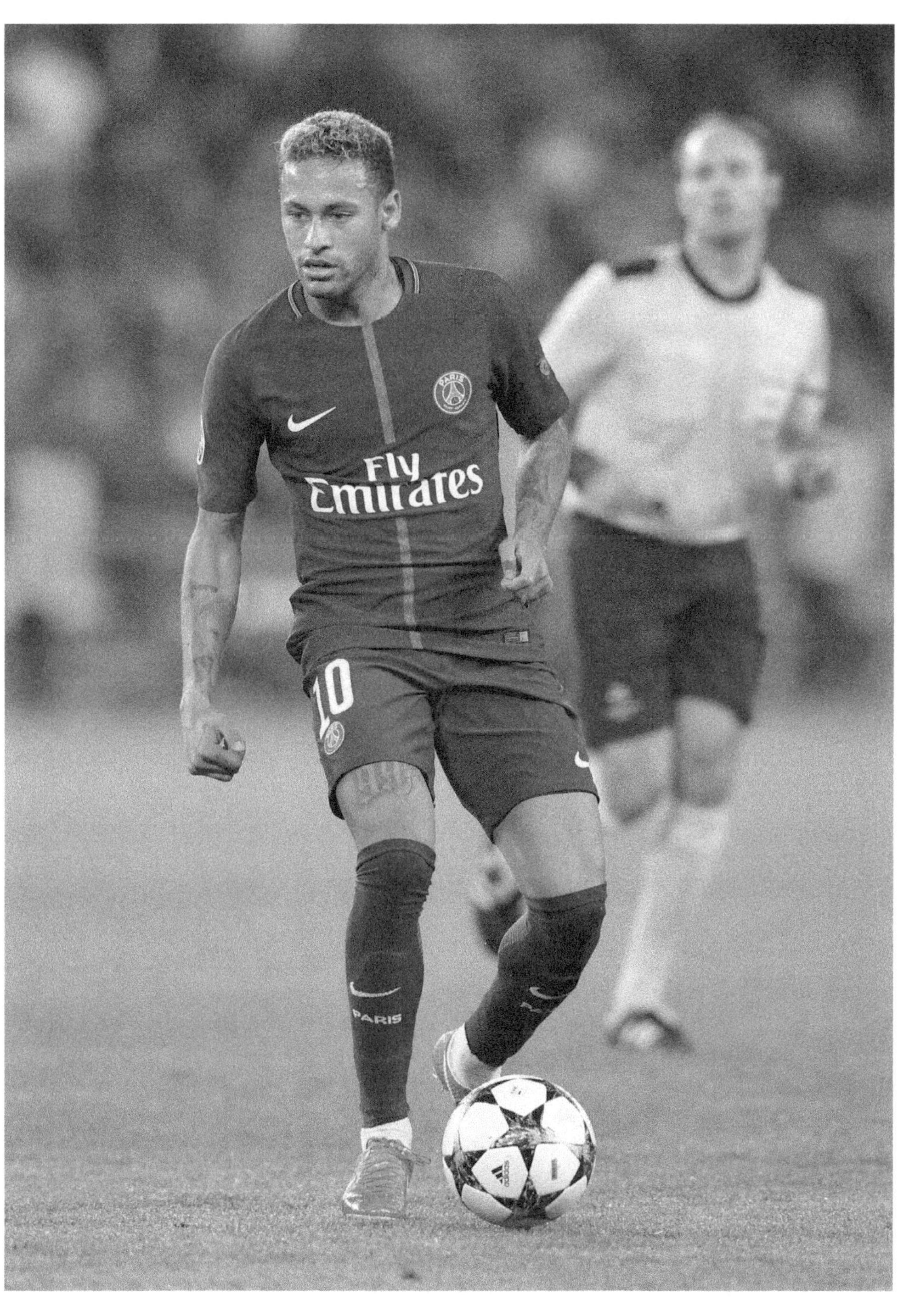

Ein Starspieler wie Neymar genießt wohl Sonderrechte bei PSG.

Nach dem Erfolg

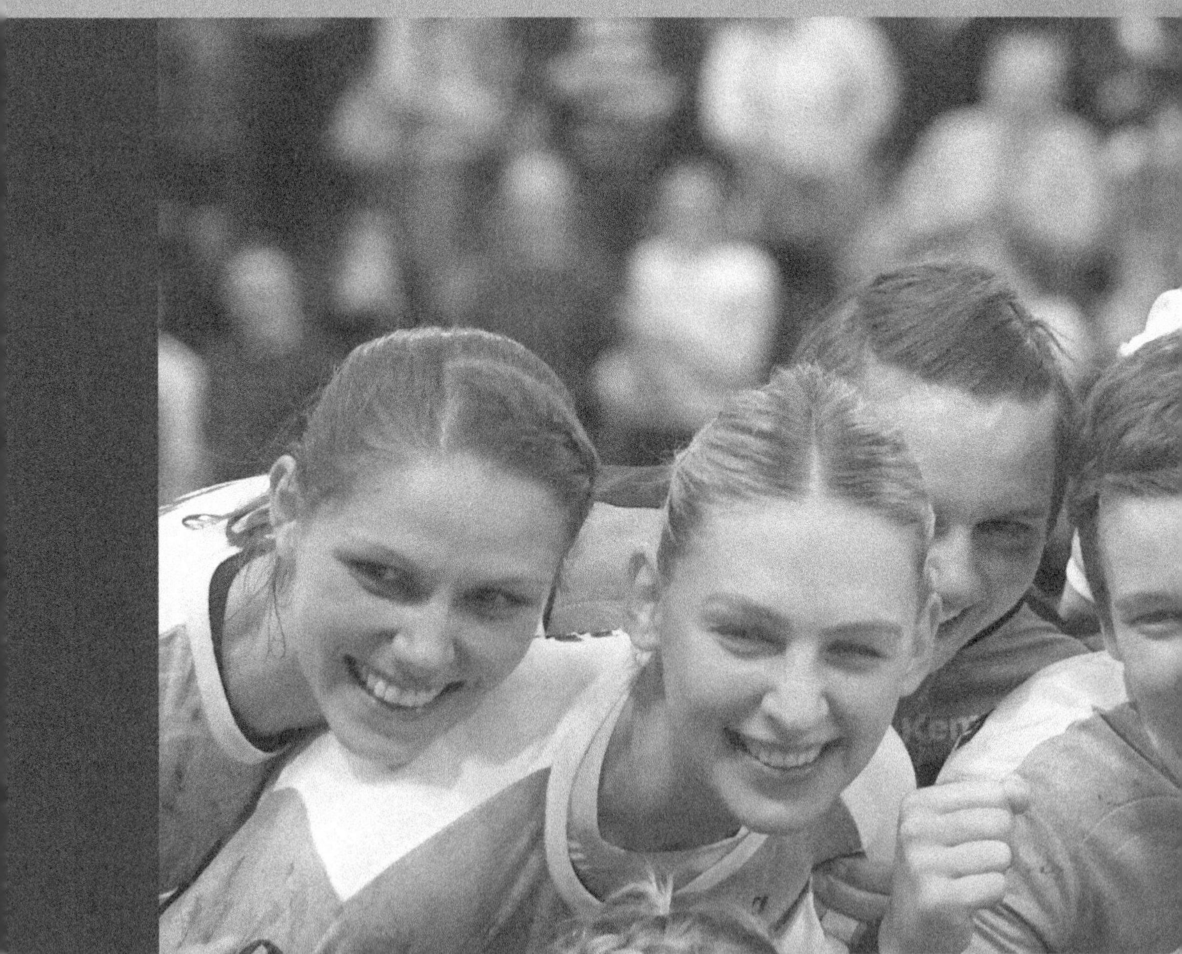

20

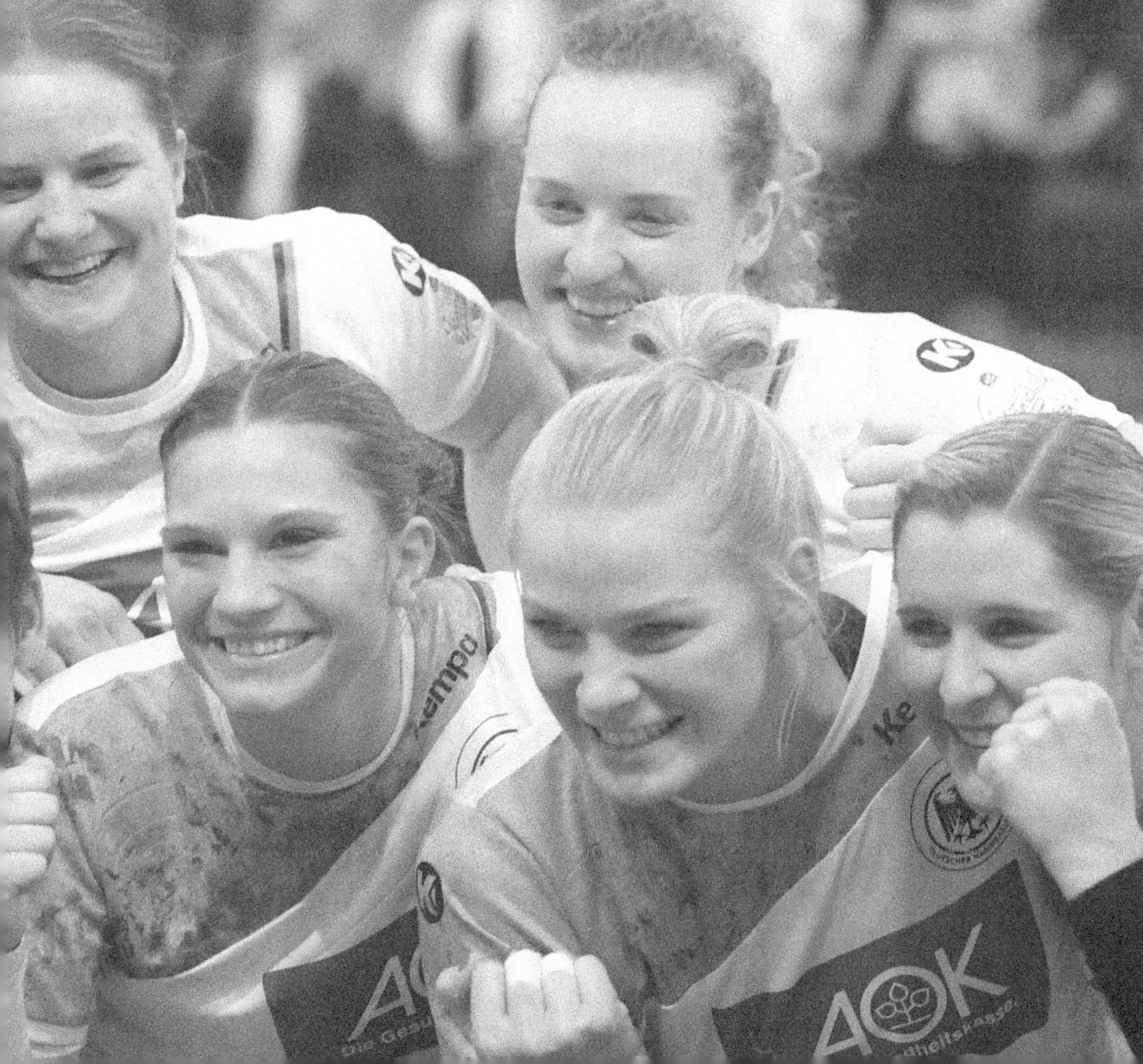

20 Nach dem Erfolg

20.1 Die Anstrengung verstärken

Noch schwerer als das Erringen eines großen Erfolgs ist es, diesen Erfolg zu bestätigen. Als Boris Becker 1985 sensationell Wimbledon gewann, waren wir alle entzückt. Viel beeindruckender aber war für mich, dass er ein Jahr später diesen Triumph durch einen souveränen Drei-Satz-Sieg gegen Ivan Lendl bestätigte. Erst damit hatte er bewiesen, dass sein Erfolg kein Zufallstreffer war, sondern er wahrhaft zu den Großen seiner Zunft gehörte. Michael Chang konnte dagegen seinem sensationellen Sieg bei den French Open 1989 keinen vergleichbaren Erfolg mehr folgen lassen. Folgerichtig wurde er auch kein Topstar. Das ist der ganze Unterschied. Gelingt es dir, einen Erfolg zu bestätigen, dann hast du es wirklich geschafft. Erst dann zählst du zu den ganz Großen.

Nichts ist vergänglicher als Erfolg. Was gestern war, zählt heute schon nicht mehr. Als Meister hast du im nächsten Jahr keinen Punkt mehr auf dem Konto als die Konkurrenz. Du musst dir deinen Status erst wieder neu verdienen. Im Gegenteil, es ist sogar schwerer geworden. Schwerer, weil sowohl die Gegner gerade dich schlagen wollen als auch, weil in dir nichts mehr so ist wie vorher.

Um nach einem Triumph weiter erfolgreich zu sein, ist es deshalb wichtig, noch härter an sich zu arbeiten. In der Regel geschieht genau das Gegenteil. Erfolg macht zufrieden. Zufriedenheit führt schnell zu etwas weniger Anstrengung und etwas weniger Achtsamkeit. Ein kurzes Stück trägt einen die Welle des Erfolgs noch, doch heimlich unter der Oberfläche bröckelt das Fundament. Und plötzlich, in irgendeinem Match, trifft es einen unerwartet. Wollen Sie das vermeiden? Dann dürfen Sie nie aufhören, nach Verbesserung zu streben.

Natürlich ist es wichtig, den Erfolg auszukosten. Wenn Sie das nicht tun, wofür wollten Sie dann den Erfolg haben? Es gibt einige Menschen, die sich an ihrem Erfolg nicht freuen können, weil sie sofort wieder an den nächsten Wettkampf denken. Das halte ich für Unsinn. Wer gewinnt, muss sich auch freuen dürfen. Wer gewinnt, muss auch feiern dürfen.

Die Frage ist nur, wie lange ich mich auf dem Erfolg ausruhe und wann ich wieder zurückkehre, um noch härter als zuvor an mir zu arbeiten. Dass sich die Quälerei lohnt, habe ich ja gerade erlebt. Das sollte mir Ansporn genug sein, mindestens genauso weiterzumachen und besser noch ein Schippchen draufzulegen.

20.2 Die Folgen zu frühen Jubels

In Kap. 16 „Wie man einen Angstgegner bezwingt" habe ich von einer Mannschaft erzählt, welche im Halbfinale des Pokals den Meister bezwungen hatte. Da dies im Rahmen des Final-Four-Turniers geschah, sollte schon am nächsten Tag das Endspiel stattfinden. Der Gegner hier war eine Mannschaft, welche das Team in der Liga mehrfach geschlagen und auch in der Tabelle deutlich hinter sich gelassen hatte. Kurz gesagt, das Team war in diesem Spiel klarer Favorit.

Da dieser Gegner für den Europapokal gesperrt war, bedeutete der Finaleinzug für die Mannschaft schon die sichere Teilnahme am Europapokal. Am Abend nach dem Halbfinale herrschte bei den Spielerinnen natürlich eine ausgelassene Stimmung.

Der Fehler, den die Teamleitung meiner Ansicht nach machte, war, dass sie diesen Jubel nicht früh genug unterband und die Spielerinnen ins Bett schickte, um am nächsten Tag voll konzentriert und motiviert an den Start zu gehen. Stattdessen durften die Athletinnen bis ca. 24 Uhr im Restaurant sitzen und dabei singen und klatschen.

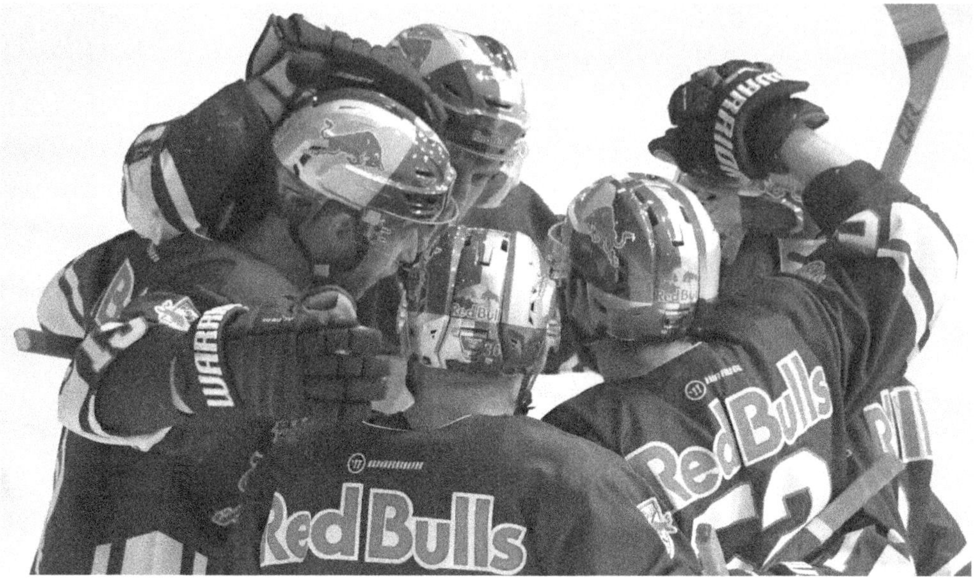

Gemeinsam jubelt es sich am schönsten. Aber Vorsicht vor zu früher Freude!

Das ist immer noch eine manierliche Zeit. Unweigerlich führte der Abend aber zu einem Spannungsverlust, der am nächsten Tag teuer bezahlt werden musste. Auch wenn das nicht der einzige Grund gewesen sein dürfte, warum das Finale nach dramatischem Verlauf (erst der 12. Siebenmeter entschied!) verloren wurde, so bin ich mir persönlich sicher, dass die Mannschaft bei einer anderen Abendgestaltung gewonnen hätte.

Oliver Kahn (Kahn, 2001) erzählte dazu passend, dass nach dem spektakulären Meisterschaftsfinale 2001 in Hamburg auf dem Rückflug keinerlei Jubel geherrscht habe. Auf Anweisung der Vereinsführung sei sogar der Genuss von Sekt untersagt gewesen. Aber, er gesteht ein, dass diese Vorgabe angesichts des Champions-League-Finals vier Tage später richtig gewesen wäre. „Wenn die Vereinsführung nicht so rigoros wäre, dann wären wir hier alle nicht so erfolgreich. Diese Konsequenz, diese Härte, das ist doch das Credo der ewig Erfolgreichen."

Aus diesen beiden Erfahrungen lässt sich etwas Einfaches folgern: Wenn Ihr Team einen großen Erfolg gefeiert hat, aber noch ein weiteres wichtiges Match ansteht, so müssen Sie die Feier klein halten, wollen Sie nicht riskieren, dass das zweite Spiel in die Hose geht. Das ist der Preis, den ein möglicher weiterer Sieg Sie kostet: Wenn Sie Pech haben, verlieren Sie das zweite Match auch trotz der disziplinierten Abstinenz und dann ist keinem mehr so richtig nach Feiern zumute.

20.3
Der Erfolgsweg nach Pat Riley (1993)

Der Erfolgsweg nach Pat Riley: Die neun Schritte der LA Lakers

1. Der „unschuldige Schritt"
2. Die Krankheit des „Ichs"
3. Das Kernbekenntnis
4. Unglücke
5. Das Scheitern
6. Der Durchbruch
7. Selbstzufriedenheit
8. Meisterschaft
9. Den Einsatz erhöhen

In den 80er Jahren des 20. Jahrhunderts wurde das amerikanische Basketball von den LA Lakers dominiert. Innerhalb von neun Jahren gewannen sie fünf Meisterschaften. Der Trainer dieser Mannschaft war Pat Riley. Er hat in seinem äußerst interessanten (aber bisher leider nur in Englisch veröffentlichten) Buch „The winner within" (Riley, 1993) den Prozess seines Teams von einer Überraschungsmannschaft hin zu einem echten Starteam modellhaft beschrieben.

Zunächst gelang seinem Team das, was häufig der Beginn einer großen Erfolgsgeschichte ist: überraschend gewannen sie ihren ersten Titel in der NBA. Der von Pat Riley gewählte Begriff **„Der unschuldige Schritt"** erscheint mir sehr passend, weil dieser erste Erfolg tatsächlich häufig sehr unschuldig errungen wird. Nur, damit ist die Unschuld dahin und wer die Unschuld einmal verloren hat, der gewinnt sie nicht mehr wieder! Von diesem Moment an wird man von allen anders angesehen. Die Erwartungen steigen, die Presse reagiert völlig anders und auch man selbst ist nie mehr der, welcher man zuvor war.

Dann geschieht das, was er **„die Krankheit des Ichs"** nennt. Damit ist gemeint, dass jeder Einzelne etwas vom Erfolgskuchen für sich persönlich abhaben will. Die Spieler werden egoistischer, seiner Beobachtung nach besonders die Ergänzungsspieler. Ob Letzteres stimmt, kann ich bisher nicht bestätigen. Grundsätzlich habe ich diesen Effekt aber deutlich erleben können. Der zunehmende Egoismus führt zu einem Auseinanderfallen des Teams. Auch Phil Jackson, der erfolgreichste Trainer der NBA-Geschichte, bestätigt das in seinem Ausspruch: Success turns the WE into a ME." (Erfolg verwandelt das WIR zu einem ICH.)

Um nach dieser Krise wieder zusammen zu kommen, braucht es das **„Kernbekenntnis"**. Die Mannschaft muss sich wieder darauf besinnen, was ihre gemeinsame Basis darstellt. Dieses Bekenntnis ist die Essenz dessen, wer die Mannschaft ist und wohin sie sich entwickeln will.

Früher oder später wird jede Mannschaft von **Unglücken** getroffen. Ob es sich dabei um umfangreiches Verletzungspech, Benachteiligungen durch Schiedsrichter, Unstimmigkeiten im Verein, finanzielle Engpässe, Punktabzug oder irgendwelche anderen Faktoren handelt, spielt keine Rolle. Jeder kennt es, dass es einfach ein „Seuchenjahr" gibt, bei dem alles schief zu laufen scheint. Diese Unglücke werfen das Team zurück, bilden aber zugleich eine Wachstumschance für den Teamcharakter.

Zu den Unglücken kann es auch gehören, dass man sportlich **scheitert**. Ob es eine dramatische Niederlage wie die von Bayern München in Barcelona gegen Manchester United ist oder einfach eine rundherum schlechte Saison, vielleicht sogar ein Abstieg aus der Bundes- oder Landesliga. Solche Rückschläge muss jedes Team verkraften. Kaufen Sie sich ein Kicker-Jahresheft und schauen sich die 10-Jahres-Bilanzen der einzelnen Vereine an. Jede Mannschaft hat über die Zeit ein deutliches Auf und Ab zu verzeichnen. Die Niederlage von heute aber ist, wenn ich sie mir zunutze mache, die Grundlage für den Erfolg von morgen.

Wenn ich alle diese Rückschläge verdaue, dann gelingt mir **„der Durchbruch"**. Fragen Sie Boris Becker, wie die Jahre 1987 und 1988 für ihn waren. In dieser Zeit hat er vieles durchmachen müssen, sportlich wie privat. Aber er hat alles das überstanden und 1989 seinen großen Durchbruch an die absolute Weltspitze geschafft. Nach dem Sieg bei den US-Open war er wirklich die Nummer 1 der Welt, auch wenn ihn der Computer erst zwei Jahre später als solchen führte. Genau solche Momente meint Riley hiermit, nämlich nach allen Rückschlägen nur noch stärker wiederzukommen.

Hat man den Durchbruch geschafft, so gibt es noch eine große Hürde, die man bezwingen muss, bevor man wahrhaft von Größe sprechen kann. Es ist **„die Selbstzufriedenheit"**. Von der Selbstzufriedenheit und ihren Gefahren habe ich schon früher in diesem Kapitel gesprochen. Meiner Ansicht nach droht die Selbstzufriedenheit nicht erst an einem solch weit fortgeschrittenen Entwicklungsmoment, viele erfolgreiche Athleten und Mannschaften werden schon viel früher von ihr zurückgeworfen. Das ist natürlich ein heikler Punkt. Wir Menschen streben nach Zufriedenheit und ich wünsche jedem von Ihnen, dass Sie mit sich und Ihrem Leben zufrieden sind.

Aber sportlich brauchen Sie einen unerfüllten Hunger, um erfolgreich zu bleiben. Wenn der nicht mehr vorhanden ist, dann sollten Sie überlegen, ob Sie eine Pause machen oder gar aussetzen. Selbstzufriedenheit macht träge und unaufmerksam, sie verhindert, dass Sie alle Kraftreserven mobilisieren und mit unbeugsamem Willen den Sieg anstreben. Erfahrungsgemäß wird jede erfolgreiche Mannschaft früher oder später von ihr ergriffen. Oder woran, glauben Sie, liegt es sonst, dass zum Beispiel in der Fußballbundesliga noch kein Verein mehr als drei Meistertitel in Serie gewinnen konnte?

Wenn es Ihnen gelungen ist, die Selbstzufriedenheit zu überwinden, dann sind Sie reif zur **„Meisterschaft"**. Damit ist nicht der Meistertitel gemeint, sondern etwas Größeres. Sie sind damit ein Meister Ihres Faches. Sie sind eine der ganz großen Mannschaften Ihrer Sportart. Die Mannschaft von Real Madrid Ende der 50er/Anfang der 60er Jahre des 20. Jahrhunderts ist ein gutes Beispiel dafür, oder die Chicago Bulls der 90er des 20. Jahrhunderts oder auch Spandau im Wasserball in den 80ern des 20. Jahrhunderts. Der VfL Gummersbach im Handball war so ein Team und die Bayern und die Gladbacher in den 70ern des 20. Jahrhunderts. Das sind alles unvergessliche Mannschaften.

Damit wäre eigentlich die Krone erreicht. Doch Pat Riley packt noch einen Schritt drauf. Er spricht davon, **„den Einsatz zu erhöhen"**. Damit meint er den Mut, dass Ziel trotz des erreichten Niveaus noch einmal zu erhöhen. Ehrlich gesagt, mir erscheint das etwas aufgesetzt. Ich denke, diesen Schritt beschreibt er nur, weil er für den fünften Titel noch einen weiteren Schritt benennen musste. Hinter jeder Stufe seines Erfolgswegs steht nämlich eine mit den LA Lakers durchlebte Spielzeit. (Sie dürfen jetzt raten: In welchen Jahren, bei welchem Entwicklungsschritt, gewannen die Lakers den Titel? Das ist nicht allzu schwer herauszubekommen, oder?) Wobei ich ihm insofern zustimme, dass es auf jeder Stufe notwendig ist, noch einmal eine Schippe draufzupacken. Stillstand bedeutet Rückschritt. Das gilt auch und gerade im Sport. So gesehen, muss also auch ein Serienmeister in der neuen Spielzeit den Einsatz erhöhen.

Ich habe Ihnen dieses Modell so ausführlich dargestellt, weil ich es für sehr brauchbar halte. Vieles von dem Genannten habe ich in der eigenen Praxis wiederfinden dürfen. Deshalb bietet mir das Modell eine gute Orientierung für meine Teams. Wenn ich z. B. um die Gefahren der „Krankheit des Ichs" weiß, dann kann ich schon frühzeitig gegensteuern. Außerdem zeigt das Konzept, dass Rückschläge, wenn sie richtig verarbeitet werden, nur einen weiteren notwendigen Schritt auf der Leiter nach oben darstellen.

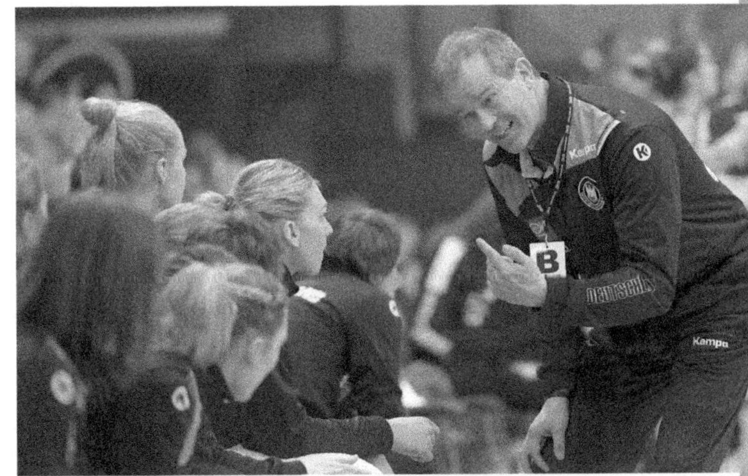

Nach dem Erfolg geht es weiter ...

Besonderheiten im Coaching von Frauenmannschaften

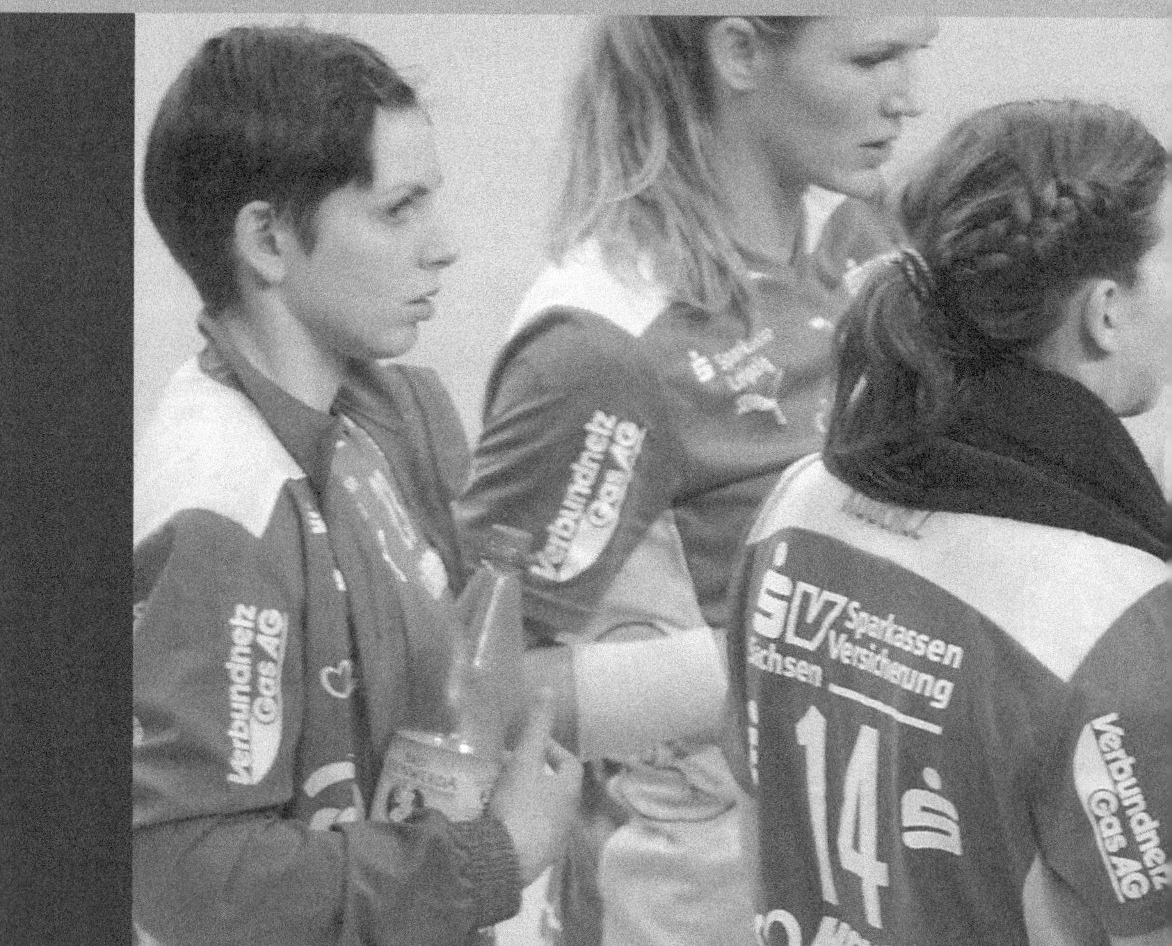

21

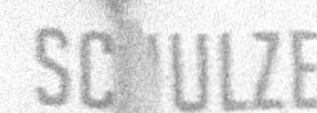

21 Besonderheiten im Coaching von Frauenmannschaften

Es ist natürlich eine heikle Sache, ein Extrakapitel über Frauenmannschaften zu schreiben. Manche Leserin wird vielleicht empört aufstöhnen, wie ich denn so etwas machen könne. Ich gebe zu, das ist nicht im Sinne der „political correctness". Aber es entspricht den Erfahrungen, welche ich über viele Jahre machen konnte. Es ist ein Unterschied, ob ich eine Frauen- oder eine Männermannschaft trainiere. Interessanterweise haben mir das alle Trainer, ob sie selbst Männer oder Frauen waren, die schon Frauenmannschaften trainiert haben, bestätigt. Ja, sogar eine Reihe von Spielerinnen sagt ganz offen, dass es schwieriger ist, sie zu coachen. Schauen wir also im Folgenden, woher diese Einschätzung kommen könnte.

Populärwissenschaftliche Bücher (z. B. Pease & Pease, 2000) haben in den letzten Jahren einer breiten Leserschaft näher gebracht, welche Belege die Wissenschaft für die Unterschiedlichkeit der Geschlechter inzwischen zusammengetragen hat. Nicht nur, dass Männer sich anders verhalten als Frauen, sie denken auch anders und nehmen die Welt in ihrer spezifischen Weise wahr. (Das wiederum ist nicht nur eine Frage der Erziehung, schon bei kleinsten Kindern kann man geschlechtsspezifische Unterschiede feststellen.) Wenn ich sage, dass die Geschlechter sich unterschiedlich verhalten, heißt das nicht, dass ein Geschlecht besser ist als das andere. Wir sind nur anders.

Es ist also kein Wunder, dass Frauenmannschaften sich anders verhalten als Männermannschaften (siehe z. B. Pfaff 2008/1 und Pfaff 2008/2). Der wichtigste Unterschied besteht in der wesentlich ausgeprägteren Zielgerichtetheit der Männer gegenüber der größeren sozialen Orientierung der Frauen. (Wenn ich hier solche allgemeinen Aussagen mache, so ist mir bewusst, dass einzelne Fälle nicht diesem Schema entsprechen werden. Aber ich hoffe, dass Sie meine Aussagen als das nehmen, was sie sein sollen, nämlich als Darstellungen einer allgemeinen Tendenz.)

Für Frauen spielt es eine wesentlich größere Rolle, ein gutes Klima im Team zu haben. Sie sind für Störungen auf der Beziehungsebene empfindsamer und damit zugleich auch empfindlicher. Für Sie als Trainer einer Frauenmannschaft bedeutet das, dass Sie mehr Zeit in die Beziehungspflege investieren müssen.

Bei Frauenmannschaften müssen Sie mehr Zeit für die Gestaltung der Beziehung aufwenden.

Interessant wird das insbesondere, wenn Männer Frauenmannschaften trainieren. Sie müssen manchmal ganz bewusst von Ihren eigenen Denkgewohnheiten Abstand nehmen und sich auf das Empfinden Ihrer weiblichen Schützlinge einlassen. Das ist nicht leicht, aber auf Dauer für das Gelingen Ihrer Arbeit unerlässlich. (Umgekehrt würde das für eine weibliche Trainerin von Herrenmannschaften natürlich genauso gelten, aber in der Praxis stellt dieser Fall noch immer die absolute Ausnahme dar.)

Frauen gehen im Durchschnitt auch anders mit Aggressivität um, als das Männer tun. Nicht umsonst wird der größte Teil der Gewalttaten von Männern begangen. Männer leben Aggression viel direkter aus und sie schrecken weniger vor Auseinandersetzungen zurück. Wenn ich vor einer Männermannschaft stehe, kann ich ganz andere Ausdrücke und Bilder benutzen als vor einer Frauenmannschaft. Was Männer heiß auf ein Spiel macht, ist etwas anderes, als was zum Ansporn von Frauen dient. (Bei Männern kann ich z. B. viel eher ein Kriegsvokabular benutzen als bei Frauen, die darauf häufig sehr irritiert reagieren.) Das sollten Sie unbedingt berücksichtigen. Es ist Ihre Aufgabe, sich auf Ihr Team einzustellen und die passenden Worte zu finden. Erwarten Sie nicht das Gegenteil, nämlich dass Ihre Spieler sich auf Sie einstellen. Sie wollen, dass die Mannschaft Ihnen folgt, dazu müssen Sie sie aber an dem Punkt abholen, wo sie sich im Moment befindet!

Auch Kritik müssen Sie bei Frauen oftmals anders verpacken als bei Männern. Unter Männern ist es viel eher üblich, sich offen ein paar deutliche Worte an den Kopf zu werfen. Dadurch wird die Beziehung in der Regel nicht belastet. Bei Frauen erlebe ich das ganz anders. Zu harte Worte werden eher als persönlicher Angriff gewertet und beeinträchtigen deshalb nachhaltiger das gemeinsame Verhältnis. Wenn ich eine Frau kritisiere, werde ich demnach deutlich mehr Wert darauf legen, dass sie spürt, dass ich sie in Ordnung finde und nicht sie als Person, sondern nur ein bestimmtes Verhalten kritisiere. Ganz allgemein kann man sagen, dass Sie als Coach bei Frauen mehr Energie auf die Gestaltung der Beziehungsebene verwenden müssen. Nicht wenige sagen auch, dass Frauen nachtragender wären. Letzteres kann ich weder bestätigen noch verneinen.

Auf jeden Fall aber gehen Frauenmannschaften nach meiner Erfahrung wesentlich schonender miteinander um, als ich das unter Männern erlebt habe. Bei Letzteren darf man kein dünnes Fell haben, sondern muss auch deftige Späße auf eigene Kosten vertragen können. Für Sie als Trainer ist das wiederum vor allem für Ihre eigene Wortwahl von Bedeutung. Ich empfehle Ihnen, bei Frauen vorsichtiger mit Kritik und Kraftausdrücken zu sein, da Sie hiermit schneller die betroffene Spielerin gegen sich aufbringen.

Viele Frauen haben als Kinder andere Lernerfahrungen gemacht als Männer. Jungs hören viel häufiger Sprüche wie „Ein Indianer kennt keinen Schmerz", „Cowboys weinen nicht" usw. Das führt dazu, dass viele Jungen den Zugang zu Gefühlen wie Trauer und Schwäche verlieren. Mädchen dagegen dürfen seltener wütend sein, Tränen aber sind bei ihnen etwas Normales. Die Folgen davon kann man später an vielen Stellen sehen. Im Sport finde ich den Unterschied zum Beispiel bei Nominierungssituationen sehr auffällig. Sagen Sie einer Frau, dass sie bei der WM nicht dabei sein wird, dann gibt es mit großer Wahrscheinlichkeit Tränen. Zudem werden die nominierten Spielerinnen sich kaum offen freuen, sondern Mitgefühl mit den Nichtnominierten äußern. Männer dagegen reagieren auf eine Nichtnominierung viel eher mit Wut und Aggression, genauso zeigen sie offener ihre Freude im positiven Fall.

Für Männer, die Frauenmannschaften trainieren, ist das wieder ein wichtiger Punkt. Es ist bedeutsam, dass Sie nicht aus Ihrem eigenen Muster heraus auf die Mädels reagieren, sondern sich auf deren Denken und Fühlen einlassen. Dazu gehört, dass Sie verstehen lernen, wie und warum Frauen in solchen Situationen anders reagieren und dass das nicht schlechter als Ihr eigenes Reaktionsmuster ist.

Wie ich oben schon erwähnt habe, sagen viele Trainer und Athleten auch, dass es ganz allgemein viel schwieriger ist, Damenmannschaften zu betreuen. Ob das stimmt, lässt sich nicht objektiv beurteilen. Das ist sicher auch eine Typfrage.

Mir scheint vor allem eines deutlich zu sein: Der Spitzensport bevorzugt „männliche" Qualitäten (also Qualitäten, die dem männlichen Archetypus entsprechen). Wenn Sie wirklich erfolgreich sein wollen, dann ist es fast unerlässlich, Eigenschaften wie Zielgerichtetheit, Durchsetzungsfähigkeit, Gnadenlosigkeit oder Willenskraft stark ausgeprägt zu haben. Damit aber tun sich viele Frauen schwerer als die meisten Männer.

So ergibt sich bei Damenmannschaften häufig ein Dilemma. Die Athletinnen müssen Verhaltensweisen zeigen, die ihnen nicht unbedingt entsprechen. Das macht es für Sie als erfolgsorientierten Trainer nicht leicht. „Wie viel Gas dürfen Sie geben?" Wo müssen Sie sich eher zurücknehmen, um das Mannschaftsgefüge nicht zu sehr unter Druck zu setzen? Ich selbst habe mit dieser Frage unterschiedliche Erfahrungen gemacht. Mal ist es mir gut gelungen und manchmal habe ich auch meine Athletinnen mit meiner eher männlichen Art überfordert.

Ich kann Ihnen hier leider keine generelle Orientierung geben. Grundsätzlich habe ich für mich jedoch herausgefunden, dass weniger meist mehr ist. Wenn ich mich also bremse, habe ich eine größere Chance, die positive Aufmerksamkeit meiner Mannschaft zu gewinnen, als wenn ich zu stark meine eigenen aggressiveren Vorstellungen und Einstellungen nach außen bringe.

Wie sagte Anfang 2013 die Hockey-Nationalspielerin Franziska Hauke im Interview mit dem Kölner-Stadt-Anzeiger so schön auf die Frage, was denn bei dem neuen Bundestrainer Jamilon Mülders anders wäre: „Es war alles etwas lockerer, das ist sehr wichtig bei den Damen. (Frage des Interviewers: Wichtiger als bei den Herren?) Ich glaube, die Herren können sich den Spaß selber machen. Frauen dagegen machen sich immer mehr Druck. Die Herren haben im Training einfach Spaß am Spiel mit guten Kollegen. Dann ist bei ihnen alles gut. Bei uns Frauen ist das so: Wenn jede Spielerin unter Druck steht, ist die Stimmung gleich schlechter, weil auch noch Zickereien dazukommen. Wenn dazu der Trainer noch beiträgt, fühlt man sich schnell nicht mehr wohl. Aber Hockey soll ja Spaß bringen."

Nicht, dass Sie jetzt daraus schließen, Männer seien in meinen Augen besser. So verhält es sich keineswegs. Jedes Geschlecht hat seine Stärken und Schwächen. Ich sage nur, dass die Anforderungen des Spitzensports mehr auf typisch männliche Eigenschaften zugeschnitten sind und Männer deshalb leichter zu Spitzenleistungen zu führen sind. In anderen Bereichen haben Männer dafür deutliche Nachteile gegenüber Frauen. Der Sinn, diese Frage überhaupt aufzuwerfen und dieses Kapitel zu schreiben, liegt für mich darin, dass Sie als Trainer sich der Unterschiede bewusst werden. Dann sind Sie in der Lage, jeweils passender zu handeln.

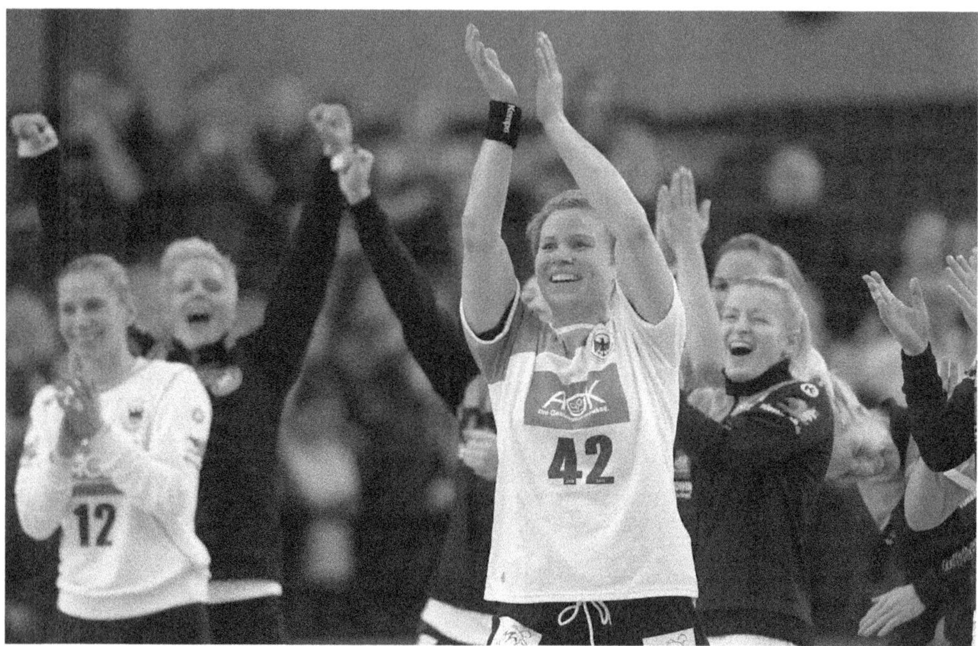

Frauenmannschaften unterscheiden sich von Männern in einigen wesentlichen Punkten.

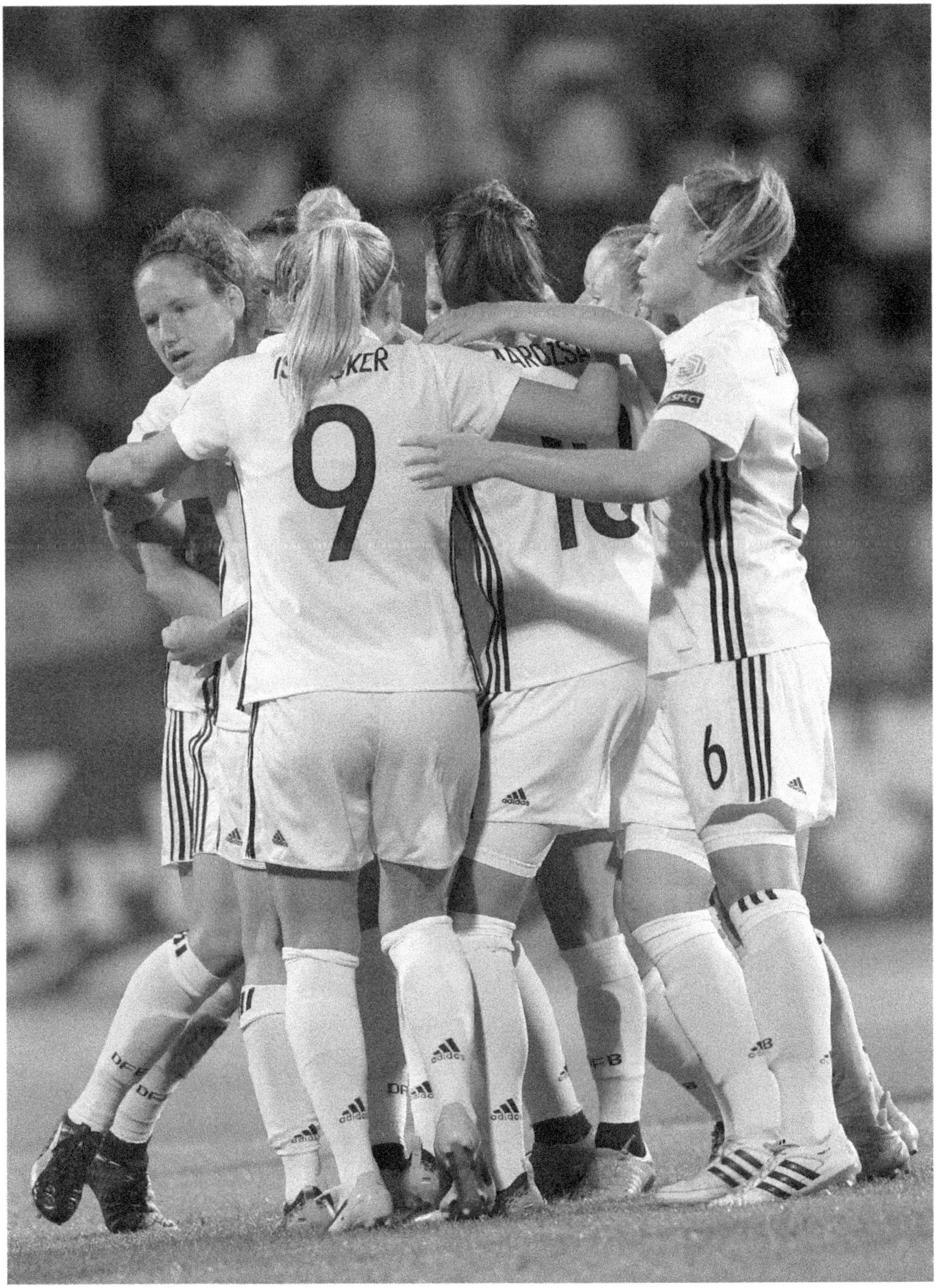

Besonderheiten im Coaching von Kinder- und Jugendmannschaften

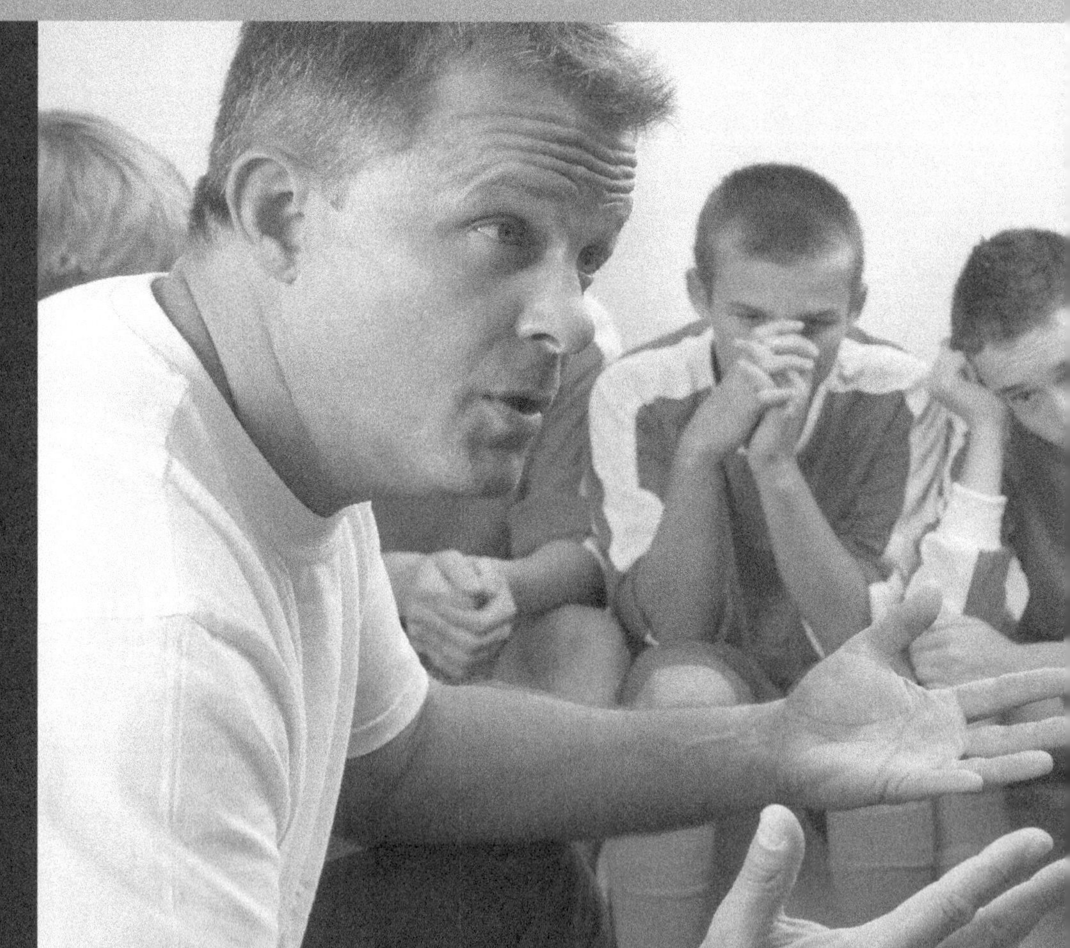

22

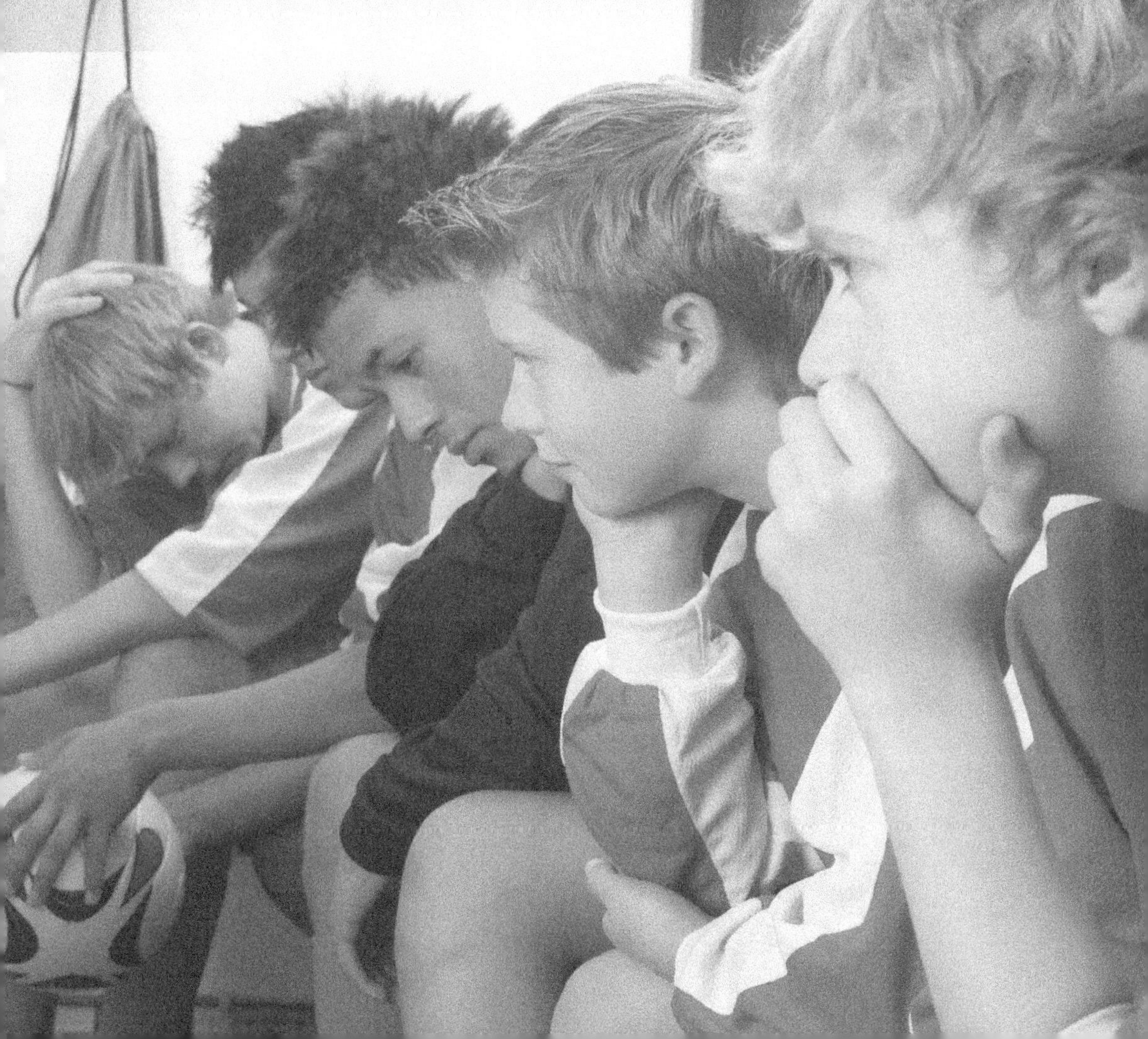

22 Besonderheiten im Coaching von Kinder- und Jugendmannschaften

22.1 Kindheit und Pubertät als Entwicklungsprozess

Um zu verstehen, was in Kindern der verschiedensten Altersstufen vorgeht, ist es nicht notwendig, detailliert alle Entwicklungsstufen von der Geburt bis hin zum Erwachsenenalter darzustellen. Der interessierte Leser sei hier auf spezifischere Werke, wie Oerter & Montada (1982), verwiesen.

Aber es macht Sinn, ein Grundverständnis für den gesamten Prozess der individuellen Entwicklung zu gewinnen.

Vom ersten Tag unseres Lebens an entwickeln wir Menschen uns weg von der vorgeburtlichen Symbiose mit unserer Mutter, hin zu mehr und mehr Selbstständigkeit. Dies ist ein Weg von immer neuen Entwicklungsaufgaben, welche das Kind (und später der Jugendliche) zu lösen hat. Mit jedem Schritt erweitern wir die Grenzen unserer Erfahrungen und unserer Möglichkeiten.

Das Erlernen des aktiven Greifens ist zum Beispiel ein Quantensprung für ein wenige Monate altes Baby, weil es jetzt erstmals Macht über seine materielle Umwelt gewinnt. Auf dieser neuen Erfahrung ruht es sich aber nicht aus, denn jetzt muss es lernen, die Bewegungen des gesamten Rumpfs so gut zu beherrschen, dass es über Krabbeln und Stehen schließlich zum Laufen kommt. Kaum ist das geschafft, beginnt der Spracherwerb usw.

Älterwerden bedeutet die schrittweise Lösung immer neuer Entwicklungsaufgaben.

Im Sport kann man den Entwicklungsprozess sehr schön sehen, wenn man 5-6-jährige Kinder beim Fußballspielen beobachtet. Hier laufen noch alle Kinder gleichzeitig dem Ball hinterher, sodass sich richtige Spielertrauben um das Spielgerät herum bilden.

Sie haben noch kein Verständnis für Raumaufteilung und Taktik. Der Ball ist das einzig Wichtige im Spiel. Mit den Jahren lernen die Kleinen aber, dass es sinnvoll ist, sich besser auf dem Spielfeld zu verteilen. Dadurch erweitern sie ihre geistigen Grenzen und gewinnen neue Möglichkeiten der Spielgestaltung.

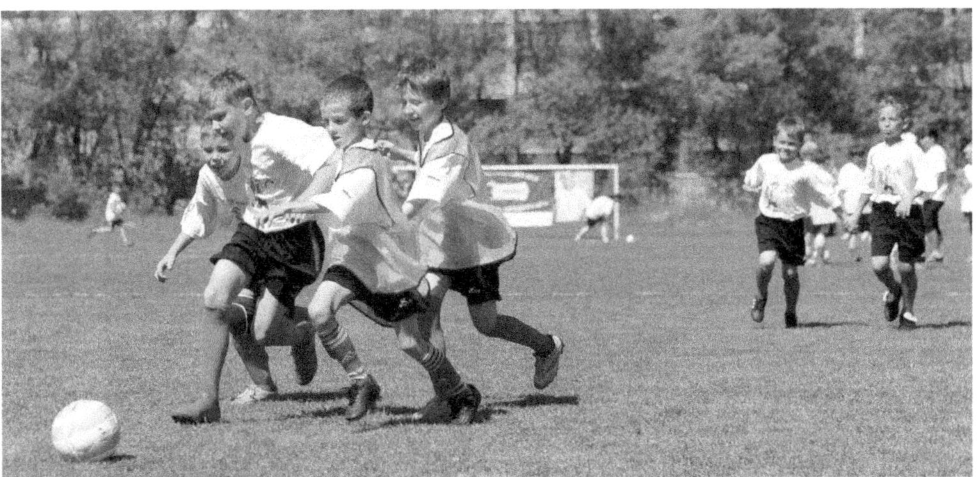

Kleine Kinder rennen alle zugleich zum Ball.

22.2 Besonderheiten der Motivation

Kinder und Jugendliche unterscheiden sich in ihren Motiven in einigen markanten Punkten von Erwachsenen. Z. B. spielt für Kinder die eigene Leistung noch nicht eine derart zentrale Rolle wie bei uns Erwachsenen. Für sie ist es dafür wichtiger, beim Sport mit Freunden zusammen zu sein. Ich habe einmal in einem Lehrgang für Hockeytrainer gefragt, wie die Einzelnen als Kinder zu ihrer Sportart gekommen sind. Die Anwesenden waren ausnahmslos in den Verein eingetreten, weil entweder ihre Familie (Eltern/Geschwister) dort schon Mitglied war oder weil Freunde dort spielten. Die Gemeinschaft ist für junge Menschen also sehr bedeutsam.

Außerdem haben Kinder noch einen viel ausgeprägteren Bewegungstrieb. Sie alle haben sicher schon erlebt, wie schlecht Kinder still sitzen können. Genauso verhalten sie sich im Training. Ständig wuseln sie herum. Deshalb sollten Sie das Training so gestalten, dass alle Kinder die meiste Zeit in Bewegung sind. Kinder sind auch verspielter als wir Älteren. Die Übungseinheiten sollten deshalb spielerischer sein, als es im Erwachsenenbereich üblich ist. (Wobei es immer wieder beeindruckend ist, wie gerne auch Erwachsene noch spielen. Das kommt im Training meiner Ansicht nach immer noch zu kurz. An einem simplen Beispiel kann man das sehr schön verdeutlichen: Werfen Sie in eine Gruppe von Männern einfach einen Ball und beobachten Sie, was passiert ...)

Dafür haben Kinder noch kein Bedürfnis, durch Sport die eigene Gesundheit zu fördern. Bewegung ist eine natürliche Sache für sie, sie dient noch nicht einem anderen Zweck. Viele Erwachsene treiben dagegen Sport, weil sie abnehmen wollen, weil sie ihre Fitness verbessern wollen oder weil sie sich dadurch eine gestärkte Gesundheit versprechen.

22.3 Besonderheiten im Umgang mit Kindern

Der Umgang mit Kindern (4- ca.11 Jahre) wird von den meisten Trainern als relativ unproblematisch angesehen. Das kann ich gut nachvollziehen, denn Kinder sind meist noch sehr begeisterungsfähig und leicht zu führen. Da es zudem eine Vielzahl von Büchern gibt, die sich speziell dem Kindertraining widmen, will ich im Folgenden nur auf einen Aspekt detaillierter eingehen.

Erinnern Sie sich noch an das Kommunikationsmodell der Transaktionsanalyse, welches ich ganz zu Anfang des Buches vorgestellt habe? Darin habe ich dargestellt, dass Kommunikation dann funktioniert, wenn die Beziehungsvorstellung der beiden Gesprächspartner übereinstimmt. Wenn Sie und Ihr Gegenüber sich gleichwertig fühlen (also beide im „Erwachsenen-Ich" sind), ist das genauso in Ordnung, wie wenn Sie zum Beispiel der Große sind („Eltern-Ich") und der andere die Rolle des Kindes hat („Kinder-Ich"). Probleme entstehen dann, wenn die Beziehungsvorstellungen auf beiden Seiten nicht übereinstimmen.

Es gibt in unserer Zeit eine Neigung, Kinder schon in sehr jungen Jahren wie Erwachsene anzusprechen. Wir fühlen uns sehr aufgeklärt und fortschrittlich, wenn unsere Kinder alles selbst entscheiden dürfen und wir ihnen frühzeitig ein hohes Maß an Verantwortung überlassen. Es fragt sich nur, ob wir ihnen damit einen Gefallen tun. Kinder wollen Kinder sein, für das Erwachsensein bleibt noch genug Zeit.

Wir dürfen sie also ohne schlechtes Gewissen aus unserem Eltern-Ich heraus ansprechen. Wir dürfen ihnen auch Grenzen setzen, Strafen aussprechen und bestimmen, was wie gemacht wird. Wenn Sie es damit nicht übertreiben, ist das durchaus kindgerecht. Mehr noch, Sie machen es den Kindern damit leichter, ihre natürliche Rolle anzunehmen.

22.4 Besonderheiten im Umgang mit Jugendlichen

Ich habe am Anfang des Kapitels beschrieben, dass der Weg vom Kind zum Erwachsenen aus der Bewältigung immer neuer Lernschritte besteht. Der wohl brisanteste Entwicklungsschritt findet in der Pubertät statt. Jetzt muss der Jugendliche eine eigene Identität finden. Er muss vom Kind zum Erwachsenen werden und das bedeutet, dass er sich vom Vorbild der Eltern ablösen muss. Er muss sein Selbstbild radikal verändern, seine Rolle in der Gesellschaft neu definieren und zudem mit den starken körperlichen Veränderungen inklusive des aufkommenden Sexualtriebs zurechtkommen. Diese Zeit ist für viele Jugendliche mit großen Unsicherheiten verbunden.

Ihr Verhalten ist deswegen oftmals widersprüchlich. Die jungen Menschen schwanken zwischen ihrem alten Kinder-Ich und dem neuen Erwachsenen-Ich hin und her. Im einen Moment fühlen sie sich groß und reif, im nächsten Moment fallen sie zurück in kindliche Verhaltensmuster. Außerdem sind Jugendliche oftmals provokativ. Das sieht man schon alleine an ihren auffallenden Äußerlichkeiten wie knallbunt gefärbten Haaren, vielfachem Piercing, extremer Kleidung usw. Um eine eigene Identität zu finden, müssen sie sich zunächst von den elterlichen Werten lösen und das geschieht oftmals auf eine plakative Weise. Man will geradezu den Protest der Eltern heraufbeschwören.

Solche Verhaltensweisen können auch Ihnen als Trainer entgegenschlagen. Möglicherweise werden Sie von den Athleten als Teil der Elterngeneration angesehen. Das sollten Sie dann nicht persönlich nehmen, auch wenn die Angriffe manchmal verletzend wirken. Es geht dabei meist nicht um eine Verletzung Ihrer Person, sondern um eine Herausforderung all dessen, für das Sie in den Augen der Jugendlichen stehen, also vor allem der etablierten Gesellschaft.

Genauso kann aber das Gegenteil passieren und die Jugendlichen nehmen Sie als Gegenentwurf für Ihre eigenen Eltern an, z. B. weil Sie viel „cooler" als diese sind oder weil Sie eher ihre Sprache treffen. Besonders, wenn Sie selbst noch relativ jung sind, können Sie ein gutes Vorbild für sie sein. Hierauf werde ich gleich noch einmal weiterführend eingehen.

Im Jugendalter bilden die Gleichaltrigen die wichtigste Bezugsgruppe des Einzelnen. Das bedeutet, dass Teenager stärker von ihren Altersgenossen beeinflusst werden als von ihren Eltern. Dieser Trend hat sich in den letzten Jahren noch weiter verstärkt. Es ist für die meisten Jugendlichen sehr wichtig, die richtigen Klamotten zu tragen, angesagte Musik zu hören, trendgemäßes Auftreten zu zeigen usw. Das schmälert auch Ihren Einfluss als Trainer auf Ihre Athleten. Zum Glück gibt es noch viele Ausnahmen für diese Entwicklung, aber in immer mehr Fällen kann das durchaus ein Handicap für Sie darstellen.

Was sollten Sie als Trainer also im Umgang mit Jugendlichen beachten? Das Beste scheint mir eine Kombination aus Verständnis und Konsequenz zu sein. Wenn es Ihnen möglich ist, hilft es den jungen Athleten, ihnen mit Toleranz zu begegnen. Aber das sollte nicht so weit führen, dass Sie keine Grenzen setzen. Kinder brauchen Grenzen und Jugendliche ebenso. Menschen in der Pubertät brauchen ja gerade eine Orientierung. Orientierung erhalten sie dann, wenn sie in Ihnen eine Person finden, die authentisch ist, die also so lebt, wie sie spricht und die eine klare, nachvollziehbare Linie vertritt. Eine solche Person können sie mögen (vielleicht sogar bewundern) oder ablehnen, aber es hilft ihnen in jedem Fall, herauszufinden, wer sie selbst sind und welche Ansichten sie vertreten.

Jugendliche brauchen Menschen, an denen sie sich orientieren können.

Erinnern Sie sich einmal an Ihre eigene Jugend. Welcher Lehrer oder welcher Trainer hat Sie beeindruckt und geprägt? Und was hat diese Menschen für Sie bedeutsam gemacht? Bei mir zum Beispiel war das ein Geschichtslehrer. Ich mochte an ihm, dass er uns ernst nahm und dass er klare Vorstellungen von der Welt vermittelte, welche er zugleich selbst erkennbar lebte. Er hat sich sehr für uns eingesetzt, aber er war auch fordernd und streng, wenn es nötig war. Letzteres erscheint mir ebenso wichtig wie die davor genannten Merkmale. Denn nur dadurch erwarb er sich den vollen Respekt von uns Schülern. Haben Sie nicht auch den bekannten Film „Klub der toten Dichter" gesehen? Der Lehrer, welchen Robin Williams so überzeugend verkörperte, war keineswegs nur ein guter Freund seiner Schüler. Er stellte auch hohe Anforderungen an sie und er lehnte unachtsames Verhalten ab.

Denken Sie daran, dass sich das Werte- und Bezugssystem Ihrer jugendlichen Schützlinge teilweise deutlich von Ihrem eigenen unterscheidet. Was für Sie selbstverständlich sein mag, erleben die jungen Athleten möglicherweise ganz anders. Achten Sie deshalb verstärkt darauf, ob Ihre Anweisungen und Ihre Ansprachen auch wirklich so verstanden werden, wie Sie sie gemeint haben, indem Sie immer wieder nachfragen. Das verringert das Risiko von Missverständnissen.

Eine weitere Besonderheit ist noch anzusprechen: Wie ich oben schon gesagt habe, schwanken Jugendliche während der Pubertät zwischen dem Kinder-Ich und dem Erwachsenen-Ich hin und her. Das macht für Sie als Trainer die Kommunikation schwierig. Sollen Sie die Athleten auf der Beziehungsebene mehr aus dem Eltern-Ich heraus ansprechen oder sollen Sie sie als gleichwertige Partner ansehen (Erwachsenen-Ich)? Auf diese Frage gibt es keine generelle Antwort. Mal ist das eine richtig, mal das andere notwendig. Manchmal ist es angemessen, klare Ansagen zu machen, das andere Mal empfiehlt es sich, den Jugendlichen Verantwortung zu übertragen und sie „mit in das Boot zu nehmen". Es ist einfach wichtig, dass Sie flexibel bleiben. Dann werden Sie den Heranwachsenden in der jeweiligen Situation am ehesten gerecht. (Weitere Infos zum altersgerechten Trainerverhalten finden Sie auch bei Kluge, Engbert & Beckmann-Waldenmayer 2012 oder bei Linz 2005.)

Ich hoffe also, dass Sie jetzt nicht den Eindruck gewonnen haben, Jugendliche seien nur schwierig. Es ist eine spannende und oftmals sehr befriedigende Aufgabe, mit dieser Altersgruppe zu arbeiten. Viele Trainer, die in diesem Bereich tätig sind, werden mir das bestätigen. In dieser Lebensphase werden die Grundlagen für die spätere Laufbahn gelegt. Jetzt zeigt sich, ob ein frühes Talent auch die Fähigkeit hat, sich langfristig durchzusetzen. Hieran können Sie in prägender Weise Anteil haben. Ich wünsche Ihnen viel Erfolg dabei!

Abschließende Betrachtungen zum Einsatz psychologisch orientierter Maßnahmen im Mannschaftssport

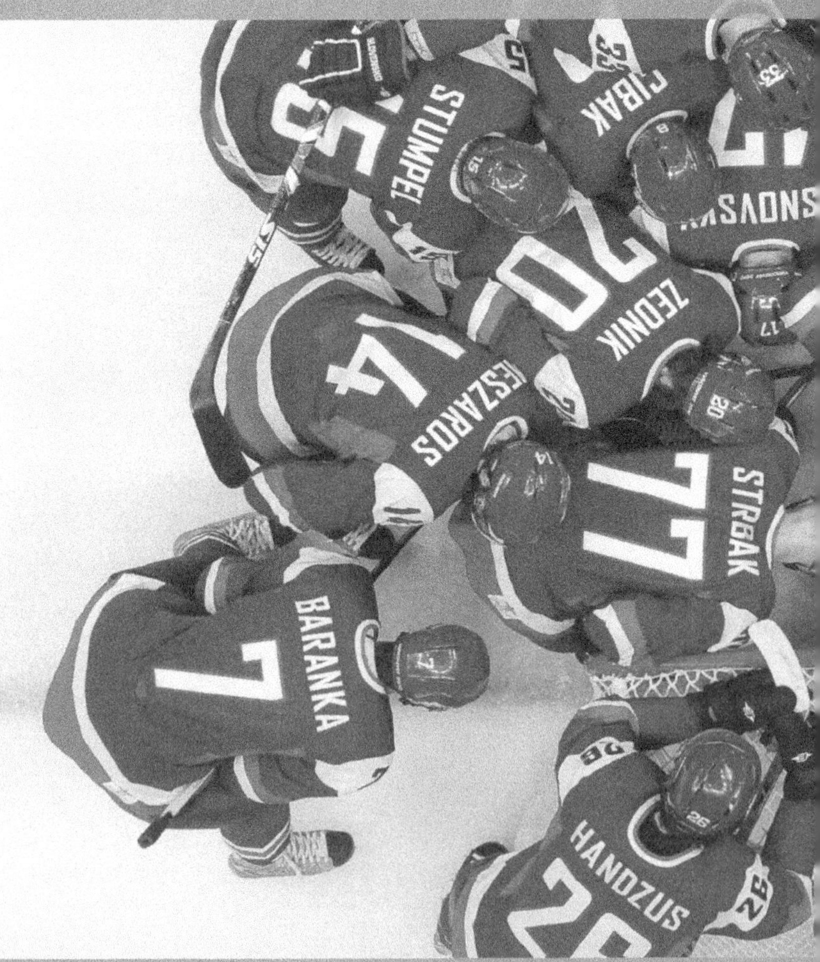

23

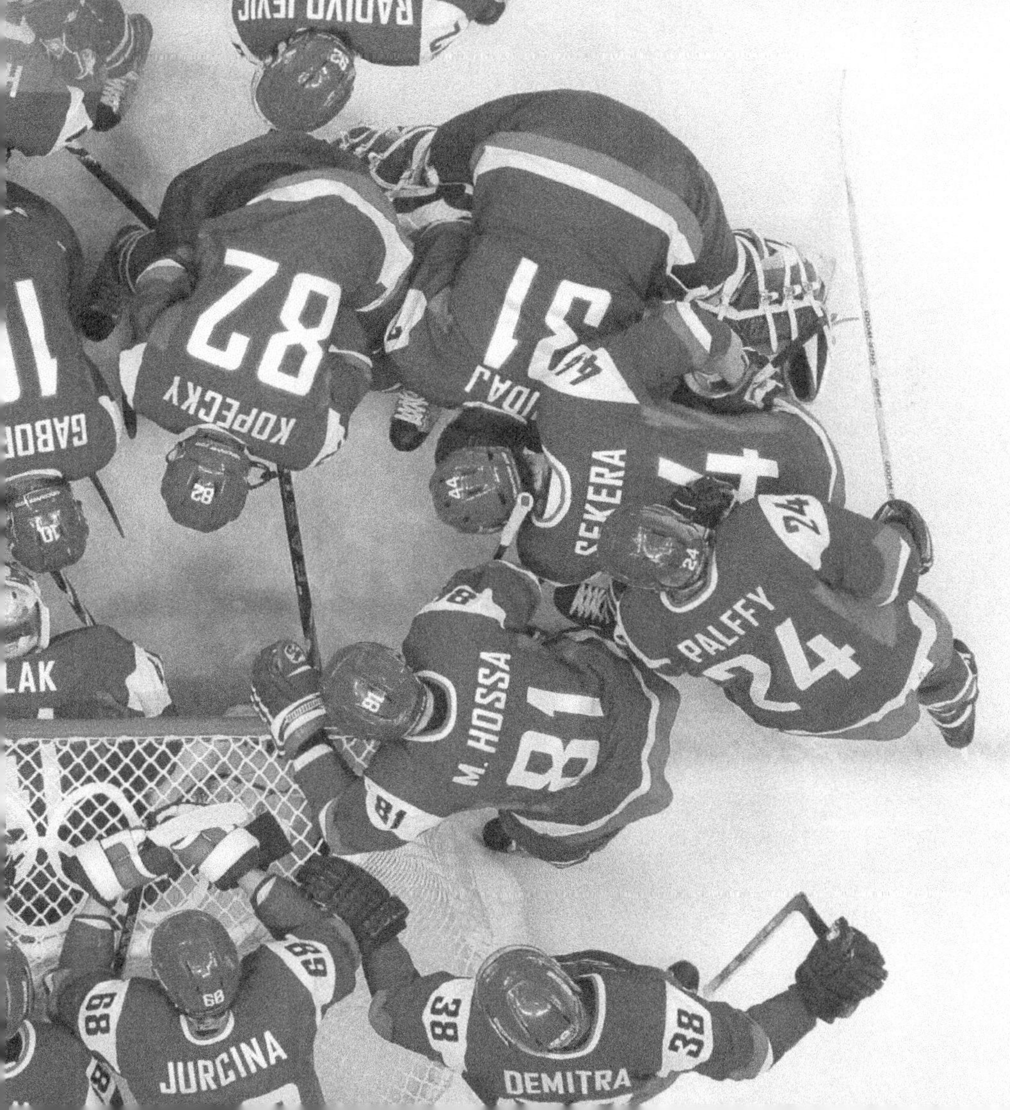

23 Abschließende Betrachtungen zum Einsatz psychologisch orientierter Maßnahmen im Mannschaftssport

Was Sie in diesem Buch gefunden haben, ist angewandte Sportpsychologie. Alle Inhalte und Übungen sollen Ihnen helfen, Ihre Arbeit mit den Athleten effektiver zu gestalten. Wenn Sie sich auf den Weg begeben, Ihr Handeln stärker als bisher nach psychologischen Überlegungen auszurichten, wird das die Wirkung Ihrer Arbeit erweitern. Dabei werden Sie feststellen, dass manche Übungen einen sehr kurzfristigen Effekt bringen, während ein solcher Arbeitsansatz als Ganzer eher langfristig wirksam ist. Außerdem werden Sie erleben, dass die Wirkung mancher Übungen erst einige Zeit später sichtbar wird.

Wenn Sie die praktischen Inhalte des Buches jetzt in Ihrem Traineralltag umsetzen wollen, so ist wichtig, dass Sie das nicht gegen den Willen der Mannschaft tun. Ohne deren Mitarbeit geht es nicht. Wenn das Team denkt: „Jetzt kommt der schon wieder mit seiner Psychoschiene", dann werden Sie keinen Erfolg damit haben. Führen Sie eine solche Arbeit also gut ein. Das funktioniert nach meiner Erfahrung am besten, wenn Sie zunächst die

Führungsspieler überzeugen. Und dann ist es hilfreich, nicht zu viel auf einmal zu wollen. Entwickeln Sie lieber gemeinsam mit dem Team Stück für Stück die Bereitschaft und die Fähigkeit zur Selbstreflexion, indem Sie sich schrittweise an Teamgespräche und praktische Übungen herantasten.

Natürlich muss man mit manchen Übungen aufpassen, ab welchem Alter man sie einsetzen kann. Kinder haben noch nicht dieselbe Fähigkeit zur Selbstreflexion wie Erwachsene. Deshalb sind vor allem die verschiedenen Fragebögen (z. B. „Ich & Wir", „Input – Output") für Kinder nicht geeignet. Auch die Arbeit mit Zielen sollte bei jungen Menschen noch reduzierter und spielerischer eingesetzt werden, da sie in ihrem Denken viel kurzfristiger angelegt sind. Aber auch Kinder und Jugendliche sind durch viele Übungen sehr gut ansprechbar (z. B. die Übungen zur Teambildung, „Stärken & Schwächen" oder „Der Sitzkreis") und die allgemeinen Überlegungen in den diversen Kapiteln sind sowieso altersunabhängig.

Anfangs passiert es immer wieder, dass einige Spieler sehr reserviert auf solche Methoden reagieren. Das ist nicht schlimm. Lassen Sie diesen Athleten Zeit, sich daran zu gewöhnen. Häufig sind gerade die anfangs skeptischen Spieler später die größten Verfechter, wenn man sie nicht bedrängt, sondern sie irgendwann durch positive Erfahrungen überzeugt werden.

Erwarten Sie einfach nicht zu viel. Eine stärker psychologisch orientierte Arbeit ermöglicht nicht plötzlich den Gewinn jedes entscheidenden Spiels. Auch weiterhin werden Probleme auftreten, die Sie als Trainer herausfordern werden und Sie werden dabei immer wieder Fehler machen. Aber Sie werden auch merken, dass einige Prozesse besser laufen und dass Ihre Mannschaft auf längere Sicht mehr Erfolg haben wird. Und das ist dann schon eine Menge.

Was wirklich wichtig ist

Jetzt haben Sie vieles darüber erfahren, was Sie in Ihrer alltäglichen Arbeit beachten sollten, um langfristig erfolgreich sein. Es ist aber keineswegs so, dass irgendjemand von Ihnen erwarten könnte, das alles umzusetzen. Wie schon zu Beginn gesagt, dieses Buch enthält viele Angebote für Sie, die Sie wahrnehmen können oder auch nicht. Es ist ein Handbuch, welches Sie in einem Rutsch lesen können, in das Sie aber auch immer wieder schauen können, wenn Sie in Ihrer aktuellen Situation eine Hilfestellung gebrauchen können.

Wir alle sind nur Menschen. Die Trainer, welche ich bisher erleben durfte, besaßen alle individuelle Schwächen und waren doch meist äußerst erfolgreich. Es geht also nicht darum, von sich selbst zu viel zu erwarten. Sie brauchen nicht alles umzusetzen, was Sie als Anregung aus diesem Buch mitnehmen und schon gar nicht alles auf einmal.

Neben all den einzelnen Inhalten gibt es deshalb für mich eine Essenz dessen, was ich für einen Trainer als wichtig erachte, damit seine Arbeit auf Dauer gelingt.

Ich bin davon überzeugt, dass diese sechs Punkte die Basis bilden. Wenn Sie bei allen sechs Aussagen zustimmen können, dann besitzen Sie das Wichtigste, was Sie als Trainer brauchen. Alles Weitere bedeutet dann nur noch eine Verfeinerung Ihrer Arbeit.

DIE SECHS GRUNDLAGEN EINES ERFOLGREICHEN UND ZUFRIEDENEN TRAINERS

1. Seien Sie offen in Ihrer Kommunikation und offen gegenüber Ihrer Mannschaft.
2. Stehen Sie Ihrer Mannschaft positiv gegenüber.
3. Sorgen Sie dafür, dass Ihre Spieler Ihnen immer mit Respekt und Achtung begegnen.
4. Haben Sie Spaß an Ihrer Tätigkeit.
5. Sorgen Sie dafür, dass es Ihnen gut geht.
6. Und zum Abschluss das Wichtigste: Seien Sie echt, seien Sie sie selbst.

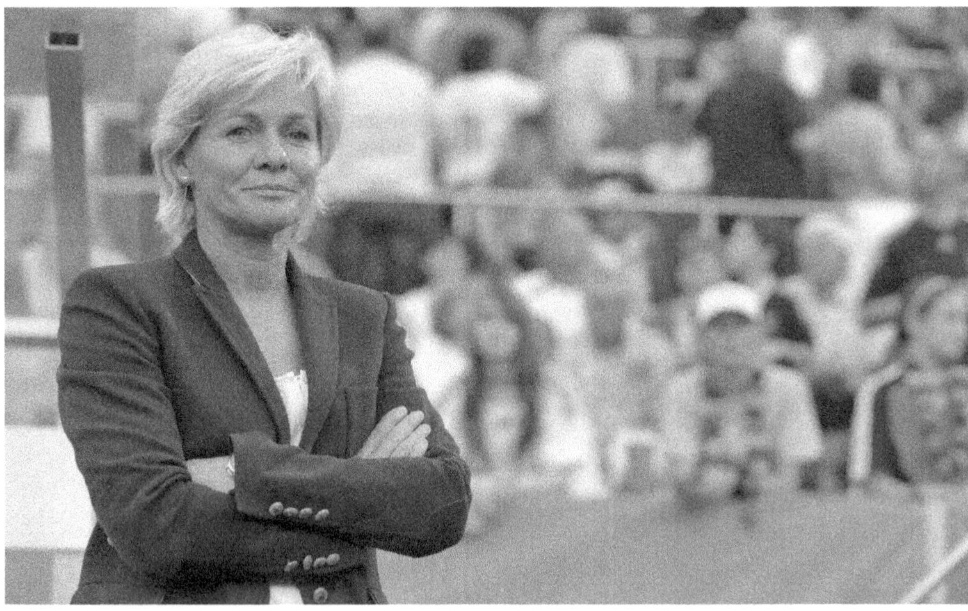

Silvia Neid - ehemalige Trainerin der deutschen Frauennationalmannschaft

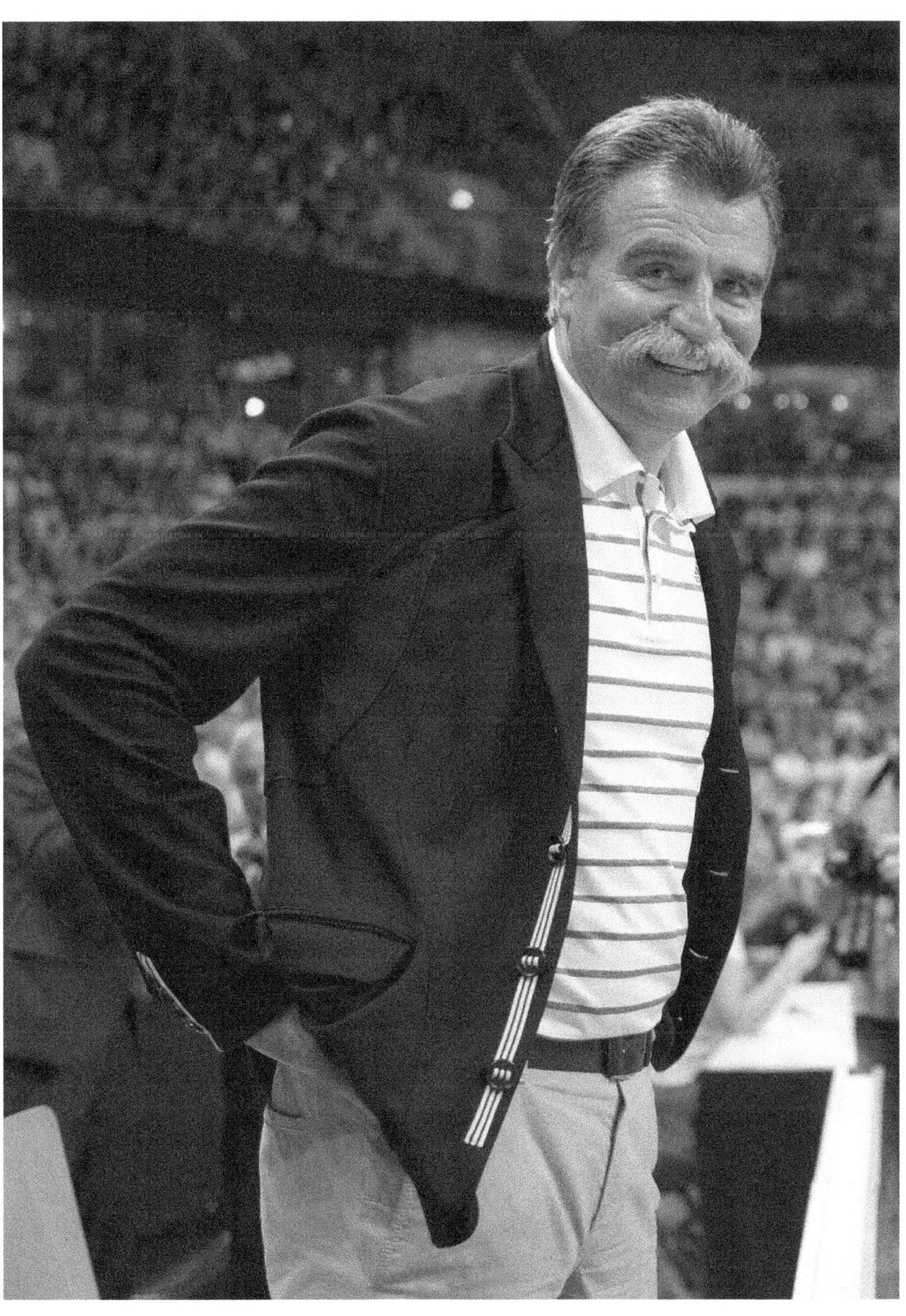

Der ehemalige Handball-Bundestrainer Heiner Brand

Anhang

Weitere Übungen zum erfolgreichen Teamcoaching

Viele tolle Teamübungen kommen aus der Erlebnispädagogik, so auch einige der schon im Buchtext beschriebenen Varianten wie z. B. das Spinnennetz (siehe S.119). Ein paar andere Übungen will ich Ihnen hier vorstellen.

Übung 1: Der Zauberstab

Diese Übung ist ein absoluter Klassiker. Bitten Sie sechs Teammitglieder, sich in zwei Reihen gegenüber aufzustellen, je drei Personen auf einer Seite. Die beiden Reihen sollten immer leicht versetzt stehen. Fordern Sie die Teilnehmer auf, ihre Zeigefinger auszustrecken. Jetzt legen Sie eine leichte, etwa zwei Meter lange Stange, auf die ausgestreckten Finger. Wichtig ist, dass die Stange wirklich möglichst leicht ist. (Dazu bieten sich Zeltstangen oder dünne Rundhölzer an. Zur Not tut es aber auch ein ausgeklappter Zollstock.)

Aufgabe für die Gruppe ist es, den Stock auf den Boden zu legen, ohne dass einer der Zeigefinger auch nur für einen kurzen Moment den Kontakt zum Stab verliert. Das klingt ganz einfach, ist aber viel schwieriger, als man denkt. Erst einmal geht der Stab bei den meisten Gruppen aufwärts statt herunter. Erst über die richtige Abstimmung gelingt es einer Gruppe, das Ziel zu erreichen. Reflektieren Sie im Anschluss nicht nur den Weg zur Lösung, sondern besprechen Sie auch, wie die Gruppe mit zwischenzeitlichen Frustrationen umgegangen ist.

Übung 2: Der heiße Draht

Auch diese Übung ist ein Klassiker der Erlebnispädagogik und ähnelt dem Spinnennetz. Es wird ein Seil zwischen zwei Bäumen gespannt. Das ist der heiße Draht. Spannen Sie das Seil hoch genug, dass die Teilnehmer nicht einfach drüber steigen können. Die Gruppe stellt sich zusammen auf eine Seite des Seils. Jetzt muss versucht werden, auf die andere Seite zu kommen ohne den „heißen Draht" mit einem Körperteil zu berühren. Berührt einer das Seil, fängt das Spiel wieder von vorne an. Es ist aber nicht erlaubt, unten drunter durchzuklettern oder außen herum zu gehen. Auch dürfen keine Hilfsmittel benutzt werden. Spannend für eine Gruppe bei dieser Übung ist, wie sie sich hilft und in welcher Reihenfolge man vorgeht.

Übung 3: Das Seilquadrat (nach Gilsdorf & Kistner 2012)

Nehmen Sie ein langes Seil von etwa 20-30 Metern und verknoten Sie die Enden zu einem großen Ring. Die Teilnehmer nehmen das Seil in die Hände und stellen sich im Kreis auf. Verbinden Sie allen Mitspielern die Augen. Aufgabe der „blinden", das Seil haltenden Gruppenmitglieder ist es nun, sich als Viereck (Quadrat) aufzustellen. Die Gruppe soll bei diesem Spiel so genau wie möglich mit den Seilabmessungen arbeiten. Die Spieler dürfen während des Spiels das Seil nicht loslassen. Sie bestimmen auch selbst, wann sie das Problem für gelöst halten.

Als Variante bietet sich auch an, dass die Teilnehmer auf zwei Seile verteilt werden und nun die Aufgabe haben, einen ineinander verschachtelte Form (z. B. einen Stern) zu bilden.

Übung 4: Die blinde Geburtstagsreihenfolge

Bitten Sie alle Teammitglieder in die Mitte des Raumes. Bestimmen Sie, dass ab jetzt nicht mehr gesprochen werden darf. Erlauben Sie zunächst eine kurze räumliche Orientierung. Dann verbinden Sie allen Teilnehmern die Augen. Die Gruppe bekommt die Aufgabe, sich in der Reihenfolge ihres Geburtstags aufzustellen. Damit ist nicht das Alter gemeint, sondern wann der Geburtstag im Verlauf des Kalenderjahrs liegt. Das bedeutet: An das eine Ende stellt sich die Person, die am „kleinsten" Januartag Geburtstag hat, ans andere Ende die Person, deren Geburtstag möglichst kurz vor Silvester liegt. Wenn die Gruppe glaubt, dass sie fertig ist, dürfen die Augenbinden wieder abgenommen werden und das Ergebnis wird überprüft.

Diskutieren Sie folgende Fragen: Wie hat die Gruppe zusammen kommuniziert? Welche Probleme haben sich dabei ergeben? Wer ist aktiv, wer eher passiv gewesen? Wer hat sich wie in die Gruppe eingefügt? Dafür ist es wichtig, dass Sie den Ablauf aufmerksam beobachten, da die Teilnehmer ja blind sind und deswegen nur die eigenen direkten Kontakte erleben.

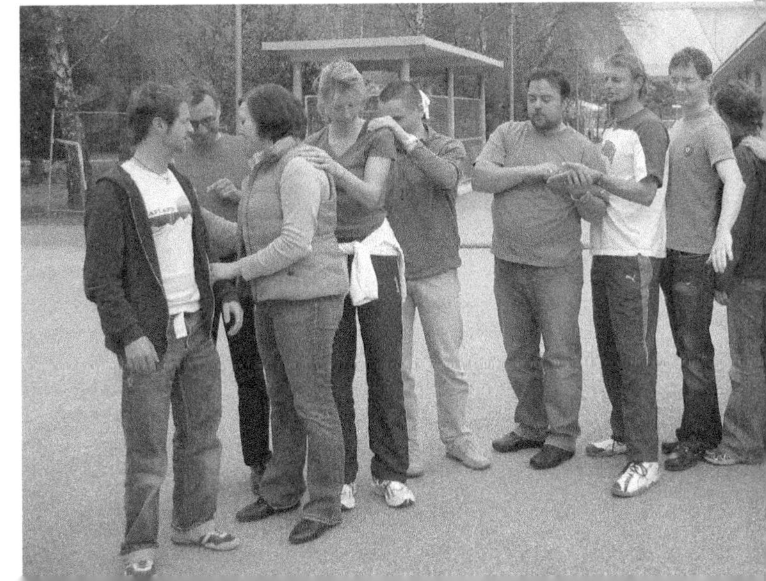

Übung 5: Kulistecken

Hier ist wirklich Teamwork gefragt. Nur das Team, welches gut zusammenarbeitet, dabei nicht nur rohe Kraft walten lässt, sondern diese Kräfte am Ende auch strategisch sinnvoll einsetzt, kann gewinnen. Gemäß dem uralten sportlichen Motto: „Wer kommt am Weitesten?"

Lassen Sie die gesamte Gruppe sich nach der Größe in einer Reihe aufstellen. Jetzt bilden Sie Vierergruppen, indem immer die zwei Kleinsten und die zwei Größten zusammengehen. Am Ende sollten alle Gruppen im Durchschnitt etwa gleichgroß sein. Das ist wichtig, da die Gruppen in der Folge gegeneinander antreten und Größe dabei eine wichtige Rolle spielt.

Markieren Sie mit Kreppband eine etwa zwei Meter lange Linie (oder nutzen Sie in der Sporthalle schon vorhandene Linien). Geben Sie nun folgende Instruktion:

„Eure Aufgabe ist es gleich, eine Markierung möglichst weit jenseits der Ausgangslinie (siehe oben bei „Übungsaufbau") zu platzieren. Als Einschränkung gilt jedoch, dass weder vor noch nach dem Platzieren der Markierung die Erde jenseits der Linie berührt werden darf, von keinem Gruppenmitglied. Geschieht dies doch, führt das zum sofortigen Ausscheiden der Gruppe! Auch ist es nicht erlaubt, die Markierung zu werfen. Sie muss vielmehr direkt auf den Boden gebracht werden.

Ihr bekommt drei (oder fünf) Minuten Zeit, euch eine Strategie zu überlegen, wie ihr vorgehen wollt. Ihr dürft auch Lösungen praktisch ausprobieren. Dann kommen wir alle an der Ausgangslinie zusammen."

Es wird die Reihenfolge ausgelost, nach der die einzelnen Kleingruppen antreten müssen. Ziel ist es, mit der eigenen Markierung weiter zu kommen als alle anderen Gruppen. Die erste Gruppe beginnt jetzt, indem sie sich auf der erlaubten Seite der Linie aufbaut und dann versucht, gemäß ihrer vereinbarten Strategie die Markierung zu platzieren. Danach folgt die zweite Gruppe usw. Am Ende wird die Gruppe zum Sieger gekürt, welche die Markierung am weitesten hinter der Ausgangslinie platzieren konnte.

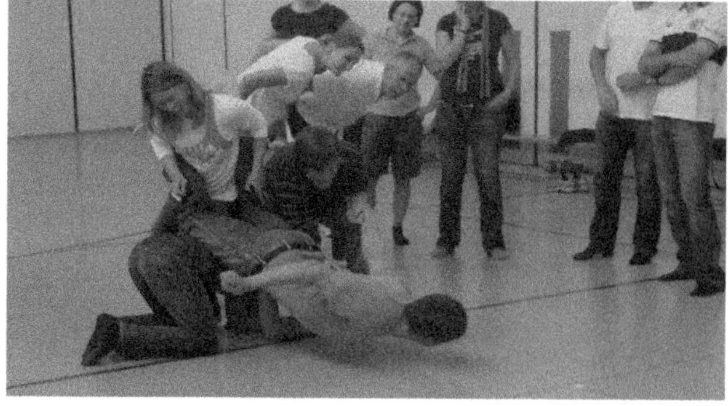

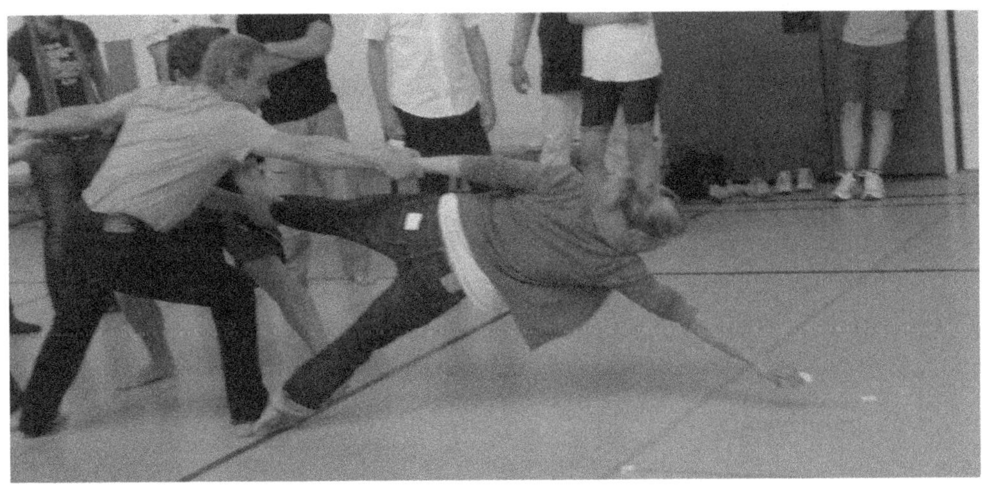

Übung 6: Atemanhalten

„Quäl dich, du Sau." Kennen Sie den Ausspruch noch? Mit diesem legendären Satz trieb Udo Bölts einst Jan Ulrich zum Tour de France-Sieg. Bei dieser Übung geht es ebenfalls darum, sich zu quälen. Wobei das Schöne für Sie ist, dass Sie zusehen dürfen, wie Ihre Gruppe sich „quält". Denn Achtung: Diese Übung ist eine kleine Gemeinheit. Im Sport muss man oftmals an seine Grenzen gehen, manchmal sogar darüber hinaus. Diese Übung bietet Ihnen die Möglichkeit, mit Ihrer Gruppe deren Grenzen auszuloten. Wer kann sich quälen, wer dagegen gibt sich schnell auf? Zumindest vordergründig geht es bei dieser Übung darum. Verblüffenderweise kann aber auch das Spiel mit den Grenzen zu einer sehr lehrreichen Teamübung werden. Und so geht`s:

Erklären Sie zunächst die Regeln und das Ziel für die Teilnehmer. *„Es geht bei dieser Übung um eine Willens- und Grenzerfahrung. Jeder von euch hält auf mein Kommando so lange wie möglich die Luft an, wirklich so lange wie er/sie kann. Das wird schnell unangenehm. Der Körper will schon nach kurzer Zeit frischen Sauerstoff haben. Aber lasst euch davon nicht beirren. Jeder „kämpft" dabei für sich alleine. Achtet darauf, was während der Übung in euch vorgeht. Welche Gedanken helfen euch, weiterzumachen? Was in euch versucht, euch zum Aufgeben zu bringen?"*

Damit Sie als Übungsleiter erkennen können, wer noch die Luft anhält und wer schon wieder atmet, bitten Sie die Teilnehmer, während der Übung zu stehen, sich aber zu setzen, wenn sie zum ersten Mal wieder atmen. Sie selber werden alle fünf Sekunden die Zeit an sagen, damit die TN wissen, wie lange sie die Atmung anhalten konnten.

Wenn von allen die Regeln verstanden wurden, kann es losgehen. Spannend ist nun, zu beobachten, was passiert? Wer wartet nur darauf, sich nicht als Erster zu setzen? Was passiert, wenn man sein selbstgestecktes Ziel erreicht (etwa bei einer Minute)? Bleibt dann noch die Energie für mehr? Und wie puscht man sich zur Bestleistung?

In einem zweiten Durchgang fordere ich dann alle gemeinsam auf, sich für das Team zu steigern. Meist sage ich: *„Wenn 80 % der Gruppe es schaffen, diesmal mindestens zehn Sekunden länger die Luft anzuhalten, mache ich zur Belohnung 20 Liegestütze, ansonsten müsst ihr sie machen."* Sie können sich sicher schon vorstellen, wie das ausgeht. Bisher bin ich noch nie um die Liegestütze herumgekommen. Die Übung macht der Gruppe also in sehr einfacher Weise deutlich, dass sich jeder steigern kann, wenn man gemeinsame Ziele verfolgt und in die Teamleistung investiert.

Übung 7: Team-Fangen

Fänger-Spiele sind für Sportmannschaften immer eine schöne Sache, da sie den Athleten vertraut sind. Sie bieten aber auch den Vorteil, dass sie (fast) allen Menschen Spaß machen und zugleich eine Gruppe in Bewegung bringen. Deswegen kann man sie auch gut bei anderen Teams einsetzen.

Bestimmen Sie zunächst eine Spielfläche. Dies kann zum Beispiel ein Torkreis, der Mittelkreis beim Fußball oder eine beliebig markierte Fläche auf einem Platz/einem Rasen sein. Die Fläche sollte so groß sein, dass genügend Platz für freie Bewegung besteht, aber zugleich die notwendige Dichte bestehen bleibt, damit die Fänger eine reelle Chance haben. Diese Spielfläche darf während der Übung nicht verlassen werden. Achten Sie zusätzlich darauf, dass sich rund um die Spielfläche keine Verletzungsrisiken befinden.

Jetzt wird ein Fänger bestimmt. Dessen Aufgabe ist es, durch Berühren eines anderen Teilnehmers die Fängerrolle an diesen weiterzugeben. Jedoch kann der Gejagte sich in Sicherheit bringen, indem er eine zweite Person in den Arm nimmt. Es sind dabei nur Paare als Schutz erlaubt, Dreiergruppen oder größere Gruppierungen sind unzulässig.

Das ist eigentlich schon alles. Aus der Erfahrung sind jedoch zwei Zusatzregeln einzuführen, da sonst gewitzte Teilnehmer den Sinn der Übung unterlaufen. a) Eine Umarmung darf maximal fünf Sekunden aufrechterhalten werden. (Sonst bräuchte man nur bei einem sympathischen Menschen bleiben und wäre dauerhaft in Sicherheit.) Danach muss sie wieder gelöst werden. b) Genauso wenig ist es dem Fänger erlaubt, vor einem Paar stehen zu bleiben, um diese fünf Sekunden herunterzuzählen. Er muss sich ein anderes „Opfer" suchen.

Sind diese Regeln geklärt, kann das Spiel auf Ihr Kommando beginnen.

Der Witz dieser Übung liegt darin, dass sich die meisten Menschen in gleicher Weise verhalten. Jeder versucht vor allem, sich selber in Sicherheit zu bringen. Andere Mitspieler in Not werden kaum beachtet. So hat es der Fänger leicht, sein Opfer zu finden und jemanden abzuschlagen. Wenn das Spiel 2-3 Minuten gelaufen ist und sich wieder einmal eine solche Situation ergeben hat, unterbrechen Sie deshalb das Spiel und fragen Sie die Teilnehmer danach, wie sie bisher dieses Spiel gespielt haben. Ob sie schon als Team gedacht haben? Das Schöne an der Übung ist nämlich, dass ich auch in Sicherheit bin, wenn ich einen Mitspieler „errette". Ziel sollte es im zweiten Durchgang also sein, dass alle sich so verhalten, dass der Fänger keinen aus der Mannschaft erwischen kann.

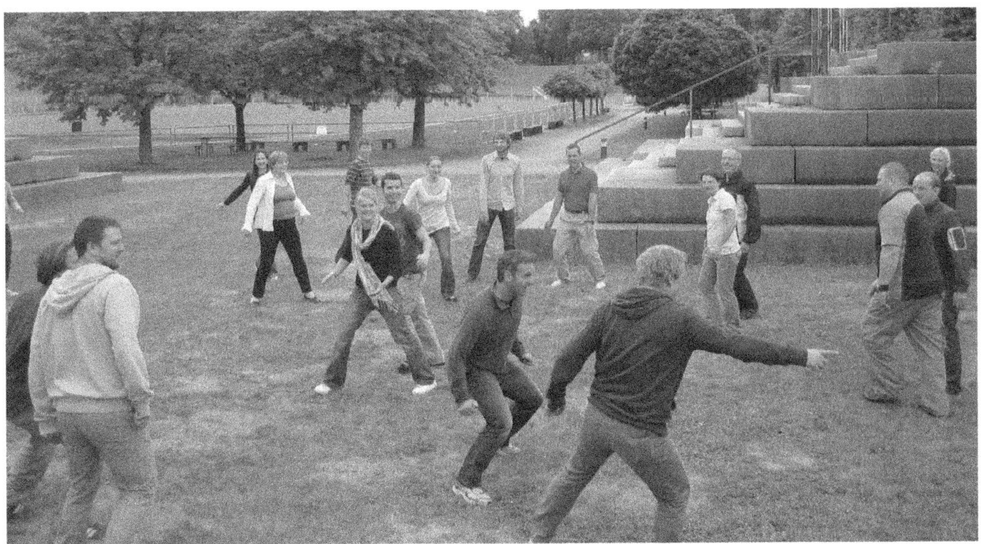

Übung 8: Verantwortungsanteile

Diese Übung ist besonders hilfreich, wenn es darum geht, nach einem erfolgreichen Jahr das Bewusstsein der Teammitglieder weg vom individuellen Denken wieder auf die gemeinsame Perspektive zu lenken (siehe zum Hintergrund Kapitel 20.3 und Riley, 1993). Hilfreich ist sie auch bei vielen Problemen im Team, wenn Sie den Austausch unter den Mitgliedern anstoßen wollen.

Zunächst müssen Sie die Karteikarten, welche Sie für das Spiel benötigen, vorbereiten. Sie brauchen eine ausreichende Anzahl dieser Karten, welche Sie zuvor mit Zahlen von 1-8 beschriftet haben (pro Karte ein Wert). Ausreichend meint, dass die Zahl der Karten die

Anzahl der Gruppenmitglieder um mindestens 5-10 übersteigen sollte. Dabei sollten die 1 und die 2 am häufigsten vorkommen. Wichtig ist, dass die Summe der Zahlen 100 ergibt! Die 100 steht später für hundert Prozent.

Lassen Sie die Gruppen sich in einem Kreis setzen oder stehen. In der Mitte des Kreises verteilen Sie auf dem Boden die Karteikarten, die Sie vorher vorbereitet haben, wobei die Zahlenwerte sichtbar sein müssen. Fordern Sie die Gruppenmitglieder jetzt auf, jeweils genau so viele Karten an sich zu nehmen, dass deren gemeinsamer Zahlenwert dem aktuellen persönlichen Anteil an der Leistung des Teams entspricht. (Die Fragestellung kann nach Bedarf auch variiert werden ...) Wenn jeder seine Karte(n) genommen hat, soll er diese offen vor sich hinlegen.

Mit diesen Schritten ist die Grundlage der Übung gelegt. Der Austausch in der Gruppe kann beginnen. Moderieren Sie das Gespräch, indem Sie nach und nach folgende Fragen stellen:

Wie geht es euch mit eurem aktuellen Leistungsanteil? Seid ihr damit zufrieden? Würdet ihr gerne mehr zur Teamleistung beitragen? Wenn ja, was müsste passieren, damit das geschehen kann? Oder habt ihr das Gefühl, dass zu viel Verantwortung auf eurer Schulter lastet? Wenn ja, wer könnte mehr für das Team tun?

Dann gehen Sie mit folgenden Fragen von der individuellen Perspektive auf die Wahrnehmung des gesamten Teams über: Wie denkt ihr über die Zahlenwerte der anderen Teammitglieder? Hat jemand zu viel oder zu wenig? Sollten hier Veränderungen vorgenommen werden? Und wenn ja, wie könnte das in der Realität aussehen? Wie sieht der Betroffene das?

Im Rahmen des nun entstehenden Dialogs ist es möglich, dass Karten unter den Teammitgliedern ausgetauscht werden. Es geht bei dieser Übung ebenso um den Prozess wie um das Finden einer gemeinsamen Lösung. Wichtig ist nur, dass Sie die Gruppe am Ende fragen, woran ein Beobachter in den nächsten Tagen die Veränderungen erkennen könnte.

Übung 9: Werte-Trade-Off

Wie schon in Kapitel 9.2 beschrieben, sind gemeinsame Werte ein wichtiges Element der Teambildung. Eine Methode, solche gemeinsamen Werte zu erarbeiten, ist das Werte-Trade-off. Trade-off kommt aus dem Englischen und meint „Aushandeln. Die Mannschaft handelt in diesem Fall einzelne Werte und ihre Bedeutung für die Gruppe aus. Das geschieht in mehreren Phasen:

a. Zunächst dürfen ganz frei mögliche Werte genannt werden. Das geschieht im Sinne eines Brainstorming. Sie als Gruppenleiter schreiben diese Werte jeweils auf eine eigene Karteikarte und legen diese in die Mitte der Runde. Nehmen Sie sich für diese Phase ein paar Minuten Zeit, um sicherzustellen, dass alle infrage kommenden Werte genannt wurden.
b. Jetzt bekommt jedes Mannschaftsmitglied ein paar Kieselsteine (oder Kastanien oder ähnliches). Wichtig ist, dass die Zahl dieser Steine für jede Person gleich ist (z. B. 5) und dass sie insgesamt nicht zu groß wird (< 50). Sind die Steine verteilt, werden die Sportler aufgefordert, die Steine auf die in der Mitte liegenden Karteikarten zu verteilen. Maßgeblich dabei soll sein, welche der Werte ihnen selber wichtig für das Team sind. Es ist ausdrücklich erlaubt, auf eine Karte mehr als einen Stein zu legen.
c. Danach beginnt die wichtigste Phase der Übung. Jetzt sollen sich die Teammitglieder darüber austauschen, was sie an der bestehenden Verteilung gerne ändern würden. Welcher Wert verdient eine stärkere Betonung, welcher ist weniger wichtig? Die Gruppe soll ein gemeinsames Bild entwickeln. Steine dürfen also ausdrücklich bewegt werden! Es ist wichtig, dass Sie sich als Trainer in diesem Prozess weitgehend heraushalten.

Am Ende des Prozesses werden die 3-5 wichtigsten Werte herausgestellt und als Grundlage für das Selbstverständnis dieses Teams in den Teamvertrag (oder eine andere Form der Dokumentation) aufgenommen.

Übung 10: Der Handflächenspagat

Bitten Sie die gesamte Gruppe, sich schnell der Größe nach in einer Reihe aufstellen. Wenn das getan ist, bilden Sie Paare, indem immer der Kleinste mit dem Zweitgrößten zusammengeht, dann der Zweitkleinste mit dem Zweitgrößten usw. Am Ende sollten alle Paare im Durchschnitt etwa gleichgroß sein.

Kleben Sie mit Malerkrepp zwei Linien so auf dem Boden, dass sie zusammen ein weites „V" ergeben. die Linien sollten mindestens drei Meter lang sein und am Ende einen Abstand von mindestens 2,5 Meter haben. Jetzt sollen die Paare nacheinander die gleiche Aufgabe bewältigen. Geben Sie dazu folgende Instruktion:

„Wenn ihr dran seid, stellt euch bitte einander gegenüber und fasst an die Schultern des Partners. Es geht darum, dass ihr, ausgehend von der Spitze des „V", möglichst weit zu dessen Öffnung vorankommt. Je weiter, desto besser. Das Team, welches am weitesten kommt, hat gewonnen. Als Einschränkung gilt, dass ihr nicht auf den Boden innerhalb der Linien

treten dürft. Natürlich dürft ihr den Boden auch nicht mit einem anderen Körperteil berühren. Hat jeder verstanden, worum es geht? Wenn ja, welches Paar möchte anfangen?"

Nun beginnt das erste Team. Es gibt also keine Beratungszeit. So folgt ein Doppel auf das andere. Sollte Ihre Gruppe so groß sein, dass Sie mehr als 6 Paare haben, unterbrechen Sie nach der Hälfte und machen Sie eine erste kurze Reflexion. Danach kommen die anderen Teams dran.

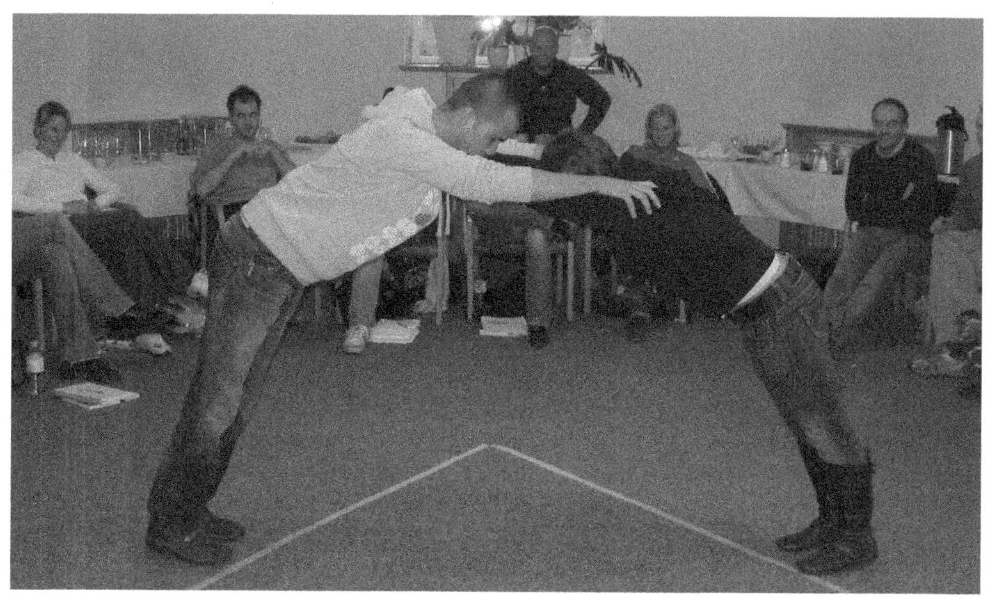

Übung 11: Der Sandsturm (nach Gilsdorf & Kistner 2012)

Bringen Sie Ihre Gruppe per Spaziergang von einem bekannten Ort aus zu einem anderen Ort (große Wiese, Lichtung o. ä.). Der Platz sollte ein paar hundert Meter vom Ausgangspunkt entfernt sein. Erst dort geben Sie die Aufgabestellung bekannt. Verbinden Sie aber zunächst allen Spielern die Augen. Erzählen Sie der Gruppe, sie befände sich in einem Sandsturm in der Wüste und solle nun wieder zurück zu ihrem Ausgangspunkt, der Oase, finden. Die Aufgabe ist erst gelöst, wenn alle Teilnehmer am Ziel angekommen sind. (Sollte sich die Gruppe zu weit vom Ziel entfernt haben, geben Sie eventuell kleine Hilfen.). Achten Sie aber immer darauf, dass kein Gruppenmitglied in Gefahr gerät. Meiden Sie Orte in der Nähe von Straßenverkehr!

Diese Übung benötigt meist deutlich mehr Zeit als die meisten anderen in diesem Buch beschriebenen (mind. 30 Min.). Beobachten Sie gut und reflektieren Sie anschließend mit der Gruppe, wie sie die Aufgabe gelöst hat und welche Probleme sich gezeigt haben. Wer hat wie Führung übernommen, auf wen ist vielleicht nicht gehört worden usw.?

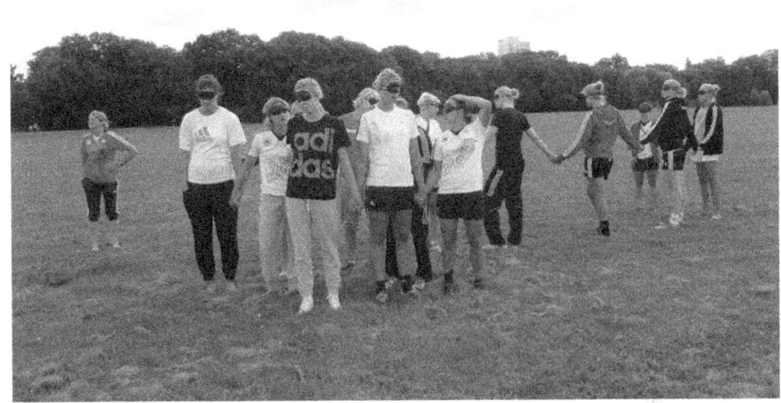

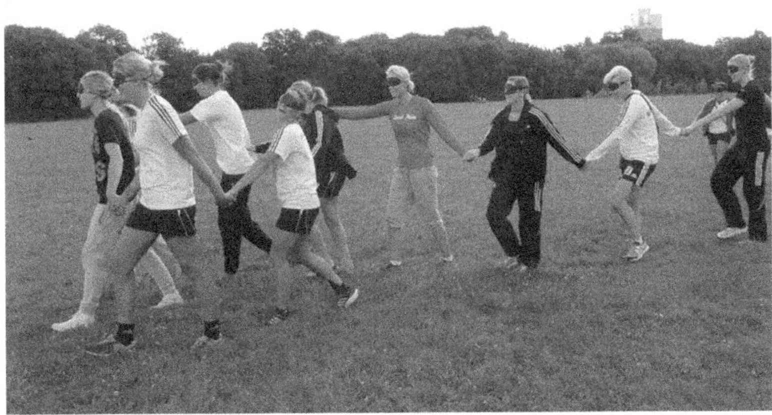

Übung 12: Luftballonjongleure (nach Gilsdorf & Kistner 2012)

Lassen Sie Gruppen von 4-6 Mitgliedern bilden. Die Gruppe soll sich im Kreis aufstellen und an den Händen halten. Jetzt bekommt jede Gruppe einen Luftballon. Ziel ist es, den Ball so lange wie möglich in der Luft zu halten, ohne dass er den Boden berührt und ohne dass eine Hand gelöst wird. Zählen Sie die Anzahl der Ballkontakte. Die Gruppe soll versuchen, sich von Versuch zu Versuch in deren Zahl zu steigern.

Als Variationen können Sie nach jedem Fehler die Berührung mit einem Körperteil als Einschränkung verbieten. So wird es schrittweise immer schwieriger.

Eine andere nette Variation sieht so aus, dass sich die gesamte Gruppe im Kreis auf Stühle setzt und den Luftballon dieses Mal mit den Füßen reihum transportieren soll. Das wird besonders interessant, wenn ein zweiter Luftballon dazu kommt, welcher den ersten überholen soll.

Übung 13: Plane wenden (siehe auch Engbert 2011)

Legen Sie eine große Plane auf den Boden. Lassen Sie nun die Gruppe (oder einen Teil der Gruppe) auf die Plane steigen. Es sollten so viele Personen auf der Plane sein, dass die Fläche erkennbar mehr als zur Hälfte gefüllt ist. Jetzt bekommt die Gruppe die Aufgabe, die Plane zu wenden, ohne dass auch nur eines der Mitglieder den Boden berührt.

Beobachten Sie einfach, wie die Gruppe zu einer Lösung kommt. Was ist effektiv, was nicht? Wie kommuniziert die Gruppe miteinander? Wer übernimmt Führung, wer ist nur passiv? Welche Vorschläge werden erhört? Wie helfen sich die Teilnehmer? Reflektieren Sie anschließend mit der Gruppe den Prozess.

Übung 14: Der Wackelstuhl

Bei dieser Übung geht es um Koordination, Rhythmus und Führung. Jedes Teammitglied soll dazu einen Stuhl greifen. Bitten Sie jetzt die Gruppe, sich in einem großen Kreis aufzustellen. Der Abstand zu beiden Nachbarn sollte etwa einen halben Meter betragen. Den Stuhl stellt jeder Mitspieler vor sich, wobei er so gehalten werden soll, dass er nur auf einem Bein steht. Aufgabe für die Gruppe ist es nun, den eigenen Stuhl gleichzeitig loszulassen, jeweils einen Platz im Uhrzeigersinn weiter zu eilen und dort den nächsten Stuhl zu ergreifen, bevor dieser zu Boden fällt. Das erfordert Aufmerksamkeit von jedem und eine gute zeitliche Abstimmung. Am besten funktioniert es, wenn die Gruppe ein gemeinsames Vorgehen abstimmt und ein Gruppenmitglied das Kommando übernimmt. Geben Sie das aber nicht vor, sondern lassen Sie die Gruppe selber darauf kommen. Zählen Sie die Zahl der Wechsel, welche ohne Fehler (= Fallen eines Stuhls) gelingen. Aufgabe für die Gruppe ist es, diese Zahl von Durchgang zu Durchgang weiter zu steigern. Wenn das gut funktioniert, kann der Abstand zwischen den Spielern langsam gesteigert werden. Wie weit auseinander können die Einzelnen stehen, um das Fallen noch zu verhindern?

Auch hier gibt es anschließend wieder interessante Anhaltspunkte zur Reflexion. Was hat der Gruppe geholfen, die Aufgabe zu lösen bzw. sich zu steigern? Was sagt ihr das über das Funktionieren als Team auf dem Spielfeld? Wer hat Führung übernommen und wie wurde diese Führung angenommen? Wie ist die Gruppe mit den Mitgliedern umgegangen, die Fehler gemacht haben (besonders falls eine Person mehrfach Fehler gemacht hat)?

Übung 15: Gemeinsames Zählen (nach Briefs 2013)

Lassen Sie ihr Team im Kreis stehen. Der Kreis sollte so eng sein, dass sich die Schultern der Sportler leicht berühren. Die Aufgabe des Teams ist es nun, aufwärts von 1 bis 21 zu zählen. Jedoch darf jede einzelne Zahl immer nur von einem Gruppenmitglied genannt werden. Sobald zwei Sportler zugleich sprechen, muss die Gruppe wieder von vorne anfangen. Absprachen sind ebenso wenig erlaubt wie Signale oder feste Abläufe (reihum, jeder Zweite usw.). Die Gruppe soll das ganz frei entwickeln. Jeder spricht in dem ihm richtig erscheinenden Moment. So wird die scheinbar so leichte Übung überraschend schwer. Immer wieder muss man von vorne anfangen. Wenn es aber geschafft ist, ist die Freude umso größer.

Zur Variation kann man die Übung auch mit geschlossenen Augen durchführen. Außerdem empfehle ich, darauf zu achten, dass die Zahl, bis zu der die Gruppe zählen soll, größer ist, als die Anzahl ihrer Mitglieder. Und ich bestimme, dass jedes Mitglied zumindest eine Zahl sagen muss. Denn genau so ist es in einem Team: Jeder muss ein Stück Verantwortung für die gesamte Gruppe übernehmen.

Übung 16: Gemeinsam Sprechen (nach Briefs 2013)

Diese Übung ergänzt die vorhergehende in wunderbarer Weise. Dieses Mal stellen sich alle mit Blick in einer Richtung als geschlossener Pulk auf. Sie selber stellen sich vor die Gruppe. Dann stellen Sie der Gruppe Fragen und die Gruppe soll jeweils gemeinsam Antworten finden. Im Gegensatz zur vorherigen Übung geht es bei dieser Übung gerade darum, dass alle Sportler gleichzeitig sprechen. Dabei ist es wichtig, dass kein Einzelner dominiert, sondern alle zusammen die Antworten finden, sie sozusagen entstehen lassen.

Der Ablauf könnte in etwa so aussehen: *„Wie heißt du?"* - *„Pppeeter Bbbblluum."* - *„Wie alt bist du?"* - *„Drrrreeiuunndddrreißig."* - *„Welchen Sport betreibst du?"* - *„Sssnnowboard."* usw.

Literatur

Asch, S. E. (1955). Opinions and social pressure. *Scientific American, 193, 31-35.*

Baumann, S. (2002). *Mannschaftspsychologie: Methoden und Techniken.* Aachen: Meyer & Meyer.

Beckmann, J. & Elbe, A.-M. (2008). *Praxis der Sportpsychologie.* Balingen: Spitta.

Berne, E. (2002). *Spiele der Erwachsenen.* Rheinbek: Rowohlt.

Briefs, J. (2013). *Ich habe keine Lösung ... aber ich bewundere das Problem.* München: Kösel.

Bußmann, G. (2012). Sportpsychologische Beratung im Reit- und Pferdesport. In D. Beckmann-Waldenmayer & J. Beckmann (Hrsg.), *Handbuch sportpsychologischer Praxis.* (S. 161-171). Balingen: Spitta.

Cramer, D. (1995). Problemspieler und Spielerpersönlichkeiten – Skizzen einer psychologischen Studie zur Menschen- und Mannschaftsführung. In G. Gerisch, (Hrsg.), *Psychologie im Fußball.* (S. 17-22). Sankt Augustin: Academia-Verlag.

Deutsche Sportjugend im Deutschen Olympischen Sportbund e.V. (Hrsg.) (2013): *Eine Frage der Qualität. Persönlichkeits- und Teamentwicklung, Förderung psychosozialer Ressourcen im Handball.* Frankfurt am Main: dsj/Deutsche Handballjugend.

Fust, C. & Kittel, T.-C. (2012): Sportpsychologie im Volleyball. In D. Beckmann-Waldenmayer & J. Beckmann (Hrsg.), *Handbuch sportpsychologischer Praxis.* (S. 255-266) Balingen: Spitta.

Gilsdorf, R. & Kistner, G. (2012): *Kooperative Abenteuerspiele* 1. 21. Auflage. Seelze: Klett/Kallmeyer.

Glasl, F. (2011): *Konfliktmanagement. Diagnose und Behandlung von Konflikten in Organisationen.* 10. Auflage. Stuttgart: Freies Geistesleben.

Grau, U., Möller, J. & Rohwedder, N. (1990). *Erfolgreiche Strategien zur Problemlösung im Sport.* Münster: Philippka.

Gührs, M. & Nowak, C. (2006): *Das konstruktive Gespräch.* 6. Auflage. Meezen: Limmer.

Handball-Woche (2002). Sonderheft zur Bundesligasaison 2002/2003.

Hellinger, B. (1990). *Ordnungen der Liebe.* Heidelberg: Carl Auer.

Holitzka, M. & Remmert, E. (2001). *Systemische Paaraufstellungen: Damit Beziehungen gelingen.* Darmstadt: Schirner.

Huber, A. (2013). *Die Angst, dein bester Freund.* Salzburg: Ecowin.

Ingham, A. G., Levinger, G., Graves, J. & Peckham, V. (1974). The Ringelman Effect: Studies of groupsize and groupperformance. *Journal ofSocialPsychology,* 34, 371-384.

Kahn, O. (2001). Wenn einer die Angst kennt, dann ich. Spiegel-Interview. *Der Spiegel* 27/2001 vom 28.7.2001.

Kleinert, J. (Hrsg.) (2003). *Erfolgreich aus der sportlichen Krise: Mentales Bewältigen von Formtiefs, Erfolgsdruck, Teamkonflikten und Verletzungen.* München: blv.

Kluge, L., Engbert, K. & Beckmann-Waldenmayer, D. (2012): Sportpsychologisches Arbeiten mit Kindern und Jugendlichen. In D. Beckmann-Waldenmayer & J. Beckmann (Hrsg.), *Handbuch sportpsychologischer Praxis.* (S. 82-94). Balingen: Spitta.

Krakauer, J. (2000). *In eisige Höhen.* Freiburg: Pieper.

Krueger, R. (2001). *Teamlife: Über Niederlagen zum Erfolg.* Zürich: Werd.

Lau, A., Seeliger, E. & Stoll, O. (2002). Stand und Perspektive der Sportpsychologie in der Trainerausbildung und Trainerfortbildung in den deutschen Spitzenverbänden. *asp-aktuell,* 2, 8-11.

Lazarus, R.vS. (1966). *Psychological stress and the copingprocess.* New York: McGraw-Hill.

Linz, L. (2002). Vom Trauma von Sydney zum Gold von Malaysia. *Leistungssport,* 5, 19-22.

Linz, L. (2005). Beachten Sie die psychische Reife! *Fußballtraining,* 9/2005, 43-47.

Loehr, J. (1997). *Tennis im Kopf: der mentale Weg zum Erfolg.* (3. Auflage.) München: blv.

Maaß, E. & Ritsch, K. (1997). *Teamgeist: Spiele und Übungen für die Teamentwicklung.* Paderborn: Junfermann.

Messner, R. (1996). *Berge versetzen. Das Credo eines Grenzgängers.* München: blv.

Molcho, S. (1990). *Partnerschaft und Körpersprache.* München: Mosaik.

Neuberger, O. (2002). *Führen und führen lassen.* 6. Auflage. Stuttgart: Lucius & Lucius.

Nowitzki, D. (2002). Allein bin ich ein Nichts. Spiegel-Interview. *Der Spiegel* 33/2002 vom 12.8.2002.

Oerter, R. & Montada, L. (1982). *Entwicklungspsychologie.* München: Urban & Schwarzenberg.

Pease, A. &Pease, B. (2000). *Warum Männer nicht zuhören und Frauen schlecht einparken.* München: Ullstein.

Peters, B. (2008): *Führungsspiel.* München: Heyne.

Pfaff, E. (2008/1): „Nicht ich habe den Mädels erklärt, was sie erreichen können, sie haben es selbst entschieden" – Interview mit Markus Weise. *Leistungssport* 38/1, S. 36-39.

Pfaff, E. (2008/2): „Bei Frauenmannschaften sollten Trainer vor allem mehr Sorgfalt auf ihren Umgang und ihre Wortwahl legen." Interview mit Lothar Linz. *Leistungssport* 38/1, S. 40-45.

Riley, P. (1993). *The winner within.* New York: Berkley.

Robbins, A. (1986). *Unlimited power.* New York: Simon & Schuster.

Schultz v. Thun, F. (1981). *Miteinander reden.* Rheinbeck: Rowohlt.

Sherif, M. (1969). *Socialpsychology.* New York: Harper &Row.

Strauß, B. (1999). *Wenn Fans ihre Mannschaft zur Niederlage klatschen* ... Lengerich: Pabst.

Syer, J. & Conolly, C. (1987). *Psychotraining für Sportler.* Reinbek: Rowohlt.

Trosse, H.-D. (2003). *Die erfolgreiche Mannschaft.* Aachen: Meyer & Meyer.

Watzlawick, P. (2000). *Menschliche Kommunikation.* Bern: Huber.

Wörns, C. (2003). Plötzlich verlierst du jedes Spiel. Interview mit dem Kölner Stadt-Anzeiger. *Kölner Stadt-Anzeiger* 27/2003 vom 1./2.2.2003.

Bildnachweis

Covergestaltung:	Cornelia Knorr
Layout & Satz:	Andreas Reuel, Bearbeitung 5. Auflage: Ariane Wollny
Lektorat:	Dr. Irmgard Jaeger
Coverbilder:	©Thinkstock/iStock: oben
	©Picture Alliance/dpa: unten
Kapitelaufmacher:	©Picture Alliance/dpa: S. 14-15, 58-59, 68-69, 94-95, 98-99, 116-117, 144-145, 184-185, 194-195, 240-241, 248-249, 264-265
	©Thinkstock/iStock: S. 11, 18-19, 28-29, 80-81, 176-177, 224-225
	©Thinkstock/fuse: S. 46-47, 166-167
	©Thinkstock/photodisc: S. 93
	©Thinkstock/digital vision: S. 130-131, 204-205
	©Thinkstock/bananastock: S. 256-257
	©Thinkstock/photos.com: S. 154-155
Satzbilder:	Lothar Linz: S. 32, 93, 109, 120, 133, 271-273, 275, 278-279
	©Picture Alliance/dpa: S. 27, 35, 37, 45, 51, 65, 71, 79, 91, 97, 114, 115, 122, 129, 123, 136, 147, 151, 153, 156, 165, 175, 183, 188, 193, 198, 199, 209, 210, 211, 214, 216, 229, 239, 244, 247, 254, 255, 259, 268, 269

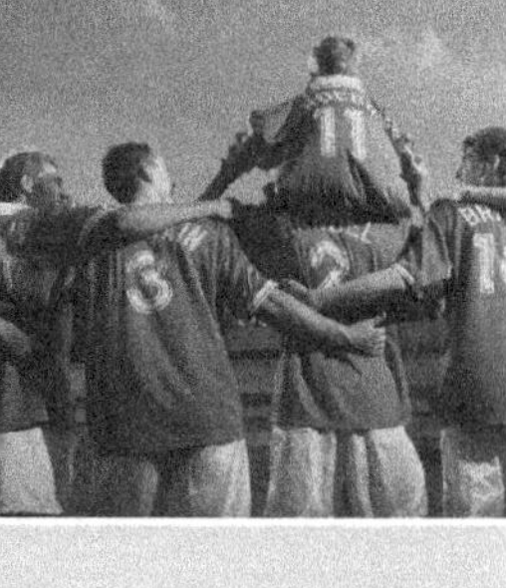

SPORTPSYCHOLOGIE &

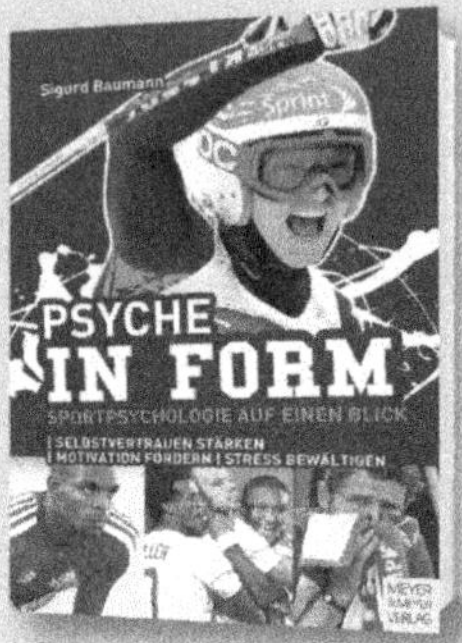

160 S., in Farbe, 1 Foto, 71 Abb.,
Klappenbroschur, 16,5 x 24 cm

ISBN 978-3-89899-682-2
€ [D] 19,95/€ [A] 20,60

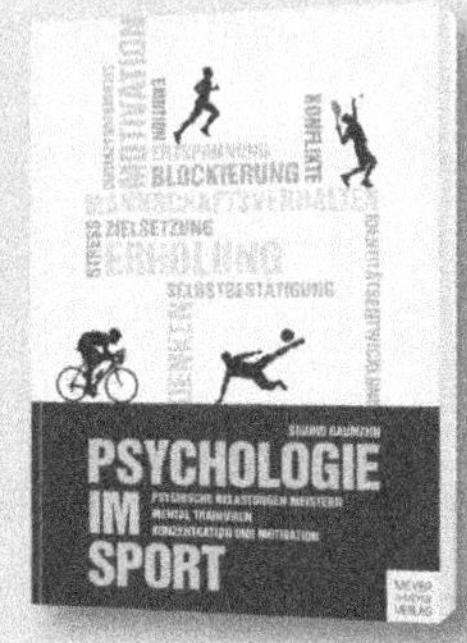

6. überarbeitete Auflage
440 S., in Farbe, 39 Fotos, 64 Abb., 22 Tab.,
Paperback mit Fadenheftung, 16,5 x 24 cm

ISBN 978-3-89899-990-8
€ [D] 24,95/€ [A] 25,70

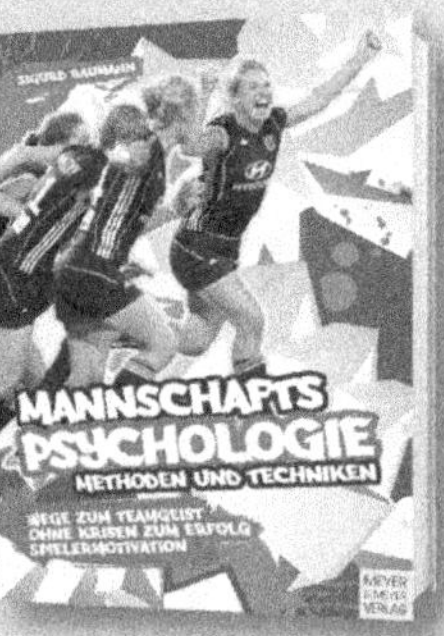

3. überarbeitete Auflage
240 S., in Farbe, 54 Fotos, 59 Abb.,
Klappenbroschur, 16,5 x 24 cm

ISBN 978-3-89899-758-4
€ [D] 19,95/€ [A] 20,60

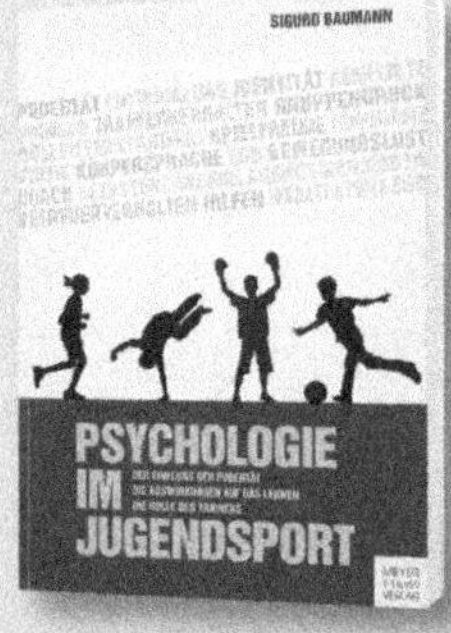

168 S., in Farbe, 67 Fotos, 19 Abb.,
Paperback, 16,5 x 24 cm

ISBN 978-3-8403-7508-8
€ [D] 22,95/€ [A] 23,60

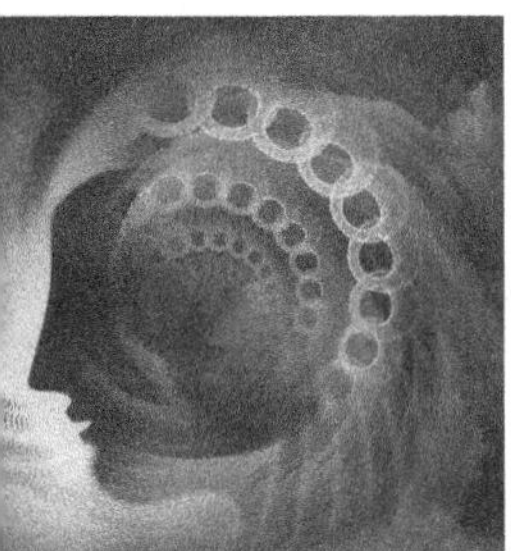

SPORTPSYCHOLOGIE

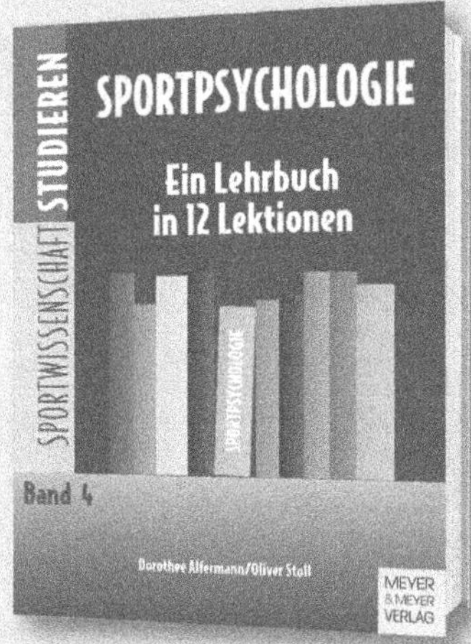

Sportwissenschaft studieren Band 4

Dorothee Alfermann & Oliver Stoll

SPORTPSYCHOLOGIE

EIN LEHRBUCH IN 12 LEKTIONEN

Diese Lehrbuch soll allen Sportinteressierten einen Einblick in die Sportpsychologie gewähren. Dies beinhaltet sowohl Praxistipps für das Training als auch gesundheitspsychologische Themen.

5. überarbeitete Auflage 2016
280 Seiten, 18 Abb., 22 Tab.,
Broschur, 14,8 x 21 cm

ISBN 978-3-89899-642-6
€ [D] 18,95/€ [A] 19,50

MEYER
& MEYER
VERLAG

MEYER & MEYER
Fachverlag GmbH
Von-Coels-Str. 390
52080 Aachen

Telefon	02 41 - 9 58 10 - 13
Fax	02 41 - 9 58 10 - 10
E-Mail	vertrieb@m-m-sports.com
E-Books	www.dersportverlag.de

Unsere Bücher erhalten Sie online oder bei Ihrem Buchhändler.